北魏时空观研究

孙险峰 著

WUHAN UNIVERSITY PRESS
武汉大学出版社

图书在版编目(CIP)数据

北魏时空观研究/孙险峰著.—武汉：武汉大学出版社，2020.10
(2022.4 重印)
ISBN 978-7-307-21492-7

Ⅰ.北…　Ⅱ.孙…　Ⅲ.时空观—研究—中国—北魏　Ⅳ.B235.05

中国版本图书馆 CIP 数据核字(2020)第 079918 号

责任编辑:蒋培卓　　责任校对:鄢春梅　　版式设计:马　佳

出版发行：**武汉大学出版社**　(430072　武昌　珞珈山)
(电子邮箱：cbs22@whu.edu.cn　网址：www.wdp.com.cn)
印刷:武汉邮科印务有限公司
开本:720×1000　1/16　印张:22.75　字数:325 千字　插页:1
版次:2020 年 10 月第 1 版　2022 年 4 月第 2 次印刷
ISBN 978-7-307-21492-7　定价:68.00 元

前　言

道武帝拓跋珪建立的北魏政权，是中国古代最重要的历史时期之一。它上承三国西晋下至隋唐帝国，对于中华民族的多元文化的形成与发展，乃至中原汉人与北方游牧民族之间的经贸交流，作出了不可磨灭的巨大贡献。在南北朝军事长期对峙的历史阶段，北朝崇尚儒家经学的程度远超南朝。① 这说明北魏时代还担负着汉文化传播的历史桥梁作用。陈寅恪先生认为隋唐制度的历史源头，主要来自南北朝时期的北方政权。② 甚至隋唐官制的发展演变主要承接北朝一系。③ 这些内容都充分显示出，北魏时代是中国历史的重要组成部分。

西汉时期东胡与匈奴交战失败以后，有两支部族分别逃到乌桓山和鲜卑山，这就是我们今天熟知的乌桓人和鲜卑人的民族起源。由于漠北草原与中原大地自古以来就是一块紧密相连的大陆。鲜卑拓跋部长期在漠北草原繁衍生息，时常与中原汉人进行贸易往来。虽然在这块广袤的土地上，经常有成群的野兽和猛禽出没，夏季这里是纵横交错的炽热沙漠和戈壁地带，冬季伴随着极端的寒冷天气和大量降雪，甚至部族之间为争夺牧民、牲畜和草场拥有权等，民族矛盾加剧，经常发生军事冲

---

① (清)皮锡瑞：《经学历史》，中华书局 2004 年版，第 128 页。

② 陈寅恪：《隋唐制度渊源略论稿》，中华书局 1977 年版，第 1 页。

③ 张旭华：《九品中正制的发展演变与历史分期》，《魏晋南北朝官制论集》，大象出版社 2011 年版，第 183 页。

突。但是这些自然因素和人为干扰，并不能阻挡漠北草原上的游牧民族与中原汉人之间的相互接触，秦汉时期双方已经开辟出了文化交流和经贸发展的探险之路。① 如果按照语言体系划分，鲜卑语属于阿尔泰语系东胡族的一个分支。② 这时期漠北草原很多游牧民族都杂居生活，当匈奴部族逐渐衰弱以后，便融入新崛起的鲜卑部族，鉴于鲜卑与匈奴长期保持通婚联盟关系，他们共同发展漠北草原的政治经济。③ 由于鲜卑民族与中原政权之间既有战争，又有和平时期的贸易往来，这就给双方带来很多重要影响。根据鲜卑民族的地域分布和迁徙流转，以及各个族群之间的融合情况，鲜卑民族大体上可以分为东部鲜卑、西部鲜卑和北部鲜卑。东部鲜卑其后发展成为慕容氏、段氏和宇文氏；西部鲜卑其后发展成为秃发氏、乞伏氏、吐谷浑；北部鲜卑主要指拓跋部，其后南下建立了著名的北魏王朝。④ 258 年，始祖神元帝率领部族在盛乐首次祭天，标志着鲜卑拓跋部正式登上了中国古代政治舞台。但是鲜卑拓跋部的发展并非一帆风顺，其间几经起伏兴衰交替。310 年拓跋猗卢因破匈奴刘虎有功，被西晋政权册封为代公，315 年擢升为代王。⑤ 由此拓跋部拥有政权的合法性，并开始名正言顺地实行统治。376 年代国在前秦军队的多路围攻下走向灭亡。⑥ 383 年淝水之战苻坚兵败以后，北方再

---

① （汉）司马迁：《史记》卷一百十《匈奴传》，中华书局 1959 年版，第 2879～2918 页；张旭华：《魏晋南北朝时期的商品构成与经营方式》，《郑州大学学报》1996 年第 1 期，第 50 页；[日]堀池信夫：《中国哲学とヨーロッパの哲学者》上册，明治书院 1996 年版，第 13 页。

② 林幹：《中国古代北方民族通论》，内蒙古人民出版社 2007 年版，第 4 页。

③ （南朝）范晔：《后汉书》卷九十《乌桓鲜卑传》，中华书局 1965 年版，第 2985～2986 页。

④ 王泽民、刘蒙林：《试析鲜卑族文化在草原文化中的地位》，《论草原文化》第 6 辑，内蒙古教育出版社 2009 年版，第 468 页。

⑤ （北齐）魏收：《魏书》卷一《序纪》，中华书局 1974 年版，第 7～9 页。

⑥ （唐）房玄龄：《晋书》卷九《孝武帝纪》，中华书局 2008 年版，第 328 页；孙险峰：《阴山山脉与“前秦伐代”》，《史学月刊》2014 年第 12 期，第 127～129 页。

度烽烟四起诸侯林立，386 年拓跋珪纠合各部重建代国，398 年又将国号改为（北）魏。至 534 年，北魏分裂成东魏和西魏，这期间共经历了 149 年，被史学界称为北魏时代或者后魏时代。如果从始祖神元帝首次祭天起始，至 556 年西魏恭帝拓跋廓禅让给北周孝闵帝宇文觉为止，鲜卑拓跋部在北方的实际影响力长达 299 年。

很多不同学科都做过有关时空观的研究，比如天文学、物理学、宗教学和哲学等，产生很多时空观的研究成果。如果再具体地思考这个问题，比如从盘古的开天辟地到上帝耶和华的创世说，从中国的五行思想到哥白尼的日心说，从宏观的广义相对论到微观的量子力学，这些内容都把时空观作为重要的研究对象。鲜卑民族或许曾经产生过民族起源之类的神话传说，但是目前的传世文献和考古发掘材料中，这方面的记载很少，所以尚不能对他们的创世神进行系统研究。本书主要站在历史文化的时空观角度进行探究。大体研究时段从始祖神元帝首次祭天，直至北魏最终走向覆亡。时空观是古人通过生产生活的实践经验和切身体会，逐渐积累起来的理性认识与客观总结。因为世界上许多民族的文化背景和生活环境存在很大差异，所以他们的时空观念应该各具特色。因此本书主要从民俗文化、宗教祭典和政治伦理等方面寻找线索。例如当鲜卑文化与汉文化的时空观念相遇时，当西郊祭天与南郊祭天的宗教信仰相遇时，当鲜卑文化的祭祖礼俗与汉文化的宗庙制度相遇时，当鲜卑拓跋部建立北魏政权需要怎样拟定五德运次时，当鲜卑人与汉人的饮食习惯相遇时，当鲜卑人与汉文化的语言文字相遇时，当鲜卑人的部族管理经验与汉文化的儒家治国理念相遇时，当鲜卑人的游牧经济与中原汉人的农业经济相遇时，当鲜卑人与中原汉人的价值观念相遇时等，这些问题汇聚在同一条历史长河里，将会碰撞出怎样的时代火花呢？它们对北魏的历史进程和政治制度建设，乃至多元文化的形成和发展，对其后的历代王朝等，将会产生怎样的重要影响呢？

中国古代文化是人类文明的重要标志之一，北魏时期又是承上启下的历史桥梁，它不仅深刻影响着当时的社会结构、政治伦理和地缘经济，对于研究隋唐的宗教艺术和民俗文化，甚至研究目前世界各国之间的文明对话和民族融合等诸多问题，都有重要的启迪作用和现实意义。

目　　录

第一章　鲜卑民族的时空观念

引　　言

鲜卑民族有语言而无文字，他们的文化交流方式仅限于口口相传，因此很多重要史料无法客观保存，我们在研究鲜卑文化的时空观念过程中，常常会感到可参考的历史文献的严重不足。在没有鲜卑文字信息的前提下，只能借助汉典籍记录的鲜卑史料，或者与其他相关游牧民族的文化习俗进行客观比较，这样才能在某种程度上，厘清鲜卑人的时空观的大体轮廓。

为了考察鲜卑民族的时空观念，下面需要提出几个相关问题。比如鲜卑人在茫茫草原生活期间，最初怎样认知“天”的外在轮廓，天与他们的宗教信仰以及游牧文化存在怎样的密切联系？鲜卑人又如何确立方位的基本概念？如果要考察上述问题，需要探讨他们的生活习惯、生产方式和所处自然环境等。这些内容又与鲜卑人的文化样态、民族习俗、宗教信仰和政治形式密切相关。实际上时空观念离不开主观世界与客观世界，而促成两者接触和联系的纽带，便是人类的生产生活的实践经验。① 关于鲜卑人的民俗文化，《魏书·序纪》记载：“畜牧迁徙，涉猎

① 刘文英：《中国古代的时空观念》，南开大学出版社2005年版，第2页。

为业，淳朴为俗，简易为化，不为文字，刻木记契而已。”①可见他们是以畜牧业为主的游牧经济，而且只有语言没有文字，“刻木记契”成为部族记载大事件，以及传递各种信息的重要方法之一。由于漠北草原四季变化分明，牧民们需要准确判断行进方向，如果选择变化较大或者不易辨别的地面标识，不仅容易迷失前进方向，甚至会影响到畜牧业的经济生产。因此怎样辨别空间方位和掌握地理环境特征，成为他们每年能否顺利迁徙的重要前提之一，因为只有不断寻找到适合放牧的草场，畜牧业才能发展。关于鲜卑民族起源和文化特点，《后汉书·乌桓鲜卑传》记载：“鲜卑者，亦东胡之支也。……其言语习俗与乌桓同。”②这里把鲜卑人看作东胡民族的一个分支，认为其语言习俗与乌桓人基本相同。并且该卷还记载：“匈奴余种留者，尚有十余万落，皆自号鲜卑，鲜卑由是渐盛。”③这说明在鲜卑民族中，还有很多匈奴人或者其他游牧民族也自称为鲜卑，从而鲜卑民族在漠北草原逐渐发展壮大。正是因为鲜卑人与匈奴人共同生活在这片草原上，文化属性和生活习俗呈现出相同的趋势。《太平御览·布帛部一》“染”条引《广志》曰：“乌丸与匈奴同俗。”④乌桓与匈奴的文化生活走向“同俗”，这就意味着彼此可以兼容。当代学者马长寿先生《乌桓与鲜卑》⑤以及白鸟库吉《东胡民族考》⑥和内田吟风《北亚史研究》等，⑦ 也都把乌桓和鲜卑的民俗文化等

---

① (北齐)魏收：《魏书》卷一《序纪》，中华书局 1974 年版，第 1 页。

② (南朝)范晔：《后汉书》卷九十《乌桓鲜卑传》，中华书局 1965 年版，第 2985 页。

③ (南朝)范晔：《后汉书》卷九十《乌桓鲜卑传》，中华书局 1965 年版，第 2985~2986 页。

④ (宋)李昉：《太平御览》卷八一四《布帛部一》，上海古籍出版社 2008 年版，第 265 页。

⑤ 马长寿：《乌桓与鲜卑》，广西师范大学出版社 2006 年版，第 22 页。

⑥ [日]白鸟库吉著，方壮猷译：《东胡民族考》，商务印书馆 1933 年版，第 55 页。

⑦ [日]内田吟风：《北アジア史研究·鲜卑柔然突厥篇》，同朋舍 1975 年版，第 2~15 页。

同视之。

尽管本章的研究对象主要为鲜卑人的时空观念，但是他们与匈奴和乌桓等民族都生活在漠北草原，不仅拥有相同的游牧文化，甚至生活方式和饮食习俗也大同小异，宗教信仰主要为原始的萨满教。① 鉴于目前史书很少记载鲜卑人的时空观念，这就需要借鉴匈奴、乌桓、突厥和蒙古等游牧民族的史籍，或者与其他民族的时空观进行比较分析，以此填补鲜卑民族在文献典籍上的不足。此外，以鲜卑拓跋部为主体的统治者，入主中原建立北魏政权以后，又会在时空观方面发生怎样的变化呢？鲜卑人生活的漠北草原与汉人居住的华北平原自古以来就彼此相连。按照《后汉书·乌桓鲜卑传》记载，光武帝建武二十五年(49年)，东部鲜卑与东汉政权开始通驿使。但是在史书还没有正式记录官方往来以前，原则上民间通过物品交换，或者"互市"等贸易手段，已经出现过多种交流机会。② 在不同文化背景下的人们彼此相遇时，不论是自觉还是不自觉，不论是敌视还是友好，都会驱使他们产生一定程度的信息交流，其中或许就包含时间意识与空间观念。所以史籍没有正式记录鲜卑人与汉人进行文化交流以前，很可能相关信息通过各种渠道，已经一定程度地传递给了对方。如果要考察他们的时空观念究竟在何时何地发生初次接触，实际上并无法做出一个科学的界定。因此本章把鲜卑民族的时空观分为两个历史阶段。首先考察他们在草原生活期间拥有的基本特征，其次探讨鲜卑文化与汉文化接触以后的发展变化。

① 赵志忠：《北方民族与萨满教》，《黑龙江民族丛刊》2005年第3期，第75页。

② 东汉政权以"岁时互市"的方式，与乌桓和鲜卑等北方游牧民族进行贸易往来，《后汉书》卷九十《乌桓鲜卑传》，中华书局1965年版，第2982页；东汉末年至魏晋时期称为"交市"，《三国志》卷三十《魏书·鲜卑传》，中华书局2000年版，第839页；唐宋辽时期又改称"榷场"，《旧唐书》卷四十八《食货志上》，中华书局1975年版，第2109页；高敏主编：《魏晋南北朝经济史》，上海人民出版社1996年版，第968页；关于鲜卑拓跋部的经济形式，参照王万盈《转型期的北魏财政研究》，光明日报出版社2006年版，第30~34页。

因此，本章围绕鲜卑文化的时空观念，提出以下“天圆与四方”“年与月”“空间观念的逐步融合”“时间意识的逐步转换”几个问题，尝试性地考察早期鲜卑人的时间意识与空间观念，以及受到汉文化影响以后的发展变化。

第一节　天圆与四方

鲜卑民族长期生活在漠北草原上，他们的直观感觉或者是切身体会，都会自然地形成对于“天”的基本认识。不论是主观意识还是客观分析，“天”的浩渺辽阔，“天”给他们带来的雨雪风霜，都是在漫长岁月中积累的深刻体会。因此鲜卑人必然经过思考，不论是物质的“天”还是精神的“天”，既是一种无形的宗教符号，又无法摆脱它的精神控制，这个“天”究竟是什么样的？此外，在随季节变化迁徙的过程中，认知“方位”成为能否在这片广袤草原上生活的前提条件，更是生产生活需要的基本常识和经验。因为游牧民族的经济生产完全依赖于放牧，这就导致他们需要定期寻找合适的草场。那么鲜卑人拥有怎样的方位意识，与中原汉人的“四方观念”是否相同呢？

一、天圆的宇宙观

世界上几乎每个民族都有“天”的抽象概念，但是鉴于每个民族的生存条件，所处地理气候、自然环境等存在巨大差异，所以他们对于“天”的认知状况，应该呈现出各个民族的不同思维模式。

关于鲜卑文化的“天”字，在汉文献典籍中保留了一条重要信息。《汉书·武帝纪》“与右贤王战于天山”条颜师古注曰：“(天山)即祁连山也。匈奴谓天为祁连。……今鲜卑语尚然。”①这说明鲜卑语和匈奴语的“天”字，基本上呈现出相同的语言特点。但是与匈奴人同源的宇文

① (汉)班固：《汉书》卷六《武帝纪》，中华书局1962年版，第203页。

氏，对于“天”字却有另外一种诠释。据《周书·文帝纪上》记载：“其俗谓天曰宇，谓君曰文。”①如果从语音学角度考察，能够发现，“祁连”和“宇”字没有同源关系，而且“祁连”为双音词，而“宇”字为单音词，它们的语言之间存在很大差别。如果把“宇文”之“宇”和汉字的宇宙之“宇”进行比较，就会发现它们如出一辙。所以《周书》把“宇文”解释为“天君”，正如《魏书·序纪》把“拓跋”解释为“谓土为托，谓后为跋。”②这既是为了与汉文化的皇天后土的“黄帝”建立某种政治文化联系和宗教信仰联系，又是从语言文字方面寻找可以互译或者对应的关系，从而在政治上寻求民族之间的沟通渠道，这样有利于统治阶级对北方汉人的长久统治，也能够促进各民族之间的文化交流与民族融合。所以由“天君”翻译出的“宇文”，或者由“后土”翻译出的“拓跋”，都是受到汉文化影响以后，才逐渐衍生出的对应词语。何星亮先生认为匈奴的“撑犁(祁连)”含义，主要包括物质和精神两个方面。③ 由此可以试加推论，鲜卑人与匈奴人长期杂居生活，他们对于天的基本认识，应该具有大体相同的文化特点。并且物质的天和精神的天，它们相互依存彼此影响，在漫长的文化交流与民族融合的过程中，鲜卑民族逐渐形成了其特有的天道观。关于鲜卑人对于“天”的基本认识，还需要根据他们的祭天礼制进行探讨。鲜卑拓跋部建立北魏政权以前，就已经拥有传统的“夏四月”祭天，建国以后改为“西郊祭天”，同时还举行具有汉文化特点的“南郊祭天”，这两种不同的祭天礼制，呈现出长期并存的文化特点。关于北魏建国初期的汉文化的祭天礼制，按照《魏书·礼志一》记载：“(天兴二年，399 年)冬至祭上帝于圆丘，夏至祭地于方泽。”④所

---

① (唐)令狐德棻：《周书》卷一《文帝纪上》，中华书局 1971 年版，第 1 页。

② (北齐)魏收：《魏书》卷一《序纪》，中华书局 1974 年版，第 1 页。

③ 何星亮：《中国自然神与自然崇拜》，生活·读书·新知三联书店 1992 年版，第 53 页。

④ (北齐)魏收：《魏书》卷一百八之一《礼志一》，中华书局 1974 年版，第 2735 页。

谓“圆丘”和“方泽”象征天地，通过道武帝祭祀“上帝”和“土地神”，便可以看出他非常清楚汉文化中“天圆地方”的宇宙观。关于鲜卑文化的祭天礼制，《魏书·礼志一》记载：“天赐二年(405年)夏四月，复祀天于西郊，为方坛一。”①鲜卑人举行西郊祭天时，使用了一座固定的“方坛”。

此外，北魏郦道元《水经注·漯水》载有：“(平)城周西郭外有郊天坛。”②“郊天坛”的“郊天”有强烈的汉文化的祭天礼制意味，从北魏平城天坛的空间布局，可以判定这是道武帝为了鲜卑民族举行西郊祭天而建造的天坛。《南齐书·魏虏传》亦载：“(平)城西有祠天坛。”③这里面的“祠天坛”的“祠天”，也具有汉文化的祭天礼制意味，然而这座祭天坛无疑展现了鲜卑文化的西郊祭天礼制。由此可见《魏书》仅记载为“方坛”，并没有强烈的汉文化礼制特征。《水经注》记载的“郊天坛”和《南齐书》记载的“祠天坛”，都具有明显的汉文化的祭天礼制倾向。在北魏首次举行西郊祭天的100余年以后，里面已经混杂很多汉文化的礼仪制度。《南齐书》作者萧子显(489—537年)记载的“祠天坛”，也应该在100余年之后，其中掺杂很多汉文化的礼仪制度。《水经注》和《南齐书》的史料来源较晚，这时期北魏已经建国100余年，它是受到汉文化影响的必然结果。然而魏收编撰《魏书》时，应该是采用了北魏官方早期史料，所以仅简略记载“方坛”，并没有夹杂明显的汉文化的祭天礼制。特别是《水经注》和《南齐书》记载的西郊天坛没有明确形状，是北魏早期的“方坛”还是其后改建为“圆坛”，没有明确记载。而且鉴于《魏书》《水经注》和《南齐书》三书的作者不同，他们各自站在不同立场记录

① (北齐)魏收：《魏书》卷一百八之一《礼志一》，中华书局1974年版，第2736页。

② (北魏)郦道元著，陈桥驿校证：《水经注校证》卷十三《漯水》，中华书局2007年版，第313页。

③ (南朝)萧子显：《南齐书》卷五十七《魏虏传》，中华书局1972年版，第985页。

历史，所以这三部书没有文献方面的传承关系，它们记录的天坛在形制上，不会存在相互影响或者相互借鉴的地方，因此这座“方坛”应该客观存在。而且由于孝文帝于太和十八年(494年)迁都洛阳以后，才下诏彻底废止西郊祭天礼制，所以《水经注》和《南齐书》描述的平城西郊天坛，就应该是《礼志一》记载的“方坛”。然而所谓“天坛”不仅是一个政权祭天的宗教场所，它的外观形状还有类天的象征寓意。这就迫使我们不得不提出疑问，难道游牧时期的鲜卑拓跋部曾经拥有“方天”的宇宙观？汉文化中的天地轮廓，《周髀算经》卷上记载：“环矩以为圆，合矩以为方。方属地，圆属天，天圆地方。”①这是典型的“天圆地方”的宇宙观。另据《淮南子·兵略训》记载：“夫圆者天也，方者地也。”②这些史料都能够表明汉文化的宇宙观，是“天圆地方”的基本轮廓。李志超先生还认为：“宇宙二字皆用‘宀’部结构，原来用于房屋之类的名物。”③所以中原汉人根据这样的思维模式，建造房屋过定居生活符合他们的宇宙观念。那么鲜卑人的居住环境拥有怎样的民俗文化特点呢？

关于鲜卑人的房屋构造样式，按照《后汉书·应奉传附应劭传》记载：“鲜卑隔在漠北，犬羊为群，无君长之帅，庐落之居。”④其中的“庐”字当指“穹庐”无疑，这时期的其他游牧民族的房屋也具有类似特点。比如《史记·匈奴传》记载：“匈奴父子乃同穹庐而卧。”⑤而且《后汉书·乌桓鲜卑传》记载与鲜卑人同源的乌桓人，也是“居无常处，以

---

① 程贞一、闻人军译注：《周髀算经译注》卷上，上海古籍出版社2012年版，第8页。

② 刘文典：《淮南鸿烈集解》卷十五《兵略训》，中华书局2010年版，第492页。

③ 李志超：《中国宇宙学史》，科学出版社2012年版，第1页。

④ (南朝)范晔：《后汉书》卷四十八《应奉传附应劭传》，中华书局1965年版，第1609页。

⑤ (汉)司马迁：《史记》卷一百十《匈奴传》，中华书局1959年版，第3760页。

穹庐为舍”①。可以看出这期间的漠北草原上的游牧民族，几乎都生活在“穹庐”里，其建筑理念和文化样式，就像目前我们能够看到的蒙古包，所谓“穹”具有类天的象征寓意。既然蒙古包的外观特征为圆形，对于天的一般认识也不会出现方形观念。特别是这时期的草原牧歌，便具有鲜明的游牧文化的宇宙观特征。根据《乐府诗集·杂歌谣辞四》“敕勒歌”条载：“其歌本鲜卑语，易为齐言。”②阿尔丁夫先生经过细致考证，认为《敕勒歌》的族属应为鲜卑无疑。③ 但也有学者认为《敕勒歌》经历过鲜卑语、敕勒语到翻译成汉语的过程。④ 根据目前学界的研究成果，不论是敕勒语还是鲜卑语，尽管或许经过翻译的加工润色，但是在文章的基本含义上不会发生较大改变，因此汉语的《敕勒歌》依然能够表达诗歌原貌。其中“天”的外在轮廓应该与鲜卑语密切相关，同时生活在漠北草原的游牧民族，拥有相同的“天”的朴素意识，往往更拘泥于相同的民俗生活，即使语言词汇上略有差别，却并不会影响相同民俗的经验意识，他们共同仰望的“天”更具有语言认知的共同性。这首诗歌的部分内容是：“天似穹庐，笼盖四野，天苍苍，野茫茫，风吹草低见牛羊。”⑤其中“天似穹庐”的“穹庐”的顶部轮廓，正是游牧民们对于“天”的比喻。所谓“四野”，按照元代吴澄《易纂言外翼·象例第七上》“野”条载：“地与天际者曰野。古诗云：‘天似穹庐，笼［盖］四野。’”⑥因此《敕勒歌》的“四野”，并非是具体的四个方位，应该指四面

① (南朝)范晔：《后汉书》卷一百二十《乌桓鲜卑传》，中华书局 1965 年版，第 2979 页。

② (宋)郭茂倩：《乐府诗集》卷八十六《敕勒歌》，中华书局 1979 年版，第 1212 页。

③ 阿尔丁夫：《谈“敕勒歌”的族属问题》，《西北民族研究》1990 年第 1 期，第 103~108 页。

④ 吕净植：《〈敕勒歌〉研究》，《东北史地》2008 年第 1 期，第 60~64 页。

⑤ (宋)郭茂倩：《乐府诗集》卷八十六《敕勒歌》，中华书局 1979 年版，第 1213 页。

⑥ (元)吴澄：《易纂言外翼》卷二《象例第七上》，上海古籍出版社 1990 年版，第 17 页。

八方的辽阔草原。所谓“天苍苍”，是指“天”漫无边际地向太空延伸的辽阔状态。所谓“野茫茫”，是指“大地”向外部苍茫无限地伸展状态。这是生活在一望无际大草原上的游牧民们，通过对自然界的实际观察和切身体会，逐渐形成的朴素的宇宙观。特别是“穹庐”顶部宛如一个巨大的华盖，它非常接近汉文化中“盖天说”的宇宙观。《晋书·天文志》记载：“其言天似盖笠，地法覆盘，天地各中高外下。”①“天似盖笠”的“天”的顶部轮廓与今天所见蒙古包的顶部形状非常相似。换言之，汉文化中“盖天说”宇宙观，与游牧文化的“笼盖四野”的宇宙观，不仅都有一个相同的“盖”字，也具有相同的“盖天说”的宇宙观特征。因此“穹庐”的“穹”即是“天”，“天”与“穹”是拥有相同含义的复合型词汇。目前俄罗斯圣彼得堡涅瓦河畔的艾尔米塔什博物馆里，珍藏着一件极为珍贵的元代青花瓷器，名为“元代青花缠枝莲花宝纹蒙古包”(见图1-1)，该瓷器的高度是18厘米，底径是18.5厘米，下方有一个出入口。可以说这件“青花蒙古包”不仅展现了游牧民族的居住场所，也是他们认识“天”的一个缩影，因此鲜卑人居住过的穹庐，应该具有相同的文化特点。而且由于穹庐的构造非常简易，能够根据季节变化四处搬迁，所以这样的房屋不仅是一个生活空间，也是一个能够自由运动的物质载体。既然“空间”“运动”和“载体”，相互关联构成一个有机整体，那么鲜卑人是否拥有天地皆为运动的宇宙观呢？由于鲜卑拓跋部没有文字，如果仅仅依靠口耳相传或者是刻木记契，毕竟难以长期保留他们的传统文化和生活经验。但游牧民族的文化特点，每年定期迁徙的生活习俗，必然促使他们产生运动的思维模式，因为象征“天”的“穹庐”发生运动，或许游牧民族主观上也会认为“天”是一种运动模式吧！

① (唐)房玄龄：《晋书》卷十一《天文志上》，中华书局1974年版，第278页。

图 1-1　元代青花缠枝莲花宝纹蒙古包①

《吕氏春秋 · 仲夏纪 · 大乐》记载："天地车轮，终则复始，极则复反。"②《吕氏春秋》为战国晚期的杂家共同编撰而成，尽管目前还无法判断这条文献是否与游牧民族相关，或者是否来自精通游牧文化的学者见闻，但天地如车轮按照圆形轨道做周期性运动，行至尽头又重新返回的观点，可以说是天地皆为运动的宇宙观。③ 特别是这样的空间思维模

① 陈燮君、陈克伦主编：《幽蓝神采：元代青花瓷器特集》，上海书画出版社 2012 年版，第 97 页。

② 许维遹：《吕氏春秋集释》卷五《仲夏纪 · 大乐》，中华书局 2011 年版，第 109 页。

③ ［日］堀池信夫：《大地方形说と空间の认识》，《筑波中国文化论丛》1991 年第 11 期，第 6 页。

式，与汉文化的大地为中心，且静止不动的宇宙观相比，毫无疑问在理论上存在很大差别。然而却基本符合游牧民们按照季节变化，定期迁徙的周而复始的生活方式。特别是“青花蒙古包”的外在轮廓，具有圆形的几何特征。因此早期鲜卑游牧民族，应该拥有“天圆地圆”的宇宙观。虽说这样的“地圆”只是一种朴素意识，也并非如同目前地球是圆形的实际观测，但这要比古代汉文化的大地方形观念更接近现代地理学的观测结果。

下面需要把话题再次引回到“方坛”的问题上，既然鲜卑人没有“方天”的宇宙观，为什么还要在建国初期营造“方坛”举行西郊祭天呢？这就需要换个角度思考。由于鲜卑拓跋部建立北魏政权以前，以游牧生活为主，因此并没有固定的宗教场所，更不会建造永久性的天坛。鲜卑拓跋部进入中原建立北魏政权以后，逐渐告别游牧生活走向农耕生活，也是由“穹庐”向“房屋”过渡的历史阶段。这两种建筑物转换绝不仅仅是居住环境转变的问题，根植于两个民族文化的宇宙观念也发生了转换。当这样的祭天思想和生活方式发生重大转型时，怎样把汉文化与游牧文化顺利地融合在一起，成为北魏统治阶级在政治上的首要任务。可是道武帝从建国初期开始，尽管已经非常积极地推行汉化政策，然而让鲜卑贵族们在短时间内完全放弃本民族的传统文化和宗教信仰，转而接受汉文化的宗教思想和生活方式，实际上是一个极为困难的政治问题，也是生活习俗和民族宗教信仰问题。如果让鲜卑人和其他被统治民族全面汉化，鲜卑贵族们原有的经济特权将被剥夺，甚至会影响到整个部族的军事凝聚力。鲜卑拓跋部拥有共同的宗教信仰和祭天礼制，才是他们能够长时间为北魏朝廷开疆扩土，以及护卫政权的重要前提。特别是西郊祭天与南郊祭天，原本分属于不同的文化领域和宗教信仰，如果放弃西郊祭天完全施行南郊祭天，一定会招致鲜卑贵族们的强烈反对，甚至长时间用鲜血和生命建立起来的新兴政权也会很快土崩瓦解。而且西郊祭天原自游牧时期的“夏四月”祭天礼制，它从始祖神元帝（258 年）至道武帝天兴元年（398 年）拟定西郊祭天为止，已经施行了 140 余年。为了能够让传统的祭天礼制延续下去，统治者必须采用折中方式。因为从游牧生活走向定居生活，对于北魏鲜卑政权来说已经是大势所趋，所以祭天场所由原来的不固定转向固定化，也是政治发展和历史走向的必然结果。而且为了区分这两个文化的“天”在意识形态上的巨大差别，使天坛的外在形状有别于汉文化的圆坛，不得不采用方坛祭天。当然北魏建国初期的政治环境极为错综复杂，这样做也是统治者的权宜之计。换言之，方坛祭天绝不意味着鲜卑人拥有“方天”的宇宙观概念，也并非他们的祭天礼制具有随意性，而是游牧文化向汉文化过渡时期，宇宙观将要发生转变之前的温床阶段，以及一个民族在文明十字路口的徘徊期的必然选择，它是鲜卑拓跋部历史发展的必然产物。当北魏建国大约100年以后，孝文帝太和十八年(494年)汉化改革废弃西郊祭天礼制，这两个不同民俗文化的“天”，也可以说是两个不同的宇宙观，才最终走向宗教思想文化汇流。①

因此，经过上文对于汉文化乃至其他游牧文化的比较分析，可以看出生活在漠北草原的鲜卑民族认为“天”的轮廓呈现为圆形的几何特征。但这个“天”绝非静止不动，而是随着季节变化出现很大变化，它呈现一种漫无边际的延伸状态，这与鲜卑民族所处的地理环境密切相关。他们在长久生活的土地上，总结出朴素的，近似于汉文化“天圆”的“盖天说”的宇宙观。但是游牧文化的“笼盖四野”的“盖天说”的宇宙观，呈现出“天圆地圆”的空间思维模式，因此二者在“天圆”的问题上基本相同。然而在思考“大地”的形状上，汉文化是“四方”特征，游牧文化则是“笼盖四野”的“四野”形状。

二、四方与四野

下面继续考察鲜卑族的方位问题。由于鲜卑族无文字可考，更不会

① 孙险峰：《北魏鲜卑人的宇宙观——从鲜卑人的祭天礼制看宇宙观的变迁》，《自然辩证法研究》2010年第11期，第85页。

记录他们的方位概念，因此下面需要借鉴汉文化的四方观念。按照汉文化的文献描述，早期先民们并没有准确的方位意识。《淮南子·齐俗训》记载："古者，民童蒙不知东西。"①古代先民不懂得辨别"东西"方向，说明他们未具备方位观念的启蒙意识。但是随着时代发展，先民们不断观察大自然，为了提高生产效率和确保正常生活，对于认知方向产生出了强烈愿望，并逐渐总结出主观与客观相结合的经验认识论。《说文解字·木部》记载："东，动也。……从日，在木中。"②关于"西"字的解释，《说文解字·西部》记载："鸟在巢上，象形，日在西方而鸟栖，故因以为东西之西。"③美国学者艾兰先生认为，根据甲骨文的字型结构，"东"字是太阳从一棵树上升起的象形字，而"西"字则像一个鸟巢的形状，也就是太阳(太阳鸟)夜间休息的地方。④ 实际上这两个字透露出美丽的神话传说，以及时间和空间的朴素经验论。

下面再比较其他游牧民族的四方意识。根据相关的史料记载，秦汉时期匈奴人已经生活在漠北草原，他们对于方向有非常明确的经验认识。《汉书·匈奴传上》记载："其坐，长左而北向。"⑤所谓"长左"，是指年长者或者地位高的人，从左向右依次而坐。所谓"北向"，古字"北"通"背"，即"背向"，比如《国语·吴语》"吴师大北"条韦昭注："北，古之背字。"⑥所以"北向"是面南背北的意思。或许因为左面为东方，那里能够最早接受阳光沐浴，因此得到匈奴人的格外重视。《北

---

① 刘文典：《淮南鸿烈集解》卷十一《齐俗训》，中华书局 2010 年版，第 344 页。

② (清)桂馥：《说文解字义证》卷十七《木部》，中华书局 1987 年版，第 525 页。

③ (清)桂馥：《说文解字义证》卷三十七《西部》，中华书局 1987 年版，第 1031 页。

④ [美]艾兰(Sarah Allan)著，汪涛译：《龟之谜——商代神话、祭祀、艺术和宇宙观研究》，商务印书馆 2010 年版，第 54~59 页。

⑤ (汉)班固：《汉书》卷九十四上《匈奴传上》，中华书局 1962 年版，第 3752~3753 页。

⑥ 徐元诰：《国语集解》卷十九《吴语》，中华书局 2002 年版，第 561 页。

史·后妃传附悼皇后传》记载："蠕蠕俗以东为贵，后之来，营幕户席一皆向东。"①这说明居住在北魏北部的蠕蠕也崇尚东方。《南史·滑国传》记载："(西域滑国)无城郭，毡屋为居，东向开户。"②也就是西域滑国的人把穹庐的出入口设在东方。那么上述的几个游牧民族，为什么会有这样的生活习惯呢？很多史书为我们提供了相关答案。《后汉书·乌桓鲜卑传》记载："随水草放牧，居无常处，以穹庐为舍，东开向日。"③这说明乌桓人和鲜卑人把穹庐的出入口设在东面，不仅是以太阳升起的方向为参照，甚至期待每天最早的一抹阳光照射到穹庐内，还有接受太阳神洗礼的宗教寓意。《北史·突厥传》记载："毡帷望风举，穹庐向日开。"④隋唐时期突厥人的穹庐出入口，正是为了迎接太阳而设置在东方。并且《北史·突厥传》记载："牙帐东开，盖敬日之所出也。"⑤这说明突厥人把穹庐的出入口设定在东方是崇拜太阳神的缘故。而且在蒙古语中，仍然把"东和左"称为"Зүүн"；把"南和前"称为"Өмнө"；把西和右称为"Баруун"；把"北和后"称为"ар"。⑥ 可以看出蒙古与匈奴和突厥等游牧民族在空间定位的方法上，都以太阳升起的东方为基准。鲜卑人长期受到匈奴文化的影响，又与其后的蒙古人同属于东胡族，⑦ 虽然这些民族血缘关系有远近亲疏，但是都属于漠北草原上的游牧民族和游牧文化，相同文化促使生活习俗和自然观念趋于相同。因此

---

① (唐)李延寿：《北史》卷十三《后妃传》，中华书局1974年版，第507页。

② (唐)李延寿：《南史》卷七十九《夷貊传下附滑国传》，中华书局1975年版，第1984页。

③ (南朝)范晔：《后汉书》卷一百二十《乌桓鲜卑传》，中华书局1965年版，第2979页。

④ (唐)李延寿：《北史》卷九十九《突厥传》，中华书局1974年版，第3299页。

⑤ (唐)李延寿：《北史》卷九十九《突厥传》，中华书局1974年版，第3288页。

⑥ 张志忠主编：《新蒙汉词典》，商务印书馆2011年版，分见第590页、第843页、第139页、第68页。

⑦ 林幹：《东胡史》，内蒙古人民出版社2007年版，第195页。

鲜卑人必然拥有崇拜东方的方位概念。而且通过祭天方位可以看出，他们对于“西方”已经有经验认识。《魏书·礼志一》记载：“西向设祭，告天成礼。”①因此鲜卑人根据太阳的东升西落，以及本民族的“西向设祭”，应该懂得东方和西方的空间概念。由于鲜卑民族还有定期南北迁徙的生活习俗，所以他们能够准确地掌握四方。

此外，再以古代日本的四方为例。日本平安时代斋部广成主编的《古语拾遗》记载：“盖闻，上古之世，未有文字，贵贱老少，口口相传，前言往行，存而不忘。”②这说明在汉字和汉语音还没有传入日本以前，日本人有语言而无文字。目前现代日语中还保留古老的四方发音，它们分别是：ひがし(东)、みなみ(南)、にし(西)、きた(北)。那么日本古代先民又是怎样辨别四方的呢？按照《广辞苑》的相关解释，所谓“ひがし(东)”，指“日の出る方(日出方向)”；所谓“みなみ(南)”，指“日の出る方に向かって右の方向(面向日出方向的右面)”；所谓“にし(西)”，指“日の入る方角(日入方向)”；所谓“きた(北)”，指“日の出る方に向かって左の方向(面向日出方向的左面)”。③ 可见日本古代先民与漠北草原上的游牧民族，都根据太阳的运行轨迹进行空间定位。

通过以上的相关考察，可以看出不论是汉文化还是游牧文化，甚至是东海上的早期日本文化，都是根据太阳的东升西落确定四方。只不过汉文化的东西方向，蕴含着极为丰富的神话传说和民俗文化，而漠北草原上的游牧民族崇拜太阳神的原始宗教意味更为浓厚。此外，汉文化与鲜卑文化的四方观念，在内涵上仍然存在很大差别。首先，汉民族以定居为主要生活方式，因此在认知四方上有一个历史过渡阶段。正如前文

---

① (北齐)魏收：《魏书》卷一百八之一《礼志一》，中华书局 1974 年版，第 2734 页。

② [日]斋部广成编：《古语拾遗》，岩波书店 2013 年版，第 119 页。

③ [日]新村出：《广辞苑》(第六版)，上海外语教育出版社 2012 年版，第 2337 页、第 2706 页、第 2123 页、第 683 页。

《淮南子》记载，早期先民对于四方的认知处于一种朦胧状态。其后，“四方”从由观察太阳确立的漫无边际的空间观念，逐渐向“华夏”或“大九州”之类的有边际有形状的地理意识过渡。比如汉文化的“东夷”“西戎”“南蛮”“北狄”四个词语，其中的“东”“南”“西”“北”原本就是空间方位观念，当与“夷”“戎”“蛮”“狄”这些词语结合以后，便进一步转变为地理意识。因为像“东夷”或“西戎”之类的词语，已经不仅仅是方位概念，它还特指生活在那里的少数民族，这是把“华夏”看作大地中心，以此确定“四夷”的地理方位。尽管“天圆地方”在哲学理论上还有很多不足之处，在几何学方面也难以将“天圆”与“地方”完美契合，但是由于汉文化长期受到井田制观念的影响，甚至政治伦理以及儒家哲学对它的影响也非常明显。① 然而鲜卑民族的四方观念，就像《敕勒歌》的歌词内容，具有朴素自然观的基本特点。虽然这首诗歌中的“四野”，也有空间观念逐渐向地理概念转化的潜在意识，可是毕竟建立北魏政权以前的鲜卑人，生活环境没有离开茫茫草原，部落迁徙依然把太阳的运行轨迹看作方位坐标。而且《敕勒歌》反映出的“四野”方位问题，是以生活的“居住地”或者是“穹庐”作为地标的，“穹庐”随着季节变化不断搬迁，由此他们的“四野”并非静止不动的四方，而是不断发生变化运动的空间模式。在这样的饮食习俗与游牧文化的背景下，他们的方向观仍然是一种漫无边际地向四方延伸的模糊状态，这是深受地理环境和生活方式影响的缘故。

因此鲜卑民族的“四野”与汉文化的“四方”，不仅存在很大的方位理念差别，甚至整个空间思维模式都呈现不同的文化样式。鲜卑文化对于“东方”的太阳神，以及“西向设祭”的“西方”更为崇拜。这两方的神灵实际上与太阳的东升西落密切相关，甚至“西向设祭”还关系着昴宿崇拜(详见第二章)。尽管世界上很多民族都对太阳东升西落有客观认

---

① ［日］堀池信夫：《大地方形说と空间の认识》，《筑波中国文化论丛》1991年第11期，第8页。

识，但是在文化习俗的细节上依然存在明显差别。比如汉文化重视南郊祭天，鲜卑文化重视西郊祭天，虽然都是重要的祭天礼制，然而在方向观念上明显不同，也说明两种文化信仰和风俗习惯存在巨大差别，也是定居民族和游牧民族的宇宙观差别。同时还可以看出，北魏政权建立以后，在定期举行汉文化的南郊祭天礼制时，依然保持鲜卑文化的西郊祭天礼制，这说明两种文化有不可兼容的精神载体，也是两种不同的宗教信仰。直到孝文帝汉化改革，彻底废弃西郊祭天礼制，鲜卑民族崇拜的“天”才退出历史舞台，在“四方”和“四野”的认知上才最终走向汇流。

第二节　年与月

时间意识并不是自然产生的，随着人类社会的发展，人们通过经验观察，特别是观测日月星辰的运行规律，逐渐寻找到空间的定位标准，并以此确定“年”和“月”的时间概念。因为“年”和“月”都具有明显周期性的体现，它们既属于天文学范畴，也包含在社会学范畴中，这两者共同影响着人类社会的向前发展。社会学认知的“年”和“月”，是人类对于周边环境的经验观察，天文学认知的“年”和“月”是人类客观掌握星象运行周期性的体现，实际上两者处在不同维度的时间认识论中。游牧时期的鲜卑人每年都要定期迁徙，如此周而复始积累起来的生产生活经验，反映出这时期的鲜卑文化已经拥有年度的时间概念，并基本掌握了它的周期性客观规律。那么这个“年”字，究竟拥有怎样的民俗特点和文化背景呢？

一、草的时间尺度

由于目前没有发现鲜卑人记录的“年”的时间问题，所以需要比较其他文化的“年”的概念。首先是中原文化的“年”字的历史特点。根据

《尔雅·释天》记载："夏曰岁，商曰祀，周曰年，唐虞曰载。"①可以看出汉民族在很早以前就已经掌握了年度的客观规律，尽管各个朝代的叫法不同，但是却能够客观证明它们都拥有"年"的周期规律。我们目前使用的"年"字是周代用的时间单位。关于"年"字的内在含义，以及与民俗文化之间的关系，《说文·禾部》记载，"年"为"谷熟"的意思。②这是把谷物成熟季节看作"年"的回归时间。《春秋穀梁传·桓公三年》亦载："五谷皆熟为有年也。"③这条文献同样反映"五谷"成熟与年度概念之间的关联性。由于早期的华夏先民们主要生活在黄河中下游流域，那里生产的粮食作物为"五谷"，每当它们成熟时便是丰收喜庆的日子。所以在这样的文化背景下，代表农业丰收的"年"字，随着时间推移逐渐演变成表示节日庆典和新年伊始的重要词汇。此外，唐代段成式《酉阳杂俎·境异》记载："峡中俗，夷风不改。武宁蛮好著芒心接离，名曰苎绥，尝以稻记年月。"④唐代武宁人以稻丰收的时间为新年，也是植物生长周期确定的"年"。关于赫哲族的纪年方式，清代曹廷杰《西伯利亚东偏纪要》记载："无文字，削木裂革以记事。不知岁时朔望，问年，则数食达嘎鱼次数以对。"⑤所谓"达嘎鱼"，就是我们今天常说的大马哈鱼，赫哲族把吃到大马哈鱼的次数看作流逝年岁的象征，这说明他们把大马哈鱼的回游季节作为纪年时间，也可以说是以鱼类动物的循环周期确定"年"，这应该与他们特定的生活环境密切相关。因此，由于各

---

① （清）阮元：《十三经注疏·尔雅注疏》卷六《释天》，中华书局1980年版，第2608页。

② （清）桂馥：《说文解字义证》卷二十一《禾部》，中华书局1987年版，第614页。

③ （清）阮元：《十三经注疏·春秋穀梁传注疏》卷三《桓公三年》，中华书局1980年版，第2374页。

④ （唐）段成式：《酉阳杂俎》卷四《境异》，上海古籍出版社2013年版，第27页。

⑤ （清）曹廷杰：《西伯利亚东偏纪要》，《辽海丛书》第4册，辽沈书社1985年版，第2284页。

个民族之间的自然环境、地理因素和民俗习惯，甚至是生活方式的巨大差异，导致各民族的纪年方法呈现出千差万别的文化特点。因此不论是"五谷丰收"还是"鱼类回游"，都是人类在生产生活中，逐渐发现并总结的年度客观规律。

关于鲜卑文化的"年"字含义，《魏书·序纪》记载，鲜卑人原本有语言而无文字，尽管近年一些学者根据《隋书·经籍志一》记载的《国语真歌》和《鲜卑语》等史料，① 推论北魏建国以后，很可能已经创造出了鲜卑文字。② 然而它究竟属于汉语的表意文字还是拉丁语的表音文字，根据目前的传世文献和考古发掘材料，并没有任何线索让我们窥到它的字型特点。此外，还有部分学者认为《隋书》记载的鲜卑语，只不过是借用汉字为其注音的一种表达方式，鲜卑人并没有创造出自己的文字。③ 虽然上述两种观点截然相反，但是都不能提供有关鲜卑语中年度词汇的内容。所以如果要深入探讨鲜卑文化的"年"字寓意，只能回到鲜卑族在草原生活期间寻找答案，也就是通过民俗文化的视点，分析年度词语的基本特征。鉴于史书记载鲜卑游牧时期的文献典籍极为欠缺，甚至很可能北齐魏收在编撰《魏书》时，对于早期的鲜卑历史进行过不同程度的加工润色，导致目前难以看到鲜卑语言中的"年"字的本来面目。因此与鲜卑人关系密切的亲缘部族，以及历史上生活在这片草原上的其他游牧民族的史料，便成为探讨这个问题的重要线索。

北魏时期居住在中国西北的宕昌部，属于古老羌族的一支，他们的记岁方式便具有浓厚的游牧文化的特点。根据《魏书·宕昌传》记载：

---

① （唐）魏征：《隋书》卷三十二《经籍志一》，中华书局1973年版，第945页。

② 林幹：《中国古代北方民族通论》，内蒙古人民出版社2007年版，第192~198页。

③ 田余庆：《拓跋史探》，生活·读书·新知三联书店2011年版，第203页；段锐超：《民族认同视野下的北朝语言文字认同》，《中央民族大学学报》2013年第3期，第78页。

"但候草木荣落，记其岁时。"①也就是通过观察"草"的"青黄荣枯"记录年度时间。有关隋唐时期的突厥人的纪年方法，《北史·突厥传》记载："(突厥)不知年历，唯以草青为记。"②突厥人同样根据"草青"时间确定年岁。隋唐时期的党项人也有本民族的纪年方法。《隋书·党项传》记载："但候草木以记岁时。"③这说明党项人也是通过观察草的变化确定年度时间。可以看出不论是宕昌人或是突厥人，还是其后建立西夏的党项人，只要是以畜牧业为主的游牧民族，便把草青时间看作新年伊始。实际上，根据青草变化记载年度时间的方法，不仅在汉唐时期的游牧民族中广泛传播，甚至其后兴起的游牧民族，也继承了这样的文化传统和年度记录方式。宋代徐梦莘《三朝北盟会编·政宣上帙》记载："(女真)其人不知纪年，问之则曰，吾见几度青草，以草一青为一岁。"④此外，宋代洪皓《松漠纪闻》记载："女真旧绝小，正朔所不及，其民皆不知纪年。问则曰，我见青草几度矣，盖以草一青为一岁也。"⑤这是根据草青时间纪年。这时期的蒙古人也采用同样的方法。宋代李心传《建炎以来朝野杂记·边防二》"鞑靼款塞"条载："鞑靼不知岁月，以草青为一岁。"⑥可以看出，这是一种社会学的观察方式，与观测地球围绕太阳运行确定的天文学的年度概念毫无关系。宋代孟珙《蒙鞑备录》亦载："其俗每以草青为一岁，人有问其岁，则曰几草矣。"⑦这说明女真人和蒙古

① (北齐)魏收：《魏书》卷一百一《宕昌传》，中华书局1974年版，第2242页。

② (唐)李延寿：《北史》卷九十九《突厥传》，中华书局1974年版，第3289页。

③ (唐)魏征：《隋书》卷八十三《党项传》，中华书局1973年版，第1845页。

④ (宋)徐梦莘：《三朝北盟会编》卷三《政宣上帙》，上海古籍出版社2008年版，第18页。

⑤ (明)李栻辑：《历代小史》卷六十三《松漠纪闻》，江苏广陵古籍刻印社1989年版，第531页。

⑥ (宋)李心传：《建炎以来朝野杂记》乙集卷十九《边防二》，中华书局2000年版，第849页。

⑦ (明)李栻辑：《历代小史》卷六十五《蒙鞑备录》，江苏广陵古籍刻印社1989年版，第541页。

人都把草青时间看作年度伊始。王国维在《蒙鞑备录笺证》中，也对女真人和蒙古人的纪年问题进行过考证，并确定他们皆以草的青黄荣枯为纪年方法。① 关于这时期游牧民们重视“草”的程度，宋代沈括在文章中也有客观描述。《梦溪笔谈·故事一》“胡服”条载：“胡人乐茂草，常寝处其间，予使北时皆见之，虽王庭亦在深荐中。”②所以游牧民们喜欢在青草茂盛的地方居住，这有利于他们赖以生存的畜牧业发展。这与中原定居的农民们愿意在耕地附近居住的道理完全相同。

生活在中国北方或者西北方的游牧民族，尽管他们登上历史舞台的时间存在先后次序，统治的领土面积大小相异，但不论是宕昌人、党项人和突厥人，还是其后兴起的女真人和蒙古人等，这些民族都无一例外地根据“草”的变化确定年度时间，这与他们赖以生存的畜牧业的经济形式和饮食习惯密切相关。关于鲜卑人与草的密切关系，公元376年代王什翼犍被俘虏到长安以后，曾经有过与苻坚的一段对话，《晋书·苻坚载记上》记载：“漠北人能捕六畜，善驰走，逐水草而已。”③这说明鲜卑人“逐水草”而居的迁徙习惯，与其他游牧民族的生活习俗完全相同。《南齐书·魏虏传》亦载：“什翼珪始都平城，犹逐水草无城郭。”④这说明他们长期受到传统文化的影响，尽管这时期已经定都建国并开始吸收汉文化，却仍然部分程度地保留本民族的生产生活方式。关于“草”字的鲜卑语发音，《新唐书·宰相世系一下》记载：“鲜卑俗呼‘草’为‘俟汾’，以神农有尝草之功，因自号俟汾氏，其后音讹遂为宇文氏。”⑤这说

① 王国维：《蒙鞑备录笺证》，《王国维遗书》第8册，上海古籍出版社1996年版，第157页。

② （宋）沈括：《梦溪笔谈》卷一《故事一》，巴蜀书社1996年版，第6页。

③ （唐）房玄龄：《晋书》卷一百一十三《苻坚载记上》，中华书局1974年版，第2899页。

④ （南朝）萧子显：《南齐书》卷五十七《魏虏传》，中华书局1972年版，第984页。

⑤ （宋）欧阳修，宋祁：《新唐书》卷七十一下《宰相世系一下》，中华书局1975年版，第2403页。

明“俟汾”就是鲜卑语中的“草”的含义。另据《资治通鉴·晋纪三》“晋武帝太康六年”条胡三省引何承天《姓苑》载：“宇文氏出自炎帝，其后以尝草之功，鲜卑呼草为俟汾，遂号为俟汾氏。后世通称俟汾，盖音讹也。”①“俟汾”又被称为“俟分”，这些文字都是音译。比如《魏书·高车传》记载：“高车之族，又有十二姓：一曰泣伏利氏，二曰吐卢氏，三曰乙旃氏，四曰大连氏，五曰窟贺氏，六曰达薄干氏，七曰阿仑氏，八曰莫允氏，九曰俟分氏，十曰副伏罗氏，十一曰乞袁氏，十二曰右叔沛氏。”②其中的“九曰俟分氏”的“俟分”即是“俟汾”，因此鲜卑人对于草的生长周期拥有客观认识，他们在没有入主中原以前，长期与这些游牧民族生活在北方草原，他们的文化属性、经济形式、饮食习惯和宗教信仰等基本相同，所以也会通过观察草青时间确定纪年吧！

在地球上除了南极和北极之外，草是随处可见的植物，因此在汉文化的文史资料中，也有根据它生长周期纪年的文献描述。《吕氏春秋·士容论》“今兹美禾，来兹美麦”条，高诱注：“兹”为“年”的意思。③梁代萧统《文选·杂诗上·古诗十九首》记载：“为乐当及时，何能待来兹。”④其中的“来兹”便指“来年”。南宋罗大经《鹤林玉露补遗》亦载：“兹，新生草也。一年草生一番，故以兹为年。”⑤此外，唐代著名诗人白居易《赋得古原草送别》中的“离离原上草，一岁一枯荣。”⑥就是用

① （宋）司马光：《资治通鉴》卷八十一《晋纪三》，中华书局 1956 年版，第 2590 页。

② （北齐）魏收：《魏书》卷一百三《高车传》，中华书局 1974 年版，第 2310 页。

③ 许维遹：《吕氏春秋集释》卷二十六《士容论》，中华书局 2011 年版，第 688 页。

④ （梁）萧统：《文选》卷二十九《古诗十九首》，上海古籍出版社 2013 年版，第 1349 页。

⑤ （宋）罗大经：《鹤林玉露补遗》，《四库全书》第 865 册，商务印书馆 1983 年版，第 406 页。

⑥ （清）彭定求：《全唐诗》卷四百三十六《赋得古原草送别》，上海古籍出版社 1986 年版，第 1079 页。

“草”表达年岁更新的著名诗句。这说明“草”或者“五谷”作为植物都有生长周期的客观规律性，古人通过观察，把草青草黄时间看作年度概念，是一种具有规律性的表象认识，也是牧民们为了在草原生存下去，对植物生长周期做出时间尺度的客观把握。但是，另一方面，草对于依赖农业生活的中原汉人们来说，产生的影响力应该非常有限，对于以畜牧业为主的游牧民们，则是绝对不能割舍的生活必需品。所以在汉民族的史料中，以谷物成熟为标志的纪年方法最终转化为年度时间单位，而“草”对汉文化的纪岁方式并没有产生长久的影响力。法国历史学家路易·巴赞先生认为，突厥语中的“yāš”便是“草返青一岁”的意思，这个词语并不是天文学或生物学的“年”，它是基于社会民俗习惯逐渐形成的时间概念。① 也就是游牧民们依赖的草与中原汉人食用的五谷，逐渐演化成的“年”都具有社会学属性。可以说，这样的民俗习惯广泛地根植于游牧文化中，他们高度关注的“草”的生长状况，因为草是确保生命能够延续的食物保障。汉民族与游牧民族在纪年方法上存在很大区别，这种差别不仅与饮食习惯密切相关，甚至在“年”字的背后，都蕴含着极为丰富的历史背景和民俗文化。农民们祈求太阳恩赐五谷丰收，游牧民们渴望太阳沐浴青草，表面上都是先民们为了获得食物举行的宗教文化活动，但是在其背后还隐含着，他们已经总结出了年度时间的客观规律。

“草”的生长过程就是一部运转的“时间机器”，它可以衡量年度单位和季节变化，上述几部历史文献记录的鲜卑语中的“俟汾”或者“俟分”，所指正是鲜卑人赖以生存的“草”，也是游牧文化确定年度单位的依据。这与中原汉人以“五谷丰收”为年度单位，以及赫哲族把大马哈鱼的回游时间看作年度单位一样，都具有社会学属性。张杰先生认为，在原始农耕社会，通过最直观的天象、气象、物象三个主要方面观测判

① ［法］路易·巴赞著，耿昇译：《突厥历法研究》，中华书局1998年版，第85页。

断时令节气，是农业、畜牧业生产的基本环节，不能准确把握时节，就意味着不能保障生存所需的基本食物，也就不能掌握自己的命运。① 因此鲜卑民族在没有入主中原以前，“草”作为时间单位是衡量年度变化的重要标准。

二、月相的圆缺

在汉文献的记载中，秦汉以前已经开始使用四分历，汉武帝时期又制定了太初历法，并测定出月球围绕地球运行一个周期的时间大约是 $29\frac{43}{81}$日，一个回归年大约为 $365\frac{385}{1539}$日，还拟定出 19 年 7 闰法。② 其后三国魏明帝景初元年（237 年），由尚书郎杨伟制定的景初历法，计算出每月大约为 $29\frac{2419}{4559}$日，每年大约为 $365\frac{455}{1843}$日，并保留了太初历的 19 年 7 闰法。③ 正是因为天文官能够观测到月球的朔弦望晦，从而才会掌握月球的周期性运行规律。那么鲜卑人没有建立北魏政权以前在草原生活期间，观测月球的技术方面又能够达到怎样的水平呢？月球的周期变化规律，会给他们的文化带来怎样的影响呢？

首先还需要比较西汉时期的匈奴人的观月方法。《史记·匈奴传》记载：“单于朝出营，拜日之始生，夕拜月。”④其中的“拜日”和“拜月”的“拜”字，既是一种礼仪习俗，也说明匈奴人很早就有崇拜日月的宗教信仰，当太阳东升时便开始礼拜，而傍晚拜月或许是因为从视觉上有利于观测。东汉时期的乌桓人和鲜卑人，也有祭祀日月的传统习俗。《后汉书·乌桓鲜卑传》记载：“敬鬼神，祠天地日月星辰山川，及先大

---

① 张杰：《中国古代空间文化溯源》，清华大学出版社 2012 年版，第 2 页。

② ［日］堀池信夫：《汉魏思想史研究》，明治书院 1988 年版，第 63~67 页。

③ 张培瑜、薄树人、陈美东、胡铁珠：《中国古代历法》，中国科学技术出版社 2010 年版，第 395 页。

④ （汉）司马迁：《史记》卷一百十《匈奴传》，中华书局 1959 年版，第 2892 页。

人有健名者，祠用牛羊。”①这是把“天地日月星辰山川”看作祭祀对象，说明在客观规律上获得了经验认识。北魏政权建立以后，依然按照传统礼俗祭祀日月。《魏书·礼志一》记载：“置天日月之神，及诸小神二十八所于宫内，岁二祭，各用羊一。”②在汉代的游牧文化中，除了把月球作为宗教崇拜对象以外，甚至能否发动战争还要在观察月貌变化之后，才可以最终确定时间。《史记·匈奴传》记载：“(匈奴)举事而候星月，月盛壮则攻战，月亏则退兵。”③可见匈奴人将要发动战争时，往往要观测月球变化，如果月貌已经圆满则会发动进攻，如果月亏则会息兵等待。实际上这样的文献记录绝非孤证，漠北草原上的游牧民族均十分重视月相变化。比如隋唐兴起的突厥人，也抱有相同目的观测月球变化。《隋书·突厥传》记载：“(突厥)候月将满，辄为寇抄。”④这些史料恰恰反映出匈奴和突厥都在满月之夜举兵。其中的“候”字即是等候的意思，能够等到“月圆”是他们长期观测并积累的客观经验，也反映草原文化的时间与空间的内在联系。因为月球的盈亏是一个周期性过程，如果以每天太阳东升西落的时间为基准进行累加计算，便可以大体推测出满月时间。所以尽管匈奴与突厥并非同一个民族，他们之间的历史大约相隔800多年，但是在观察月球的方法上和目的上却基本相同。倘若匈奴与突厥的观月习俗存在传承关系，那么绝不能排除继匈奴之后，在草原崛起的鲜卑民族，起到关键的文化传承和历史桥梁作用。特别是在祭祀日月方面，便可以确定鲜卑人对于月球变化有清楚认识，至于月圆和月缺之间，完全可以用肉眼观测。所以鲜卑民族也应该有“候月将满，辄为寇抄”之类的民俗传统。

---

① (南朝)范晔：《后汉书》卷一百二十《乌桓鲜卑传》，中华书局1965年版，第2980页。

② (北齐)魏收：《魏书》卷一百八之一《礼志一》，中华书局1974年版，第2736页。

③ (汉)司马迁：《史记》卷一百十《匈奴传》，中华书局1959年版，第2892页。

④ (唐)魏征：《隋书》卷八十四《突厥传》，中华书局1973年版，第1864页。

远在中国东海的琉求(球)王国也保留相同的观月方式。《隋书·琉求国传》记载:“望月亏盈以纪时节,候草药枯以为年岁。”①观测月球变化能够判定季节(月份),观察草的青黄荣枯可以获知一年的周期(年度),这种方法与同时期生活在草原上的游牧民族完全相同。其后的蒙古人对于月球周期性变化规律也有深刻认识。宋代孟珙《蒙鞑备录》记载:“亦尝问彼月日,笑而答曰:初不知之,亦不能记其春与秋也。每见月圆为一月,见草青迟迟,方知是年有闰月也。”②这说明蒙古人通过月圆月缺的周期规律判断月份,还根据草青时间的延迟情况,推测该年是否有闰月。这说明他们懂得平年和闰年的历法差别,并且蒙古人已经把年与月之间的时间关系紧密地连接在了一起。

因此可以推论出鲜卑人应该掌握社会学的“年”的客观规律性,甚至还懂得一定程度的天文学的年度概念,并基本理解一个月的周期规律。此外,如果按照蒙古人以“每见月圆为一月”的记录方式,说明他们是按照月貌圆缺看待月份变化的。所以很可能匈奴等游牧民们,根据月圆之日开始确定月初时间,汉文化主要根据历法标准,每个月从初一开始计算月份变化,二者在区分月份的起点上大约相差半个月。那么与匈奴人血缘关系和文化关系都非常密切的鲜卑人,或许在建国以前就有这样的记月方式吧!虽然他们与汉人在历史背景和地域文化上存在巨大差异,但鲜卑文化的“月”和“草(年)”与汉文化的“月”和“谷(年)”之间的关系,都是先民们通过生产生活经验获得的客观认识,也是人类在生活中发现的时间规律。根据草青时间确定年度变化规律,根据月相圆缺确定月份时间,根据太阳的东升西落确定日期变化,这样的“年月日”的时间尺度,应该根植于漠北草原的游牧文化中,鲜卑拓跋部在草原生活期间,应该受到相关民俗文化的直接影响。

---

① (唐)魏征:《隋书》卷八十一《琉求国传》,中华书局1973年版,第1823页。

② (明)李栻辑:《历代小史》卷六十五《蒙鞑备录》,江苏广陵古籍刻印社1989年版,第541页。

第三节　空间观念的逐步融合

鲜卑人没有进入中原以前，他们与汉文化的时空观有各自的传播地域，虽然在此之前会有少量的信息相互传递，但是尚不能全方位地改变对方的传统观念。然而伴随着北魏政权的初步建立，鲜卑人在围绕时空观的问题上，逐渐松动根深蒂固的传统意识，并开始接受汉文化的时空观。北魏政权建立以后又经过100余年，孝文帝于太和十八年(494年)三月，彻底废除西郊祭天礼制，① 这标志着汉文化的“南郊祭天”和天圆地方的宇宙观，最终取代了鲜卑人的天圆地圆的宇宙观。但是鲜卑文化与汉文化的“天”，是否在孝文帝的行政干预下，很顺利地融会在了一起，其中究竟发生了什么样的思想变化，下文将展开讨论。

前面论及过鲜卑文化的“天”，主要有物质和精神两个层面，实际上如果再细致划分，所谓“物质”的“天”，还应该包括“饮食习俗”“居住环境”和“天地轮廓”等方面；所谓“精神”的“天”，还应该包括“宗教祭典”“神灵崇拜”和“民族精神”等方面。这些内容彼此依存、相互影响，构成了鲜卑民族独有的天道观。但是鲜卑文化在汉文化的强力冲击下，自身的天道观开始发生裂变，并逐渐远离传统观念一步步开始走向汉化道路。他们的改革绝非在孝文帝太和十八年(494年)以高压的政治手段取得全面成功，而是在汲取汉文化的问题上有先有后有多有少，呈现出一个极为曲折复杂的历史进程。

一、物质层面的空间观念的逐步融合

关于鲜卑人的饮食习俗的汉化问题。中原汉人往往把粮食比作天，

① (北齐)魏收：《魏书》卷一百八之一《礼志一》，中华书局1974年版，第2751页。

《汉书·郦食其传》记载："王者以民为天，而民以食为天。"①所谓"民以食为天"，是因为汉人以五谷为主食，所以非常重视农业生产。鲜卑人原本是畜牧业经济，主食为奶制品，因此草就是他们心中的"天"。但是北魏政权建立以后，鲜卑人的生活方式和饮食习惯开始逐渐发生重大转变，也就是由游牧经济转变为农业经济，也可以说是以奶制品为主食的生活方式，逐渐转变为以五谷为主食的生活方式。道武帝在建国初期就提出过"屯田""计口授田""劝课农耕"，并效仿中原政权的天子"躬耕籍田"。《魏书·食货志》记载："太祖定中原，接丧乱之弊，兵革并起，民废农业。方事虽殷，然经略之先，以食为本，使东平公仪垦辟河北，自五原至于棝阳塞外为屯田。初，登国六年破卫辰，收其珍宝、畜产，名马三十余万，牛羊四百余万，渐增国用。既定中山，分徙吏民及徒何种人、工伎巧十万余家以充京都，各给耕牛，计口授田。天兴初，制定京邑，东至代郡，西及善无，南极阴馆，北尽参合，为畿内之田。其外四方四维置八部帅以监之，劝课农耕，量校收入，以为殿最。又躬耕籍田，率先百姓。自后比岁大熟，匹中八十余斛。是时戎车不息，虽频有年，犹未足以久赡矣。"②可见道武帝非常重视农业生产，并为此制定出很多政策。"自五原至于棝阳塞外为屯田"的"屯田"，就是重视农业生产的重要标志，因为畜牧业经济生产不需要屯田，只有定居生活的农业生产方式才需要屯田。而且"计口授田"正是按照人口数量授予田地，牧民们不需要固定在某块田地上从事生产劳作。"劝课农耕"更是鼓励农民从事农业生产，从而才能在秋天取得收获。为了给农业生产起表率作用，道武帝还亲自"躬耕籍田"，这是最高统治者重视农业生产的重要标志。由此才出现"比岁大熟"的农业丰收的美好景象。实际上北魏初期的诸多农业政策，都受到汉文化的影响，也是鲜卑拓跋

① （汉）班固：《汉书》卷四十三《郦食其传》，中华书局 1962 年版，第 2108 页。

② （北齐）魏收：《魏书》卷一百一十《食货志》，中华书局 1974 年版，第 2849～2850 页。

政权重视农业生产的真切体现。

所以鲜卑人心中的“天”，已经从游牧经济赖以生存的草，渐渐转向农业经济的五谷。生产形式从畜牧业转变成农业，工作环境也从牧场转变为农田。尽管这些变化是一种渐进过程，也需要统治阶级为了长治久安施行相应的农业政策，但是“以食为天”的“天”已经在鲜卑人的心目中发生巨大变化。即使他们还会保持一段时间的游牧生活，甚至还会长时间食用奶制品，但是既然生产生活方式发生重大转型，这个“天”的变化已经成为历史的必然趋势。《魏书·太宗纪》记载：“(神瑞二年)九月……河南流民，前后三千余家内属。京师民饥，听出山东就食。”①明元帝神瑞二年(415年)因为河南粮食歉收，甚至打算迁都邺城躲避灾荒，说明这时期北魏已经开始依赖农作物。由此朝廷官员们围绕是否迁都展开政治论辩，最后崔浩提出很多客观可行的政策，从而化解了这次的粮食危机。《魏书·崔浩传》记载：“神瑞二年，秋谷不登，太史令王亮、苏垣因华阴公主等言谶书国家当治邺，应大乐五十年，劝太宗迁都。浩与特进周澹言于太宗曰：‘今国家迁都于邺，可救今年之饥，非长久之策也。东州之人，常谓国家居广漠之地，民畜无算，号称牛毛之众。今留守旧部，分家南徙，恐不满诸州之地。参居郡县，处榛林之间，不便水土，疾疫死伤，情见事露，则百姓意沮。四方闻之，有轻侮之意。屈丐、蠕蠕必提挈而来，云中、平城则有危殆之虑。阻隔恒代千里之险，虽欲救援，赴之甚难。如此则声实俱损矣。今居北方，假令山东有变，轻骑南出，耀威桑梓之中，谁知多少？百姓见之，望尘震服。此是国家威制诸夏之长策也。至春草生，乳酪将出，兼有菜果，足接来秋。若得中熟，事则济矣。’”②《崔浩传》言及“至春草生，乳酪将出”，它说明北魏初期奶制品还作为主食之一，然而这是在应对粮食歉收的前提下，也是中原汉人与牧民们在主食方面的互补。如果没有发生粮食危

① (北齐)魏收：《魏书》卷三《太宗纪》，中华书局1974年版，第55页。

② (北齐)魏收：《魏书》卷三十五《崔浩传》，中华书局1974年版，第808页。

机，奶制品远不及农作物重要。这也能够间接证明鲜卑民族的汉化程度逐步加深。而且当畜牧业经济生产转变成农业经济生产以后，有些鲜卑人成为新兴地主或步入贵族阶层，还有很多牧民转变成农民。① 因为身份地位和工作性质，乃至经济形式的巨大转变，鲜卑人已经无法固守传统文化习俗，开始逐渐接受汉文化的饮食习惯，所以他们的天道观在这方面已经发生转变。

关于鲜卑人的居住环境的汉化问题。鲜卑人没有入主中原以前居住在穹庐里，他们认识的天便是"穹"的基本轮廓。当北魏政权建立以后，为了适应新的政治形势和居住环境，需要放弃每年定期迁徙的生活，改为居住在房屋里。实际上鲜卑人在此之前，就已经出现了定居生活的思想意识。《魏书・序纪》记载，始祖神元帝于公元 258 年"迁于定襄之盛乐"；穆皇帝于公元 313 年"城盛乐以为北都，修故平城以为南都。……乃更南百里于漯水之阳黄瓜堆筑新平城"；烈皇帝于公元 337 年"城新盛乐城，在故城东南十里"；代王什翼犍于公元 340 年"移都于云中之盛乐宫"，并于公元 341 年"筑盛乐城于故城南八里"。② 虽然此时鲜卑人的都城无法与中原政权的首都的规模相比，但是能够清楚地看到，这期间鲜卑人是在迁徙与定居之间徘徊的。道武帝建立北魏政权以后，根据《魏书・莫含传附莫题传》记载："太祖欲广宫室，规度平城四方数十里，将模邺、洛、长安之制，运材数百万根。"③他按照汉人政权的都城模式建造平城，并带领整个部族一步步地走向定居生活。《南齐书・魏虏传》记载："(义熙中)殿西铠仗库屋四十余间，殿北丝绵布绢库土屋一十余间。伪太子宫在城东，亦开四门，瓦屋，四角起楼。妃妾

① ［美］巴菲尔德(Barfield. T.)著，袁剑译：《危险的边疆：游牧帝国与中国》，江苏人民出版社 2012 年版，第 150 页。

② (北齐)魏收：《魏书》卷一《序纪》，中华书局 1974 年版，第 3 页、第 8 页、第 11 页、第 12 页。

③ (北齐)魏收：《魏书》卷二十三《莫含传附莫题传》，中华书局 1974 年版，第 604 页。

住皆土屋。……又有悬食瓦屋数十间。”①根据历史纪年推算，这条文献出自太宗明元帝统治期间，这时候北魏宫廷内不仅拥有很多房屋，甚至衍生出不同的使用功能。另一方面，《南齐书·魏虏传》亦载：“以绳相交络，纽木枝枨，覆以青缯，形制平圆，下容百人坐，谓之为伞，一云‘百子帐’也。”②所谓“百子帐”，《南史·夷貊传下》“河南”条载：“有屋宇，杂以百子帐，即穹庐也。”③其他史料也有对“百子帐”的解释。宋代程大昌《演繁露·百子帐》记载：“唐人昏礼多用百子帐，特贵其名与昏宜，而其制度则非有子孙众多之义，盖其制本出塞外，特穹庐、拂庐之具体而微者。”④可见进入中原的鲜卑人的房屋演化史是：流动穹庐→固定穹庐→固定房屋。而且即使到了孝文帝改革以后，穹庐走向房屋的汉化过程尚没有完全结束，降至隋唐时期仍然处于不断演化的过程中。“百子帐”的出现，正是穹庐向房屋过渡的重要标志，“百子帐”只不过是游牧文化停留在中原大地的最后一抹余晖。这种居住环境的重大转变，导致他们在对“天”的概念的认知上，必然发生新的思维转变。

关于鲜卑人的天地轮廓的汉化问题。虽然不论是鲜卑人还是中原汉人，他们面对的天空几乎完全相同。但是由于牧民们和农民们的生活环境存在很大差别，所以他们对于天地的外在轮廓的认识未必一致。特别是传统的汉文化为天圆地方的宇宙观，而游牧文化是天圆地圆的宇宙观。汉化以前的鲜卑人每年都要定期迁徙，他们的视野远比定居的中原汉人辽阔。换言之，中原汉人生活的地域狭窄，限制了他们对于天的外

---

① （南朝）萧子显：《南齐书》卷五十七《魏虏传》，中华书局 1972 年版，第 984 页。

② （南朝）萧子显：《南齐书》卷五十七《魏虏传》，中华书局 1972 年版，第 991 页。

③ （唐）李延寿：《南史》卷七十九《夷貊传下》，中华书局 1975 年版，第 1978 页。

④ （宋）程大昌：《演繁露》卷十三《百子帐》，《四库全书》第 852 册，上海古籍出版社 1987 年版，第 181 页。

在轮廓的认识。“天地轮廓”的概念转换，不是汉化以后的鲜卑人的哲学思想方面的自我觉醒，而是生活环境改变以后，促使他们在“天地轮廓”的认识论上，呈现一种渐变的思想趋势。特别是在强大的汉文化的影响下，鲜卑文化的天圆地圆转向汉文化的天圆地方，已经成为历史发展的必然趋势。当鲜卑人的“圆(穹庐)”转向汉人的“方(房屋)”时，不仅仅是生活方式和居住环境的逐步改变，这意味着其再也无法固守传统的草原文化，他们将按照中原汉人的思维模式，建立一套全新的宇宙观系统。因此在孝文帝汉化改革以前，鲜卑人传统的天地观念，就已经开始向汉文化过渡了。孝文帝汉化改革以后，这种宇宙观的认识论已经与定居生活的鲜卑人紧密相连，与中原汉人的“天地轮廓”的思维观念逐渐走向统一。

二、精神层面的空间观念的逐步融合

下面继续从天道观的精神层面，探讨鲜卑人的汉化问题。关于鲜卑人祭祀的“天神”问题，《魏书·礼志一》记载：“又置献明以上天神四十余所，岁二祭，亦以八月、十月，神尊者以马，次者以牛，小以羊，皆女巫行事。……又加置天日月之神及诸小神二十八所于宫内，岁二祭。……别置天神等二十三于庙左右。”①这条文献主要有三次祭祀天神的记录，它是道武帝建立北魏政权初期举行的祭祀礼仪，其中的“献明帝”为道武帝的父亲，而“天神四十余所”“二十八所”“天神二十三”等，很显然带有鲜卑文化中祭祀神灵的特点，祭祀时间确定在“八月”和“十月”以及“岁二祭”等，这与汉文化的祭祀神灵时间有很大差别，特别是祭祀使用马作为重要的牺牲，与汉文化祭祀重视牛牺牲有很大差别。那么上述鲜卑民族的祭祀礼制，是否在孝文帝汉化改革时才被废止呢？《魏书·礼志一》记载：“帝将征蠕蠕，省郊祀仪。(429年)四月，以小

---

① (北齐)魏收：《魏书》卷一百八之一《礼志一》，中华书局1974年版，第2735~2737页。

驾祭天神，毕，帝遂亲戎。”①这次是太武帝亲征北方蠕蠕之前，在四月举行西郊祭天时，选择祭祀他们崇拜的天神，祈求这些神灵保佑他们战争获胜。部族凝聚力在这里体现得尤为重要，也说明这种宗教文化传统在北魏政权建立以后，依然在某种程度上获得延续。然而其后这个礼制却在太武帝时期逐渐走向衰弱。《魏书·礼志一》记载：“(太延二年，434年)六月，司徒崔浩奏议：‘神祀多不经，按祀典所宜，祀凡五十七所，余复重及小神，请皆罢之。’奏可。”②所谓“祀典”应该指汉文化的传统祭祀礼制，其中有五十七所符合。所谓“余复重”，应该指那些重复的祭祀种类，比如汉文化中有祭祀日神和月神的礼仪制度，鲜卑文化中也有这样的传统习俗，因此这里二者选其一祭祀即可。所以太武帝时期对于重复祭祀(余复重)，或者是祭祀较小的神灵(小神)，都采取废置的政治态度。这个时期不仅有汉文化的祭祀礼制，还应该有鲜卑传统文化的祭祀礼制。作为儒家代表的崔浩认为“神祀多不经”，其祭祀必然会指向那些非汉文化尊奉的神灵。

但是其后由于发生了严重旱灾，先前废止的祭祀制度又得到恢复。不论这里废弃的祭祀属于汉文化还是鲜卑文化，还需要延续这些祭祀神灵的制度。《魏书·礼志一》记载：“(和平元年，463年)四月旱，下诏州郡，于其界内神无大小，悉洒扫荐以酒脯。年登之后，各随本秩，祭以牲牢。至是，群祀先废者皆复之。”③说明不论是鲜卑传统的祭祀礼仪，还是吸收汉文化的祭祀制度，都呈现因时而异的兴废交替的曲折历程。降至高祖延兴二年(472年)，由于祭祀用牲太多，部分大臣上奏请求减少牺牲贡品。《魏书·礼志一》记载：“有司奏天地五郊、社稷已下

① (北齐)魏收：《魏书》卷一百八之一《礼志一》，中华书局1974年版，第2738页。

② (北齐)魏收：《魏书》卷一百八之一《礼志一》，中华书局1974年版，第2739页。

③ (北齐)魏收：《魏书》卷一百八之一《礼志一》，中华书局1974年版，第2739页。

及诸神，合一千七十五所，岁用牲七万五千五百。显祖(此时为太上皇)深愍生命，乃诏曰：‘朕承天事神，以育群品，而咸秩处广，用牲甚众。夫神聪明正直，享德与信，何必在牲。《易》曰：“东邻杀牛，不如西邻之禴祭，实受其福。”苟诚感有著，虽行潦菜羹，可以致大嘏，何必多杀，然后获祉福哉！其命有司，非郊天地、宗庙、社稷之祀，皆无用牲。’于是群祀悉用酒脯。”①除了天地、宗庙和社稷之外，祭祀都不可以供奉牺牲，这里没有再次言及鲜卑祭礼中的“天神”问题。可以说在孝文帝全面汉化改革以前，鲜卑统治者对于祭祀传统礼制中的“天神”，已经表现得非常冷漠，除了发生自然灾害之类的特殊情况，纵使在某个祭典偶然出现，天神祭祀也逐渐走向边缘化了。

正是因为象征民族凝聚力的天神祭祀已经渐行渐远，这就必然促使鲜卑文化的天道观走向衰弱。从而可以看出鲜卑文化的天，不论在精神层面还是物质层面，并非在太和十八年孝文帝下诏废弃西郊祭天礼制为止，才开始全面走向汉化。而是此前在汉文化的影响和自身政治需要的情况下，从鲜卑文化中逐渐剥离出来，并一步步向汉化道路迈进。当然孝文帝汉化改革以后，还有部分鲜卑后代固守传统的生活习俗。比如前文论述的“百子帐”，就是非常明显的事例，但是这个“百子帐”并非是定期迁徙的“穹庐”，而是有其名无其实的固定“房屋”。“百子帐”实际上是走向定居生活之后，鲜卑民族在形式上追思远古祖先生活的一种文化习俗而已。

此外，由于汉文化与鲜卑文化的“天”，都呈现相同的“圆形”的几何特征，所以孝文帝汉化改革以前，这两个宇宙观的“天圆”问题能够完美融合。然而也不能忽略，游牧文化的天的外在延伸状态，要比定居的汉文化的天的外在轮廓更为辽阔。此外，还有东南西北与前后左右之间的方位问题尚需考辨。下面为了便于论述，暂且把东南西北依然称为

① (北齐)魏收：《魏书》卷一百八之一《礼志一》，中华书局1974年版，第2740页。

“四方”，因为前后左右距离我们现实生活的位置较近，因此本书暂且把它称为“小四方”。前文已经考察过匈奴人和蒙古人的四方和小四方的对应关系是：东和左、南和前、西和右、北和后相匹配。由于汉文化与游牧文化在认定四方的问题上，都是参考太阳的运行轨迹，因此这两个文化的四方应该完全相同。但是在四方与小四方的匹配上，并非各个民族都完全一致。比如前文已经提到，日本古代的四方与小四方的对应关系是：东和前、南和右、西和后、北和左。所以如果汉人与鲜卑人在四方与小四方的观念上存在差异，便会成为这两种文化在融合道路上的阻力之一。

按照汉文化的五行与四方的关系，东方为木，南方为火，西方为金，北方为水，中间为土。并且汉人建造的房屋都是面南背北(厢房除外)，尤其是皇家宫殿的建筑格局更注重这样的宇宙观，《周礼》的“右社稷，左宗庙”的建筑理念，① 便可以说明“左为东”和“右为西”的方位思想。那么北魏政权建立以后，他们的方位观念又有怎样的基本特点呢?《魏书·礼志一》记载：“(天兴二年，399 年)冬十月……置太社、太稷、帝社于宗庙之右。”②也就是宗庙的右面为“太社、太稷、帝社”，据此可以推论，这样的四方与小四方关系应该是：东和左、南和前、西和右、北和后相对应。再按照前文西郊祭天的基本方位，《魏书·礼志一》记载：“周垣四门，门各依其方色为名。”可以看出这与汉文化的五行方位基本相同，从而可以进一步推论，西郊天坛的方位关系是：东(左)和木、南(前)和火、西(右)和金、北(后)和水相匹配。换言之，北魏初期的方色和方位的对应关系与汉文化的完全相同，从而可以获知汉文化与游牧文化，在四方与小四方之间的对应关系上没有差别。毫无疑问，这对于两个文化的融合起到积极的作用。也可以反证出北魏建国

① (清)阮元：《十三经注疏·周礼正义》卷三十六《春官·小宗伯》，中华书局 1980 年版，第 766 页。

② (北齐)魏收：《魏书》卷一百八之一《礼志一》，中华书局 1974 年版，第 2735 页。

初期，能够吸收汉文化的五行思想建造方坛祭天，这说明在西郊祭坛的四方问题上，鲜卑文化与汉文化存在可以相互兼容的先决条件。但不能忽略的问题是，鲜卑民族在草原生活期间，呈现的宇宙观为“天圆地圆”，由此这个游牧文化的“地圆”与汉文化的“四方”，便出现一个无法兼容的问题。实际上鲜卑游牧文化的“四野”，是大地向外无限延伸的状态，它不像汉文化中的大地方形说，或者大九州的“具体”的“方形”概念，“四野”是一种“笼统”的“模糊”的“方形”概念，一个“笼统”一个“具体”，便能够体现出两种文化的“方形”的空间观念差别问题。因此尽管鲜卑文化存在东南西北的“四方观念”，但与汉文化的具体的东南西北的“四方”相比依然存在差别。但是这种差别是“抽象”和“具体”的思想关系，具有可以通过时代发展逐渐走向汇流的先决条件。所以北魏建国时在礼制方面，容易在方向观的问题上接受汉文化的四方观念。

北魏建国以后不断吸收中原文化，最终形成推动汉化改革的历史洪流。如果鲜卑贵族仍然固守传统观念，不仅不利于他们的长久统治，甚至会成为民族进步的巨大障碍。正是鉴于这些因素，鲜卑文化的天圆地圆的宇宙观，转变为汉文化的天圆地方的宇宙观已经成为历史的必然趋势。

第四节　时间意识的逐步转换

前文已经考察过依靠草青时间确定的纪年方法，是北方游牧民们在漫长的生产生活中，逐渐积累起来的社会学知识。当鲜卑拓跋部入主中原建立北魏政权以后，也开始逐渐受到汉文化的影响，因此他们的社会结构、生活环境和饮食习惯等，必然在确定年度的问题上，由依据“草青”时间逐渐转变成依据“五谷”丰收时间。但是北魏政权还没有建立以前，鲜卑乌桓在草原生活期间就有一些农业生产，这些农业生产是否包含汉文化的“五谷”，这不仅涉及鲜卑民族的农业规模和农作物种类，还涉及他们把草青时间确定纪年以外，是否还有以五谷丰收的时间作为新年伊始的问题。

一、胡汉文化时间意识逐步融合

由于鲜卑民族在漠北草原生活期间，曾经长期受到过匈奴文化的影响。因此下面先比较他们的农业生产情况。《史记·匈奴传》记载："(匈奴)逐水草迁徙，毋城郭，常处耕田之业，然亦各有分地。"①可以看到，他们除了拥有畜牧业，也有一定规模的农业，甚至还划分了各自的田地。汉武帝太始二年(公元前95年)，在匈奴居住地曾经发生过一次自然灾害，农作物遭受的破坏程度极为严重。《汉书·匈奴传上》记载："会连雨雪数月，畜产死，人民疫病，谷稼不熟。"②由于这年匈奴连降数月大雪，导致农作物无法成熟。那么"谷稼不熟"的"谷"字，是指汉文化的五谷，还是指一般的农作物呢？颜师古注曰："北方早寒，虽不宜稷，匈奴中亦种黍穄。"③也就是匈奴人主要种植耐寒的"黍穄"，因此"谷稼不熟"的"谷"，是史官对于匈奴耕种的农作物种类的一般称谓，并非指中原汉人食用的五谷。《孟子·告子下》记载："夫貉，五谷不生，惟黍生之。"④关于"貉"究竟指哪个民族，曾庸先生经过细致考证，认为战国时期的"貉"是指西汉时期的东胡。⑤ 那么东胡种植的"黍"，究竟是怎样的农作物呢？而且既然中原汉人种植的五谷包含"黍"，那么"五谷不生，惟黍生之。"这句话是否前后矛盾呢？杨伯峻先

① (汉)司马迁:《史记》卷一百十《匈奴传》，中华书局1959年版，第2879页。

② (汉)班固:《汉书》卷九十四上《匈奴传上》，中华书局1962年版，第3781页。

③ (汉)班固:《汉书》卷九十四上《匈奴传上》，中华书局1962年版，第3781页。

④ (清)阮元:《十三经注疏·孟子注疏》卷十二《告子下》，中华书局1980年版，第2760页。

⑤ 曾庸:《辽宁西丰西岔沟古墓群为乌桓文化遗迹论》，《考古》1961年第1期，第334~336页。

生认为此处的“黍”，应该指黍之不黏者，北方有些地区称为糜子。①因此用“黍”的有无黏性，可以区分它们的种类。黄河中下游流域汉人种植的五谷，主要有黍、稷、麻、麦、菽五种，其中确实包括“黍”，但是五谷中的“黍”被称为“黄米”，有黏性适合于酿酒。《中国植物志》记载：“本种为人类最早的栽培谷物之一，谷粒富含淀粉，供食用或酿酒，秆叶可为牲畜饲料。由于长期栽培选育，品种繁多，大体分为黏或不黏两类，《本草纲目》称黏者为黍，不黏者为稷；民间又将黏的称黍，不黏的称糜(糜子)。”②这里面言及明代李时珍的《本草纲目》，《本草纲目·草部·稷》记载：“稷与黍，一类二种也。黏者为黍，不黏者为稷。稷可作饭，黍可酿酒。犹稻之有粳与糯也。陈藏器独指黑黍为稷，亦偏矣。稷黍之苗似粟而低小有毛，结子成枝而殊散，其粒如粟而光滑。三月下种，五、六月可收，亦有七、八月收者。其色有赤、白、黄、黑数种，黑者禾稍高，今俗通呼为黍子，不复呼稷矣。北边地寒，种之有补。河西出者，颗粒尤硬。稷熟最早，作饭疏爽香美，为五谷之长而属土，故祠谷神者以稷配社。”③这说明“稷”与“黍”的种类并不相同，而且“北边地寒”的“种之有补”，以及“三月下种，五、六月可收，亦有七、八月收者”说明黍的生长期较短，能够在“北边地寒”生长，这是因为漠北地区无霜期短，如果生长周期过长，便不适合农作物耕作，因此“黍”的种植受到地理环境和时令节气限制。《齐民要术·黍穄》记载：“凡黍穄田，新开荒为上，大豆底为次，谷底为下。地必欲熟。再转乃佳，若春、夏耕者，下种后再劳为良。一亩用子四升。三月上旬种者为上时，四月上旬为中时，五月上旬为下时。”④这说明种植黍类农作物，

---

① 杨伯峻：《孟子注释》，中华书局2003年版，第295页。

② 《中国植物志》第10卷第1分册，科学出版社1990年版，第203页。

③ (明)李时珍：《本草纲目》卷二十三《草部·稷》，人民卫生出版社1999年版，第1204页。

④ (北魏)贾思勰著，石声汉校释：《齐民要术》卷二《黍穄》，中华书局2009年版，第104页。

需要按照相应的时令节气，北魏贾思勰记载当时耕作时间，确实有三月(现在历法应为 4 月)这个时间。所以尽管“黍”的种类繁多，但不论是中原五谷的“黍”，还是东胡人种植的“黍”，只要根据它们有无黏性特征，便可以区分这些农作物的种类差别。所以漠北草原的游牧民族的农作物，仅仅是一些高原耐寒的谷物，这与中原汉人种植的五谷有很大差别。

关于东胡后裔的乌桓鲜卑的粮食生产和农作物种类，《后汉书·乌桓鲜卑传》记载：“其土地宜穄及东墙。东墙似蓬草，实如穄子，至十月而熟。见鸟兽孕乳，以别四节。”①这条文献言及穄和东墙两种农作物。那么它们拥有怎样的关系呢？根据这篇文章的解释，即东墙的果实很像穄的种子。然而穄俗称糜子，没有黏性属于黍类农作物。比如《说文》载：“穄，糜也。段玉裁注：穄似黍而不黏。”②关于“穄”的含义，根据唐长孺先生的研究，它应该是小米一类的谷物。③ 这说明从外观特征上，穄是近似于小米之类的农作物。根据北魏贾思勰《齐民要术·黍穄》记载：“凡黍穄田，新开荒为上。……夏种黍穄，与植谷同时。”④这里面的“黍穄”二字相连，前文颜师古注《匈奴传》时，引用的“黍穄”与《齐民要术》，都是“黍”与“穄”二字相连，或许他们都认为“穄”从属于“黍”类。《资治通鉴·晋纪三十三》“太元二十年”条载：“燕军至五原，降魏别部三万余家，收穄田百余万斛。”⑤实际上秦汉以后很多政权，都在内蒙古河套一带驻兵屯戍兴修水利移民垦殖。⑥ 这有助于后燕

---

① (南朝)范晔：《后汉书》卷九十《乌桓鲜卑传》，中华书局 1965 年版，第 2980 页。

② (清)桂馥：《说文解字义证》卷二十一《禾部》，中华书局 1987 年版，第 608 页。

③ 唐长孺：《拓跋国家的建立及其封建化》，《魏晋南北朝史论丛》，中华书局 2011 年版，第 212 页。

④ 石声汉校释：《齐民要术今释》卷二《黍穄》，中华书局 2009 年版，第 104 页。

⑤ (宋)司马光：《资治通鉴》卷一百八《晋纪三十三》，中华书局 1956 年版，第 3422 页。

⑥ 陈昌远编著，陈隆文校订：《中国历史地理简编》，河南大学出版社 2007 年版，第 98 页。

政权耕作穄田，从而才能有“百余万斛”的收获。根据上述几条史料的共同特点，可以断定穄主要栽种在北方耐寒耐旱地区，并有一定的农业规模。而且可以客观证明，乌桓鲜卑在没有受到汉文化的农业影响以前，应该有本民族的农作物种类。但是这些农作物必然受到地理环境限制。

春秋时期就已经出现了有关汉文化的五谷种类。比如《论语》记载：“四体不勤，五谷不分。”①《周礼·天官·疾医》“以五味、五谷、五药养其病”，郑玄注：“麻、黍、稷、麦、豆。”②郑玄把五谷理解为麻、黍、稷、麦、豆五个种类。《汉书·食货志上》“种谷必杂五种”条颜师古注：“黍、稷、麻、麦、豆。”③颜师古把五谷确定为黍、稷、麻、麦、豆五个种类。除了排列顺序不同之外，这五种农作物的种类完全相同。这说明东汉郑玄(127—200年)与唐代颜师古(581—645年)之间，尽管相差400余年，但是在围绕五谷种类方面呈现一致的观点。《大戴礼记·曾子天圆》“成五谷之名”条卢辨注：“五谷者，黍、稷、麻、麦、菽也。”④由于豆的总称为菽，所以上述解释与《论语》记载的内容基本相同。《孟子·滕文公上》“后稷教民稼穑树艺五谷”条赵岐注：“五谷谓稻、黍、稷、麦、菽也。”⑤东汉末年赵岐(？—201年)这里增加了稻而减少了麻。《史记·夏本纪》记载：“(禹)令益予众庶稻。”⑥这说明夏代种植过水稻。根据目前的考古发掘，尽管“稻”原产于长江流域，但至少在四千多年以前，黄河流域就已经种植过。陕西省岐山县孙家河遗址

---

① (清)阮元：《十三经注疏·论语注疏》卷十八《微子》，中华书局1980年版，第2529页。

② (清)阮元：《十三经注疏·周礼注疏》卷九《天官·疾医》，中华书局1980年版，第667页。

③ (汉)班固：《汉书》卷二十四上《食货志上》，中华书局1962年版，第1120页。

④ (清)王聘珍：《大戴礼记解诂》卷五《曾子天圆》，中华书局1983年版，第101页。

⑤ (清)阮元：《十三经注疏·孟子注疏》卷五下《滕文公上》，中华书局1980年版，第2705页。

⑥ (汉)司马迁：《史记》卷二《夏本纪》，中华书局1959年版，第51页。

曾经发现过稻谷痕迹。① 可以看出稻是中原人的主要粮食作物之一。所以五谷中有稻或麻只是定义不同而已。此外，故宫博物院收藏了一件王莽始建国元年(公元 9 年)铜方斗刻下的五谷图，说明汉代的五谷应该为黍、稷、麦、豆、麻五种。② 这里面有麻而无稻，但是上面言及的五谷并不是狭义上的粮食词语，而是广义上的农作物种类。乌桓鲜卑的穄与中原汉人的黄米，虽然都属于草本黍类，但是它们之间应该有很大区别。如青藏高原的藏民们的主食青稞与中原北方汉人的小麦，尽管它们同为禾本科植物，但仍然属于不同种类的农作物。

林幹先生根据近年的考古发掘，认为乌桓人生活过的辽宁省西丰县西岔沟出土的很多农具，上面清晰地铸有一些汉字，这说明乌桓人的农业耕作技术受到过汉文化的影响。③ 笔者赞同林幹先生的观点，但是还有几点内容需要补充。其一，这时期乌桓有铸铜和冶铁技术，④ 但有些农具铸有汉字，说明乌桓与汉人有文化交流，甚至汉地的先进农业技术，已经部分程度地传到漠北；其二，如果输入农具和农业技术，必然会带去中原农作物的种子；其三，乌桓鲜卑或许试种过这类农作物，但是由于它们不耐寒且生长周期长，因此很难栽种成功；其四，中原农业技术传入乌桓以后，应该对他们产生了一定程度的影响，或许耕地规模会略有增加。虽然乌桓已经拥有中原的农具、技术和种子，但鉴于漠北草原低气温和高纬度，以及自然条件恶劣等因素，乌桓鲜卑只能继续栽种适应当地气候土壤的传统农作物，而无法种植中原的五谷。

他们在草原生活期间，既然无法种植汉文化定义下的五谷，也就不会把它的丰收时间作为纪年方法。因此，鲜卑人在漠北草原生活期间，即使拥有一定程度的农业生产，但农作物的种类主要为穄和东墙等，经

① 陈文华：《中国农业通史》(夏商西周春秋卷)，中国农业出版社 2007 年版，第 28~30 页。

② 沈志忠：《汉代五谷考略》，《中国农史》1998 年第 1 期，第 106 页。

③ 林幹：《东胡史》，内蒙古人民出版社 2007 年版，第 15 页。

④ 林幹：《东胡史》，内蒙古人民出版社 2007 年版，第 16 页。

济形式主要是畜牧业，这就导致他们依然会根据草青时间纪年。

二、北魏历法与物候学

鲜卑人建立北魏政权以后开始走向定居生活，主食从奶制品逐渐改为五谷，这就必然导致他们的年度概念发生转变。北魏尚书崔宏曾经上奏道武帝，建议"敬授民时，行夏之正"①。这说明北魏建国初期施行的历法为夏正建寅。由于秦汉以后的历代王朝，几乎都采用夏正建寅历法，这说明北魏建国以后在拟定历法方面，主要参照了汉文化的历法。另一方面，鲜卑人的夏四月祭天属于他们的传统文化，直到孝文帝太和十八年(494年)该礼制才被废止。如果鲜卑拓跋统治者把夏四月祭天时间作为岁首，那么在北魏政权内就呈现出夏正建寅历法与"夏四月"岁首历法两种历法并行的文化样式，这与我国目前同时使用新历和旧历极为相似。为了便于理解，下录夏正、商正、周正和秦正时的改时改月表(见表1-1)。

表1-1　夏正、商正、周正和秦正的改时改月表②

子月	丑月	寅月	卯月	辰月	巳月	午月	未月	申月	酉月	戌月	亥月
夏十一	夏十二	夏正	夏二	夏三	夏四	夏五	夏六	夏七	夏八	夏九	夏十
仲冬	季冬	孟春	仲春	季春	孟夏	仲夏	季夏	孟秋	仲秋	季秋	孟冬
商十二	商正	商二	商三	商四	商五	商六	商七	商八	商九	商十	商十一
季冬	孟春	仲春	季春	孟夏	仲夏	季夏	孟秋	仲秋	季秋	孟冬	仲冬
周正	周二	周三	周四	周五	周六	周七	周八	周九	周十	周十一	周十二
孟春	仲春	季春	孟夏	仲夏	季夏	孟秋	仲秋	季秋	孟冬	仲冬	季冬
秦二	秦三	秦四	秦五	秦六	秦七	秦八	秦九	秦十	秦十一	秦十二	秦正
仲春	季春	孟夏	仲夏	季夏	孟秋	仲秋	季秋	孟冬	仲冬	季冬	孟春

① (北齐)魏收:《魏书》卷二《太祖纪》，中华书局1974年版，第34页。

② 《四库全书》第181册《三正考改时改月图》，上海古籍出版社1987年版，第330页。注：原著为"图"，本书为了便于考察改为表格形式。

此外，还有一条关于时间问题的史料需要关注。《三国志·魏书·乌丸鲜卑传》“以备四夷之变云”条裴松之引王沈《魏书》载：“俗识鸟兽孕乳，时以四节，耕种常用布谷鸣为候。”①这里面的“四节”是否为汉文化的四季呢？在中国古代的历史典籍中，确实有把四季称为四节的文献描述。比如《艺文类聚·杂文部三》“连珠”条载：“魏文帝连珠曰……盖闻四节异气以成岁，君子殊道以成名。”②这里面的四节便有四季的含义。但是汉魏时期的乌桓鲜卑，是否已经能够科学地分辨四季尚值得怀疑。由于确定四季主要在于划分冬至和夏至与春分和秋分，如果依靠观察节气物候会经常出现因温度波动而划分时间不准确的问题，根据天文学计算划分四季则更为准确。比如冬至和夏至是黄道的最低点和最高点，春分和秋分是黄道与赤道的两个交汇点。用圭表测定日影的长短也可以分辨四季，但是这些都属于天文学的知识范畴。北魏政权建立以后，通过他们的祭祖礼制能够确定其有“二至二分”的祭祀时间，③ 但这受到汉文化的历法影响。因此如果仅通过识别鸟兽孕乳期，以及布谷鸟的鸣叫声判断时令，则很难准确掌握四季变化。而且按照地理位置和自然环境的分布特点，北纬度数较高的漠北草原与黄河流域的物候应该有很大差别。比如前文“布谷鸟为候”在汉文献的史料中，很早就有明确记录。《吕氏春秋·仲春纪》记载：“始雨水，桃李华，苍庚鸣，鹰化为鸠。”④关于其中“鸠”字的含义，高诱在“鹰化为鸠”条下注曰：“鸠盖布谷鸟。”⑤北魏建国以后也受到汉文化的物候学理论影响。《魏书·律历志上》记载：

---

① （晋）陈寿：《三国志》卷三十《魏书·乌丸传》，中华书局 1959 年版，第 832 页。

② （唐）欧阳询：《艺文类聚》卷五十七《杂文部三》，上海古籍出版社 1982 年版，第 1036 页。

③ （北齐）魏收：《魏书》卷一百八之一《礼志一》，中华书局 1974 年版，第 2735 页。

④ 许维遹：《吕氏春秋集释》卷二《仲春纪》，中华书局 2011 年版，第 33 页。

⑤ 许维遹：《吕氏春秋集释》卷二《仲春纪》，中华书局 2011 年版，第 33 页。

冬至	虎始交	芸始生	荔挺出
小寒	蚯蚓结	麋角解	水泉动
大寒	雁北向	鹊始巢	雉始雊
立春	鸡始乳	东风解冻	蛰虫始振
雨水	鱼上冰	獭祭鱼	鸿雁来
惊蛰	始雨水	桃始华	仓庚鸣
春分	鹰化鸠	玄鸟至	雷始发声
清明	电始见	蛰虫咸动	蛰虫启户
谷雨	桐始花	田鼠为鴽	虹始见
立夏	萍始生	戴胜降于桑	蝼蝈鸣
小满	蚯蚓出	王瓜生	苦菜秀
芒种	靡草死	小暑至	螳螂生
夏至	鵙始鸣	反舌无声	鹿角解
小暑	蝉始鸣	半夏生	木槿荣
大暑	温风至	蟋蟀居壁	鹰乃学习
立秋	腐草化萤	土润溽暑	凉风至
处暑	白露降	寒蝉鸣	鹰祭鸟
白露	天地始肃	暴风至	鸿雁来
秋分	玄鸟归	群鸟养羞	雷始收声
寒露	蛰虫附户	杀气浸盛	阳气始衰
霜降	水始涸	鸿雁来宾	雀入大水化为蛤
立冬	菊有黄华	豺祭兽	水始冰
小雪	地始冻	雉入大水化为蜃	虹藏不见
大雪	冰益壮	地始坼	鹖旦不鸣①

① （北齐）魏收：《魏书》卷一百七上《律历志上》，中华书局 1974 年版，第 2679~2680 页。

其中的“惊蛰，始雨水，桃始华，仓庚鸣”与《吕氏春秋·仲春纪》记载的物候具有基本相同的特点。这说明从战国末年至北魏时期，尽管有些年度气候会有微小波动，但是从物候学视点考察，基本没有较大的气温变化。因为汉人生活的中原地区比乌桓人生活的漠北草原纬度低，尽管他们都把布谷鸟看作重要物候，但是黄河中下游流域的耕作时间，要比乌桓地区至少早一候至三候。布谷鸟鸣叫声可以作为当地的物候坐标，然而每个地区的农作物耕作和收获时间，受到气候特点、降雨量和土壤环境等客观条件限制，因此中原汉人与鲜卑人，并不能在相同时间栽种或收获相同种类的农作物。战国时期的思想家孟子曾经强调：“不违农时，谷不可胜食也。”①这说明只要不违背农业耕作时间，一定会有粮食收获。也说明农作物种类都有季节性特点，假如错过耕种季节和收获时间，就会给农业生产带来巨大影响。

所以《后汉书·乌桓鲜卑传》和《三国志·魏书·乌丸鲜卑传》记载的乌桓人和鲜卑人通过观察“鸟兽孕乳”确定“四节”，也只能掌握物候变化的一般规律，对于二十四节气和四季变迁的时间尚难准确把握。比如，涂长望先生按气候把中国划分为八大类型，鲜卑人生活的阴山山脉一带为“蒙古类”。② 内蒙古就属于典型的中温带季风气候，具有降水量少且不均匀，冬天漫长而寒冷的特点，多数地区冬季长达 5 个月，其中 1 月的气温最冷，夏季温热而短暂，有些年份 9 月下旬已经入冬。③因此鉴于鲜卑人生活的地理环境的纬度高、季节温差大等气候特点，四季概念并不适合漠北草原，它是中原地区定义下的季节概念。

三、地理位置变迁与时间意识转化

马长寿先生认为，乌桓人有农、牧、猎三种经济活动，并以农业经

① （清）阮元：《十三经注疏·孟子注疏》卷一上《梁惠王上》，中华书局 1980 年版，第 2666 页。

② 姜世中主编：《气象学与气候学》，科学出版社 2010 年版，第 271 页。

③ 《中国大百科全书》第 16 卷，中国大百科全书出版社 2009 年版，第 488 页。

济为主。① 林幹先生认为此时乌桓尚处在游牧文化时期，与真正意义上的农业生产相比还有很大距离。② 本书赞同林幹先生的观点，因为地理位置、气候环境和农作物种类等对于农业生产都有极大限制。根据上述自然条件制约，无法断定这时期的乌桓鲜卑已经拥有大规模的农业生产。他们除了种植一些耐寒耐旱的农作物以外，实际上依然以畜牧业为主。

另一方面，乌桓鲜卑开始出现在历史上的时间，在曹魏建国的220年前后，始祖神元皇帝首次祭天在258年，拓跋珪重建代国在386年。根据竺可桢先生的物候学研究成果，按照图1-2所示，这时期的气候是中国五千年历史当中的第二次寒冷期，尽管曹丕称帝时间至代国重建相隔166年，但是这期间的气候变化非常小，一直处在相对寒冷阶段。由此可以进一步推论，乌桓人生活的区域与黄河流域之间，并不会因气候波动给自身的农业生产，以及粮食种类带来革命性的影响，更不会与中原地区在相同时间内，种植同样的农作物。因此乌桓人的农业生产，必然受到地理位置和气候因素的极大限制。

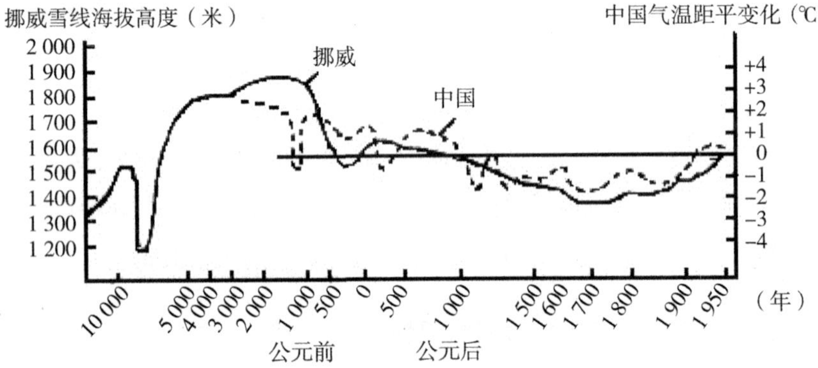

图1-2　10000年来挪威雪线高度与5000年来中国温度变化图③

① 马长寿：《乌桓与鲜卑》，广西师范大学出版社2006年版，第109页。

② 林幹：《东胡史》，内蒙古人民出版社2007年版，第15页。

③ 竺可桢：《中国五千年来气候变迁的初步研究》，《考古学报》1972年第1期，第36页。

所谓乌桓人有四节之事，或许是汉人史官对他们认知季节的一般性概括，或许四节作为一个周期性的时间词语，仅代表这时期的乌桓人懂得年度概念，或者对于季节变迁已经拥有清楚的经验认识。但绝不能冒然断定这时期的乌桓人，已经科学地掌握了汉文化定义下的四季变化。因为以“鸟兽孕乳”确定四节，本身就是社会学视角下人们积累的经验观察，并不是天文学定义下的二至二分。漠北地区冬夏漫长春秋短暂，这样的四季变化与中原地区有很大差别。此外，清光绪二十三年(1897年)在内蒙古托克托城(呼和浩特市)发现过石制日晷(见图1-3)，现收藏于中国历史博物馆，有学者认为制作年代在汉以前，虽然这个日晷未

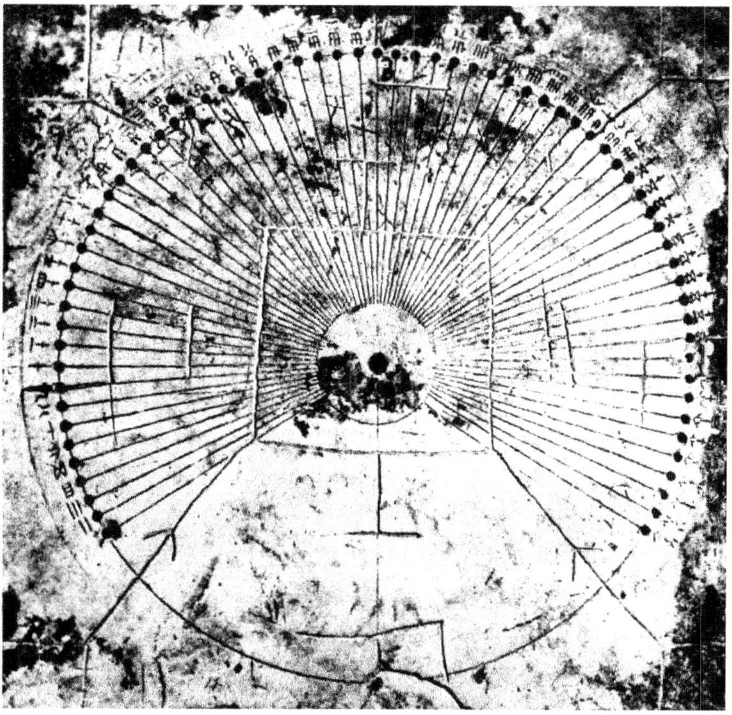

图1-3　内蒙古托克托出土日晷①

① 潘鼐编著：《中国天古文图录》，上海科学技术出版社2009年版，第9页。

必是匈奴人所做，但或许对他们的文化产生过影响。①

漠北草原的纬度高，气候极为寒冷，没有如同黄河流域的四季变化，即使借用圭表可以测定出二至(夏至、冬至)二分(春分、秋分)时间，他们依然无法改变漠北草原独有的季节特点。那么这时期的游牧文化中，每年应该拥有几个季节呢？日本学者江上波夫认为匈奴是春秋二祭。②《汉书·匈奴传上》记载："岁正月，诸长小会单于庭，祠。五月，大会茏城，祭其[祖]先、天地、鬼神。秋，马肥，大会蹛林。"③这里面记录了"单于庭""茏城"和"蹛林"三个词语。"单于庭"是地名。关于"茏城"，北魏时期的崔浩认为："西方胡皆事龙神，故名大会处为茏城。"④可见"茏城"是因祭祀"龙神"而得名。《汉书·韩安国传》记载："将军卫青等击匈奴，破茏城。"⑤可以看出"茏城"也是一个地名。关于"蹛林"，唐代学者颜师古认为是祭祀仪式，然而《史记索引》注引晋灼语曰："李陵与苏武书云：'相竞趋蹛林。'"⑥虽然不排除"蹛林"与祭祀有关，但如果把"蹛林"看作地名也并不勉强。所以西汉时期的匈奴每年分别在三个地点祭天。现代学者根据《史记》记载，也确定匈奴每年有三次祭天。⑦ 实际上匈奴的这种祭天礼制，在部落内一直得到延续。《后汉书·南匈奴传》记载："匈奴俗，岁有三龙祠，常以正月、五

① 陈久金：《中国少数民族天文史》，中国科学技术出版社 2008 年版，第 519 页。

② [日]江上波夫：《ユウラシア古代北方文化：匈奴文化论考》，全国书房 1948 年版，第 225~279 页。

③ (汉)班固：《汉书》卷九十四上《匈奴传上》，中华书局 1962 年版，第 3752 页。

④ (汉)司马迁：《史记》卷一百十《匈奴传》，中华书局 1959 年版，第 2892 页注释〔一〕。

⑤ (汉)班固：《汉书》卷五十二《韩安国传》，中华书局 1962 年版，第 2406 页。

⑥ (汉)司马迁：《史记》卷一百十《匈奴传》，中华书局 1959 年版，第 2893 页。

⑦ 何天明：《中国古代草原古文化祭》，内蒙古大学出版社 2012 年版，第 196~200 页。

月、九月戊日祭天神。"①这三次祭祀时间与《汉书》记载的基本相同，只不过没有描述祭天地点，所以很可能东汉时期的匈奴，也会把年度划分为三个季节。而且其中的秋季祭天时间，《后汉书》的"九月"要比《史记》的"秋"记载得更为详细。关于鲜卑人的年度祭天次数，即"魏之旧俗，孟夏祀天及东庙，季夏帅众却霜于阴山，孟秋祀天于西郊"②。鲜卑传统的祭天时间在孟夏四月，建国以后地点在平城西郊，所以既然"季夏"祭祀在阴山，应该与汉文化的传统的"祭天"礼制没有直接关系。而且道武帝建国初期，还在正月举行过祭天典礼。③ 这说明在鲜卑人的传统祭祀中，有正月、四月和孟秋三次。或许他们也有年度三个季节的时间观念。④ 当然这应该是通过观察大自然季节变化，获得的民俗文化的朴素时间意识。通过观察物候确定季节更符合游牧民们的生产生活方式。

北魏政权建立以后，鲜卑人生活的地理位置已经由北向南迁徙，畜牧业的经济形式渐行渐远，而依赖农业生产又如此迫切，再加上统治阶级的政治需求，以及受到汉文化的多方面影响，甚至主食已经从传统的奶制品逐渐向五谷转变，这就必然导致鲜卑人的生产生活方式和社会结构发生重大变化，给他们传统意义上的年度概念，带来前所未有的冲击，并促使鲜卑文化的时间意识向汉文化的时间意识过渡，最终走向民族融合的道路。

小　结

首先对于"天圆"的观念还需要进一步思考。前面已经言及不论是

① （南朝）范晔：《后汉书》卷八十九《南匈奴传》，中华书局1965年版，第2944页。

② （宋）司马光：《资治通鉴》卷一百一十《晋纪三十二》，中华书局1956年版，第3484页。

③ （北齐）魏收：《魏书》卷二《太祖纪》，中华书局1974年版，第20页。

④ 杨永俊：《论拓跋鲜卑的原始祭天》，《西北民族学院学报》2002年第6期，第32页。

汉文化的“天圆地方”，还是鲜卑文化的“天圆地圆”，都无一例外地认为“天”呈现出“圆形”的外在轮廓。

其次从方位角度试加比较，不论是汉文化还是鲜卑文化，都把太阳的东升西落作为定位方法。但是这两种文化对于太阳的运行规律，却存在不同的思想观念。《山海经·大荒东经》记载：“汤谷上有扶木，一日方至，一日方出，皆载于乌。”①这里面强调每天的起点和终点，它反映了古代先民们机械性地解释太阳东升西落的自然现象，它是汉文化处在幼年时期的神话想象，这一时期人们对于大自然的客观规律理解得比较朴素。另一方面，因为匈奴人把太阳视为保护神,② 所以深受匈奴文化影响的鲜卑人，很可能也会有相同信仰，这在鲜卑民族的祭祀日月礼制方面，可以获得一定程度的间接证明。这种宗教自然观反映出游牧民族更重视对太阳的精神崇拜。因此汉文化与鲜卑文化在太阳的运行规律方面，具有神话世界与宗教信仰的两种不同的认识论。

最后从鲜卑文化与汉文化的“年度”定义上略加思考。原则上中原汉人和鲜卑人都是通过观察植物确定的年度单位。《重修台湾府志·风俗四·番俗通考》记载：“番无年岁，不辨四时，以刺桐花开为一度。”③台湾早期的少数民族也把刺桐花开时间作为年度伊始。但是并非所有民族的年度概念都有这样的共性特点。比如赫哲族把大马哈鱼的回流时间作为岁首，这本身就与植物没有任何关系。所以以“五谷”“青草”“刺桐花”和“大马哈鱼”等作为年度划分的依据，皆为人类在自身的文明进程中和社会发展中，逐步掌握的具有周期性的经验认识，以此确定的年度概念都有地域传播的局限性。而且因为它们没有采用天文学的年度观测技术，所以皆为社会学的时间概念。当一个民族融入另一个民族的社会文化中，传统的时间观念就会渐渐发生改变。因此它们都是人

① 袁珂：《山海经校注》，巴蜀书社 1996 年版，第 408 页。

② 何星亮：《中国自然崇拜》，江苏人民出版社 2008 年版，第 135~136 页。

③ (清)范咸纂辑，陈伟智点校：《重修台湾府志》卷十六《风俗四·番俗通考》下册，远流出版公司 2005 年版，第 620 页。

类对于大自然的经验观察和朴素意识，不能直观地认为某个民族的年度时间概念先进或者高级。比如一些中原汉人来到漠北草原生活，他们的时空观就会向游牧文化转变，当北方游牧民族迁移到中原定居以后，也会按照当地的生活习俗理解汉文化的时空观。实际上这些社会学的年度概念，都是大自然赋予人类的“时间机器”，我们的祖先在生产生活中，发现并掌握了这样的客观规律，它不仅给人类文明带来巨大进步，甚至可以用它计算浩渺的空间距离和宇宙年龄。

总之，可以看出鲜卑人在草原生活期间，拥有的时间意识与空间观念，是基于饮食习惯和生活环境等逐渐积淀的文化体系，它伴随着一个民族的形成与发展，具有游牧民族特色。当北魏政权建立以后，鲜卑文化与汉文化由初步接触，到深入交流并走向相互吸收与相互融合的道路，它们为中国古代史注入了新鲜血液，使中华文化不断充满活力并闪烁出耀眼的星光。

第二章　北魏西郊祭天的时空观念

引　言

能够代表鲜卑拓跋部以宗教为凝聚力，并标志他们走向历史舞台，对于这时期的北方政治格局产生影响的重要事件，就是始祖神元帝拓跋力微于公元258年，率领部族迁到盛乐以后，首次举行的“夏四月”祭天仪式。这次祭祀表明拓跋部已经发展壮大，并以诛杀对这次祭天“观望不至”的白部大人为军事震慑，① 拉开了影响华夏大地长达200多年的历史序幕。西晋“八王之乱”以后北方群雄并起，地方割据政权更迭频繁，公元376年代国被前秦灭亡。公元386年代王什翼犍之孙拓跋珪纠合各部重建代国，并在登国六年(公元391年)举行了本民族传统的“夏四月”祭天。公元398年在原“夏四月”祭天礼制的基础上，又把祭天地点确定在首都平城西郊，这就是所谓的“西郊祭天”。孝文帝于太和十八年(494年)三月，率领部族迁都到洛阳进行全面汉化改革时，彻底废止了鲜卑拓跋部传统的西郊祭天礼制。② 这个祭天礼制从诞生到灭

① “(始祖神元帝)三十九年，迁于定襄之盛乐。夏四月，祭天，诸部君长皆来助祭，唯白部大人观望不至，于是征而戮之，远近肃然，莫不震慑。”参见《魏书》卷一《序纪》，中华书局1974年版，第3页。

② “(太和十八年)三月，诏罢西郊祭天。”参见《魏书》卷一百八之一《礼志一》，中华书局1974年版，第2751页。

亡，共计经历了230多年。

史书对于北魏西郊祭天礼制，有一些细节上的描述。《魏书·礼志一》记载："天赐二年(405年)夏四月，复祀天于西郊，为方坛一，置木主七于上。东为二陛，无等。周垣四门，门各依其方色为名。牲用白犊、黄驹、白羊各一。祭之日，帝御大驾，百官及宾国诸部大人毕从至郊所。帝立青门内近南坛西，内朝臣皆位于帝北，外朝臣及大人咸位于青门之外，后率六宫从黑门入，列于青门内近北，并西面。廪牺令掌牲，陈于坛前。女巫执鼓，立于陛之东，西面。选帝之十族子弟七人执酒，在巫南，西面北上。女巫升坛，摇鼓。帝拜，若肃拜，百官内外尽拜。祀讫，复拜。拜讫，乃杀牲。执酒七人西向，以酒洒天神主，复拜，如此者七。礼毕而返。自是之后，岁一祭。"①这是北魏政权建立以后，《魏书》记载的较为详细的西郊祭天礼制，大体描述了这次祭祀的情况。北魏西郊祭天礼制非常重要，已经有很多学者从礼仪制度、宗教信仰、政治关系和民族文化等角度，进行了深入系统的学术研究，可以说取得了非常丰富的学术成果。② 但是，仍然有很多谜团至今没有得到解决。

本章针对北魏的西郊祭天礼制，主要从时空观角度提出以下四个问题：其一，由于鲜卑拓跋部长期生活在漠北草原，他们早期的祭天场所具有什么样的特点，其后又是怎样一步步将祭天地点确定在首都平城西郊呢？其二，从始祖神元帝初次"夏四月"祭天，直至孝文帝废弃该礼

① (北齐)魏收：《魏书》卷一百八之一《礼志一》，中华书局1974年版，第2736页。

② 康乐：《从西郊到南郊——国家祭典与北魏政治》，稻香出版社1995年版，第165~170页；何德章：《北魏初年的汉化制度与天赐二年的倒退》，《中国史研究》2001年第2期，第29页；杨永俊：《论拓跋鲜卑的西郊祭天》，《民族研究》2002年第2期，第44~53页；杨永俊：《论拓跋鲜卑的原始祭天》，《西北民族学院学报》2002年第6期，第28~36页；杨永俊：《拓跋传统祭天时地考》，《甘肃社会科学》2002年第6期，第56页；杨永俊：《论北魏的西郊祭天礼制》，《兰州大学学报》2002年第2期，第56~62页。徐迎花：《魏晋时期鲜卑拓跋祭天问题研究》，《福建师范大学学报》2007年第5期，第146~153页。

制为止的230多年间，拓跋部能够在相同的“夏四月”祭天，说明他们拥有比较准确的天文历法。但是如果要制定一部历法，应该具备先进的天文学技术和精密的数理学知识，然而早期的鲜卑人不仅没有文字，甚至尚处在刻木记契的历史阶段。那么鲜卑人怎样确定的“夏四月”祭天时间？在鲜卑文化中，祭祀天神要面向西方，那么这个西向设祭与昴宿崇拜是否存在密切关系呢？其三，北魏天赐二年(405年)举行西郊祭天时，把青、赤、白、黑四种颜色作为方坛四门，这些颜色与汉文化的五方色完全能够对应，那么它是受到汉文化的影响，还是受其他民族文化的影响呢？其四，按照汉文化的礼仪制度，只有天子才能祭天。因为天子作为上天的唯一儿子，施政是代表天(天父)的意志行事，这就是所谓的“天命神授”的宇宙观和宗教伦理观。因此皇帝祭天不仅是“礼”，还是向父亲表达“孝”，这样的传统文化已经根植于中国古代社会，并成为重要的政治制度得以延续。如果其他人祭天就是公开向皇权挑战，罪责等同于谋反。道武帝于皇始元年(396年)已经自称为天子，然而在天赐二年(405年)举行西郊祭天时，很多大臣竟然与他一起站在祭坛上，这样的做法不仅有悖于汉礼，也完全违背了等级森严的封建制度。那么道武帝拓跋珪作为北魏政权的最高统治者，为什么会采用这样的祭祀礼制呢？他究竟以什么样的身份祭天呢？

本章在学者们研究成果的基础上，主要从时空观角度考察北魏的西郊祭天礼制中有关“祭坛方位”“祭天时间”“祭坛方色”和“天子与天之子”四个问题，这是迄今为止学界尚未深入探讨的课题之一。

第一节　祭坛方位

北魏道武帝建立政权以后，按照汉文化的礼仪制度，在平城南郊建立天坛祭天。但是鲜卑统治者还在首都平城西郊举行鲜卑文化的祭天礼仪，这就是《魏书》记载的“西郊祭天”。鲜卑拓跋部没有进入中原以前，尚处在定期迁徙的游牧文化阶段，其生活方式是逐水草而居，那么在这样的游牧文化的背景下，祭天场所又具有怎样的基本特点呢？这与他们的生活习俗，又存在怎样的必然联系呢？考察这些问题，更有利于厘清早期鲜卑礼制的特点，这也是研究鲜卑民族历史文化不能忽视的重要环节。

一、祭天地点

在考察鲜卑民族的祭天地点问题之前，首先考察匈奴民族的祭天地点。这是因为鲜卑民族与匈奴人的血缘关系、民俗文化关系都非常接近，代王什翼犍之女嫁给匈奴部亢埿为妻，明元帝的母亲刘皇后也来自匈奴部。① 所以通过比较游牧时期的两个民族的祭天地点，能够获得一定程度的客观认识。《汉书·匈奴传上》记载："岁正月，诸长小会单于庭，祠。五月，大会茏城，祭其[祖]先、天地、鬼神。秋，马肥，大会蹛林。"②其中的"小会"或"大会"之中的"会"字，便有"聚会"和"会盟"等含义。"会"不仅要选择相聚地点，还要选择时间或者季节。并且"小会"与"大会"分别表达祭天礼制的不同规模，以及部族成员对于此次祭天礼制的重视程度。由此可见"正月"的"小会"，以及"秋季"的"大会"，远不及"五月"的"大会茏城"的祭祀规模大。而且"五月"的祭祀对象，几乎囊括了所有匈奴崇拜的神灵，它不仅具有宗教意义，还有民族凝聚的政治寓意。游牧民族习惯在水草丰美之地居住，每当季节变化时又会寻找新的草场，所以各个部落都不在一起放牧，只有到了聚会时间才能相聚。匈奴人每年都以定期会盟的方式祭天，这样的文化特点显示出他们的祭天场所并没有完全固定下来，更没有建造汉文化样式的固定天坛。

有关东汉时期的鲜卑人的祭天场所，《后汉书·乌桓鲜卑传》记载：

① （北齐）魏收：《魏书》卷十三《皇后列传》，中华书局1974年版，第324～325页。

② （汉）班固：《汉书》卷九十四上《匈奴传上》，中华书局1962年版，第3752页。

“鲜卑者……以季春月大会于饶乐水上。”①这说明早期的鲜卑人并没有建造固定的天坛，“以季春月大会”便说明在这个月份部落才能相聚，也是通过约期会盟的方式祭天。公元386年道武帝拓跋珪重建代国时，依然采用传统的约期会盟的方式祭天。《魏书·太祖纪》记载：“登国元年(386年)正月……郊天，大会牛川。”②由于这时期鲜卑族依然处于游牧文化阶段，因此采用“大会牛川”的祭天礼制，说明这次聚会依然带有鲜明的传统文化特征。两次祭天时间上都有“会”字，能够看出只要是游牧文化的生产生活方式没有改变，约期会盟便成为游牧文化中不可替代的祭天方式。会盟之处便成为祭天的临时地点，即使搭建一些天坛之类的建筑物，也具有临时性、简易性的基本特征。但是降至登国六年(391年)夏四月，鲜卑拓跋部举行祭天时，《魏书·太祖纪》记载：“夏四月，祠天。”③这时的记载已经没有“大会”之类的会盟词语了，这说明鲜卑人的祭天礼制，已经由“会”向固定地点迈进了一步。因为这时期的整个鲜卑拓跋部，已经具有很强的民族凝聚力和战斗力，击败其他政敌建立稳定政权，成为当前政治上的首要任务。所以分散各处的部族们，初期还需要约期会盟共同祭天。随着部落军事力量的不断强大，以及为了战胜其他部落敌人，需要长时间居住在一起，祭天也就不需要强调“大会”了。当鲜卑拓跋部由北向南迁徙，政治形势和军事形势全面好转，并从游牧生活逐渐走向定居生活时，便开始出现西郊祭天的稳定地点了。这说明鲜卑拓跋部在拥有固定天坛之前，他们的族群由分散转向集中。学界普遍认为，北魏的西郊祭天肇始于迁都平城之后，但实际上西郊祭天的礼制形成的最初起点，在迁都平城以前就已经出现了。

《魏书·太祖纪》记载：“天兴元年(398年)……夏四月……，帝祠

---

① (南朝)范晔：《后汉书》卷九十《乌桓鲜卑传》，中华书局1965年版，第2985页。

② (北齐)魏收：《魏书》卷二《太祖纪》，中华书局1974年版，第20页。

③ (北齐)魏收：《魏书》卷二《太祖纪》，中华书局1974年版，第24页。

天于西郊，麾帜有加焉。”①这里面首次谈到西郊祭天的礼制。《北史·魏本纪一》基本上抄录了《魏书》的原文，即“天兴元年……夏四月壬戌，……祭天于西郊，旗帜有加焉”②。这说明北齐魏收和唐代李延寿对于此次祭祀，是否能够称为西郊祭天并没有提出异议。按照《魏书》的编年次序，道武帝在天兴元年(398年)的“秋七月”才正式迁都，《魏书·太祖纪》记载：“(天兴元年)秋七月，迁都平城，始营宫室，建宗庙，立社稷。”③这里面对于“秋七月”迁都平城之事记载的时间和地点非常清楚，由此可以进一步分析出，《魏书·太祖纪》记载的“天兴元年”的西郊祭天的都城所在地并非指平城。但是把这次称为西郊祭天非常符合历史事实。那么这次祭天的地点究竟在何处呢?《魏书·太祖纪》记载：“(登国元年，386年)二月，幸定襄之盛乐。……秋七月己酉，车驾还盛乐。”④登国元年“车驾还盛乐”的“还”字，既是强调这时期的都城在盛乐，也说明道武帝重建代国初期，是以盛乐为统治中心的。本书第一章已经提到过，鲜卑拓跋猗卢曾经把盛乐作为北都，把平城作为南都。道武帝迁都平城以前，实际上盛乐一直被看作都城。如《魏书·太祖纪》记载：“(天兴元年正月)徙山东六州民吏及徒何、高丽杂夷三十六万(署)，百工伎巧十万余口，以充京师。……(三月)卫王仪还京师。”⑤这里面出现的“京师”即是都城的意思，但是“天兴元年正月”还没有迁都平城，依然以盛乐为统治中心。根据代国的复兴之路和发展轨迹，上面这条文献记载的时间是在天兴元年(398年)正月和三月，而直到该年七月，道武帝才迁都平城，所以这个“京师”当指北都盛乐无疑。既然《魏书》已经记载在北都就举行过西郊祭天，如果要确定这个历史事件的起始时间，应该至少提前到“天兴元年四月”才比较

① (北齐)魏收：《魏书》卷二《太祖纪》，中华书局1974年版，第32页。
② (唐)李延寿：《北史》卷一《魏本纪一》，中华书局1974年版，第17页。
③ (北齐)魏收：《魏书》卷二《太祖纪》，中华书局1974年版，第32页。
④ (北齐)魏收：《魏书》卷二《太祖纪》，中华书局1974年版，第20页。
⑤ (北齐)魏收：《魏书》卷二《太祖纪》，中华书局1974年版，第32页。

客观，如果确定西郊祭天的最早起始地点，更不能仅强调平城的西郊祭天，而忽略了盛乐的西郊祭天。实际上盛乐的西郊祭天才是这个礼制的起点，它能够在这个历史阶段出现，对于北魏政权具有重要的政治意义，因为它起到从约期会盟到固定祭天地点的桥梁作用。所以如果学界仅强调平城的西郊祭天，而忽略盛乐的西郊祭天并不妥当。而且孝文帝太和十八年(494 年)迁都洛阳以后，才彻底废止夏四月的西郊祭天礼制。① 所以北魏一朝能够称为西郊祭天的礼仪制度，应该分为以下两个地点和历史阶段：

代——盛乐(北都)——西郊祭天

魏——平城(南都)——西郊祭天

尽管这时期的“代”与“魏”的最高统治者都是道武帝拓跋珪，然而按照地理位置的分布流转，盛乐与平城作为都城是南北交替，按照时间的前后顺序，代国是北魏的前身，但是《魏书》和很多考古发掘材料，经常把“代”与“魏”相提并论。比如《汉魏南北朝墓志汇编》收入“惟大代大魏正始四年岁次丁亥三月庚申朔廿六日乙酉日武昌王墓志铭”。②“正始”是世宗宣武皇帝的年号，在 504—507 年之间，距离北魏建国已经有 100 余年，这时期“大代”和“大魏”还并列使用，足以说明它们在国名方面的密切关系。但是尽管盛乐时期的西郊祭天与平城时期的西郊祭天在时空观方面有很多密切联系，然而这两个天坛不仅地理位置有很大差别，在保留本民族的传统礼俗和吸收汉文化方面，也存在很多不同之处。

虽然代国复兴初期一直以盛乐为统治中心，但是由于北方长期陷于战乱，道武帝没有战胜强敌后燕以前，即使有都城也不会每年都如期举行西郊祭天。《魏书》没有相关记载，战争时期的紧迫感也不允许道武帝有过多这方面的想法。当北方军事形势好转，政治趋向安定以后，道

① (北齐)魏收：《魏书》卷七下《高祖纪下》，中华书局 1974 年版，第 174 页。

② 赵超：《汉魏南北朝墓志汇编》，天津古籍出版社 1992 年版，第 51 页。

武帝拓跋珪便开始着手建国称帝了。《魏书·太祖纪》记载："(皇始元年，396年)秋七月，右司马许谦上书劝进尊号，帝始建天子旌旗，出入警跸，于是改元。"①这说明道武帝从皇始元年(396年)六月至天兴元年(398年)七月迁都平城以前，已经有大约两年时间称呼天子了。然而在皇始二年(397年)十月基本消灭后燕政权，才在天兴元年夏四月举行盛乐的西郊祭天。所以这时期的祭天是由"夏四月祭天"刚刚发展过来的传统礼俗。在这样的历史背景下，鲜卑文化特色依然非常浓厚。同时随着鲜卑拓跋部开始逐渐走向定居生活，他们的祭天场所也走向固定化。因此这时期《魏书》没有再度强调以会盟的形式祭天。

既然道武帝已经在盛乐自称天子，也举行过本民族传统的祭天活动，那么迁都平城以后，西郊祭天将会发生怎样的历史转变呢？由于道武帝重建代国初期改称"魏王"时，依然使用原来的代国称号。因此降至天兴元年六月又重新拟定国号。《魏书·太祖纪》记载："群臣曰：'昔周秦以前，世居所生之土，有国有家，及王天下，即承为号。自汉以来，罢侯置守，时无世继，其应运而起者，皆不由尺土之资。今国家万世相承，启基云代。臣等以为若取长远，应以代为号。'诏曰：'昔朕远祖，总御幽都，控制遐国，虽践王位，未定九州。逮于朕躬，处百代之季，天下分裂，诸华乏主。民俗虽殊，抚之在德，故躬率六军，扫平中土，凶逆荡除，遐迩率服。宜仍先号，以为魏焉。布告天下，咸知朕意。'"②在围绕国家名字的问题上，很多大臣主张称为"代"，这是延续西晋政权的册封。比如《魏书·序纪》记载："八年(315年)，晋愍帝进帝(拓跋猗卢)为代王，置官属，食代、常山二郡。"③如果继承这个代王爵位，就意味着把西晋政权视为正统王朝，但道武帝主张国号称为"魏"，这有承接曹魏政权为正统的含义。正是因为面临"正统"和迁都等诸多事宜，特别是从战略地位和地理环境思考，平城有利于政权对北

① (北齐)魏收：《魏书》卷二《太祖纪》，中华书局1974年版，第27页。
② (北齐)魏收：《魏书》卷二《太祖纪》，中华书局1974年版，第32页。
③ (北齐)魏收：《魏书》卷一《序纪》，中华书局1974年版，第9页。

方的统治。因此已经固定在盛乐的祭天场所，不得不搬迁到平城。当然盛乐的祭天场所未必马上废弃，但代表鲜卑拓跋部的最高祭天礼制，以及统治中心已经迁移走了。并且在盛乐举行的西郊祭天，是在刚刚战胜后燕的情况下举行的，国家的整体礼制规划尚不完备，更没有营造汉文化的宗庙和社稷等祭坛，它的祭天礼制还是以鲜卑传统文化为主体。只有迁都平城以后，才开始营造宗庙和社稷等汉文化的礼制建筑设施。从而可以推知盛乐的西郊祭天与平城的西郊祭天相比，在宗教信仰和文化氛围方面存在明显差别。盛乐的西郊祭天的游牧文化氛围，要比平城的西郊祭天更为浓厚，这也预示着迁都以后的汉化程度会逐步加深。

二、西郊天坛的政治功能

北魏建国以后举行西郊祭天活动，全体参与者必须面向西方进行祭拜。这说明鲜卑人崇拜的神灵在西方，以此推论始祖神元帝最早的“夏四月”祭天，也应该面向西方祭祀神灵，这种民俗文化传统一直得到延续。

汉文化的宫殿、寺庙等建筑物，空间方向主要是面南背北，南郊天坛便是按照这样的宇宙观的思维模式和建筑理念设计的，但平城的西郊天坛却是“面西背东”。关于这个西郊祭坛的方位问题，杨永俊先生认为：“或许就是拓跋鲜卑的西向祭天与祭亡灵传统的最早出处。”①他是从鲜卑拓跋传统的祭天方位的设置上，或者是从《资治通鉴·齐纪三》“武帝永明八年”条“魏家故事……必迎神于西”②的记载上进行的分析，应该说仅以方向观推论此事，比较符合鲜卑拓跋部的传统习俗。进而论之，这样的观点更符合盛乐的西郊祭天礼制，因为当时鲜卑拓跋部正处于从游牧生活走向定居生活的初期阶段，受到汉文化礼制影响的程度相

① 杨永俊：《论北魏的西郊祭天制度》，《兰州大学学报》2002年第2期，第57页。

② （宋）司马光：《资治通鉴》卷一百三十七《齐纪三》，中华书局1956年版，第4301页。

对较小。然而平城的西郊天坛已经是北魏迁都之后，在国家宗教思想宏观规划下，也可以说在汉文化的影响下，拟定出与南郊天坛遥相呼应的礼制建筑物。如果盛乐的“西郊祭天”是鲜卑文化一家独大，那么平城的“西郊祭天”与“南郊祭天”，便会产生出宗教信仰和政治势力相互平衡的思想倾向。因为这两个“天”分属于不同的文化领域，也代表汉文化和鲜卑文化对于天的不同精神崇拜。当然这两种祭天礼制，也是为了笼络北方汉人和鲜卑民族。因此在中国古代的诸多王朝中，北魏政权的南郊祭天和西郊祭天的两种祭天礼制并行，具有鲜明的政治色彩和民族文化特征。同时还可以看出，多种民族宗教信仰在北魏政权内，能够在某种程度上获得认可。这种兼容并包的宗教信仰和精神载体，在北魏朝廷内起到平衡政治和巩固政权的双重作用。

如果鲜卑拓跋部没有定都建国，按照他们的传统习俗，祭天场所依然会“面西”，然而这就与“郊”不会有任何关联性了。关于“郊”字的含义，《尔雅注疏·释地》记载：“邑外谓之郊，郊外谓之牧，牧外谓之野，野外谓之林。”①鲜卑人原本的生活习惯是逐水草而迁徙，此前绝不会有“郊”的地理概念。所以这座祭坛设定在平城西郊，应该一方面拘泥于本民族崇尚西方的传统礼俗，另一方面还受到汉文化的南郊天坛的建筑理念的影响。但是需要清楚地看到，天兴元年四月在盛乐举行的“帝祠天于西郊”的“郊”，说明这时期北魏有模仿汉文化，大规模营造都城建筑的迹象，但是平城的地理环境要比盛乐更符合都城条件，从而导致道武帝最终放弃北都盛乐，选择天兴元年七月迁都平城。尽管史书没有留下任何有关盛乐的西郊天坛的建筑形制的记载，但正如本书第一章考证，鲜卑人是“天圆地圆”的“穹庐式”的宇宙观，所以如果在盛乐建造临时的西郊天坛，它的外观样式很可能为圆形规制。盛乐没有汉文化的南郊天坛，不需要考虑两座天坛的外观轮廓，不会出现宗教伦理观

① （清）阮元：《十三经注疏·尔雅注疏》卷七《释地》，中华书局1980年版，第2606页。

和宇宙观的矛盾性问题，会按照鲜卑传统文化的“天”的外在轮廓建造天坛。然而当北魏迁都平城以后，便不得不采用折中的方式建造方坛祭天，这是为了避开汉文化的南郊祭坛的圆形特点，并显示出两个文化的“天”在意识形态上的巨大差别。这两个不同形制的天坛，凸显出北魏初期的宗教信仰和文化特色，以及在政治上不忘迎合鲜卑贵族和汉人士族集团，并期待国家走向社会安定和民族融合。

所以这两座天坛遥相呼应，有借助汉礼与胡礼的双重力量拱卫京师、强化皇权的政治目的。换言之，平城的西郊天坛是鲜卑人在汉化的进程中，为了适应新的政治形势、社会环境和宗教信仰等而建造的，整体来看，它是鲜卑文化与汉文化相遇时，发生的思想碰撞与文化渐变的体现。正是因为北魏政权包容多种文化，促进了北魏政权的迅速发展。如果再从时空观的角度继续探究，平城的西郊祭天是鲜卑拓跋部跨越空间由北向南逐步迁徙，经过漫长的时代酝酿最终形成的祭天礼制。它是时空观在鲜卑文化受到汉文化影响以后的发展变化，也是社会形式与礼仪制度的再度组合，对于北方的政治格局和文化样式产生极为深远的历史影响。总之，根据《魏书》及其他史料，可以看出北魏的西郊天坛从发展到消亡，共计经历了如下五个阶段：其一，约期会盟祭天阶段。游牧时期的祭天场所还没有固定化，部族成员们是约期而至，因此内部组织结构较为松散，祭天目的主要表现在共同的宗教信仰和民俗文化上。其二，部族成员逐渐凝聚的祭天阶段。虽然这时期的祭天场所还没有固定化，但是部族成员在共同抗击外敌时，已经能够团结在一起，祭天仪式成为部族的精神载体，政教合一是战胜强敌的重要手段。其三，祭天场所的初期固定阶段。西郊祭天的基本概念已经出现，这时期受到汉文化影响的程度并不深，所以鲜卑民族仍保留传统的祭天礼俗。其四，西郊祭天场所完全固定阶段。当道武帝迁都平城以后，西郊祭天的礼仪制度完全固定下来了，然而它的宗教信仰也不再是“唯我独尊”，南郊祭天开始与之分庭抗礼，并且随着汉化的逐步加深，有逐渐取而代之的趋势。其五，西郊祭天废止阶段。孝文帝汉化改革时，都城由平城搬迁到洛阳以后，汉文化的南郊祭天完全取代了鲜卑文化的西郊祭天，西郊祭天最终在汉化的浪潮中逐渐退出了历史舞台。

关于这两种礼仪制度和政治文化特点，严耀中先生认为："北魏的二元型政治体制，似乎与其政治重心所在的地域有关。"①这种观点具有很重要的启发性，它与北魏祭天礼制变迁亦相吻合。比如前文探讨的盛乐、平城和洛阳三个都城，恰恰能够反映出鲜卑统治者的宗教信仰、政治倾向和传统文化之间联系的历史发展脉络，以及错综复杂的民族融合关系。尤其是鲜卑传统文化与汉文化从初期接触到深入交流，这三个祭天地点都呈现出不同的文化特色。

第二节　祭天的时间与空间

从始祖神元帝首次祭天，至孝文帝太和十八年(494 年)废弃为止，在这 230 多年的时间里，鲜卑拓跋部能够一直在夏四月祭天，说明他们拥有相对准确的天文历法。但是如果说北魏政权建立以后，是吸收了汉文化的历法思想，那么在此之前又受到哪个民族的历法影响呢？下面分别从历史文献和考古发掘材料，以及星占思想与时空观等几个方面，考察鲜卑拓跋部的夏四月的祭天时间问题。

一、祭天时间

根据目前的历史文献记录，东汉末年至三国时期，鲜卑人曾经举行过祭天仪式。《后汉书·乌桓鲜卑传》记载："鲜卑者，亦东胡之支也，别依鲜卑山，故因号焉。其言语习俗与乌桓同。唯婚姻先髡头，以季春月大会于饶乐水上，饮宴毕，然后配合。"②这里面强调的"大会"还有

① 严耀中：《北魏前期政治制度》，吉林教育出版社 1990 年版，第 11～12 页。

② (南朝)范晔：《后汉书》卷九十《乌桓鲜卑传》，中华书局 1965 年版，第 2985 页。

婚配目的。而且这个“大会”主要是祭祀，这与前文论及的匈奴人的“会盟”祭天方式完全相同。由于东汉的正朔为夏正建寅，所以“季春”应该为三月。《三国志·魏书·文帝纪》裴松之注引王沈《魏书》曰：“以夏数为得天，故即用夏正，而服色尚黄。”①所以这时期曹魏行夏正正朔，因此“季春”必然在三月。虽然《后汉书》的祭祀地点在“饶乐水”，王沈《魏书》记载为“乐水”，但是它们应该指同一条河流。日本学者白鸟库吉先生考证为西喇穆楞河，② 谭其骧先生主编的《中国历史地图集》标注为沙拉木伦河，③ 二者同为音译，该河发源于大兴安岭。并且《后汉书》与王沈《魏书》的行文方式基本相同，很可能有相同的史料源头。如果根据中国古代建立王朝的先后顺序，则是后汉在前曹魏在后。但是《后汉书》与王沈《魏书》的编写时间比较，范晔是南朝人，王沈为魏晋时期人，因此他记载鲜卑祭天的史料要早于《后汉书》。根据朱维铮先生的考证，王沈卒于晋武帝泰始二年(266 年)，这部《魏书》的成书时间，应该在 254 年 11 月至 256 年 7 月。④ 这要略早于始祖神元帝首次祭天的时间(258 年)。由此可见始祖神元帝的夏四月祭天，与《三国志》和《后汉书》记载的三月祭天，在时间上未必有直接关系。而且根据鲜卑人的族群分布情况，生活在“饶乐水”附近的为东部鲜卑，建立北魏政权的拓跋部为北部鲜卑，⑤ 他们的祭天地点在盛乐(内蒙古自治区和林格尔县北)，两地直线距离大约相差 500 千米。⑥ 从祭祀时间、地点、部族分布等几方面分析，拓跋部的夏四月祭天时间，应该与东部鲜

① (晋)陈寿：《三国志》卷二《魏书·文帝纪》，中华书局 1959 年版，第 76 页。

② [日]白鸟库吉著，方壮猷译：《东胡民族考》，商务印书馆 1933 年版，第 30 页。

③ 谭其骧：《中国历史地图集》，第 4 册，中国地图出版社 1982 年版，第 11~12 页。

④ 朱维铮：《王沈〈魏书〉的考证》，《复旦学报》2013 年第 2 期，第 31 页。

⑤ 王泽民、刘蒙林：《试析鲜卑族文化在草原文化中的地位》，《论草原文化》，第 6 辑，内蒙古教育出版社 2009 年版，第 468 页。

⑥ 谭其骧：《中国历史地图集》，第 4 册，第 11~12 页。

卑的三月祭天各有本部族的文化背景。所以尽管他们同属于鲜卑人，但是生活在不同地域会有不同的祭天礼俗。

因为鲜卑拓跋部在草原生活期间，长期与匈奴人杂居生活，而且他们之间拥有通婚传统。① 因此必然在民俗文化方面受到匈奴人的影响，所以下面需要探讨匈奴五月的祭天时间。《史记·匈奴传》记载："岁正月，诸长小会单于庭，祠。五月，大会茏城，祭其[祖]先、天地、鬼神。秋，马肥，大会蹛林。"②这条文献涉及一个天文历法问题，即司马迁编撰《匈奴传》时，其中的五月究竟属于哪个正朔呢？依据《史记·匈奴传》的编年次序，在这段文字之后还记载："是岁汉初定中国，徙韩王信于代。"③因此《史记》记载的匈奴五月祭天时间，很可能是在汉高祖刘邦建国初期。那么西汉初期又采用什么样的正朔呢?《史记·历书》记载："是时天下初定，方纲纪大基，高后女主，皆未遑，故袭秦正朔服色。"④这说明西汉初年延续秦朝的典章制度。《汉书·律历志上》记载："汉兴，方纲纪大基，庶事草创，袭秦正朔。"⑤《史记》与《汉书》都记载西汉初年延续秦正朔，它说明汉代初年尚没有讨论过修改正朔问题，只是承接秦代正朔而已。颜师古注曰："谓以建寅之月为正也。未正历之前，谓建亥之月为正。"⑥汉武帝太初元年(前104年)改历以前，完全沿袭秦正建亥正朔。此外，史书还记载突厥的祭天时间。《周书·异域传下》记载："(突厥)又以五月中旬，集他人水，拜祭天

① 于长春、谢力、张小雷、周慧、朱泓：《鲜卑拓跋和匈奴之间亲缘关系的遗传学分析》，《遗传》第29卷，2007年第10期，第1223页。

② (汉)司马迁：《史记》卷一百十《匈奴传》，中华书局1959年版，第2892页。

③ (汉)司马迁：《史记》卷一百十《匈奴传》，中华书局1959年版，第2894页。

④ (汉)司马迁：《史记》卷二十六《历书》，中华书局1959年版，第1260页。

⑤ (汉)班固：《汉书》卷二十一上《律历志上》，中华书局1962年版，第974页。

⑥ (汉)班固：《汉书》卷六《武帝纪》，中华书局1962年版，第199页。

神。”①所谓“集他人水”，何星亮先生认为是在水边祭祀的意思。② 本书认为这段话在传承的过程中，很可能遗漏了文字，因为“集他人水”这几个字很难完全理解，但根据前后文内容分析，大体上应该是指牧民们集聚在水草丰美之地放牧生活。《隋书·突厥传》记载：“突厥……五月中，多杀羊马以祭天。”③由于隋唐时期的正朔为夏正建寅，并且匈奴与突厥都是北方游牧民族，从语言学角度看，他们都属于阿尔泰语系，④而且民族关系和文化关系极为相近，既然匈奴与突厥都在五月祭天，说明北方游牧民族相同时间拥有相同的礼仪制度。秦正建亥的“五月”正是周正建子的“四月”，《魏书·礼志一》记载：“祀天之礼用周典，以夏四月亲祀于西郊。”⑤北魏建国初期拟定祭天采用“周典”，是否包含周正建子的正朔呢？第一章“表1-1：夏正、商正、周正和秦正的改时改月表”的数据显示，如果是周正历法的“夏四月”，相当于夏正历法的“二月”，但北魏的西郊祭天时间一直是“夏四月”，即是夏正建寅的“四月”，所以应该与周正建子历法没有直接关系。

因此，《后汉书》记载的早期鲜卑民族的三月祭祀时间，以及匈奴民族的五月祭天时间，与北魏夏四月的祭天时间之间没有必然的传承关系。那么北魏施行的夏四月的祭天，又是怎样确立的礼仪制度？这与西方七宿的昴星是否存在关联呢？

二、昴星崇拜与天地分野说

由于鲜卑拓跋统治者崇拜的天神在西方，因此才需要定期举行西向

① (唐)令狐德棻：《周书》卷五十《异域传下》，中华书局1971年版，第910页。

② 何星亮：《中国自然神与自然神崇拜》，生活·读书·新知三联书店1995年版，第75页。

③ (唐)魏征：《隋书》卷八十四《突厥传》，中华书局1973年版，第1864页。

④ 林幹：《中国古代北方民族通论》，内蒙古人民出版社2007年版，第172页。

⑤ (北齐)魏收：《魏书》卷一百八之一《礼志一》，中华书局1974年版，第2734页。

设祭，以及建国以后的西郊祭天，而且西方七宿中就有北方游牧民族崇拜的昴宿，那么这个星宿是否与西郊祭天存在某种关联？是否与汉文化的天地分野说存在某种对应关系呢？

因为中国古代信仰天地分野说思想，也就是地上的州郡邦国与二十八星宿之间存在某种相互影响相互作用的对应关系，上天出现的灾异或祥瑞直接影响到这个地区。“图 2-1”的最右侧部位有毕昴星区，可以发现中间的一条曲线，即黄经线分割出昴宿和毕宿，毕宿以内地区被看作华夏，昴宿以外被看作游牧民族领地。《隋书·天文志中》记载：“昴毕间为天街，天子出，旄头罕毕以前驱，此其义也。黄道之所经也。”①也就是黄道从毕昴星区中间划分，这种天地对应的思想关系，演化出中国

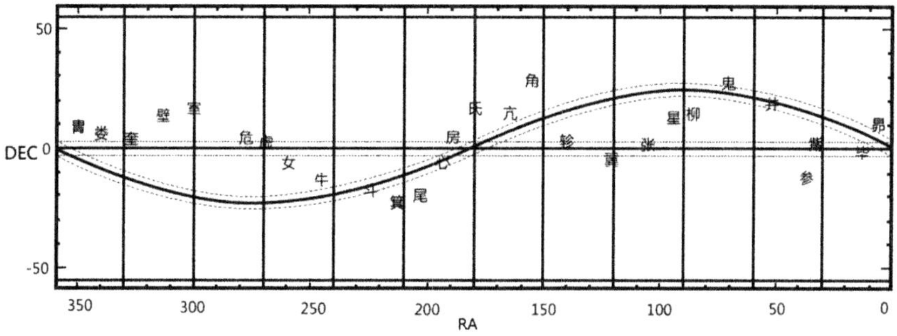

图 2-1　毕昴星宿的黄道赤道位置②

汉文化独有的天地分野说。秦汉以后，随着中原政权与北方匈奴等少数民族的不断接触，甚至经常发生战争或外交往来，这就导致占星家需要提前预测匈奴部的情况，以此推演出未来的政治走向，所以天地分野说

① (唐)魏征：《隋书》卷二十《天文志中》，中华书局 1973 年版，第 546 页。

② 这是二十八宿在天球赤道坐标系中的位置，毕昴星宿在赤道 0 度附近，被黄道分开，是占星家划分南北的分界线，也是天地分野说的汉胡对应区域。古代确定春分点就在昴宿附近。此外，横坐标是赤经，纵坐标是赤纬，曲线是黄经，均以度为单位。参照赵永恒、李勇：《二十八宿的形成与演变》，《中国科技史杂志》第 30 卷，2009 年第 1 期，第 114 页。

成为政治文化的重要组成部分。《史记·天官书》记载："昴曰髦头，胡星也。"①这是史书最早把昴宿与胡人联系起来的文献资料。关于"昴星"为"胡星"的观点，胡鸿先生在《星空中的华夷秩序——两汉至南北朝时期有关华夷的星占言说》一书中认为，《史记·天官书》记载的内容，有可能是东方六国占星家的发明。② 这里面有三个问题需要思考：其一，匈奴人本身是否拥有昴星信仰？其二，"昴为胡星"的观点是否出自战国时期的占星家？其三，战国占星家是否受到胡人崇拜昴宿的影响，由此才推演出"昴为胡星"的天地分野说？尽管这三个问题皆与昴宿相关，然而它们的含义并不相同。下面主要探讨在汉文化的视域下，"昴宿"与"胡星"是怎样一步步联系起来的。特别是"昴为胡星"最早源自汉文化还是匈奴等游牧文化，这是一个非常重要的历史学、民族学问题。

《史记·天官书》记载："及秦并吞三晋、燕、代，自河山以南者中国。中国于四海内则在东南，为阳；阳则日、岁星、荧惑、填星；占于街南，毕主之。其西北则胡、貉、月氏诸衣旃裘引弓之民，为阴；阴则月、太白、辰星；占于街北，昴主之。"③按照汉文化的天地分野说，黄道与赤道附近有很多星宿，古代星官把它们划分为二十八宿，合为东方七宿、南方七宿、西方七宿和北方七宿。在西方七宿的毕宿与昴宿之间，划分出一条星空界限。这是因为太阳沿黄道视运动，穿过西方七宿的毕昴天区时形成的分界线。天文官按照这样的思维方式，思考出人间社会中华夏与夷狄的天地分野的边界问题。《史记·天官书》记载的内容，说明汉代确实存在这种思想。由于中国古代北方居住着很多少数

① （汉）司马迁：《史记》卷二十七《天官书》，中华书局1959年版，第1305页。

② 胡鸿：《星空中的华夷秩序——两汉至南北朝时期有关华夷的星占言说》，《文史》2014年第1辑，第55~74页。

③ （汉）司马迁：《史记》卷二十七《天官书》，中华书局1959年版，第1347页。

民族，他们登上历史舞台有先有后，所以“昴宿”对应的“胡星”，也会随着时代发展出不同的政治集团。《汉书·天文志》记载：“七年，月晕，围参、毕七重。占曰：‘毕昴间，天街也。街北，胡也。街南，中国也。昴为匈奴。’”①这里再次言及天街分为南北，毕宿与昴宿之间就是这个界限，北面为胡人的居住地，南面则属于华夏。这时候西汉匈奴正处在强势阶段，所以昴宿出现的灾异或祥瑞，也指向他们的统治地域。

但是随着时代发展，北方游牧民族不断进入中原，隶属于北方游牧民族的天区，也开始由早期的昴宿扩大到毕昴星区。《晋书·艺术传附戴洋传》记载：“昴毕为边兵，主胡夷，故置天弓以射之。”②既然黄道已经区分出天界，毕昴又在各自的星区，即使此时胡人势力越过边界进入华夏，但是昴宿不可能越过黄道，因此这里的天与地之间的政治关联性变得极为牵强了。西晋“八王之乱”以后，五胡十六国开始登上历史舞台，因此到晋代，“毕昴”开始与“胡夷”发生对应关系了。《宋书·天文志一》记载：“少帝正始元年（240年）四月戊午，月犯昴东头第一星。十月庚寅，月又犯昴北斗四星。占曰：‘月犯昴，胡不安。’二年（241年）六月，鲜卑阿妙儿等寇西方，敦煌太守王延破之，斩二万余级。三年（242年），又斩鲜卑大师及千余级。”③因为这时期鲜卑人的军事力量已经逐渐强大，因此“昴宿”对应的“胡”开始指向鲜卑军事集团，而且这种占卜的对应关系确实在文献中有很多记载。《晋书·天文志三》记载：“（成帝咸和六年，331年）十一月，荧惑守胃昴。占曰：赵魏有兵。八年（333年）七月，石勒死，石季龙自立。……咸康元年（336年）二月己亥，太白犯昴。占曰：‘兵起，岁中旱。’四月，石季龙略骑至历阳，

---

① （汉）班固：《汉书》卷二十六《天文志》，中华书局1962年版，第1302页。

② （唐）房玄龄：《晋书》卷九十五《艺术传附戴洋传》，中华书局1974年版，第2474页。

③ （南朝）沈约：《宋书》卷二十三《天文志一》，中华书局1974年版，第686页。

加司徒王道大司马，治兵列戍冲要。是时，石季龙又围襄阳。六月，旱。其年三月丙戌，月入昴。占曰：‘胡王死。’”①当石季龙的军事力量逐渐强大时，占卜昴宿的结果又指向后赵。北魏建国以后作为新兴的正统王朝，把“昴宿”发生的天象指向其他北方少数民族政权。按照《魏书·崔浩传》记载：“（崔浩语）臣观天文，比年以来，月行掩昴，至今犹然。其占：‘三年，天子大破旄头之国。’蠕蠕、高车、旄头之众也。”②当北魏鲜卑部族建国以后，“昴宿”星区已经指向“蠕蠕、高车、旄头”等，诸如此类的事例不胜枚举。它反映出天地分野说的发展变化，以及中原政权的正统观和宇宙观的各个时代特点。

根据上述几条史料的记载，四月“月犯昴星”与“胡不安”联系在一起，并且占卜的结果是“鲜卑阿妙儿等寇西方”，即鲜卑部族成员被斩首两万余人。《晋书》也有类似的记载。这说明按照天地分野说的观点，“四月”和“昴星”之间，与鲜卑部族存在某种星占思想关系。然而《史记·天官书》是最早记录“昴为胡星”的历史典籍，那么这是因为匈奴人先崇拜昴宿，其后才使得这种胡人信仰逐渐传入中原，还是战国时期的占星家先思考出天地分野说，其后再与信仰“昴宿”的“胡人”联系在一起呢？在此之前“昴”是以怎样的名字出现的呢？

三、昴为胡星考

下面根据考古发掘材料，进一步考察昴星的记载情况。20世纪我国考古工作者在很多地区发掘了古代遗址，在出土的简帛上就有关于“昴宿”的记载。湖北随州的曾侯乙墓把昴写作“矛”，湖北云梦睡虎地秦简《日书》写作“茅”和“卯”，湖北沙市周家台《日书》写作“卯”，甘肃天水放马滩《日书》写作“昴”。可以看出“昴”作为音训词汇出现多种表

---

① （唐）房玄龄：《晋书》卷十三《天文志三》，中华书局1974年版，第370~371页。

② （北齐）魏收：《魏书》卷三十五《崔浩传》，中华书局1974年版，第816页。

达写法，这说明“昴”在汉文化的史料典籍中，没有作为统一固定的词语出现以前，实际上仅仅是一种注音的表达方式。春秋战国时期的“昴宿”称谓，不仅没有固定为统一的“昴”，甚至“昴”只是对这个星宿的语音标注，这才是“矛”“茅”“卯”存在的主要原因。由此可见，司马迁编撰《史记》以前，“昴为胡星”的“昴”很可能是北方游牧民族传到中原的语音，其后司马迁才把“昴”字作为固定词语称谓。尽管许慎《说文·日部》记载：“星名。昴，白虎宿星。从日，卯声。”①这里面的“昴”字表音和表意相结合，但这种文字训诂是东汉以后出现的观点，并且“矛”“茅”“卯”都属于“昴”的音训文字。

关于战国至秦汉史籍中的“昴宿”，《吕氏春秋·有始览》记载：“中央曰钧天，其星角、亢、氐；东方曰苍天，其星房、心、尾；东北曰变天，其星箕、斗、牵牛；北方曰玄天，其星婺女、虚、危、营室；西北曰幽天，其星东壁、奎、娄；西方曰颢天，其星胃，昴，毕；西南曰朱天，其星觜嶲、参、东井；南方曰炎天，其星舆鬼、柳、七星；东南曰阳天，其星张、翼、轸。”②可以看出战国晚期的《吕氏春秋》写作“昴”字，而且这部文献属于秦国典籍。《淮南子·天文训》记载：“星分度，角十二，亢九，氐十五，房五，心五，尾十八，箕十一四分一。斗二十六，牵牛八，须女十二，虚十，危十七，营室十六，东壁九。奎十六，娄十二，胃十四，昴十一，毕十六，觜嶲二，参九。东井三十三，舆鬼四，柳十五，星七，张、翼各十八，轸十七，凡二十八宿。”③这条史料也写作“昴”字。《史记·天官书》记载：“中国于四海内则在东南，为阳。阳则日、岁星、荧惑、填星。占于街南，毕主之。其西北则胡、

① （清）桂馥：《说文解字义证》卷二十《日部》，中华书局 1987 年版，第 581 页。

② 许维遹：《吕氏春秋集释》卷十三《有始览》，中华书局 2011 年版，第 276~277 页。

③ 刘文典：《淮南鸿列集解》卷三《天文训》，中华书局 2010 年版，第 122 页。

貉、月氏诸衣旃裘引弓之民，为阴。阴则月、太白、辰星。占于街北，昴主之。”①这里面记载为“昴”字。《汉书·天文志》记载：“角、亢、氐，沇州。房、心，豫州。尾、箕，幽州。斗，江、湖。牵牛、婺女，扬州。虚、危，青州。营室、东壁，并州。奎、娄、胃，徐州。昴、毕，冀州。觜觿、参、益州。东井、舆鬼，雍州，柳、七星、张，三河。翼、轸，荆州。”②可以看出秦统一六国以前，关于“昴”的写法有几种，秦统一六国以后，“昴”的书写方法呈现统一趋势。汉代的《淮南子》《史记》《汉书》都呈现出相同写法，说明这时期“昴”字写法才趋向统一。见表2-1。

表2-1　楚秦地区出土文物与历史文献的“昴宿”写法③

史料年代	昴 宿	出土地点	出 典
战国	矛	湖北随州	曾侯乙墓
战国秦	茅、卯	湖北云梦	睡虎地秦简《日书》
秦	卯	湖北沙市	周家台《日书》
秦	昴	甘肃天水	放马滩《日书》
战国末期	昴	非出土物	《吕氏春秋·有始览》
汉	昴	非出土物	《淮南子·天文训》
汉	昴	非出土物	《史记·天官书》
汉	昴	非出土物	《汉书·天文志》

① (汉)司马迁：《史记》卷二十七《天官书》，中华书局1959年版，第1347页。

② (汉)班固：《汉书》卷二十六《天文志》，中华书局1962年版，第1288页。

③ 王健民、梁柱、王胜利：《曾侯乙墓出土的二十八宿青龙白虎图像》，《文物》1979年第7期，第40页；王子今：《睡虎地秦简〈日书〉甲种疏证》，湖北教育出版社2003年版，第160页；钟守华：《楚、秦简〈日书〉中的二十八宿问题探讨》，《中国科学史杂志》2009年第4期，第421页。

如果从文字学角度看，“卯”和“昴”有形声字关系，“矛”和“茅”也有形声字关系，然而“昴”与“茅”之间，基本上没有紧密的关联性。如果从上古音角度看，“矛(mu)”“茅(meu)”“卯(meu)”“昴(meu)”四字，不仅声母都用“m”，而且“茅”“卯”“昴”三字的韵母都是“eu”，它们的上古音完全相同。① 如果稍微展开论述，正如刘乐贤先生比较睡虎地秦简《日书》与放马滩秦简《日书》中的“十二禽(十二生肖)”时，认为睡虎地秦简《日书》记载的“十二禽”与后世差距很大，但放马滩秦简《日书》的“十二禽”与后世说法基本一致，这是秦系战胜了楚系。② 由于秦始皇施行统一度量衡政策，各国文字也呈现统一的书写状态，很多词汇的书写，必然趋向秦国文字。如果从“昴”与“茅”的文字比较，以及《淮南子》《史记》和《汉书》等文献用“昴”字的历史沿革看，可以看出几部史书都写作“昴”，而没有“茅”“卯”等多种书写方法，因此它也具有秦系战胜楚系的相同特点。换言之，“昴”字并不是记录汉文化的“昴宿”的最早称谓，早期“昴宿”还没有成为一个统一的词语以前，应该已经流行与之非常近似的语音或词语。可见汉文化对于昴宿的认知也有一个渐变过程，秦汉以前并没有统一写作“昴”字。这说明即使在华夏文化中，观测“昴”也存在多元化特点，未必存在一个相同的文化源头。很多占星家都对“昴”有不同的认识，所以身为游牧民族的匈奴人，也会有自己对“昴”的观测和认知。

由于昴宿是由七颗星构成的星团，如果观测西方天空很容易辨认出来。因此许多民族都参照它的空间位置确定季节。比如古印度将昴宿列为二十七宿中的第一宿，③ 这是因为他们有昴星初见东方之日献祭的习俗，也是因其原始历法中的春分为新年。④ 汉文化很早就把昴宿与季节

① 曹述敬：《音韵学辞典》，湖南出版社1991年版，第345页。

② 刘乐贤：《战国秦汉简帛丛考》，文物出版社2010年版，第226~227页。

③ 印度以“二十七宿”为空中坐标，这与我国古代以“二十八宿”和“四象”标准不同。

④ 陈久金：《斗转星移映神州——中国二十八宿》，海天出版社2012年版，第2页。

连在一起。比如《尚书·尧典》记载："日短星昴，以正仲冬。"①目前学者们研究认为，这个季节应该在春分。② 当然，居住在北半球的人几乎都能够观测到昴宿，但是认知方法和季节意识却存在文化的多元性。因为"昴宿"所在西方七宿，关于它的空间位置与月份的对应关系，清代桂馥《说文解字正义》引李善语云："谓五月、六月也。"③也就是昴星出现在五月、六月，虽然这条史料记载的时间为五月或六月，非常笼统，但是它把空间(昴宿)与时间(月份)联系起来了。这是古人把空间和时间相结合，并确定季节的最好证据。另一方面，如果把五六月与毕昴天区相对应，应该不是夏正建寅为岁首，而是周正建子为岁首，这样才能把天区与月份客观对应出来。人类把二十八星宿看作空中坐标，但是它会以每百年大约退1度左右发生空间位移。因此每个时代观测的星宿位置都会出现一些微小变化。如果细致划分天区并结合历史时代，就能够观测到昴星究竟是五月还是六月。史书中有这方面非常准确的星区记录。《史记·天官书》记载："(岁星)以五月与胃、昴、毕晨出，曰开明。"④《汉书·天文志》亦载："(岁星)五月出，石氏曰，名启明在胃、昴、毕。"⑤这说明班固完全按照司马迁的观点，记录的天文历法数据，所以不论是"开明"还是"启明"，这两部文献都表明"岁星(木星)"在五月的早晨出现于"胃昴毕"所在的天区。由此又引出一个复杂的天文历法问题，由于中国古代夏商周的岁首各相差一个月，如果是"夏正"的"五月"，它对应的天区在"东井"，而"周正"五月对应的天区在"胃昴

① (清)阮元：《十三经注疏·尚书正义》卷二《尧典》，中华书局1980年版，第119页。

② 赵永恒、李勇：《二十八宿的形成与演变》，《中国科技史杂志》第30卷，2009年第1期，第115页。

③ (清)桂馥：《说文解字义证》卷二十《日部》，中华书局1987年版，第582页。

④ (汉)司马迁：《史记》卷二十七《天官书》，中华书局1959年版，第1314页。

⑤ (汉)班固：《汉书》卷二十六《天文志》，中华书局1962年版，第1290页。

毕”(详见表2-2)。所以《汉书》言及的“石氏占”的历法应该是“周正建子”，这样才能把毕昴天区与五六月份之间的关系对应出来。

表2-2　二十八星宿与月份对照表①

月份 出典	十一月	十二月	夏正	二月	三月	四月	五月	六月	七月	八月	九月	十月
	十二月	商正	二月	三月	四月	五月	六月	七月	八月	九月	十月	十一月
	周正	二月	三月	四月	五月	六月	七月	八月	九月	十月	十一月	十二月
《汉书·律历志》	牵牛	虚	营室	奎娄	胃	毕	东井	张	翼	亢	房	尾
《礼记·月令》	斗	婺女	营室	奎	胃	毕	东井	柳	翼	角	房	尾
《魏书·律历志》	牛	虚	营室	奎	胃	毕	井	柳	翼	亢	房	尾
二十四节　气	冬小 至寒	大立 寒春	雨惊 水蛰	春清 分明	谷立 雨夏	小芒 满种	夏小 至暑	大立 暑秋	处白 暑露	秋寒 分露	霜立 降冬	小大 雪雪

前文已经言及匈奴在五月举行过祭天仪式，那么匈奴是否以昴宿为天空坐标，并以此推演年度时间变化且出现崇拜昴宿的宗教信仰呢？实际上，北方游牧民族长期生活在漠北草原，目前依然能够看到阴山山脉留下他们刻写的岩画，北魏时期的郦道元就关注过这些绘画。《水经注·河水》记载：“河水又东北历石崖山西，去北地五百里，山石之上，自然有文，尽若虎马之状，粲然成著，类似图焉，故亦谓之画石山也。”②尽管没有论及昴宿，但是如此壮观的人类早期的文化艺术结晶，

① (汉)班固：《汉书》卷二十一下《律历志下》，中华书局1962年版，第1005~1006页；(清)阮元：《十三经注疏·礼记正义》卷十四《月令》，中华书局1980年版，第1352~1383页。(北齐)魏收：《魏书》卷一百七上《律历志上》，中华书局1974年版，第2686页。

② 陈桥驿：《水经注校证》卷三《河水》，中华书局2007年版，第75页。

必然引起后世学者的广泛重视。陈久金先生根据阴山岩画认为，匈奴确实有崇拜昴星的迹象，当时汉人占星家应该从匈奴人那里得知，他们以昴星为族星而作为崇拜对象的信息。① 陈久金先生的这种观点说明匈奴很早就有崇拜昴宿的文化传统。由于匈奴人披头散发(髦头)，或许司马迁通过多种信息渠道了解到这种情况，便把他们的生活习俗与昴宿主观地结合了起来，从而才为占星家们提供昴宿与胡人相结合的占卜理论素材。中国的二十八星宿是以“角”为起首，印度以“昴”为起首，阿拉伯以“娄”为起首。② 这说明拥有不同文化的民族即使能够观测到昴宿，他们的天文历法思想也未必相同。因此匈奴应该有昴宿崇拜的传统。但是司马迁在《史记》中，并没有言及“昴为胡星”的信息来源。所以“昴为胡星”的最初信息，应该与北方游牧民族自身的星宿崇拜相关，这与他们的星宿宗教信仰和披头散发(髦头)的生活习俗相关，客观上也给司马迁提供了“昴为胡星”的理论来源。匈奴作为长时间生活在漠北草原的游牧民族，应该有能力通过目测观察到昴宿。赵永恒先生与李勇先生在论文中，也列举了“昴为胡星”的事例，可以看出他们同样认为北方游牧民族，有通过观测昴宿确定季节的文化传统。③ 由于隋唐时期的突厥也有五月祭天的文化传统，那么这个“五月”的历法是怎样确定的呢?法国突厥史学家路易·巴赞认为，昴星团的“argali(阴月)”相当于今天的6月。④ 如果用夏正历法换算应该为五月，这个月份正是突厥与匈奴的祭天时间。但是匈奴的五月祭天是依赖于天文学的“年”，还是观察青草变化确定的社会学的“年”，这两者之间有很大差别。

---

① 陈久金:《中国少数民族天文学史》，中国科学技术出版社2008年版，第519页。

② 杨富学:《中国北方民族历史文化论稿》，甘肃民族出版社2012年版，第84页。

③ 赵永恒、李勇:《二十八宿的形成与演变》，《中国科技史杂志》第30卷，2009年第1期，第117页。

④ [法]路易·巴赞(Louis Bazin)著，耿昇译:《古突厥社会的历史纪念》，中国藏学出版社2014年版，第603页。

《汉书·律历志下》记载："星纪，初斗十二度，大雪。中牵牛初，冬至。于夏为十一月，商为十二月，周为正月。终于婺女七度。玄枵，初婺女八度，小寒。中危初，大寒。于夏为十二月，商为正月，周为二月。终于危十五度。诹訾，初危十六度，立春。中营室十四度，惊蛰。今日雨水，于夏为正月，商为二月，周为三月。终于奎四度。降娄，初奎五度，雨水。今日惊蛰。中娄四度，春分。于夏为二月，商为三月，周为四月。终于胃六度。大梁，初胃七度，谷雨。今日清明。中昴八度，清明。今日谷雨，于夏为三月，商为四月，周为五月。终于毕十一度。实沈，初毕十二度，立夏。中井初，小满。于夏为四月，商为五月，周为六月。终于井十五度。鹑首，初井十六度，芒种。中井三十一度，夏至。于夏为五月。商为六月，周为七月。终于柳八度。鹑火，初柳九度，小暑。中张三度，大暑。于夏为六月，商为七月，周为八月。终于张十七度。鹑尾，初张十八度，立秋。中翼十五度，处暑。于夏为七月，商为八月，周为九月。终于轸十一度。寿星，初轸十二度，白露。中角十度，秋分。于夏为八月，商为九月，周为十月。终于氐四度。大火，初氐五度，寒露。中房五度，霜降。于夏为九月，商为十月，周为十一月。终于尾九度。析木，初尾十度，立冬。中箕七度，小雪。于夏为十月，商为十一月，周为十二月。终于斗十一度。"①这些史料提供了"十二星次""星宿度数""二十四节气"等信息。前文考察过汉武帝时期已经采用夏正建寅为岁首，其中的"鹑首，初井十六度，芒种。中井三十一度，夏至。于夏为五月。商为六月，周为七月。终于柳八度"正是匈奴五月的祭天时间，但是可以看出这个月份并不在西方七宿的"昴宿"，而是在南方七宿的"井宿"。这说明匈奴具有崇拜昴星的宗教文化传统，但是祭天选择在五月应该与季节变化密切相关，这是根据草青变化确定的社会学的年度概念。

① （汉）班固：《汉书》卷二十一下《律历志下》，中华书局1962年版，第1005～1006页。

前文法国学者路易·巴赞先生研究，突厥有“吉祥的昴星团”的历法，并推测“阴月”为昴星团所在区域，这个月份相当于现在的六月，也相当于夏正建寅的五月。那么隋唐时期的突厥使用怎样的历法呢？他们的五月祭天时间与昴宿又有怎样的关联呢？《新唐书·天文一》记载：“须女、虚、危，玄枵也。初，须女五度，余二千三百七十四，秒四少。中，虚九度。终，危十二度。……营室、东壁，陬訾也。初，危十三度，余二千九百二十六，秒一太。中，营室十二度。终，奎一度。……奎、数，降娄也。初，奎二度，余千二百一十七，秒十七少。中，娄一度。终，胃三度。……胃、昴、毕，大梁也。初，胃四度，余二千五百四十九，秒八太。中，昴六度。终，毕九度。……觜觿、参、伐，实沈也。初，毕十度，余八百四十一，秒四之一。中，参七度。终，东井十一度。……东井、舆鬼，鹑首也。初，东井十二度，余二千一百七十二，秒十五太。中，东井二十七度。终，柳六度。……柳、七星、张，鹑火也。初，柳七度，余四百六十四，秒七少。中，七星七度。终，张十四度。……翼、轸，鹑尾也。初，张十五度，余千七百九十五，秒二十二太。中，翼十二度。终，轸九度。……角、亢，寿星也。初，轸十度，余八十七，秒十四少。中，角八度。终，氐一度。氐、房、心，大火也。初，氐二度，余千四百一十九，秒五太。中，房二度。终，尾六度。……尾、箕，析木津也。初，尾七度，余二千七百五十，秒二十一少，中，箕五度，终，南斗八度。……南斗、牵牛，星纪也。初，南斗九度，余千四十二，秒十二太。中，南斗二十四度。终，女四度。”①这里面的星区所在位置和月份，在汉代匈奴与唐代突厥之间，存在一定程度的星区位移。但是如果把《新唐书》与《汉书》比较，可以发现汉代昴宿对应的月份，与唐代昴宿对应的月份没有巨大差别。前文法国学者路易·巴赞考察突厥的“阴月”相当于夏正建寅五月的观

① （宋）欧阳修，宋祁：《新唐书》卷三十一《天文一》，中华书局 1975 年版，第 820~825 页。

点，证明突厥应该还是观察草青时间确定月份，或者其编著出了不同于汉文化的天文历法。因为通过《汉书》与《新唐书》提供的二十八星宿的星区对比，便可以发现汉文化的天文历法，汉代与唐代的五月对应的星区，仅有2度至4度的微小差别。二十八星宿所在星区如表2-3所示：

表2-3　二十八星宿所在星区①

序号	星次	月份	汉书律历志	新唐书天文志
1	陬訾	正月	初危16，中营室14，终奎4	初危13，中营室12，终奎1
2	降娄	二月	初奎5，中娄4，终胃6	初奎2，中娄1，终胃3
3	大梁	三月	初胃7，中昴8，终毕11	初胃4，中昴6，终毕9
4	实沈	四月	初毕12，中井初，终井15	初毕10，中参7，终东井11
5	鹑首	五月	初井16，中井31，终柳8	初东井12，中东井27，终柳6
6	鹑火	六月	初柳9，中张3，终张17	初柳7，中星7，终张14
7	鹑尾	七月	初张18，中翼15，终轸11	初张15，中翼12，终轸9
8	寿星	八月	初轸12，中角10，终氐4	初轸10，中角8，终氐1
9	大火	九月	初氐5，中房5，终尾9	初氐2，中房2，终尾6
10	析木	十月	初尾10，中箕7，终斗11	初尾7，中箕5，终斗8
11	星纪	十一月	初斗12，中牵牛初，终婺女7	初斗9，中斗24，终女4
12	玄枵	十二月	初婺女8，中危初，终危15	须女5，中虚，9，终12

司马迁撰写《史记》是在汉武帝统治时期，这期间已经采用夏正建寅历法，《史记》记载匈奴的五月祭天时间，与昴宿所在星区没有直接关系，或者他们拥有与汉文化完全不同的天文历法，这点通过前文考察可以得到证明。应该说匈奴崇拜昴宿与五月祭天时间，是天文学和社会

① （汉）班固：《汉书》卷二十一下《律历志下》，中华书局1962年版，第1005～1006页；（宋）欧阳修，宋祁：《新唐书》卷三十一《天文一》，中华书局1975年版，第820～825页。

学两套不同的纪年方法。因为把星宿看作天空坐标并确定月份，与观察物候变化确定时间属于不同的文化体系。汉文化中就有天文学的回归之“年”和物候学的五谷丰收之“年”。因此《史记》记载匈奴的祭天时间在五月，史官是依据汉文化的建寅为岁首记载的，而匈奴自身采用什么样的天文历法体系并不清楚。但是根据漠北游牧民族的生活习惯，夏正历法的“五月”与“夏至”同在一个月份上，而且夏至是一年内光照时间最长的日期。目前靠近北极圈的游牧民族依然存在夏至祭祀的民俗传统，因此匈奴五月的祭天时间，很可能与迎接一年期间日照时间最长的夏至存在某种关联性。

所以昴宿所在天区与匈奴在夏至五月祭天，分属于两个民俗文化方面的时间问题。但是与匈奴民族有血缘关系的鲜卑民族的“夏四月”祭天，又与毕昴星区存在怎样的关联性呢？下面围绕这个问题继续展开考辨。

四、昴宿星区与祭天时间

鲜卑人很早就有祭祀日月星辰的文化传统。比如前文《后汉书·乌桓鲜卑传》记载：“敬鬼神，祠天地日月星辰山川。”其中的“星”是一个广义范畴，祭祀星宿应该是鲜卑民族的古老传统。那么鲜卑拓跋部的始祖神元皇帝，首次祭天选在258年夏四月，这个夏四月祭天与昴宿星区，是否存在某种关联性呢？下面分别从空间与时间两方面考察这个问题。因为鲜卑拓跋部祭天面向西方，这与西方七宿的昴宿为同一个方向。

按照天空的星宿所在区域的划分，北魏时期也留下很多天文数据。《魏书·律历志下》记载：“斗二十六度，牛八度，女十二度，虚十度，危十七度，室十六度，壁九度，北方玄武七宿：九十八度（分四千一百一十七）。奎十六度，娄十二度，胃十四度，昴十一度，毕十六度，觜二度，参九度，西方白虎七宿：八十度。井三十三度，鬼四度，柳十五度，星七度，张十八度，翼十八度，轸十七度，南方朱鸟七宿：一百一十二度。角十二度，亢九度，氐十五度，房五度，心五度，尾十八度，箕十一度，东方仓龙七宿：七十五度。”①这里面主要涉及西方七宿，其中的“西方白虎七宿，奎十六度，娄十二度，胃十四度，昴十一度，毕十六度，觜二度，参九度。”这里面分别记载北魏时期观测二十八星宿的各个辖区度数，有关星区与月份之间的对应关系，这个数值与前文《汉书》记载的内容，仅有微小差别。关于北魏时期月份与星区之间的关系，《魏书·律历志上》记载：“斗一至牛五，星纪，丑。牛五至危五，玄枵，子。危五至壁三，陬訾，亥。壁三至娄八，降娄，戌。娄八至毕二，大梁，酉。毕二至井五，实沈，申。井五至鬼三，鹑首，未。鬼三至张七，鹑火，午。张七至轸一，鹑尾，巳。轸一至亢三，寿星，辰。亢三至心四，大火，卯。心四至斗一，析木，寅。”②其中的“娄八至毕二，大梁，酉”即为夏正建寅的三月。由于古人把黄道分布的星宿划分为二十八星区，并以此对应十二个月份，可以得出表2-4的数值：

表2-4　北魏二十八星宿与月份对应表

序号	星次	月份	魏书律历志	各星区所辖数值
1	陬訾	正月	危五至壁三	13+16+3−1=31
2	降娄	二月	壁三至娄八	7+16+8−1=30
3	大梁	三月	娄八至毕二	5+14+11+2−1=31
4	实沈	四月	毕二至井五	15+2+9+5−1=30
5	鹑首	五月	井五至鬼三	29+3−1=31
6	鹑火	六月	鬼三至张七	2+15+7+7−1=30
7	鹑尾	七月	张七至轸一	12+18+1−1=30
8	寿星	八月	轸一至亢三	17+12+3−1=31

① （北齐）魏收：《魏书》卷一百七下《律历志下》，中华书局1974年版，第2713页。

② （北齐）魏收：《魏书》卷一百七上《律历志上》，中华书局1974年版，第2686页。

续表

序号	星次	月份	魏书律历志	各星区所辖数值
9	大火	九月	亢三至心四	7+15+5+4-1=30
10	析木	十月	心四至斗一	2+18+11+1-1=31
11	星纪	十一月	斗一至牛五	26+5-1=30
12	玄枵	十二月	牛五至危五	4+12+10+5-1=30

这里面合计365度，也就是一年365天，如果再包含《魏书·律历志上》记载的北方七宿的余下“分四千一百一十七”，就是北魏时期观测的一年周期。如果以三月的星宿名称和星区度数为例，娄宿占据天空12度，因为从8度开始计算，所以还有5度星区划给三月，胃宿占据天空14度，昴宿占据11度，毕宿原本有16度，但在三月毕宿仅占据2度星区(娄八至毕二)。而且《魏书·律历志上》在划分各个天区时，每两个月多占据1度空间，因此还需要再减去1度，也就是三月份大约占据天空的31度。根据上面的运算数据可以看出，昴宿所在天区位置，对应“三月十九日至三月二十八日”之间，距离鲜卑人的夏四月祭天时间仅仅相差2~3度，也就是相差2~3天时间。下面再试加比较北魏时期夏四月西郊祭天的四月，及其各个星宿的空间辖度。《魏书·律历志上》记载：“毕二至井五，实沈，申(四月)。”①由于毕宿原本有16度，四月从2度开始计算，觜宿占据2度，参宿占据9度，南方七宿的井宿原有33度(毕二至井五)，但四月仅用5度，再减去每两个月多占据的1度空间。即：

毕15度+觜2度+参9度+井5度-1度=30度(四月)

所以鲜卑拓跋部的夏四月祭天与西向设祭的空间方位完全能够对应，夏四月祭天时间与毕昴星区基本吻合。此外，可从天地分野说和占星学角度进一步分析。《魏书·天象志三》记载：“(太祖皇始元年，396年)有大黄星出于昴、毕之分。后五十余日，慕容氏太史丞王先曰：当

① (北齐)魏收：《魏书》卷一百七上《律历志上》，中华书局1974年版，第2686页。

有真人起于燕、代之间。”①这段话提供了重要信息，即北魏将要建国的“大黄星”，出现在“昴毕”天区，这象征道武帝拓跋珪将要兴邦建国，也是天地分野说或者是天人感应思想。除了“黄星”为本书第五章的讨论内容之外，这条史料还提供了四个重要信息：其一，昴毕星宿与代国存在天地分野说的对应关系。其二，昴宿为胡星的观点对应道武帝拓跋珪的鲜卑民族的胡人身份。其三，昴毕星宿与“西向设祭”的空间方位完全能够对应。其四，夏四月的祭天时间与毕昴星宿位置基本相同。通过以上四点考察，可以肯定鲜卑人的夏四月祭天，与崇拜的星神方位存在密切关系。而且按照太阳的视运动，三月末四月初，正是太阳从昴宿进入到毕宿的时间，《吕氏春秋·孟夏纪》记载：“孟夏之月，日在毕。”②这里的“孟夏之月”的“孟夏”，正是始祖神元皇帝开始祭天的夏四月，这与上文《魏书·天象志三》记载的天地分野说的毕昴天区基本吻合。毕昴星区与月份的关系见表 2-5。

表 2-5　毕昴星区与月份③

二十八星宿		BC300 黄经度	AD500 黄经度	所辖星区度数	月 份	季节
西方七宿	奎	358. 5012	9. 565651	16	二月	仲春
	娄	2. 023768	13. 10459	12		
	胃	16. 27356	27. 34931	14	三月	季春
	昴	28. 05018	39. 13151	11		
	毕	37. 81025	48. 90590	16	四月	孟夏
	觜	51. 65225	62. 74082	2		
	参	56. 79178	67. 88391	9		

① （北齐）魏收：《魏书》卷一百八之三《天象志三》，中华书局 1974 年版，第 2397 页。

② 许维遹：《吕氏春秋集释》卷四《孟夏纪》，中华书局 2011 年版，第 83 页。

③ 李广宇、何玉囡、张健、张培瑜：《夏商周时期的天象和月相·二十八星宿古度位置》，世界图书出版社 2007 年版，第 328～384 页；（汉）班固：《汉书》卷二十一下《律历志下》，中华书局 1962 年版，第 1005～1007 页；（北齐）魏收：《魏书》卷一百五之一《天象志一》，中华书局 1974 年版，第 2666 页。

续表

二十八星宿		BC300 黄经度	AD500 黄经度	所辖星区度数	月 份	季节
南方七宿	井	67.13852	78.23056	33	五月	季夏
	鬼	94.32968	105.2190	4		
	柳	98.45079	109.5055	15	六月	孟秋
	星	115.4639	126.5051	7		
	张	133.2845	144.2996	18		
	翼	144.9667	155.96962	18	七月	仲秋
	轸	158.9648	169.9841	17		

鲜卑拓跋部长期与匈奴等游牧民族生活在漠北草原，当他们的军事势力不断发展壮大以后，始祖神元帝率领部族由北向南迁徙，并把盛乐一带作为统治中心。那里的生活环境、气候条件与此前相比发生了很大变化。尽管盛乐与漠北草原在季节上未必相差一个月，但在客观上春天已经提前到来，这确实可以利用草青时间集中各部祭天。或许此时鲜卑各部已经更多地接触到汉文化，在中原文化受命改制和历法思想的影响下，甚至对于星宿有了更科学的认识，并确定以毕昴星宿为空间坐标，这才把祭天时间改在夏四月。因为其中的"夏"与"四月"便具有月份和正朔相结合的历法特征，而《史记》记载匈奴和《周书》记载突厥的祭天时间只写作"五月"，这是很普通的记事时间的表达方式。可见鲜卑拓跋部采用夏四月祭天，应该与传统的崇拜星神的空间方位，即"西向设祭"，以及汉文化的历法思想存在密不可分的关系。

第三节　西郊天坛

《魏书》记载，道武帝于天赐二年(405 年)在都城平城举行夏四月的西郊祭天时，采用方形两层四门的建筑格局，并以青(东门)、赤(南门)、白(西门)、黑(北门)作为西郊天坛的四门颜色,① 可以看出这与汉文化的五方色中的四种颜色完全能够对应。但是根据汉文化的传统理念，五方色是先秦以来就已经形成的朴素自然观和哲学观，它是古代思想家认识宇宙空间的抽象思维的体现，对于历代封建王朝的制度建设产生过重要影响。但是北魏为鲜卑拓跋部建立的少数民族政权，西郊天坛四门的四种颜色是受到了汉文化的影响，还是受到其他民族文化的影响呢？下面首先从天坛的建筑样式进行比较分析。

一、方坛形制

关于中国古代的天坛形制和建筑尺寸，史书上保留了一些重要数据。比如南朝梁武帝就建造了一座天坛，《隋书·礼仪一》记载："梁南郊，为圆坛，在国之南。高两丈七尺，上径十一丈，下径十八丈。其外再壝，四门。"②这里面便出现"四门"的建筑样式，但是没有记载四门是什么色彩。比《隋书》成书稍晚的杜佑的《通典》，也同样收入了这条文献。比如《通典》卷四十二《礼二》"吉礼二"条载："坛高两丈七尺，下径十八丈。其外再壝，四门。"③北魏天兴二年(399 年)也建造了南郊天坛。《魏书·礼志一》记载："(天坛)为坛通四陛，为壝埒三重。"④"四陛"是指四个阶梯，它分布于天坛的四个方位，由此推论也应该有相应的四门。东汉建造过方坛祭祀社稷，《续汉书·祭祀志下》记载："建武二年(公元 26 年)，立大社稷于洛阳，在宗庙之右，方坛，无屋，有墙门而已。二月、八月及腊，一岁三祠，皆太牢具，使有司祠。"⑤这个方坛是祭祀土地神和谷神的坛位，因为汉文化是天圆地方的宇宙观，

---

① (北齐)魏收:《魏书》卷一百八之一《礼志一》，中华书局 1974 年版，第 2736 页。

② (唐)魏征:《隋书》卷六《礼仪一》，中华书局 1973 年版，第 108 页。

③ (唐)杜佑:《通典》卷四十二《礼二》，中华书局 1988 年版，第 1176 页。

④ (北齐)魏收:《魏书》卷一百八之一《礼志一》，中华书局 1974 年版，第 2734 页。

⑤ (西晋)司马彪:《续汉书》志第九《祭祀下》，见范晔《后汉书》，中华书局 1965 年版，第 3200 页。

所以建造方坛祭祀土地神符合中原的传统文化。关于西郊天坛的形制和颜色，《魏书·礼志一》记载：“天赐二年夏四月，复祀天于西郊，为方坛一，置木主七于上。东为二陛，无等，周垣四门，门各依其方色为名。”①“二陛”是指两个阶梯，它位于天坛的东面。这说明四门对应四种方色。北魏西郊天坛复原图如图 2-2 所示：

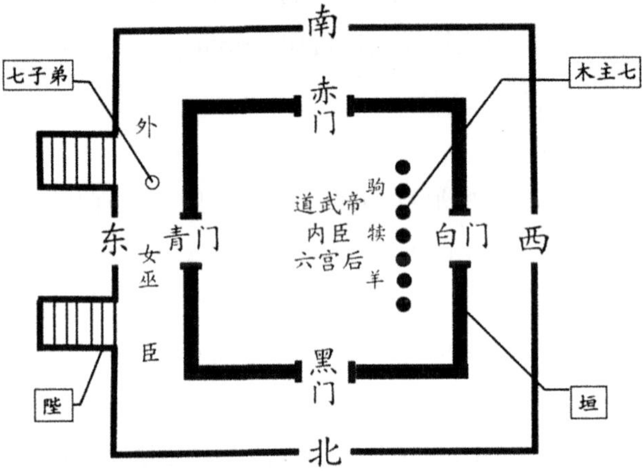

图 2-2　北魏西郊天坛复原图②

近年西安出土了隋唐时期的天坛，整体建筑格局为圆形三层八门结构，这是采用八方的建筑理念，因此八门无法对应四色，如果包括中央之门，很可能这是九天的宇宙观。《吕氏春秋·有始览》记载：“中央曰钧天……东方曰苍天……东北曰变天……北方曰玄天……西北曰幽天……西方曰颢天……西南曰朱天……南方曰炎天……东南曰阳天。”③目前北京保留的清代天坛，能够清楚地窥到它的整体建筑风格。《天坛》记载：“圜丘坛有四门，东南西北分别为泰元门、昭亨门、广利门、

① (北齐)魏收：《魏书》卷一百八之一《礼志一》，中华书局 1974 年版，第 2736 页。

② (北齐)魏收：《魏书》卷一百八之一《礼志一》，中华书局 1974 年版，第 2736 页。

③ 许维遹：《吕氏春秋集释》卷十三《有始》，中华书局 2011 年版，第 276~277 页。

成贞门。"①清代建造的天坛，整体上呈现出圆形三层四门的建筑特征，并采用《易经》的"乾卦"卦辞，即"元、亨、利、贞"给四门命名。② 可以看出，北京天坛的四门受到《周易》的影响，而没有对四门赋予五行色彩的观念。那么汉文化是否用方色建造坛门呢？《史记·封禅书》记载："于是作渭阳五帝庙，同宇，帝一殿，面各五门，各如其帝色。"③这是祭祀五帝出现的五门，每个门对应一座帝位。根据《史记正义》注引："《括地志》云：'渭阳五帝庙在雍州咸阳县东三十里。'《宫殿疏》云：'五帝庙一宇五殿也。'按：一宇之内而设五帝，各依其方帝别为一殿，而门各如帝色也。"④为五帝分别建有五座殿，每个殿门的颜色与帝色相同。但北魏西郊祭坛体现他们的传统文化，坛上不会供奉四帝神位，而且五色无法对应四个方位。这说明当时北魏政权独自设计了天坛规制。明清天坛与隋唐天坛的比较图见图 2-3。

图 2-3　北京明清天坛与西安隋唐天坛的比较图⑤

① 姚安：《天坛》，北京美术摄影出版社 2000 年版，第 52 页。

② 姚安：《天坛》，北京美术摄影出版社 2000 年版，第 52 页。

③ （汉）司马迁：《史记》卷二十八《封禅书》，中华书局 1959 年版，第 1382 页。

④ （汉）司马迁：《史记》卷二十八《封禅书》，中华书局 1959 年版，第 1382 页。

⑤ 中国社会科学院考古研究所西安唐城工作队：《陕西西安唐长安城圜丘遗址的发掘》，《考古》2000 年第 7 期；姚安：《天坛》，北京美术摄影出版社 2000 年版，第 127 页图。

既然汉文化的南郊天坛没有采用四方色作为四门颜色的建筑理念，那么西郊天坛的四色门又是怎样出现的呢？由于西郊祭天源自鲜卑文化的夏四月祭天的传统礼俗，鉴于匈奴与鲜卑人存在密切的文化关系和血缘关系，下面先比较匈奴史料描述的方色问题。《史记·匈奴传》记载："匈奴骑，其西方尽白马，东方尽青駹马，北方尽乌骊马，南方尽骍马。"①这是汉初匈奴把刘邦围困在白登山时，使用的白马、青马、黑(乌)马、赤(骍)马四色马。可以看出这与北魏西郊天坛的四种颜色完全能够对应。实际上这条文献并非孤证，还有一条史料也应该值得关注。《汉书·陈汤传》记载："前至郅支城都赖水上，离城三里，止营傅陈。望见单于城上，立五采幡帜。"②"五采幡帜"也可以称为"五色旗"，其中的四色应该与围困刘邦的马匹颜色相同。

因此北魏西郊天坛的形制，与汉文化的南郊天坛完全不同，尽管南郊天坛有四门，但是天坛的整体布局是圆形结构，这与西郊天坛存在很大差别。而且游牧文化的"天"为"圆"，这是一种类天的象征寓意。西郊天坛是方形结构应该是为了区分汉文化的南郊圆坛。而且北魏政权建立以前，应该存在"四色"或者"五色"的民俗文化，那么鲜卑民族又是怎样接受的这种思想的呢？

二、方坛四色

尽管上述两条史料与北魏祭天礼制并不直接相关，但是至少说明在匈奴文化中，乃至这个时期的漠北草原上，应该存在四色或五色的空间方位观念。而且凉州一直是胡汉文化交汇融合之处，也是汉人、匈奴人和其他少数民族杂居生活的地方。当西晋政权逐渐走向衰弱以后，对于凉州地区也失去了控制能力，这里便出现了新的军事集团，其中张氏的前凉政权最为著名。世祖张骏曾经建造了与五色相关联的奢华宫殿。

---

① (汉)司马迁：《史记》卷一百十《匈奴传》，中华书局1959年版，第2894页。

② (汉)班固：《汉书》卷七十《陈汤传》，中华书局1962年版，第3013页。

《晋书·张轨传附张骏传》记载："（张骏）又于姑臧城南筑城，起谦光殿，画以五色，饰以金玉，穷尽珍巧。殿之四面各起一殿，东曰宜阳青殿，以春三月居之，章服器物皆依方色；南曰朱阳赤殿，夏三月居之；西曰政刑白殿，秋三月居之；北曰玄武黑殿，冬三月居之。"①其中就包含方色与季节的对应关系，针对这四种方色与四季的内在联系，任爱君先生认为它是游牧社会依水草而迁徙形成的文化特色。② 他的观点很有道理，但是还必须从两方面分析这五座宫殿的建筑特点：其一，因为游牧民族有按照季节变化进行迁徙的生活习惯。其二，这条史料并非完全是游牧文化的体现，其中也包含一定程度的汉文化思想。比如这条文献中的"政刑"，就是中原政权秋天处罚犯人的词语，"玄武"是二十八星宿之"北方玄武"的名称，它们都属于汉文化的专有词汇。特别是其中使用"东"的"青"，"南"的"赤"，"西"的"白"，"北"的"黑"，属于典型的汉文化的四色和四方的对应关系。因此这四座宫殿的名称和方色，是游牧文化与汉文化相结合的时代产物，如果完全认为上述内容是游牧文化的体现，显然是片面的。或许张骏营造的五色宫殿在时间意识与空间观念上，并非他本人的独创。因为姑臧城在今天的甘肃武威，它始建于匈奴统治时期。《汉书·地理志下》记载："武威郡，故匈奴休屠王地。武帝太初四年开。莽曰张掖。户万七千五百八十一，口七万六千四百一十九。县十：姑臧，南山，谷水所出，北至武威入海，行七百九十里。张掖，武威，休屠泽在东北，古文以为猪野泽。休屠，莽曰晏然。都尉治熊水障。北部都尉治休屠城。揟次，莽曰播德。鸾乌，扑，莽曰敷虏。媪围，苍松，南山，松陕水所出，北至揟次入海。莽曰射楚。宣威。"③这里面就记载"故匈奴休屠王地"，说明此地曾经是匈奴

① （唐）房玄龄：《晋书》卷八十六《张轨传附张骏传》，中华书局 1974 年版，第 2237～2238 页。

② 任爱君：《试论古代草原宇宙观之五方色文化传承》，《论草原文化》第 5 辑，2009 年，第 52 页。

③ （汉）班固：《汉书》卷二十八下《地理志下》，中华书局 1962 年版，第 1612 页。

休屠王控制的区域，所以必然包含其中的姑臧。《晋书·张轨传》记载："永兴中，鲜卑若罗拔能皆为寇，轨遣司马宋配击之，斩拔能，俘十余万口，威名大震。惠帝遣加安西将军，封安乐乡侯，邑千户，于是大城姑臧。其城本匈奴所筑也。"①参考这条文献，并结合匈奴和鲜卑等相关史料，可以得出以下几个结论：其一，前凉张轨是西晋政权派去守边的将军。其二，匈奴建造的姑臧城为前凉张骏所用，并建有极为奢华的五色宫殿。其三，按照前面史料记载，前凉与鲜卑有很多接触，双方不仅有战争也应该有外交往来。其四，匈奴拥有五色观念，前凉政权或许会有一定程度的借鉴。其五，很可能鲜卑拓跋部在与汉文化接触以前，就受到匈奴文化或其他游牧文化的方色观念影响。

既然张轨是西晋官吏，理应该熟知汉文化的五行思想，但是正如前文考证，汉人政权几乎很少用方色作为天坛四门，所以他的五色观念应该与游牧文化有密切关系。实际上北魏的宫殿与方位之间，很早就有很多关联性。《魏书·太祖纪》记载："(天赐元年)冬十月辛巳，大赦，改元。筑西宫。……筑北宫垣。"②这里面的"西宫"和"北宫"就有鲜明的方位特色。《魏书·世祖纪上》亦载："(始光二年)三月……营故东宫为万寿宫。"③这个"东宫"究竟营造于何时呢？《魏书·世祖纪上》载："世祖太武皇帝……母曰杜贵嫔，天赐五年生于东宫。"④这说明在道武帝时期就已经建造了东宫。所以根据上述文献可以看出，北魏政权有四方与宫殿相结合的空间观念，这与前凉政权的宫殿建筑特点极为相似。除此之外，《魏书·序纪》还有几处记载"白部大人"，⑤《资治通鉴·晋纪二十六》"太元元年"条胡三省注："鲜卑有白部。后汉时鲜卑居白山者，最为强盛，后因曰白部。"⑥这说明鲜卑拓跋部对于色彩有一定认识，

---

① (唐)房玄龄：《晋书》卷八十六《张轨传》，中华书局1974年版，第2222页。

② (北齐)魏收：《魏书》卷二《太祖纪》，中华书局1974年版，第42~43页。

③ (北齐)魏收：《魏书》卷四上《世祖纪上》，中华书局1974年版，第70页。

④ (北齐)魏收：《魏书》卷四上《世祖纪上》，中华书局1974年版，第69页。

⑤ (北齐)魏收：《魏书》卷一《序纪》，中华书局1974年版，第3~7页。

⑥ (宋)司马光：《资治通鉴》卷一〇四《晋纪二十六》，中华书局1956年版，第3278页。

“白部”或者“白山”都是色彩的一种表达方式，更是地理环境的一种象征。而且《魏书·太祖纪》载有“北部大人”和“南部大人”，这是分别管理南北两块区域的部族酋长，也是鲜卑人对方位观念的一种认知。《魏书·官氏志》亦载：“泰常二年(417年)夏，置六部大人官，有天部，地部，东、西、南、北部，皆以诸公为之。”①很明显这延续了游牧时期的职官特点。总而言之，毫无疑问北魏建国以前应该拥有四方的空间观念，或许已经与四种颜色相匹配，鲜卑拓跋部原本来自漠北草原的游牧社会，那里已经有四色四方的空间观念，在没有入主中原以前，鲜卑拓跋部有条件接触到这方面的思想文化。

在汉文化的五行思想观念中，黄色是代表中央的重要颜色，象征着皇家至高无上的权力。然而根据目前的传世文献，发现代表游牧文化的中央颜色与汉文化的完全不同。比如道武帝拓跋珪曾经建造过紫极殿，《魏书·太祖纪》记载：“(天兴四年)夏四月辛卯，罢邺行台。诏有司明扬隐逸。五月，起紫极殿、玄武楼、凉风观、石池、鹿苑台。”②这座紫极殿主体的建筑颜色应该为紫色，特别是北魏孝文帝的出生地点就在紫宫。《魏书·高祖纪上》记载：“高祖孝文皇帝，讳宏，显祖献文皇帝之长子。母曰李夫人。皇兴元年(467年)八月戊申，生于平城紫宫，神光照于室内，天地氛氲，和气充塞。”③紫极殿与紫宫，根据名称分析应该不是同一座建筑物，但是它作为最高皇权的象征是没有异议的。而且这时期北魏已经建立政权，并受到汉文化的影响，但是鲜卑拓跋统治者依然采用紫色而不是黄色作为最高规格的宫殿，这说明鲜卑文化在方色思想的问题上，与汉文化的五方色是有区别的。那么前文提到的前凉张骏建造的谦光殿又是什么颜色呢？任爱君先生认为，如果根据“谦光”字

① (北齐)魏收：《魏书》卷一百一十三《官氏志》，中华书局1974年版，第2975页。

② (北齐)魏收：《魏书》卷二《太祖纪》，中华书局1974年版，第38页。

③ (北齐)魏收：《魏书》卷七上《高祖纪上》，中华书局1974年版，第135页。

义，绝不会是中原汉文化崇尚的黄色。① 虽然他没有提供相关的史料作为证据，但是这个分析很有道理。下面探讨后凉谦光殿的颜色。《资治通鉴·晋纪三十三》"安帝隆安三年"条载："(吕)篡入自青角门，升谦光殿。(吕)绍登紫阁自杀。"②这是关于公元399年后凉吕篡与吕绍宫廷内斗的史料。其中的"青角门"应该是四门之一，以此推论很可能还有其他方色门。并且涉及的所谓"紫阁"毫无疑问应该是紫色，而居于五座宫殿中心的"谦光殿"也很可能为紫色，或者主体建筑物为紫色。并且这个"谦光殿"是否为前凉张骏建造的宫殿呢？胡三省注曰："青角门，盖凉州中城之东门也。谦光殿，张骏所起。"③因此前凉张骏建造的五座宫殿依然被后凉政权使用。特别是"青角门"之"青"，与"东门"之"东"，完全是汉文化的方色与方位的对应关系，这点应该承袭汉文化的方色观念和方位思想，但是中间位置的宫殿采用紫色，又与汉文化崇尚黄色完全不同。然而前凉政权的紫色建筑与北魏平城建造的紫极殿或者紫宫，具有完全相同的色彩，这应该是游牧文化与汉文化的显著差别。

而且以紫色作为中央宫殿和权力象征的政权不仅有前凉、后凉和北魏，其后兴起的北方游牧民族政权，也有类似的方色观念。《辽史·营卫志上》记载："宫曰斡鲁朵。"④所谓"斡鲁朵"，也可以称为"斡耳朵""金帐"或者"宫帐"，它是辽国的宫殿名称。古代突厥称为"ordo"，可以翻译为"宫"，⑤ 比辽代稍晚的蒙古也把宫殿称为"斡耳朵(ordo)"。⑥

---

① 任爱君：《试论古代草原宇宙观之五方色文化传承》，《论草原文化》第5辑，2009年，第52页。

② (宋)司马光：《资治通鉴》卷一百一十一《晋纪三十三》，中华书局1956年版，第3505页。

③ (宋)司马光：《资治通鉴》卷一百一十一《晋纪三十三》，中华书局1956年版，第3505页。

④ (元)脱脱等：《辽史》卷三十一《营卫志上》，中华书局1974年版，第362页。

⑤ 耿世民：《古代突厥文碑铭研究》，中央民族大学出版社2005年版，第245页。

⑥ (明)宋濂：《元史》卷二十九《泰定帝本纪》，中华书局1976年版，第639页。

其中的“金帐”的颜色，却并非是汉文化崇尚的黄色。关于它的颜色问题，《柏朗嘉宾蒙古行纪·鲁布鲁克东行纪》记载：“当我们到达那里时，人们已经搭好了一个很大的紫色帆布帐篷，据我们认为，这个帐篷大得足可以容纳两千多人。”①可见这个“斡耳朵”就是用紫色帐篷搭建的宫殿，说明辽国和蒙古等北方草原民族都崇尚紫色。② 波斯人拉斯特主编的《史集》记载：“在成吉思汗对塔塔儿部落发怒并消灭了他们之后……(他们)躲藏在斡耳朵里。”③这条史料同样能够证明“斡耳朵”这个词语，便是蒙古人居住的帐篷，它与汉文化崇尚黄色的特点有很大差别。除了紫色与黄色不同之外，其他的四色与四方完全能够对应，这能否说明他们拥有共同的文化源头吗？而且汉文化的五行思想在先秦时期已经出现，如果游牧民族早在汉初以前，就部分地吸收了方色思想，其后才形成游牧民族自己的五行观念，这样的文化交流方式和历史发展轨迹是否能够存在呢？

由于汉人居住的华北平原与漠北草原乃至西域地区，自古以来就是一块紧密相连的大陆，尽管旅行者会面临被沙海吞没或被猛兽野禽掠食的危险，但并不能阻挡双方交流和探险之路。游牧民族经常由北向南迁徙，并活跃在这片广袤无际的草原上。北方部分汉人因中原发生天灾人祸也会时常由南向北迁徙，双方在民间很早就有过往来和杂居的历史。司马迁在《史记·匈奴传》中，就从政治经济和民俗文化等角度叙述过匈奴的事情，匈奴也应该同样地关注过中原政权的政治文化、宗教信仰等。尽管他们对于彼此应该缺少深层次的认识，但是通过史书的记载能够看到双方交流的历史痕迹。例如前凉在吸收汉文化的过程中存在片面

---

① 耿昇、何高济译：《柏朗嘉宾蒙古行纪·鲁布鲁克东行纪》，中华书局2013年版，第85页。

② 任爱君：《试论古代草原宇宙观之五方色文化传承》，《论草原文化》第5辑，2009年，第56页。

③ (波斯)拉斯特主编，余大钧、周建奇译：《史集》第一卷，商务印书馆1983年版，第175页。

性，如果把他们的四方和四季与汉文化的五行思想体系进行比较，就会发现它们之间有些地方并没有完美兼容。《吕氏春秋》记载，一年划分为“孟春”“孟夏”“季夏”“孟秋”“孟冬”五个季节，并且分别对应春和青、夏和赤、季夏和黄、秋和白、冬和黑,① 其中的“黄色”对应“季夏”。再按前文《张骏传》记载：“东曰宜阳青殿，以春三月居之，章服器物皆依方色；南曰朱阳赤殿，夏三月居之；西曰政刑白殿，秋三月居之；北曰玄武黑殿，冬三月居之。”即春和青、夏和赤、秋和白、冬和黑，这样用四季对应四色的方法，很显然只是直观上的数字平均分配，这与汉文化的五行思想的对应方式有很大区别。特别是游牧文化崇尚的紫色，并没有被纳入他们的五行体系，也没有对应相关的月份和季节。而且前文已经多次论及匈奴每年有三次祭天，所以这时期他们很可能认为每年有三季而非四季，四季概念应该来自汉文化。直到元代蒙哥统治时期，才看到有四季行宫。② 或许漠北草原受到汉文化影响以后才出现四季概念，但是这个四季的时令节气与中原相比，依然存在明显差别。或许匈奴并没有能够深入了解，当汉文化的四季放到五行思想体系中，为了对应五色和五方等相关数据，会把原本属于夏季的三个月份中的“季夏”独立出来，以此对应中间的黄色。并且原本一年四个季节被分割成五个季节，或许这是早期的匈奴人在吸收汉文化的五行思想过程中，并不详细了解且处在片面认识阶段的做法，所以其后延续到前凉才出现直观的四色与四季的对应方式。特别是汉文化的五行思想还包括五脏、五音、五味、五臭、五虫、五祀、五神、五帝、五谷、五畜等，它们与游牧文化并不能形成完美的“以五为主”的五行思想组合。反观匈奴的五色马和五色旗，再比较前凉四季和四色的对应方式，就能够发现

① 许维遹：《吕氏春秋集释》，中华书局 2011 年版，第 7 页、第 84 页、第 134 页、第 155 页、第 216 页。

② （明）宋濂：《元史》卷三《宪宗纪》，中华书局 1976 年版，第 44～54 页。[日]箭内亘著，陈捷、陈清泉译：《元朝怯薛及斡耳朵考》的“宪宗之斡耳朵”条同载，山西人民出版社 2015 年版，第 72 页。

游牧文化没有完备的五行体系，这只能说明其在接受汉文化的五行思想体系时，存在一定的局限性和片面性。为了符合游牧民族的文化土壤，他们只能吸收相互兼容之处，或者对部分内容进行一定程度的改良，完全不符合草原文化的思想内容会遭到抛弃。

因为漠北草原的游牧文化确实存在五方色的空间观念，中央的紫色应该是他们自身崇尚的颜色，其他四色很可能在先秦以前或秦汉时期，已经由中原流入到漠北草原。所以北魏西郊天坛使用的四种颜色，未必直接取材于汉文化的空间观念，而是匈奴乃至其他部族长期沿用，并被鲜卑拓跋部纳入西郊祭天的礼制建筑规划中。但是如果追根溯源，应该与中原的五方色的空间观念存在重要的文化传承关系。北魏建国初期营造的鲜卑文化的西郊天坛，在四门建造上和四方的色彩上，已经不同程度地吸收了汉文化的五行思想元素。

第四节　天子与天之子

《魏书·太祖纪》记载，道武帝于皇始元年(396年)七月开始用“天子旌旗”，天兴元年(398年)十二月在平城正式即天子位，这说明此时他已经成为北魏政权的最高统治者。然而距离天兴元年七年之后，天赐二年(405年)夏四月，道武帝举行本民族传统的西郊祭天时，并没有按照“天子”之礼独享祭天权力，而是与大臣们和后妃们一起站在天坛上共同祭天，那么这些大臣、后妃们是否违背了封建礼制？还是尚有内在原因没有被厘清呢？这里面涉及北魏道武帝是以什么样的身份祭天的礼制问题，也是鲜卑文化与汉文化在祭天问题上，如何看待最高统治者与天的宗教伦理观和宇宙观问题。

一、道武帝的祭天身份

《魏书·礼志一》记载：“(天赐二年四月)帝立青门内近南坛西，内朝臣皆位于帝北，外朝臣及大人咸位于青门之外，后率六宫从黑门入，列于青门内近北，并西面。……选帝之十族子弟七人执酒……帝拜，若肃拜，百官内外尽拜。……执酒七人西向，以酒洒天神主，复拜，如此者七。"①天赐二年已经是北魏建国第七年了，从皇始元年道武帝自称天子以来，已经是第九年了。然而这段《魏书》的记载，他并没有独享祭天权力(详见图2-2)。可以看出这些大臣、后妃们绝不是跟随道武帝的陪祭者，而是西郊祭天的积极参与者。"帝立青门内近南坛西，内朝臣皆位于帝北"，这说明道武帝与内朝臣按照由南向北的排列顺序站位，甚至没有区分出前后位置，由于西郊祭天的神灵在西方，道武帝与内朝臣并列站立举行仪式，特别是内朝臣站立道武帝的北面，并没有凸显出道武帝独尊的政治地位。

如果按照汉文化的礼仪制度，只有天子才可以祭天，其他人祭天属于僭越，罪责等同于谋反。因为天与天子之间是父子伦理关系，天子祭天不仅仅是"礼"还有"孝"，这种封建社会的伦理观根深蒂固，绝不允许任何人僭越，如《礼记·礼运》记载："天子祭天地，诸侯祭社稷。"②但是，尽管上述大臣们登坛祭天，《魏书》却没有记载他们因越礼而遭到责罚。换言之，这样的"越礼"行为好像在北魏政权内，并没有违反西郊祭天的礼制规定，甚至拓跋珪本人都没有提出质疑。那么道武帝此次以什么样的身份祭天？这涉及汉文化与鲜卑文化的最高统治者对于"天"的不同认识，以及天与人之间的沟通方式、空间观念和宗教信仰等问题。

首先汉文化的"天子"一词有很多种含义，下面主要列举一些与本书有关的词例。《尚书·洪范》记载："天子作民父母，以为天下王。"③

① (北齐)魏收：《魏书》卷一百八之一《礼志一》，中华书局1974年版，第2736页。

② (清)阮元：《十三经注疏·礼记正义》卷二十一《礼运》，中华书局1980年版，第1417页。

③ (清)阮元：《十三经注疏·尚书正义》卷十二《洪范》，中华书局1980年版，第190页。

这说明天子为庶民的父母官，也是国家的最高统治者。《汉书·郊祀志下》载：“王者父事天，故爵称天子也。”①这说明天子把天看作父亲，天子也是汉文化的最高爵位称号。《白虎通·爵》亦载：“天子者，爵称也。爵所以称天子何？王者父天母地为天之子也。”②这是天子把天视为父亲，把大地视为母亲的意思。《春秋公羊传·成公八年》记载：“圣人受命，皆天所生，故谓之天子。”③这说明天子作为上天之子并受命于天，所以才能名正言顺地秉承天命统治万民。《春秋繁露·顺命》记载：“父者子之天也，天者父之天也。无天而生未之有也。天者万物之祖，万物非天不生。……故德侔天地者，皇天右而子之，号称天子。”④这说明真命天子能够得到上天护佑，是因为万事万物皆来自上天，天子的祖先也是来自于上天。《春秋繁露·观德》记载：“天地者万物之本，先祖之所出也。”⑤即天地为万物本源，祖先(灵体)出生的地方。历代统治者非常重视祭天和宗庙，它们代表封建社会的最高祭祀礼制。由此可以看出祭天是天子独享的礼仪制度，其他人不可以登坛祭天。

那么天与天子之间，是通过什么样的方式连接在一起的呢？难道最高统治者只是宣传自己是天的儿子，这在逻辑上能够得到社会各阶层的普遍认可吗？《礼记·大传》“王者禘其祖之所出以其祖配之”条郑玄注曰：“王者之先祖，皆感大微五帝之精以生。”⑥这是一种抽象的感生帝

① (汉)班固：《汉书》卷二十五下《郊祀志下》，中华书局1962年版，第1264页。

② 陈立：《白虎通疏证》卷一《爵》，中华书局1994年版，第1~2页。

③ (清)阮元：《十三经注疏·春秋公羊传注疏》卷十七《成公八年》，中华书局1980年版，第2293页。

④ (清)苏舆：《春秋繁露义证》卷十五《顺命》，中华书局2002年版，第410页。

⑤ (清)苏舆：《春秋繁露义证》卷九《观德》，中华书局2002年版，第269页。

⑥ (清)阮元：《十三经注疏·礼记正义》卷三十四《大传》，中华书局1980年版，第1506页。

的宗教伦理观，也是新兴政权对外宣传的正统观思想。① 比如《史记·殷本纪》记载："殷契，母曰简狄，有娀氏之女，为帝喾次妃。三人行浴，见玄鸟堕其卵，简狄取吞之，因孕生契。"②这里面的"简狄生契"的故事，是最著名的感生帝思想之一，其后"契"的子孙商汤建立政权，这种宗教伦理观成为华夏文化的重要组成部分。另据《史记·高祖本纪》记载："高祖，沛丰邑中阳里人，姓刘氏，字季。父曰太公，母曰刘媪。其先刘媪尝息大泽之陂，梦与神遇。是时雷电晦冥，太公往视，则见蛟龙于其上。已而有身，遂产高祖。"③这里面的汉高祖刘邦同样是其母因感而生。由于天与天子之间存在这样的"父子伦理关系"，因此《春秋繁露·郊祭》着重强调："天子不可不祭天也。无异人之不可以不食父。"④即天子作为天的儿子不应该不祭天，如果不祭天就等同于常人不让自己的父亲吃饭，可见这是用宗教思想的逻辑推理把天与天子之间连接起来。可以说汉文化的天子不仅仅是国家最高统治者的爵位，它的核心价值观念在于继承天(父)的意志，宣扬"天命神授"的宗教伦理观，把"祭天之礼"与"事父之孝"联系起来，将至高无上的祭天权巧妙地转变为掌握国家的最高行政权，以此促成他在政治上的合法性。当这样的祭天礼制和孝的宇宙观，从抽象的思维观念逐渐转变得形象化和具体化以后，也拉近了天与人之间的空间距离。

因此，按照汉文化的礼仪制度和宗教伦理观，天子是天的唯一儿子，天子祭天就是祭祀自己的先父，如果其他人祭天也等于要把天看作自己的父亲，这样的行为无疑是向皇权挑战，并有争夺国家最高统治权的内在含义，天子一旦丧失独享的祭天权力，也就意味着失去政权统

① [日]渡边义浩：《王肃の祭天思想》，《中国文化——研究と教育》第66号，2008年，第12页。

② (汉)司马迁：《史记》卷三《殷本纪》，中华书局1959年版，第91页。

③ (汉)司马迁：《史记》卷八《高祖本纪》，中华书局1959年版，第341页。

④ (清)苏舆：《春秋繁露义证》卷十五《郊祭》，中华书局2002年版，第405页。

治。皇帝绝不允许其他人祭天，这绝非拘泥于一般的礼仪制度，还有护卫皇权的深层政治意图。由此可见道武帝绝不是以“天子”的身份祭天，而且这个“西郊祭天”的“天”，与汉文化的“天”属于不同的宗教思想认识范畴，既然对于两种“天”的认知不同，祭天者的身份也会不同，所以道武帝应该采用其他身份举行“西郊祭天”。

二、天之子

既然道武帝不是按照天子身份祭天，举行的西郊祭天也不属于汉文化礼制，而且西郊祭天源自鲜卑民族的夏四月祭天，这说明道武帝祭天身份，应该与鲜卑民族传统的祭天礼制和部族统治者密切相关。《魏书》记载，鲜卑部族的最高统治者称为“单于”或者“可汗”。

《魏书·序纪》记载：“十一年(305 年)，刘渊攻司马腾，腾复乞师。桓帝以轻骑数千救之，斩渊将綦毋豚，渊南走蒲子。晋假桓帝大单于，金印紫绶。……晋怀帝进帝大单于，封代公。”①这里面言及拓跋部的早期酋长曾经被西晋册封为“大单于”和“代公”，“代公”属于汉文化的爵位称号，“单于”为游牧文化的爵位称号。那么“单于”是否与汉文化的“天子”具有相同的含义呢?《汉书·匈奴传上》记载：“其国称之曰‘撑犁孤涂单于’。匈奴谓天为‘撑犁’，谓子为‘孤涂’。单于者，广大之貌也。言其象天，单于然也。”②这里面的“撑犁”为“天”的意思，“孤涂”为“子”的意思。“撑犁孤涂单于”可以翻译为“天子单于”，很明显“单于”没有“天子”的意思。荀悦《两汉纪·孝武皇帝纪》亦载：“姓挛鞮氏，国人称之曰‘撑犁孤涂单于’。匈奴谓天为‘撑犁’，谓子为‘孤涂’，若言天子也。单于者，广大之貌，言其单于然也。”③这里的“撑犁孤涂”一词，好像与“天子”的含义很相近，但事实是否如此需要展开

① (北齐)魏收：《魏书》卷一《序纪》，中华书局 1974 年版，第 6~7 页。

② (汉)班固：《汉书》卷九十四上《匈奴传上》，中华书局 1962 年版，第 3751 页。

③ (汉)荀悦：《两汉纪》卷十一《孝武皇帝纪》，中华书局 2002 年版，第 177 页。

讨论。

汉政权与匈奴政权很早就有外交往来，《汉书》保留了一些匈奴寄给汉政权的书信，其中就涉及与“天子”相关的词汇。《汉书·匈奴传上》记载：“天所立匈奴大单于敬问皇帝无恙。”①这段文字是匈奴为了夸耀自己的政权非常强大，这才借助天的力量修饰“单于”，所以它并没有“天子”的意思。《汉书·匈奴传上》记载：“天地所生、日月所置匈奴大单于敬问汉皇帝无恙。”②这里面的“天地”“日月”都是修饰单于的定语，因此也很难看出这条文献中“单于”有“天子”的含义。而且《汉书·匈奴传上》记载：“南有大汉，北有强胡，胡者，天之骄子也。”③这里面的“南”和“北”与“大汉”和“强胡”都是对比的翻译技法，而且所谓“胡”狭义上应该指匈奴民族，广义上应该指漠北草原上的整个游牧民族，并非仅指匈奴的最高统治者单于。虽然“骄子”可以理解为“儿子”，但是不论汉文化还是匈奴文化中都没有“骄子”这个爵位称号，“骄子”只能作为一个修饰性词汇。然而“天子”既可以理解为“天的儿子”，也可以看作中原政权的最高统治者的爵位称号，更有天与人相互影响相互作用的宗教观和宇宙观的神秘性。因此根据上述史料分析，“单于”并没有汉文化的“天子”含义，更不能机械性地把这两个词语互相翻译。

那么“撑犁孤涂”一词究竟怎样出现的？《史记·匈奴传》记载：“毋文书，以言语为约束。”④这说明匈奴人并没有自己的文字，在与汉政权的外交上需要依赖翻译工作。匈奴原本就有祭天礼制，也必然使用过

① (汉)班固：《汉书》卷九十四上《匈奴传上》，中华书局1962年版，第3756页。

② (汉)班固：《汉书》卷九十四上《匈奴传上》，中华书局1962年版，第3760页。

③ (汉)班固：《汉书》卷九十四上《匈奴传上》，中华书局1962年版，第3780页。

④ (汉)司马迁：《史记》卷一百十《匈奴传》，中华书局1959年版，第2879页。

“天”这个词语。有关“天”字的词例，《汉书·武帝纪》记载：“(天汉二年，公元前99年)夏五月，贰师将军三万骑出酒泉，与右贤王战于天山。”颜师古注曰：“即祁连山也。匈奴谓天为祁连。祁音巨夷反。今鲜卑语尚然。”①“祁连”与“撑犁”的语音相近，都是匈奴称呼天的词语。并且颜师古认为鲜卑语的天字发音与匈奴完全相同。有关史书使用“子”字的词例，《后汉书·梁慬传》记载：“即遣南单于兄子优孤涂奴将兵迎之。”②如果把“撑犁孤涂”译为“天子”，那么“孤涂”一词既是“子”的意思，“奴”是汉人称呼胡人的贬义词。所以结合目前的文献资料，“撑犁”和“孤涂”都是单独使用，并没有把“撑犁孤涂”作为一个单词使用的事例。所以“撑犁孤涂”一词，应该是翻译人员为了给匈奴人解释汉文书中的“天子”，才出现的复合性词汇。③ 这种见解非常客观，也符合两国外交往来期间，遇到需要相互翻译的词汇问题时使用的特点，日本学者白鸟库吉最早提出了这种观点。④《汉书·匈奴传上》记载，上面列举的匈奴寄给汉朝的几部外交文书，很多内容都是出自投降匈奴的汉朝宦官“中行说”之手。⑤ 其后班固编撰《汉书》时，才把“撑犁孤涂”一词记录下来。实际上在中国古代的历史文献中，记载了很多中原政权与少数民族政权的往来历史，这就需要有很多官员担任翻译工作。《魏书·官氏志》记载：“(天兴四年，401年)十二月，复尚书三十六曹，曹置代人令史一人，译令史一人，书令史二人。”⑥关于其中的“译令史”，林幹先生认为他是北魏时期专门负责翻译的官吏。⑦ 国与国之间的语言文字不同，才需要设

① (汉)班固：《汉书》卷六《武帝纪》，中华书局1962年版，第203页。

② (南朝)范晔：《后汉书》四十七《梁慬传》，中华书局1965年版，第1593页。

③ 罗新：《匈奴单于号研究》，《中国史研究》2006年第2期，第28页。

④ [日]白鸟库吉：《西域史研究》上卷，岩波书店1941年版，第212页。

⑤ (汉)班固：《汉书》卷九十四上《匈奴传上》，中华书局1962年版，第3759~3764页。

⑥ (北齐)魏收：《魏书》卷一百一十三《官氏志》，中华书局1974年版，第2973页。

⑦ 林幹：《东胡史》，内蒙古人民出版社2007年版，第102~105页。

置专业人员负责翻译工作。所以中原政权与其他民族政权之间进行外交往来时，翻译人员担当着重要角色。

三、天子与可汗

由于漠北草原地域辽阔，政权更迭非常频繁。继两汉时期活跃的匈奴最高统治者“单于”之后，大约在公元三、四世纪，游牧民族又出现了“可汗”或者“可寒”称谓，实际上“单于”与“可汗”都是官称。① 米文平先生于1980年发现黑龙江省大兴安岭“嘎仙洞”的碑文上，就刻有“皇祖先可寒”的字句。② “可汗”与“可寒”都是音译，所以鲜卑统治者应该称呼过“可汗”。甚至北魏建国以后，在鲜卑部族内对于最高统治者，依然会沿用这个称呼，只不过魏收在编撰《魏书》时，进行过一定程度的汉化修饰，所以《魏书》较少载有“可汗”之类的称谓。罗新先生经过考证，认为在鲜卑语中“可汗”一词早已存在。③ 那么关于“可汗”的官职与含义，《资治通鉴·魏纪九》“至可汗毛始强大”条胡三省注曰：“可汗，北方之尊称，犹汉时之单于也。”④这说明“单于”与“可汗”，都是漠北草原上的某个部族的最高行政长官。《北史·蠕蠕传》记载：“可汗，犹魏言皇帝也。”⑤这是把可汗看作北魏时期的皇帝，并且《通典·边防十二》“蠕蠕”条载：“可汗，犹言皇帝也。”⑥这条史料也沿用这种观点，可以看出它们的政治功能，与汉文化的“皇帝”基本相同。只不过“单于”使用在两汉时期，其后逐渐被“可汗”称号取代。

① 罗新：《中古北族名号研究》，北京大学出版社2009年版，前言第2页。

② 米文平：《鲜卑史研究》，中州古籍出版社1994年版，第30页。

③ 罗新：《中古北族名号研究》，北京大学出版社2009年版，第2~3页。

④ （宋）司马光：《资治通鉴》卷七十七《魏纪九》，中华书局1956年版，第2459页。

⑤ （唐）李延寿：《北史》卷九十八《蠕蠕传》，中华书局1974年版，第3251页。

⑥ （唐）杜佑：《通典》卷一百九十六《边防十二》，中华书局1988年版，第5378页。

可以看出，不论是“单于”还是“可汗”，都没有把天视为自己的父亲。著名的《阙特勤碑》和《苾伽可汗碑》记载：“朕是同天及天生突厥苾伽可汗”和“承上天之志朕立为可汗”。① 这里也没有天子的含义。因此，如果道武帝以可汗的身份举行西郊祭天时，天是抽象的让人敬畏的“神灵”，它与人的空间距离依然非常遥远。但是这个“可汗”绝不能等同于汉文化的“天子”。虽然北魏道武帝建国以后，打算摆脱游牧时期的“兄终弟及”制，施行汉文化的“父死子继”的王位继承制。但是在西郊祭天的仪式上，整个部族共同享有祭天权的传统观念，并没有发生根本转变。特别是天对于游牧文化的最高统治者可汗来说，因为两者没有父与子之间的“血缘关系”和伦理关系，所以他便不会独享祭天权。祭天是整个部族对于天的宗教信仰和精神崇拜，它是部族凝聚力的真切体现。尽管天赐二年(405 年)有很多大臣和后宫们参与西郊祭天，但并不违反礼制法规便是这个原因。再进而论之，单于和可汗都认为自己是“天之子”，但绝不是汉文化的“天子”，草原上的所有部民也都拥有这样的传统观念，所以才可以一起参与祭天。因此中原政权的最高统治者天子，与游牧文化的可汗(天之子)的含义存在很大差别，他们对于天的认识程度，应该是基于不同层面的宗教思想文化。甚至“单于”或者“可寒”与“天子”不能互译，只能与汉文化的“皇帝”互译，所以《北史》的“可汗，犹魏言皇帝也”便是基于上述原因。

实际上，汉文化的“天子”与游牧文化的“可汗”，对其后的唐王朝的爵位称号也产生了深远影响。《旧唐书·太宗纪下》记载：“(贞观四年)夏四月丁酉，御顺天门，军吏执颉利以献捷。自是西北诸蕃咸请上尊号为‘天可汗’。”②这是唐代初期突厥战败以后，尊称唐太宗为“天可汗”的文献记录。这不仅仅是汉人崇敬的“天”，与游牧民族最高酋长的“可汗”相结合，而且是汉文化与游牧文化的结合。《新唐书·北狄传》

① 林幹：《突厥与回纥史》，内蒙古人民出版社 2007 年版，第 146 页。
② (五代)刘昫：《旧唐书》卷三《太宗纪下》，中华书局 1975 年版，第 39 页。

的史官评价："唐之德大矣！际天所覆，悉臣而属之。薄海内外，无不州县，遂尊天子曰'天可汗'。"①史官有此观点能够证明，唐代的天子与"天可汗"才有类似的思想含义。特别是如果把"天子"和"天可汗"在文字上进行对照翻译，可以看出"可汗"能够翻译成"天之子"，而不能翻译成"天子"，"天可汗"才可以翻译成"天子"，它是经过翻译之手才最终形成的复合性词汇。依此类推，如果"可汗"与"单于"具有相同的官称特征，那么《旧唐书》把"天子"可以转译为"天可汗"，如果"单于"也要翻译成"天子"，就应该翻译成"天单于"才符合语言学翻译标准。但是前面《汉书》记载"撑犁孤涂单于"一词，却无法与"天单于"或"撑犁单于"对译。而且不论《汉书》还是《后汉书》都没有"撑犁单于"，这足以说明"天子"这个宗教哲学词语是汉文化独有的。

因此，尽管道武帝于皇始元年(396年)已即天子位，当拓跋部统治集团举行西郊祭天时，拓跋珪又回到游牧社会的"可汗"身份。这说明他是按照鲜卑文化的礼仪制度，与其他大臣共同完成鲜卑传统的祭天仪式，这是从游牧时期就已经形成的制度规范，与他是否为汉文化意义上的天子，属于两个不同的政治层面问题。另一方面，通过天赐二年(405年)的西郊祭天，能够看到道武帝在北魏政权内，实际上具有"天子"和"可汗"的双重身份。而且这两个身份对于天的认识，体现出两种不同的宗教信仰。汉文化的天子祭天时，巫师只是担当辅助性的角色，这是因为天子在祭祀自己的父亲(天)时，可以直接采用"礼"和"孝"，不需要通过中间人向天传递信息，然而"可汗"不是天的儿子，他必须通过巫师才能与天沟通。可汗与天之间增加了巫师这个中间媒介，说明可汗不具备如同天子的灵体，可汗与天子是不同政治体制下的爵位称号，他只能选择有灵性的巫师作为代理人，所以可汗远不如天子与天之间的关系密切。只不过魏收编撰北魏历史时，很少直接叙述鲜卑人的民

① (宋)欧阳修，宋祁：《新唐书》二百十九《北狄传》，中华书局1975年版，第6183页。

俗信仰，才导致我们从表面上看西郊祭天，其礼仪制度存在很大的矛盾，实则进入内部对这两种不同文化不同礼制进行比较分析，是“越礼”还是“依礼”便清晰可见了。

小　结

鲜卑拓跋部的祭天地点由早期的不固定转向固定化，经历了一个漫长而曲折的历史进程。因为游牧民族逐水草而居生活习惯，导致他们需要四处寻找水草丰盛的地方放牧，所以只有等到每年的祭天时间，部落成员才能够有机会相聚。《后汉书·乌桓鲜卑传》记载：“以季春月大会于饶乐水上。饮宴毕，然后配合。”①这说明整个部族的繁衍生息，与祭天时间和祭天地点密切相关。朱大渭先生认为：“鲜卑男女在每年三月的部族大会上自由结合，婚前的大会是一次盛大的酒宴。”②祭天地点固定化以后，标志着整个部族结束了长期迁徙的生活方式，生活的空间由幅员辽阔的草原，逐渐转变成相对狭窄的固定区域。鲜卑拓跋部选在夏四月祭天，应该与传统的“西向设祭”、毕昴星宿的宗教崇拜和历法思想都密切相关。这种三位一体的时空观念，透露出拓跋部迁徙到盛乐以后的发展变化。虽然夏四月的西郊祭天活动延续了100多年，但是在受到汉文化的影响以后，西郊祭天走向衰亡只是时间上的问题了。鲜卑文化的五方色之中有“紫色”，与汉文化的中央颜色“黄色”存在很大差别，然而当西郊祭天与南郊祭天汇流以后，不仅“紫色”从五色中消亡，其他原本就脱胎于汉文化的四种颜色，经过一段历史分流之后，又重新回到了汉文化的母体，当然这次回归已经增加了游牧民族的文化元素。

① （南朝）范晔：《后汉书》卷九十《乌桓鲜卑传》，中华书局1965年版，第2985页。

② 朱大渭、刘驰、梁满仓、陈勇：《魏晋南北朝社会生活史》，中国社会科学出版社2005年版，第382页。

在鲜卑民族的发展演变的过程中，草原文化与农耕文化开始逐步接触，虽然早期鲜卑人已经吸收了很多汉文化，但许多草原文化的特质依然被保存下来，并形成“胡风国俗，杂相糅乱”的文化现象。① 所以尽管道武帝已经于天兴元年(398 年)即天子位，却依然以“可汗”的身份举行西郊祭天。因为这时期的游牧民族的最高统治者，并没有把游牧文化的天看作“父亲”，而是把它看作至高无上的神灵，所以可汗与天之间尚未形成“父子”伦理关系，更没有天命神授的宗教伦理观和汉文化独有的“孝”的宇宙观。因此在“兄终弟及”的游牧社会里，可汗无法独享至高无上的祭天权力。而且“女巫”扮演传达神灵意志的重要角色，这仍然保留一定程度的原始萨满教特点。② 尽管汉文化的很多祭祀典礼也出现过巫师，但那是作为祝官进行辅助，并没有政治主导权。③ 西郊祭天与南郊祭天相比，道武帝在建国初期更重视前者。《魏书·礼志四》记载：“太祖天兴二年，命礼官捃采古事，制三驾卤簿。……二至郊天地，四节祠五帝，或公卿行事，唯四月郊天，帝常亲行，乐加钟悬，以为迎送之节焉。”④这点足以说明道武帝依然重视西郊祭天礼制，这要远胜于汉文化的南郊祭天。到孝文帝汉化改革以后，鲜卑文化与汉文化才逐渐走向合流。从此中原先进的封建农业生产，成为北魏社会的主要经济基础，随着封建化的不断加深，北魏的阶级结构也开始发生转变，⑤ 最终农耕经济生活完全取代游牧经济生活。

---

① 逯耀东：《从平城到洛阳：拓跋魏文化转变的历程》，中华书局 2006 年版，第 57~58 页。

② 赵志忠：《北方民族与萨满教》，《黑龙江民族丛刊》2005 年第 3 期，第 75~78 页。

③ 李零：《中国方术续考》，中华书局 2006 年版，第 363~365 页。

④ (北齐)魏收：《魏书》卷一百八之四《礼志四》，中华书局 1974 年版，第 2813 页。

⑤ 张旭华：《北魏州中正在定姓族中的作用与地位——兼论孝文帝定姓族的意义》，《郑州大学学报》1989 年第 6 期，第 33 页。

第三章　北魏南郊祭天的时空观念

引　言

从新朝王莽至南北朝时期，初代帝王即位之时，首先要宣读一篇祭天文，然后在正月举行盛大的南郊祭天仪式，以此确立天与天子之间的“父子”伦理关系，从而构建出汉文化独有的“孝”的宇宙观和宗教伦理观。天子正是通过这样一系列的“祭礼”与“孝行”，才被视为“有德”之君，再凭借“天德”与“祖先之德”宣传皇朝的正统性与合法性，并行使国家的最高统治权。

但是众所周知，北魏是鲜卑拓跋部建立的少数民族政权，他们原本就有传统的夏四月的祭天礼俗。道武帝拓跋珪重建代国时，便举行过鲜卑文化的西郊祭天。天兴元年七月迁都平城以后，怎样吸收中原文化已经成为统治集团迫在眉睫的重要政治任务。那么北魏政权又是通过什么方法，把鲜卑民族的最高统治者与汉文化的“天”连接起来的？《魏书·礼志一》记载：“(天兴)二年正月，帝亲祀上帝于南郊，以始祖神元皇帝配。为坛通四陛，为壝埒三重。天位在其上，南面，神元西面。五精帝在坛内，壝内四帝，各于其方，一帝在未。日月五星、二十八宿、天一、太一、北斗、司中、司命、司禄、司民在中壝内，各因其方。其余从食者合一千余神，餟在外壝内。藉用藁秸，玉用四珪，币用束帛，牲用黝犊，器用陶匏。上帝、神元用犊各一，五方帝共用犊一，日月等共用牛一。祭毕，燎牲体左于坛南巳地，从阳之义。”①这里记载了北魏南郊祭天的礼仪制度，道武帝并以“臣子”的身份向汉文化的天(父)宣誓自己为合法的皇位继承人。道武帝不仅按照中原文化礼制举行祭天礼仪，还在汉文化的“孝”的宇宙观层面，接受了天与天子之间的“父子”伦理关系。

在汉文化的思想体系中，“德”是统治阶级非常重视的哲学理念，天与德之间亦有内在联系。尤其是秦汉以后，新政权的天子是否拥有天德、祖先之德和五行之德，成为对外宣传王朝正统性和政权合法性的重要理论依据。所谓天德，中国历史上很早就有先例，比如商代的“玄鸟生商”，周代的“姜螈踩巨人迹生后稷”等事迹。《魏书·序纪》记载了一段有关“天女”生始祖拓跋力微的事迹，目前有学者认为这是鲜卑拓跋部的早期自然崇拜，还有学者认为它反映出草原上的爱情故事。但是在它的背后应该拥有极为重要的政治意图，也就是对外宣传鲜卑政权亦有上天护佑，更具备如同商周政权那样的“天德”。因此“天女”生拓跋力微的故事，蕴含着后人追述前史的“目的设定论”。南郊祭天是汉文化的重要礼仪制度和宗教活动，它是历代最高统治者沟通天人关系的主要方式。《汉书·郊祀志下》记载：“帝王之事莫大乎承天之序，承天之序莫重于郊祀，故圣王尽心极虑以建其制。”②由于历代开基帝王皆知郊祀的重要性，所以北魏建国以后为了融入汉文化的思想体系，为了更好地统治中原地区，道武帝在宣读完祭天文之后，便于天兴二年正月举行了南郊祭天。但是祭天仪式不仅仅是国家重要的礼制大典，它与两汉以来的经学流派以及史学倾向有密不可分的内在联系。而且每个王朝对于“天”的认识程度，与自身的政治状况息息相关。北魏按照汉文化的礼仪制度举行南郊祭天时，把“上帝”和“五精帝”都置于内坛，这很可能

① (北齐)魏收：《魏书》卷一百八之一《礼志一》，中华书局 1974 年版，第 2734~2735 页。

② (汉)班固：《汉书》卷二十五下《郊祀志下》，中华书局 1962 年版，第 1253~1254 页。

是“六天说”的宇宙观的体现。那么它以什么样的经学思想为蓝本呢？这个“六天说”对于北魏政权又有什么样的特别寓意呢？汉晋时期的各个政权，几乎都按照《孝经》施行“南郊祭天配始祖”和“明堂祭上帝配宗”的配祭制度。虽然北魏初期已经开始积极地吸收汉文化，但是《魏书》只有“南郊祭天配始祖”，却没有记载这时期的“明堂祭上帝配宗”的相关礼制。当然这不能直观地判定鲜卑统治阶级不懂汉礼，而是应该有更深层的历史背景、政治因素和文化差异，才导致北魏初期的礼仪制度存在一定程度的欠缺。此外，《魏书·孝感传》和《北史·孝行传》，以及近年学者收集研究的“北魏孝子画像”，① 都记载了北魏时期民间出现崇尚“孝”的社会风气。根据上述的史料描述，往往这些孝子的行为可以感动天地，甚至出现改变时令节气的“超自然现象”，这样的“孝”的宇宙观是汉文化独有的思想内容。当然，不论是“天子之孝”还是“庶民之孝”，甚至是乡里或社会崇尚的“孝”，都是建立在天人感应或宗教伦理观的基础上的。然而原本这是汉文化传统的宇宙观和伦理价值观，北魏鲜卑政权为什么也同样地倡导这样的孝行，它对于当时的社会风气能够产生怎样的影响呢？目前学界仅对北魏南郊祭天问题进行过礼制分析和客观总结，尚未以时空观角度探讨北魏的南郊祭天问题。②

本章根据上面提出的几个问题，主要从南郊祭天的时空观角度，重点考察北魏的“祭天文”“天与德”“六天说”“明堂配祭礼制”和“孝的自然观与超自然”等内容，揭示这些问题有助于了解鲜卑统治者在接受汉文化的“天”时，究竟出现过怎样的文化融合与历史演变。

---

① 邹清泉：《北魏孝子画像研究——〈孝经〉与北魏孝子画像图像身份的转换》，文化艺术出版社2007年版，第15~51页。

② 李书吉：《北朝礼制法系研究》，人民出版社2002年版，第46~47页；姜波：《汉唐都城礼制建筑研究》，文物出版社2003年版，第147~149页；徐迎花：《汉魏至南北朝时期郊祀制度研究》，黑龙江人民出版社2009年版，第224~225页。

第一节　祭天文

鲜卑拓跋部从公元258年开始，就已经拥有夏四月祭天的传统，这里的“天”与中原汉人信仰的“天”，属于完全不同的文化体系和精神崇拜。北魏政权建立以后怎样吸收汉文化，已经成为统治阶级在政治上的重要任务。特别是道武帝要想融入汉文化，接受汉文化的“天”的宗教信仰。道武帝于天兴元年七月迁都平城以后，便按照汉文化的礼仪制度，举行了盛大的即位仪式，并向“天”宣读了一篇意味深长的祭天文。《魏书·礼志一》记载：“(天兴元年十二月，398年)皇帝臣珪，敢用玄牡，昭告于皇天后土之灵：上天降命，乃眷我祖宗，世王幽都。珪以不德，纂戎前绪，思宁黎元，龚行天罚。殪刘显，屠卫辰，平慕容，定中夏。群下劝进，谓宜正位居尊，以副天人之望。珪以天时人谋，不可久替，谨命礼官，择吉日受皇帝玺绶。惟神祇其丕祚于魏室，永绥四方。”①那么这篇祭天文或者说祝文，究竟拥有怎样的历史来源和经学背景呢？

一、三国两晋的祭天文

在北魏道武帝建国以前，司马炎的西晋王朝是通过禅让的政治手段，取代了此前的曹魏政权。关于他即皇帝位时宣读的祭天文内容，《晋书·武帝纪》记载：“皇帝臣炎，敢用玄牡，明告于皇皇后帝，魏帝稽协皇运，绍天明命以命炎。昔者唐尧，熙隆大道，禅位虞舜，舜又以禅禹，迈德垂训，多历年载。”②可以看出这是借助尧舜禹之间的禅让故事，宣传皇位让有德者居之是历史必然的趋势。特别是其中“皇帝臣炎，敢用玄牡”与北魏的“皇帝臣珪，敢用玄牡”的行文方式如出一辙。

---

① (北齐)魏收：《魏书》卷一百八之一《礼志一》，中华书局1974年版，第2734页。

② (唐)房玄龄：《晋书》卷三《武帝纪》，中华书局1974年版，第50~51页。

那么这是否能够证明道武帝的祭天文就是参考了西晋的禅让文呢？实际上，司马炎并不是最早使用这种祭文模式的皇帝，在三国时期早已有之。

按照《三国志·魏书·文帝纪》裴松之注引《献帝传》记载："皇帝臣丕，敢用玄牡，昭告于皇皇后帝：汉历世二十有四，践年四百二十有六，四海困穷，王纲不立，五纬错行，灵祥并见，推术数者，虑之古道，咸以为天之历数，运终兹世，凡诸嘉祥民神之意，比昭有汉数终之极，魏家受命之符。汉主以神器宜授于臣，宪章有虞，致位于丕。……谨择元日，与群寮登坛受帝玺绶，告类于尔大神。唯尔有禅，尚飨永吉，兆民之望，祚于有魏世享。"①当魏王曹操病逝以后，由曹丕继承魏王王位，其后汉献帝在众臣威逼利诱下，曹丕通过禅让手段取得了东汉政权。除此之外，东吴也有类似的文章。《三国志·吴书·吴主传》裴松之注引《吴录》记载："皇帝臣权，敢用玄牡，昭告于皇皇后帝：汉享国二十有四世，历年四百三十有四，行气数终，禄祚运尽，普天弛绝，率土分崩。孽臣曹丕，遂夺神器，丕子叡，继世作慝，淫名乱制。……咸以为天意已去于汉，汉氏已绝祀于天，皇帝位虚，郊祀无主。休徵嘉瑞，前后杂沓，历数在躬，不得不受。权畏天命，不敢不从，谨择元日，登坛燎祭，即皇帝位。惟尔有神飨之，左右有吴，永终天禄。"②可见这是一篇祭天文，其中的行文方式与曹丕的禅让文基本相同。能够看出《献帝传》和《吴录》都采用"皇帝臣某，敢用玄牡"这样的祭文模式，然而它们是裴松之引用的文章，《三国志》的正文里没有详细记载孙权的祭天文。关于曹丕的另一篇禅让文，《三国志·魏书·文帝纪》记载："咨！尔魏王：昔者帝尧禅位于虞舜，舜亦以命禹，天命不于常，惟归有德。汉道陵迟，世失其序，降及朕躬，大乱兹昏，群凶肆逆，宇内颠

① （晋）陈寿：《三国志》卷二《魏书·文帝纪》，中华书局1959年版，第75页。

② （晋）陈寿：《三国志》卷四十七《吴书·吴主传》，中华书局1959年版，第1135~1136页。

覆。赖武王神武，拯兹难于四方，惟清区夏，以保绥我宗庙，岂予一人获乂，俾九服实受其赐。今王钦承前绪，光于乃德，恢文武之大业，昭尔考之弘烈。皇灵降瑞，人神告征，诞惟亮采，师锡朕命，佥曰尔度克协于虞舜，用率我唐典，敬逊尔位。于戏！天之历数在尔躬，允执其中，天禄永终；君其祗顺大礼，飨兹万国，以肃承天命。”①这是通过尧舜禹之间的禅让故事，宣传曹魏代汉的历史必然趋势。但是同一个魏国皇帝曹丕祭天，不可能同时宣读两篇祭文，所以也许《献帝传》和《吴录》是后代史官补充的内容。② 那么比《献帝传》和《吴录》更早出现祭天文模式的是哪部文献呢？《三国志·蜀书·先主传》记载：“皇帝[臣]备，敢用玄牡，昭告皇天上帝后土神祇：汉有天下，历数无疆。曩者王莽篡盗，光武皇帝震怒致诛，社稷复存。今曹操阻兵，安忍戮杀主后，滔天泯夏，罔顾天显。操子丕，载其凶逆，窃居神器。群臣将士以为社稷堕废，备宜修之，嗣武二祖，龚行天罚。备惟否德，惧忝帝位。询于庶民，外及蛮夷君长，佥曰：‘天命不可以不答，祖业不可以久替，四海不可以无主。’率土式望，在备一人。备畏天明命，又惧汉阼将湮于地，谨择元日，与百寮登坛，受皇帝玺绶。修燔瘗，告类于天神，惟神飨祚于汉家，永绥四海。”③按照三国时期皇帝即位时间的先后顺序，曹丕即位于220年，刘备即位于221年，孙权即位于229年。但是“皇帝[臣]备，敢用玄牡”却出现在陈寿《三国志》的正文里，而陈寿编著曹魏和东吴的祭天文，却没有这种祭文模式。因此很可能蜀汉政权刘备的祭文，才是北魏、西晋、《献帝传》和《吴录》的最早源头。

---

① （晋）陈寿：《三国志》卷二《魏书·文帝纪》，中华书局1959年版，第62页。

② 今有邱敏先生考证，《吴录》为晋人张勃所撰，故东吴祭天文的相关史料未必对陈寿产生影响。邱敏：《六朝史学》，南京出版社2003年版，第68~70页。

③ （晋）陈寿：《三国志》卷三十二《蜀书·先主传》，中华书局1959年版，第889页。

尽管《先主传》的这篇文章不能说是禅让文，刘备也并非通过禅让手段建立了蜀汉政权，但是可以清楚地看到其中拥有浓厚的禅让思想。而且其子刘禅的“禅”字便有这方面的含义，① 这也说明刘备在禅让方面的政治倾向。特别是他的祭天文与中国古代的禅让思想，以及儒家经学都存在一脉相承的政治关系。历史上关于“敢用玄牡，昭告皇天上帝”之类的文献描述，主要有《尚书》《墨子》和《论语》三个出典。下面对这三部文献试加考辨。

二、祭天文出典

关于北魏祭天文的出典问题，陈戍国先生认为，道武帝拓跋珪的祭天礼仪和相关祝文，完全来自汉族王朝的礼制内容。② 陈先生考证史料的功力极为深厚，逻辑推理非常清晰透彻，对于三国两晋南北朝时期的禅让思想和政治哲学，特别是对这时期的创业帝王首次祭天时所用祝文的出典与流变都有精妙分析。除此之外还有很多问题需要考辨，比如南北朝政权改易频繁的理论来源是什么？郑玄经学对于北魏建国究竟产生过怎样的影响？关于“敢用玄牡”之类的词语，历史上有几部文献存在相关记载？

《尚书·商书·汤诰》记载：“肆台小子，将天命明威，不敢赦。敢用玄牡，敢昭告于上天神后，请罪有夏。”③可以看出《尚书》记载的祭祀内容属于商汤讨伐夏桀的文章，并不能看作最高统治者即位时祝告上天的一篇祭文，因此这篇文章对后代的禅让思想产生政治影响的可能性较小。《墨子·兼爱下》记载：“惟予小子履，敢用玄牡，告于上天后

---

① 王立军：《刘禅之“禅”释义补证》，《河南师范大学学报》1991 年第 2 期，第 90 页。

② 陈戍国：《魏晋南北朝礼制研究》，湖南教育出版社 1995 年版，第 371～375 页。

③ （清）阮元：《十三经注疏·尚书正义》卷八《商书·汤诰》，中华书局 1980 年版，第 162 页。

[土]曰，今天大旱。即当朕身。”①这是一篇商汤祈祷上天解除旱灾的文章，并不是皇帝即位的禅让文。《论语·尧曰》记载：“咨！尔舜，天之历数在尔躬，允执其中。四海困穷，天禄永终。舜亦以命禹。曰，予小子履，敢用玄牡，敢昭告于皇皇后帝。”②关于《尧曰》篇的这段描述，历史上有很多学者对此进行过注疏，其中西汉孔安国和东汉郑玄的注释对后代的影响最大。孔安国认为：“此伐桀告天之文，殷家尚白，未变夏礼，故用玄牡。”③这里继承了商汤讨伐夏桀誓词的观点，与上面《尚书》记载的含义基本相同。其中的“未变夏礼，故用玄牡”主要是指夏朝崇尚黑色，所以采用黑色的“玄牡”祭祀。比如《礼记·檀弓上》记载：“夏后氏尚黑，大事敛用昏，戎事乘骊，牲用玄；殷人尚白，大事敛用日中，戎事乘翰，牲用白；周人尚赤，大事敛用日出，戎事乘騵，牲用骍。”④这里面就记载夏朝“牲用玄”的祭祀特点。这种夏商周分别崇尚“黑白赤”的祭祀礼制，对于后世的五行思想具有重要影响。但是东汉晚期的著名经学家郑玄认为：“用玄牡者，为舜命禹事，于时总告五方之帝，莫适用，用皇天大帝之牲。”⑤他把这段话看作尧舜禹之间的禅让故事，从而才选择“玄牡”作为牺牲。南朝梁代皇侃《论语义疏·尧曰》记载：“尧命舜以天位之辞也。”⑥皇侃同样认为这是禅让的意思。宋代理学家朱熹《论语集注》记载：“此尧命舜，而禅以帝位之辞。”⑦朱熹更加确认这是禅让。清末康有为《论语注·尧曰》认为：“此尧命舜，而禅

① （清）孙诒让：《墨子闲诂》卷四《兼爱下》，中华书局2001年版，第122~123页。

② （清）阮元：《十三经注疏·论语注疏》卷二十《尧曰》，中华书局1980年版，第2535页。

③ （清）刘宝楠：《论语正义》卷二十三《尧曰》，中华书局1990年版，第758页。

④ （清）阮元：《十三经注疏·礼记注疏》卷六《檀弓上》，中华书局1980年版，第1276页。

⑤ （清）刘宝楠：《论语正义》卷二十三《尧曰》，中华书局1990年版，第758页。

⑥ （梁）皇侃：《论语义疏》卷十《尧曰》，中华书局2013年版，第515页。

⑦ （宋）朱熹：《论语集注》，中国社会出版社2013年版，第112页。

以帝位之辞。"①康有为依然认为这是禅让的意思。这里都把这句话视为尧将王位禅让给舜的意思。如果推究这种观点的源头，主要源自郑玄的经学思想。因此郑玄注释《尧曰》的经学思想，对于后世的影响最为深远。

但是降至魏晋之际，反对郑玄的经学思想逐渐占据当时的主流地位。这就是历史上著名的王肃与郑玄的经学之争。《三国志·王朗传附王肃传》记载："初，(王)肃善贾(逵)、马(融)之学而不好郑氏，采会同异，为《尚书》《诗》《论语》《三礼》《左氏解》，及撰定父朗所作《易传》，皆列于学官。"②可以看出，王肃也曾经注过《论语》，但是他在注释《尧曰》篇时，是否持有禅让思想却未见史籍。虽然魏晋时期郑玄与王肃的经学之争在历史上产生过很大影响，甚至王肃作为司马炎的外祖父，他的经学思想得到晋政权的大力倡导，然而在王朝禅让的问题上，毫无疑问司马炎的即位方式与郑玄的经学思想完全相同。③ 实际上郑玄的这种经学思想，应该是时代发展的政治走向和王朝更迭的历史趋势。作为西晋的初代皇帝司马炎，即使利用权力崇尚王学反对郑学，也不可能阻碍时代发展的前进脚步，以禅让手段建立王朝已经是历史的必然走向，而且司马炎就是通过禅让手段夺取了曹魏政权。

不仅经学拥有王朝的禅让思想，有关《尧曰》篇的尧舜禹之间的禅让故事，对于正史亦有很大影响。《史记·历书》记载："(尧)年耆禅舜，申戒文祖。云，天之历数在尔躬，舜亦以命禹。"④这是尧禅让舜、舜禅让禹的历史故事。《汉书·律历志上》记载："咨！尔舜。天之历数在尔躬，舜亦以命禹。"⑤实际上班固继承司马迁的禅让思想观点，具有

① (清)康有为:《论语注》卷二十《尧曰》，中华书局1984年版，第298页。

② (晋)陈寿:《三国志》卷十三《王朗传附王肃传》，中华书局1959年版，第419页。

③ 孙险峰:《皇帝即位の禅让文——三国、两晋、南北朝における经学の一侧面》，日本筑波大学《筑波中国文化论丛》第26期(2007年)，第15~30页。

④ (汉)司马迁:《史记》卷二十六《历书四》，中华书局1959年版，第1258页。

⑤ (汉)班固:《汉书》卷二十一上《律历志上》，中华书局1962年版，第973页。

承前启后的历史作用。《汉书·叙传上》亦载：“昔在帝尧之禅曰：咨！尔舜，天之历数在尔躬。舜亦以命禹。……光济四海，奕世载德，至于汤武而有天下。虽其遭遇异时，禅代不同，至于应天顺人，其揆一焉。”①可以看出西汉时期就非常流行尧舜禹之间的禅让故事，并且《汉书》的《历书》《律历志上》《叙传上》，特别是刘备的祭天文都提到“历数”，所谓“历数”，康有为引用郑玄语曰：“历数，为帝王受命之符瑞。”②这依然是肯定王朝禅让的历史趋势。

真正把尧舜禹的禅让故事带向政治现实的历史人物是西汉末年的王莽。他在掌握朝廷实权以后，便采用禅让手段取代了西汉政权。《汉书·王莽传中》记载：“莽乃策命孺子曰：‘咨！尔婴，昔皇天右乃太祖，历世十二，享国二百一十载，历数在于予躬。’”③这里的“历数在于予躬”的“予”同“余”，“予躬”既是“授予我”的意思。王莽以建立儒教国家为自己的政治目的，经常使用儒家典故特别是圣人语言，以此表明自己的政治理念，他的禅让文便模仿《论语·尧曰》。关于异姓禅代的理论来源，日本学者东晋次先生认为：“王莽之前有刘邦代替秦朝建立汉政权的易姓革命，也有同姓血缘关系的王位继承制。但是在有德者居之的德治理论的倡导下，即使是异姓依然可以继承皇位。”④所以王莽最终通过禅让手段取代了西汉政权。虽然后世很少把王莽政权看作正统王朝，但是他的即位方法和政治伦理，对于其后魏晋南北朝时期频繁发生政权更迭，无疑起到了巨大的理论依据和政治效法作用。

三、南北朝的祭天文

南北朝是中国王朝更迭最频繁的历史时期之一，这是受到当时的历

---

① （汉）班固：《汉书》卷一百上《叙传上》，中华书局1962年版，第4208页。

② （清）康有为：《论语注》卷二十《尧曰》，中华书局1984年版。第298页。

③ （汉）班固：《汉书》卷九十九中《王莽传中》，中华书局1962年版，第4099页。

④ ［日］东晋次：《王莽——儒家の理想に凭かれた男》，白帝社2003年版，第189页。

史环境、政治因素和时代发展影响的结果。但是除此之外，王朝政治禅让成为这时期的主流思想，探究其原因，与王莽的政治思想，乃至两汉时期的经学伦理存在密切关系。尽管北魏道武帝采用武力统一北方，但是他在即位时宣读的祭天文，与三国两晋南北朝的各个政权如出一辙。

《宋书·武帝本纪下》记载："永初元年(420 年)夏六月丁卯，设坛于南郊，即皇帝位，柴燎告天。策曰：皇帝臣裕，敢用玄牡，昭告皇天后帝，晋帝以卜世告终，历数有归，钦若景运，以命于裕，夫树君宰世，天下为公，德充帝王。……升坛受禅，告类上帝，用酬万国之情，克隆天保，永祚于有宋，惟明灵是飨。"①这是刘裕在南郊祭天，即皇帝位时宣读的策书。所谓策书，是皇帝册封大臣使用的一种文体，在这里具有告天建国的政治意味，或者是借助上天名义颁布的策书。而且"历数有归"同样说明王权禅让的历史必然趋势。其中的"皇帝臣裕，敢用玄牡"，就是参照《三国志》刘备的祭天文，以及《晋书》司马炎的祭天文的撰写方式写的。《南齐书·高帝本纪下》记载："建元元年(479 年)夏四月甲午，上即皇帝位于南郊，设坛柴燎告天曰：皇帝臣道成，敢用玄牡，昭告皇皇后帝，宋帝陟鉴干序，钦若明命，以命于道成。夫肇自生民，树以司牧，所以阐极则天，开元创物，肆兹大道，天下惟公，命不于常。昔在虞夏，受终上代……升坛受禅，告类上帝，以永答民衷，式敷万国，惟明灵是飨。"②这篇文章是萧道成告天建国的祝文或者说祭天文，这里面的"皇帝臣道成，敢用玄牡"，也是模仿了刘裕的祭天文的书写方式。《梁书·武帝本纪中》记载："天监元年(502 年)夏四月丙寅，高祖即皇帝位于南郊。设坛柴燎，告类于天曰，皇帝臣衍，敢用玄牡，昭告于皇天后帝，齐氏以历运斯既，否终则亨，钦若天应，以命于衍。夫任是司牧，惟能是授，天命不于常，帝王非一族。唐谢虞受，汉替魏升，爰及晋宋，宪章在昔。……升坛受禅，告类上帝，克播休祉，

① (南朝)沈约：《宋书》卷三《武帝本纪下》，中华书局 1974 年版，第 51~52 页。

② (南朝)萧子显：《南齐书》卷二《高帝本纪下》，中华书局 1972 年版，第 31 页。

以弘盛烈，式传厥后，用永保于我有梁，惟明灵是飨。”①这篇文章是梁武帝萧衍南郊祭天，告天建国的祭天文，也是按照“皇帝臣衍，敢用玄牡”的祭文方式书写的。《陈书·高祖本纪下》记载：“永定元年(557年)冬十月乙亥，高祖即皇帝位于南郊，柴燎告天曰：皇帝臣霸先，敢用玄牡，昭告于皇皇后帝，梁氏以圮剥荐臻，历运有极，钦若天应，以命于霸先。夫肇有烝民，乃树司牧，选贤与能，未常厥姓。放勋，重华之世，咸无意于受终，……升坛受禅，告类上帝，用答民心，永保于我有陈，惟明灵是飨。”②陈霸先同样采用的是“皇帝臣霸先，敢用玄牡”这种祭天文模式。由此可见，南朝的宋齐梁陈夺取前朝政权都采用禅让方式，在撰写祭天文的内容上，都趋向于一种完全相同的思想模式。

尽管北朝三个政权皆为少数民族统治，但是在汉文化的氛围下，依然采取这种祭天文的模式。《魏书·礼志一》记载道武帝拓跋珪的“皇帝臣珪，敢用玄牡”，道武帝是通过军事力量取得政权的，并非采用禅让手段，然而在举行南郊祭天时，依然按照这种模式，这说明南北朝时期的初代皇帝祭天，已经成为一种礼制模式化了。《北齐书·文宣帝纪》记载：“(天保元年，550年)戊午乃即皇帝位于南郊，升坛柴燎告天曰：皇帝臣洋，敢用玄牡，昭告于皇皇后帝，否泰相沿，废兴迭用，至道无亲，应运斯辅，上览唐虞，下稽魏晋，莫不先天揖让，考历归终……升坛受禅，肆类上帝，以答万国之心，永隆嘉祉，保佑有齐，以被于无穷之祚。”③北齐文宣帝高洋即皇帝位时，也采用“皇帝臣洋，敢用玄牡”的祭天文模式，这说明他继承了汉文化的祭天礼制传统。《周书·孝闵帝》记载：“(557年)庚子、禅位于帝。诏曰：予闻皇天之命不于常，惟归于德。故尧授舜，舜授禹，时其宜也。天意厌我魏邦，垂变以告，惟尔罔弗知。予虽不明，敢弗龚天命，格有德哉。今踵唐虞旧典，禅位

① (唐)姚思廉：《梁书》卷二《武帝本纪中》，中华书局1973年版，第33页。
② (唐)姚思廉：《陈书》卷二《高祖本纪下》，中华书局1973年版，第31页。
③ (唐)李百药：《北齐书》卷四《文宣帝纪》，中华书局1972年版，第49页。

于周，庸布告遐迩焉。使大宗伯赵贵持节奉策书曰：咨尔周公，帝王之位弗有常，有德者受命，时乃天道。……天之历数，用实在焉。"①虽然北周宇文觉没有采用"皇帝臣某，敢用玄牡"的祭天文形式，但是可以看出他依然采用《论语·尧曰》的"尧舜禅让故事"，以及郑玄关注的"天之历数"的"历数"。所以郑玄的经学思想，对于南北朝时期的王朝禅代产生了很大影响。清代经学家皮锡瑞有过明确论断。《经学历史·经学分立时代》记载："《礼》则同遵于郑氏。……北学，《易》《书》《诗》《礼》，皆宗郑氏。"②可以看出郑玄对于后世的礼学思想产生了巨大影响。程树德《论语集释·尧曰》亦载："自新莽以后，魏晋五代皆用尧曰文作禅位之策。"③这句话基本概括了魏晋南北朝时期，初代帝王的祭天文或禅让文的历史发展轨迹以及经学流派的传承脉络，为这时期的南郊祭天的礼仪制度奠定了重要的理论基础。

由此可见，《三国志·蜀书·先主传》记载的"皇帝[臣]备，敢用玄牡"这种告天成礼即皇帝位的礼制模式，成为南北朝初代帝王的模仿对象。那么刘备的蜀汉政权又有怎样的经学背景呢？《三国志·蜀书·后主传》裴松之注引《华阳国志》载："先帝亦言，吾周旋陈元方、郑康成间。"④说明刘备很尊崇郑玄的经学思想，皮锡瑞《经学历史·经学中衰时代》记载："昭列帝尝自言周旋郑康成间，盖郑君避地徐州，时昭列为徐州牧，尝以师礼事之。"⑤这说明蜀国皇帝刘备与郑玄，早在东汉末年就有一定程度的交往，特别是郑玄避难徐州时，刘备曾以老师的礼遇对待郑玄，崇尚其经学思想也应有这一内在缘由。而且蜀汉还有很多重

① （唐）令狐德棻：《周书》卷三《孝闵帝纪》，中华书局 1971 年版，第 45 页。

② （清）皮锡瑞著，周予同注释：《经学历史·经学分立时代》，中华书局 2004 年版，第 118 页。

③ （清）程树德：《论语集释》卷三十九《尧曰》，中华书局 1990 年版，第 1347 页。

④ （晋）陈寿：《三国志》卷三十三《蜀书·后主传》，中华书局 1959 年版，第 903 页。

⑤ （清）皮锡瑞著，周予同注释：《经学历史·经学中衰时代》，中华书局 2004 年版，第 103 页。

要大臣都研习过郑玄之学。《三国志·蜀书·许慈传》记载：“许慈字仁笃，南阳人也。师事刘熙，善郑氏学、治《易》《尚书》《三礼》《毛诗》《论语》。”①许慈担任过两千石的“大长秋”，尽管这种官职多由宦官担任，但从另一侧面说明许慈为皇帝身边的近臣。《三国志·蜀书·姜维传》记载：“姜维字伯约，天水冀人也。少孤，与母居。好郑氏学。”②姜维是蜀国重要的军事将领，他有兴复汉室的伟大志向。当代研究《尚书》的大家刘起釪先生经过考证，认为蜀国的“谯周亦善郑氏学”。③ 谯周是当时的经学大家，对于儒家经学传播做出了很大贡献，陈寿曾经师从谯周。《晋书·陈寿传》记载：“陈寿字承祚，巴西安汉人也。少受学于散骑常侍谯周。”④可以看出，蜀汉政权上至皇帝刘备下至重要大臣，已经形成了研习郑玄之学的风气，甚至编撰《三国志》的陈寿也未能出其右。所以刘备以《论语·尧曰》为原点，并结合郑玄的经学思想和历史典故，制定出这样一篇带有禅让含义的祭天文比较可信。因此其后陈寿编撰《三国志》时，把刘备的祭天文载于史籍，并成为后世初代帝王效仿的对象。

那么北魏道武帝宣读的祭天文与刘备又有怎样的关系呢？下面根据这两部文献的记载方式进行分析。首先，双方都有“皇天后土”，而《献帝传》《吴录》和《晋书》记载为“皇皇后帝”；其次，《魏书》和《三国志》的《先主传》都有“龚行天罚”和“受皇帝玺绶”；最后，《魏书》有“永绥四方”，《先主传》有“永绥四海”，两者意思几乎完全相同。特别是裴松之(372—451年)生活在南朝刘宋时期，他的注释完成时间并不会早于道武帝迁都平城的天兴元年(398年)。房玄龄《晋书》的编撰时间又在

---

① (晋)陈寿：《三国志》卷四十二《蜀书·许慈传》，中华书局1959年版，第1022页。

② (晋)陈寿：《三国志》卷四十四《蜀书·姜维传》，中华书局1959年版，第1062页。

③ 刘起釪：《尚书源流及传本考》，辽宁大学出版社1997年版，第46页。

④ (唐)房玄龄：《晋书》卷八十二《陈寿传》，中华书局1974年版，第2137页。

唐朝，尽管记载司马炎的禅让文不能排除有一定的史料来源，但是它们都远不及陈寿(233—297年)已经编撰成书的《三国志》的《先主传》流传的年代久远。所以如果按照祭天文的撰写时间、历史材料和行文方式，北魏受到刘备祭天文影响的可能性最大。皮锡瑞《经学历史·经学分立时代》记载："北学反胜于南者，由于北人俗尚朴纯，未染清言之风、浮华之习，故能专宗郑、服，不为伪孔、王、杜所惑。此北学所以纯正胜南也。焦循曰：'正始以后，人尚清谈。迄晋南渡，经学盛于北方。大江以南，自宋及齐，遂不能为儒林立传。梁天监中，渐尚儒风，于是梁书有《儒林传》。《陈书》嗣之，仍梁所遗也。魏儒学最隆，历北齐、周、隋，以至唐武德、贞观，流风不绝，故《魏书·儒林传》为盛。'"①说明北魏崇尚郑玄经学具有重要的历史传统，这从道武帝的祭天文至北魏儒学风气，就可以窥见其中一脉相承的经学特点。北魏能够被看作正统王朝的主要原因之一，是道武帝的祭天文建立在汉晋时期的主流经学，以及王朝禅让的历史典故的基础上，它有一脉相承的文化传统和历史背景，也与当时汉人士族阶层的正统观念和政治伦理完全契合。特别是鲜卑政权按照中原政权拟定出一系列的典章制度，甚至确定北魏为"土德"运次，并追认自己是黄帝后裔，还排列出由黄帝到拓跋珪祖先的传承系谱,② 这无疑拉近了鲜卑人与汉人之间的距离，从而在一系列的礼仪制度和经学思想的铺垫下，道武帝作为汉文化的天子，与中原汉人信仰的"天"之间，搭建出一座可以相互沟通的空间平台，鲜卑人与汉人原本存在的不同民族文化，也逐渐走向融合。

西晋永嘉之乱以后，北方社会长期陷入动荡，军事割据政权犹如雨后春笋，广大民众渴望和平与安定生活的呼声日益高涨。此时不论是汉人政权还是其他少数民族政权，只要能够早日结束战争，使国家走向和平已经成为民众的殷切期盼。因此在这样的时代背景下，给鲜卑统治者

① (清)皮锡瑞著，周予同注释：《经学历史·经学分立时代》，中华书局2004年版，第127页。

② (北齐)魏收：《魏书》卷一《序纪》，中华书局1974年版，第1页。

提供了“天时地利人和”的绝佳历史机遇。如果再把北魏放到中国古代历史的大背景去考量，实际上道武帝的这篇祭天文，担负着汉文化的历史桥梁和儒家经学的传承作用。它在宗教伦理观和宇宙观方面，构建出汉文化的“天”与鲜卑最高统治者天子的“父子”伦理关系，这种空间渠道能够顺利沟通，减少了汉人对于鲜卑统治者的抵触情绪，也让双方在和谐的环境下生活，这为北魏政权的长久统治以及民族融合奠定了理论基础，并具有极为重要的现实意义。

第二节　天与德

《魏书·礼志一》记载，在道武帝即皇帝位宣读的祭天文中，还有这样一段话：“上天降命，乃眷我祖宗，世王幽都，珪以不德，纂戎前绪，思宁黎元，龚行天罚。殪刘显，屠卫辰，平慕容，定中夏。”他认为自己能够战胜强敌是由于上天护佑和祖先功德，并谦虚地认为自己“不德”，实际上想说自己“有德”。那么他为什么宣读这样一篇强调“德”的祭天文呢？这个“德”对于北魏新政权又有怎样的政治意义呢？

一、天德、祖先之德和五行之德

关于“德”的大致划分，晁福林先生认为先秦时期主要有“天德和祖宗之德”“制度之德”和“精神品行之德”。① 其后这些“德”的观念传承下来，特别是“天德”和“祖宗之德”，成为新政权建国的重要理论依据，它对于宣传王朝的正统性与合法性具有重要的政治哲学意义，而且“五行之德”亦非常重要。下面试加比较历史上的“天德”和“祖先之德”的表现形式。

《诗经·商颂·玄鸟》记载：“天命玄鸟，降而生商。”②《史记·殷

① 晁福林：《先秦时期“德”观念的起源及其发展》，《中国社会科学》2005 年第 4 期，第 192 页。

② （清）阮元：《十三经注疏·毛诗正义》卷二十三《商颂·玄鸟》，中华书局 1980 年版，第 622 页。

本纪》亦载："殷契，母曰简狄，有娀氏之女，为帝喾次妃。三人行浴见玄鸟堕其卵，简狄取吞之，因孕生契。契长而佐禹治水有功。……功业著于百姓，百姓以平。"①由于玄鸟（燕子）被看作上天派来的使者，简狄吞吃玄鸟蛋而生契意味着殷人获得了"天德"，并且契因帮助大禹治水有功，殷人又获得"祖先之德"，最终商汤得到上天和祖先的眷顾，才推翻残暴的夏桀统治，建立了殷商政权。此外，关于西周的"天德"与"祖先之德"，《史记·周本纪》记载："后稷，名弃，母有邰氏女，曰姜螈，为帝喾元妃。出野见巨人迹，心忻然，悦而践之，而身动如孕者，居期而生子，以为不祥，弃之隘巷，马牛过者皆辟而不践。……及为成人，遂好耕农，相地之宜，宜谷者稼穑焉。民皆则之。帝尧闻之，举为农师，天下得其利，有功封于邰，号曰后稷。"②"巨人迹"暗指天神下凡到人间留下的足迹，姜螈踏其迹而生后稷意味有"天德"，后稷是农业始祖，有功于百姓，周人又看做这是祖先有德。所以殷商和西周都宣传本朝有"天德"和"祖先之德"，从而才能够对外宣传新政权统治的合法性。但是对于那些觊觎皇权伪造符命的人，"天德"和"祖先之德"又将成为危害国家安全的"双刃剑"。

东汉著名的史学家班固撰写过一篇《王命论》，主要驳斥"秦失其鹿，刘季逐而掎之"的观点。他认为帝王在降生和即位之前，都有很多相应的预兆，普通人或狂狡之徒，纵有谋逆之心也不会取得成功。这是因为上天没有降下符命，自己的祖先也没有积累德行。他还归纳出汉高祖刘邦能够建立政权，共有五个方面的原因："一曰帝尧之苗裔，二曰体貌多奇异，三曰神武有征应，四曰宽明而仁恕，五曰知人善任使。"③所谓"帝尧之苗裔"和"神武有征应"，正是指"祖先之德"和"天德"，这鲜明地反映出新王朝建立时，"德"能够发挥的重要作用。所以在汉代

① （汉）司马迁：《史记》卷三《殷本纪》，中华书局 1959 年版，第 91 页。

② （汉）司马迁：《史记》卷四《周本纪》，中华书局 1959 年版，第 111 页。

③ （汉）班固：《汉书》卷一百上《叙传上》，中华书局 1962 年版，第 4207～4211 页。

的社会中已经出现这种思想，即“天德”和“祖先之德”是判定新政权是否为正统王朝的理论依据，如果不具备这两种“德”便会被认为是僭越皇权，因此统治者需要在这两种“德”的问题上，寻找祖先与之相关联的理论线索。《汉书·高祖本纪》记载：“高祖，沛丰邑中阳里人也，姓刘氏。母媪尝息大泽之陂，梦与神遇。是时雷电晦冥，父太公往视，则见交龙于上。已而有娠，遂产高祖。”①汉高祖刘邦为“感生帝”的故事，便成为天德和祖先之德的重要依据。

秦汉以后，五行思想开始备受推崇，初代帝王祖先因感上天五帝精，而使天子降生的理论日渐成熟，最终“五德”与“天德和祖宗之德”成为正统皇权的理论依据。因此新政权建国以前为了寻找“天德”和“祖先之德”，以及连接五帝拟定祖先传承系谱，成为重要的政治课题。比如《三国志·魏书·文帝纪》裴松之注：“魏之氏族，出自颛顼，与舜同祖，见于春秋世家。舜以土德承尧之火，今魏亦以土德承汉之火，于行运，会于尧舜授受之次。”②因为曹魏追述土德的舜帝为祖先，裴松之注引王沈《魏书》还记载曹操祖先连接到黄帝，③ 当然，舜帝亦出自黄帝，两者皆为土德运次。曹魏祖先虞帝有“天德”，又做过很多有助于庶民之事，这里又被看作是曹魏的“祖先之德”。所以曹魏拥有这三种德运以后，曹丕便作为“有德者”名正言顺地即皇帝位了。此外，再如西晋司马炎即位时，按照五行运次崇尚金德，故此编撰了一个祖先连接金德的系谱。《晋书·宣帝纪》记载：“其先出自帝高阳之子重黎，为夏官祝融。……及周，以夏官为司马。”④由于夏朝被认为崇尚金德，故西晋把祖先与之连接起来，所以司马炎即位时宣传的禅让文中，便有“迈德垂

---

① （汉）班固：《汉书》卷一《高祖本纪》，中华书局1962年版，第1页。

② （晋）陈寿：《三国志》卷二《魏书·文帝纪》，中华书局1959年版，第70页。

③ （晋）陈寿：《三国志》卷一《魏书·武帝纪》，中华书局1959年版，第1页。

④ （唐）房玄龄：《晋书》卷一《宣帝纪》，中华书局1974年版，第1页。

训，多历年载”这样的描述，这也是在强调西晋能够拥有皇权是多年积累德运的缘故。而且《史记·楚世家》记载：“重黎为帝喾高辛居火正，甚有功，能光融天下。”①由于颛顼帝高阳氏有“天德”，重黎又掌握人间社会不可欠缺的火，这对于改善百姓生活有巨大的历史功绩，从而西晋司马炎将它视为“祖先之德”。

木德→	闰位→	火德→	土德→	金德→	水德→	木德→	火德→	土德→	金德→	水德→	木德→	闰位→	火德→	土德→	金德
伏羲		神农	轩辕	金天	高阳	高辛	陶唐	有虞	夏后	成汤	姬	嬴	刘	曹	司马
太昊→	共工→	炎帝→	黄帝→	少昊→	颛顼→	帝喾→	唐帝→	虞帝→	夏朝→	殷商→	周朝→	秦朝→	汉朝→	曹魏→	西晋

图 3-1 太昊至西晋的五德相生排列图②

由于鲜卑人与汉人并非同宗同源，拓跋珪要想依照汉文化建立本朝的德运思想体系，首先面临怎样选择祖先的难题。按照当时北方的历史文化和政治格局，道武帝追认中华人文始祖黄帝为祖先，并拟定北魏施行土德。③ 关于鲜卑拓跋与黄帝的传承系谱，《山海经·大荒西经》记载：“有北狄之国，黄帝之孙曰始均，始均生北狄。”④北狄泛指远离中原的北方游牧民族，它也应该包括其后兴起的鲜卑拓跋部，所以北魏借助“始均”这个古代史籍上的人物，编撰出了一套完整的祖先传承系谱。《魏书·序纪》记载：“昔黄帝有子二十五人，或内列诸华，或外分荒服。昌意少子，受封北土，国有大鲜卑山，因以为号。其后世为君长，统幽都之北，广漠之野。畜牧迁徙，射猎为业，淳朴为俗，简易为化，不为文字，刻木纪契而已。世事远近，人相传授，如史官之纪录焉。黄

① （汉）司马迁：《史记》卷四十《楚世家》，中华书局 1959 年版，第 1689 页。

② ［日］岛邦男：《五行思想と礼记月令の研究》，汲古书院 2004 年版，第 32 页。

③ （北齐）魏收：《魏书》卷二《太祖纪》，中华书局 1974 年版，第 34 页。本节只讨论“德”的问题，关于北魏土德运次详见本书第五章。

④ 袁珂：《山海经校注》卷十一《大荒西经》，巴蜀书社 1996 年版，第 452 页。

帝以土德王，北俗谓土为托，谓后为跋，故以为氏。其裔始均，入仕尧世，逐女魃于弱水之北，民赖其勤，帝舜嘉之，命为田祖。爰历三代，以及秦汉，獯鬻、猃狁、山戎、匈奴之属，累代残暴，作害中州，而始均之裔，不交南夏，是以载籍无闻焉。"①这里面记载了拓跋部祖先的起源问题，并借鉴了《史记·五帝本纪》的记载："黄帝者，少典之子，姓公孙，名曰轩辕。……诸侯咸尊轩辕为天子，代神农氏，是为黄帝。天下有不顺者，黄帝从而征之，平者去之，披山通道，未尝宁居。……有土德之瑞，故号黄帝。……黄帝二十五子，其得姓者十四人。"②这里面出现的"黄帝二十五子"便与《魏书·序纪》记载的"黄帝有子二十五人"连接在了一起，这反映出黄帝的"二十五子"中，就有一位是鲜卑拓跋部的远古祖先。因而又根据《大荒西经》的"黄帝之孙曰始均，始均生北狄"的"始均"，编撰出"黄帝→始均→拓跋力微"的鲜卑拓跋部的祖先由来。从而使北魏拥有"五行之德"的"土德"。

正是拓跋统治者寻找到祖先与黄帝之间存在德运传承关系，才能举行汉文化的南郊祭天礼制。但是鲜卑拓跋部的"天德"是否拥有理论来源呢？这关系到拓跋统治者建立的北魏政权是否为正统王朝的问题，也是北魏统治阶级无法回避的政治哲学以及宗教伦理的问题。

二、天女与天德

北魏是否拥有"天德"呢？按照《魏书·序纪》记载："初，圣武帝(诘汾)尝率数万骑田于山泽，欻见辎軿自天而下。既至，见美妇人，侍卫甚盛。帝异而问之，对曰：'我天女也，受命相偶。'遂同寝宿。旦，请还，曰：'明年周时，复会此处。'言终而别，去如风雨。及期，帝至先所田处，果复相见。天女以所生男授帝曰：'此君之子也，善养视之。子孙相承，当世为帝王。'语讫而去。子即始祖也。"③这里出现

① (北齐)魏收：《魏书》卷一《序纪》，中华书局1974年版，第1页。
② (汉)司马迁：《史记》卷一《五帝本纪》，中华书局1959年版，第1~9页。
③ (北齐)魏收：《魏书》卷一《序纪》，中华书局1974年版，第2~3页。

一个重要信息，即“天女”生拓跋力微的故事，目前学界对此有几种不同观点。

严耀中先生认为“天女生拓跋力微”，是拓跋部的原始信仰中，对于天和自然神的崇拜。① 吕思勉先生虽然没有言及“天女”，但不认为历史上存在过圣武帝诘汾，这等于间接地否定了这段爱情故事。② 梁满仓先生认为“天女生拓跋力微”是一段神话故事。③ 陈琳国先生认为“天女生拓跋力微”是异族通婚故事。④ 田余庆先生认为：“(这是)感天而生的神话，在中国许多民族追叙先民始祖时，或是帝王降诞附会祥异时，是屡见不鲜的。……天女是不知其所来的虚构的历史角色。力微既有兄弟(匹孤)可考，则其人其事不是神人之间不可得言的问题，出自天女之说只能是后人编造，目的是为了用神秘色彩衬托力微的法统地位，并掩饰尴尬的历史问题。”⑤杜士铎先生认为如果剔除神话色彩，这个“天女”应该是一位草原姑娘。⑥ 刘军先生认为这在无形中为神元帝戴上了神秘主义光环和受命于天的威严。⑦ 上述观点分别从七个侧面反映出史学界对于“天女”生始祖拓跋力微的不同认识，毫无疑问，这些学者的先行研究，对于了解拓跋部的民族起源具有开拓性的历史意义。特别是田余庆先生否定“天女”的神话传说，并指出这是感天而生的神话，尤具重大意义。

在《魏书·序纪》有关“天女”出现的地方，相关内容的记载都非常简略。即使从力微开始，鲜卑拓跋的历史变得越来越清晰，仍然远远不

① 严耀中：《北魏前期政治制度》，吉林教育出版社1990年版，第195页。

② 吕思勉：《吕思勉读史札记》(中册)，上海古籍出版社2005年版，第895页。

③ 梁满仓：《魏晋南北朝五礼制度考论》，社会科学文献出版社2009年版，第251页。

④ 陈琳国：《中古北方民族史探》，商务印书馆2010年版，第199页。

⑤ 田余庆：《拓跋史探》，生活·读书·新知三联书店2011年版，第8~9页。

⑥ 杜士铎：《北魏史》，北岳文艺出版社2011年版，第16页。

⑦ 刘军：《论拓跋鲜卑的“神元”崇拜》，《宁波大学学报》2015年第4期，第47页。

能全面细致地描写出与天女有关的情节。这就使我们不得不怀疑“天女”登场出于某种更深层的政治目的，这是有意设计出来的“爱情故事”。怀疑之处在于：其一，鲜卑人没有文字，生产生活经验完全依赖口耳相传，但是在叙述这段爱情故事时，男女主人公的语言对白紧凑有序、细腻流畅，叙事内容惟妙惟肖，人物性格生动饱满，并且把时间、地点、人物、事件的整个首尾描绘得非常清楚，这不像是祖先传承下来的历史记忆；其二，诘汾与“天女”不期而遇，一次媾合就能生始祖力微，其后“天女”又能如约而至带来所生之子，把纯粹的偶然性变成历史的必然性，表面上好像整个故事情节环环相扣，实际上叙事内容过于牵强，缺乏合理性；其三，如果要追慕祖先的爱情故事，无须与后代子孙兴邦建国连接起来，但是“天女”告诉我们她所生的力微子孙将会成为世代帝王，这种前因后果首尾相顾的叙事方法，重点在于强调初代帝王的出身高贵以及有天神护佑，这样才能使子孙继承皇位；其四，诘汾与“天女”的爱情故事充满着神学目的论，它是为了宣传北魏皇权的正统性和合法性才出现的故事情节。再进而论之，如果我们回顾简狄吞吃“玄鸟蛋”而生殷商始祖契，以及姜螈踩“巨人迹”而生西周始祖后稷，便可以清楚地看到拓跋部出现“天女”故事，归根结底是出于宣传自己的祖先也有“天德”的政治目的。实际上针对“天女”生拓跋力微的爱情故事，唐代的史学家已经有深刻认识。《北史·后妃传下》记载：“论曰：男女正位，人伦大纲。三代已还，逮于汉晋，何尝不败于娇诐而兴于圣淑。至如后稷禀灵巨迹，神元生自天女，克昌来叶，异世同符。”①史官把西周的祖先后稷与北魏的祖先神元相提并论，甚至用“异世同符”作出客观结论，足以说明它们具有相同“天德”的共性关系。

史书上记录的很多历史事件，往往是后人为了达到某种目的而追加的内容，或许它们原本有一些零星的片段追忆，但绝不能主观认为那就

① （唐）李延寿：《北史》卷十四《后妃传下》，中华书局 1974 年版，第 537 页。

是历史事实。顾颉刚先生曾经指出："古史是层累地造成的，发生的次序和排列的系统恰是一个反背。"①顾先生的古史观给我们一个重要启示，鲜卑拓跋部的"天女"与圣武帝，很可能就是后代史官借助某个历史传说，出于政治目的加工渲染出来的祖先起源。因此这段"爱情故事"的本身，绝不是要告诉我们鲜卑拓跋部的自然崇拜，更不会为一位普通的草原姑娘撰写历史。反之，《史记》没有记载匈奴祖先与"天女"婚配的历史故事，《晋书》也没有相关记载。只有成汉政权李雄模仿过刘邦母亲被大蛇缠绕而生汉高祖的事例，② 成汉政权亦是自称为西汉政权的延续。《元史》记载铁木真的祖先也是感"金色神人"而降生。③ 如果是深受汉文化影响的少数民族政权，往往注重寻找"天德"和"祖先之德"，这主要是为了宣传皇朝的合法性和正统性。中国历史上很多帝王降生时都出现过吉祥征兆，这也是强调他们非同常人并有天神护佑的缘故。

而且在语言文化口耳相传的游牧社会里，部落酋长并非世袭制，而是通过内部选举产生的，只要成为最佳人选能够领导部族就可以担当最高统治者。中原政权的初代帝王重视出身和血统，也需要以"天德"和"祖先之德"的宗教观和宇宙观护佑皇权，使新兴政权增加神秘的宗教色彩。关于"天"与"德"之间的关系，《管子・心术上》记载："虚无无形谓之道，化育万物谓之德。"④这是对"德"的一种客观解释。《韩非子・解老》亦载"德者道之功"，⑤ 一般认为"道"是本体，"德"是功用，

① 顾颉刚：《古史辨》，第1册（自序），上海古籍出版社1982年版，第52页。

② （唐）房玄龄：《晋书》卷一百二十一《李雄载记》，中华书局1974年版，第3035页。

③ （明）宋濂：《元史》卷一《太祖本纪》，中华书局1976年版，第1页。

④ （清）黎翔凤校注：《管子校注》卷十三《心术上》，中华书局2004年版，第759页。

⑤ （清）王先慎：《韩非子集解》卷六《解老》，中华书局1998年版，第141页。

如果再引申论之，“道”可以指“天道”或自然之“天”，它是宇宙万物的载体或本体，而“德”便是这个“天”的功用，二者相辅相成才可以称为“天德”。而且“天”与“德”并非孤立静止毫无关联的两个事物，它们在空间中相互沟通彼此影响，从而构成汉文化独有的天道观。当“天德”对于统治阶级建立新兴政权发生积极作用时，寻找连接它的渠道和方法便会在建国前期逐渐凸显出来。北魏正是在这样的政治前提下，借助“天女”生拓跋力微的爱情故事，寻找到了本朝的“天德”。所以这就是古代政治哲学的最典型的“目的设定论”，也就是“天女”的历史形象及其相关故事，是道武帝即位前夕有意设计出来的，它是为鲜卑政权寻找“天德”而出现的时代产物。

特别是如前文所论，对于那些觊觎皇权的宵小之徒，“天德”和“祖先之德”更容易成为被利用的理论工具。道武帝建立北魏政权以后，仍然担心有人会利用“天德”和“祖先之德”，所以天兴三年十二月下诏曰：“世俗谓汉高起于布衣而有天下，此未达其故也。夫刘承尧统，旷世继德，有蛇龙之征，致云彩之应，五纬上聚，天人俱协，明革命之主，大运所钟，不可以非望求也。然狂狡之徒，所以颠蹶而不已者，诚惑于逐鹿之说，而迷于天命也。故有踵覆车之轨，蹈衅逆之踪，毒甚者倾州郡，害微者败邑里，至乃身死名颓，殃及九族，从乱随流，死而不悔，岂不痛哉！《春秋》之义，大一统之美，吴楚僭号，久加诛绝，君子贱其伪名，比之尘垢。自非继圣载德，天人合会，帝王之业，夫岂虚应。历观古今，不义而求非望者，徒丧其保家之道，而伏刀锯之诛。有国有家者，诚能推废兴之有期，审天命之不易，察征应之潜授，杜竞逐之邪言，绝奸雄之僭肆，思多福于止足，则几于神智矣。如此，则可以保荣禄于天年，流余庆于后世。夫然，故祸悖无缘而生，兵甲何因而起？凡厥来世，勖哉戒之，可不慎欤！”①可见《魏书》记载的这部诏书，与班固的《王命论》具有非常相似的思想特点，可以说表面上是在宣传“天

① （北齐）魏收：《魏书》卷二《太祖纪》，中华书局1974年版，第37页。

德”和“祖先之德”并非人人都能够获得，但实际上还是规劝那些妄想觊觎政权之人，使其避免遭到无情的杀戮。

在道武帝宣读的祭天文中，强调的“德”是指中原政权都非常重视的“天德”“祖先之德”和“五行之德”，它们是天与人之间可以相互沟通的空间渠道，也是祖先与子孙连接的纽带，更是一个可以左右政权并推动国家向前发展的巨大力量。它们与中国古代的宇宙观、五行思想和宗教伦理观等，都存在极为错综复杂的关联性，对于宣传王朝的正统性具有重要的政治哲学意义。

第三节　六天说

关于北魏首次举行南郊祭天的时间，《魏书·太祖纪》记载：“(天兴)二年春正月甲子，初祠上帝于南郊。”①这个“初祠上帝”的“初”字表明道武帝在此之前，尽管举行过多次的祭天仪式，但并不是汉文化的南郊祭天。首次南郊祭天的细节，《魏书·礼志一》有记载：“(天兴)二年正月，帝亲祀上帝于南郊，以始祖神元皇帝配。为坛通四陛，为壝埒三重，天位在其上，南面，神元西面。五精帝在坛内，壝内四帝各于其方，一帝在未。”②所谓“壝埒”是指祭坛四周的矮墙，这是根据神灵的贵贱等级差别，把整个祭坛分为内、中、外三壝，在这里“天”与“上帝”合为昊天上帝，且与五精帝的坛位又都放在内壝，这应该是采用“六天说”的宇宙观，那么这样的南郊祭天礼制是以什么样的经学为蓝本？对于北魏政权又有怎样的政治意义呢？

一、汉晋时期的祭天礼制

下面先比较汉晋时期的各个政权的祭天礼制，以及五帝的祭坛地位

① (北齐)魏收：《魏书》卷二《太祖纪》，中华书局1974年版，第34页。

② (北齐)魏收：《魏书》卷一百八之一《礼志一》，中华书局1974年版，第2734页。

问题。《史记·封禅书》记载：“二年(前 205 年)，东击项籍而还入关，问：‘故秦时上帝祠何帝也?’对曰：‘四帝。有白、青、黄、赤帝之祠。’高祖曰：‘吾闻天有五帝，而有四何也?’莫知其说。于是高祖曰：‘吾知之矣，乃待我而具五也。’乃立黑帝。”①这说明西汉初年开始祭祀五帝，但是此前就有这方面的礼制传统。依据《周礼·春官·司服》记载：“王之吉服，祀昊天上帝，则服大裘而冕，祀五帝亦如之。”②可以看出先秦以前就已经祭祀五帝。关于东汉的祭天礼制，《续汉书·祭祀志上》记载：“(建武二年)为圆坛八陛，中又为重坛，天地位其上，皆南乡(向)，西上，其外坛上为五帝位。青帝位在甲寅之地，赤帝位在丙巳之地，黄帝位在丁未之地，白帝位在庚申之地，黑帝位在壬亥之地。”③这是共同祭祀天与五帝的文献描述。但是能够看出“天位”放置在内坛，“五帝位”却被放置在外坛，说明东汉初期，已经区分出它们的等级尊卑地位。清代金鹗《求古录礼说·五帝五祀考》认为：“五帝为五行之精，佐昊天化育，其尊亚于昊天。”④所以昊天上帝与五帝的尊卑程度并不相同。

魏文帝即位初期祭天礼制沿袭了东汉旧制，《宋书·礼志三》记载：“魏文帝黄初二年(221 年)正月，郊祀天地明堂。是时，魏都洛京，而神祇兆域明堂灵台，皆因汉旧事。”⑤然而至魏明帝青龙三年，由于凉州刺史献上了灵命瑞图，祭天之礼便开始发生转变。根据《通典·吉礼》“告礼”条载：“魏尚书薛悌奏：‘凉州刺史所上灵命瑞图，当下洛阳留

① (汉)司马迁：《史记》卷二十八《封禅书》，中华书局 1959 年版，第 1378 页。

② (清)阮元：《十三经注疏·周礼注疏》卷二十一《春官·司服》，中华书局 1980 年版，第 781 页。

③ (西晋)司马彪：《续汉书》志七《祭祀志上》，见范晔《后汉书》，中华书局 1965 年版，第 3159 页。

④ (清)金鹗：《求古录礼说》卷十三《五帝五祀考》，山东友谊书社 1992 年版，第 890 页。

⑤ (南朝)沈约：《宋书》卷十六《礼志三》，中华书局 1974 年版，第 419~420 页。

台，使太尉醮告太祖、文昭皇后庙。'博士秦静议曰：'灵命瑞图可祀天皇大帝五精之帝于洛阳，祀南郊所祭，祭讫，奉诰册文，脯、醢、酒，告太祖庙。藏册于石函。'尚书奏曰：'秦静议当遣兼太尉告祠，以武皇帝从五精以上六座。余众神皆不设牲用如郊祭。'明帝诏：'每祀天辄以地配，今不地配耶?'尚书奏：'孙钦议：周礼祀天南郊，无地配之文，大魏受禅，因汉祀天以地配，此谓正月南郊常祀也。今告灵瑞，不须以地配。'王肃议：'礼，有事于王父，则以王母配，不降于四时常祀而不配也。且夫五精之帝，非重于地，今奉嘉瑞以告，而地独阙，于义未通。以地配天，于义正宜。'诏曰：'祀天以地配，此既正义，今告瑞祭于五精之帝，则地不得阙也。'又诏曰：'告皇天及五精，今册文中都不见五精之帝，意何以耶?'尚书奏：'册文，侍中韦诞所作。文中"皇皇后帝"，即五精之帝。昔舜受禅，告天云"皇皇后帝"，亦合五精之帝。于文少，不可分别。可更增五精字。'"①所谓"天皇大帝"，即"昊天上帝"，② 其中围绕配祭和五精帝展开讨论，最终确定五精帝与上帝合为六天，在洛阳的南郊祭祀。降至晋武帝司马炎即位时，按照《晋书·礼志上》记载："泰始二年正月……时群臣又议，五帝即天也，王气时异，故殊其号，虽名有五，其实一神。明堂南郊，宜除五帝之座，五郊改五精之号，皆同称昊天上帝，各设一座而已。……帝又从之，一如宣帝所用王肃议也。"③可见西晋采用王肃的经学观点，南郊祭天已经除去五精帝的神位，而仅仅祭祀昊天上帝，这与曹魏和东汉的祭天礼制完全不同。但是降至西晋太康十年，祭天礼制又发生新的转变。《晋书·礼志上》记载："(太康十年十月，又诏曰)《孝经》，'郊祀后稷以配天，宗祀文王于明堂以配上帝'……往者众议除明堂五帝位，考之礼文不正。

---

① (唐)杜佑：《通典》卷五十五《吉礼》，中华书局1988年版，第1537页。

② 郑玄注："昊天上帝，冬至于圜丘所祀天皇大帝。"(清)阮元：《十三经注疏·周礼注疏》卷十八《春官·大宗伯》，中华书局1980年版，第757页。

③ (唐)房玄龄：《晋书》卷十九《礼志上》，中华书局1974年版，第583~584页。

且《诗序》曰‘文武之功，起于后稷’，故推以配天焉。宣帝以神武创业，既已配天，复以先帝配天，于义亦所不安。其复明堂及南郊五帝位。”①如果南郊以宣帝配天，明堂也以先帝(即司马昭)配天，这就在礼制上出现两代祖先都配天的矛盾，因而太康十年又重新采用“六天说”的祭天礼制。

通过上述史料考察，北魏以前的西汉、东汉、曹魏和西晋在认识“天”的礼制上和数量上，大体有以下四个特点：其一，认为天只有一个，它是宇宙万物的最高神灵，比如西晋政权的祭天礼制。但其后西晋又把独祭昊天上帝改为“六天说”；其二，昊天上帝与五帝(五精帝)的地位大体相同，比如西汉早期的祭天礼制；其三，上帝和五精帝同时祭祀，但五精帝的地位略低于上帝，比如东汉政权的祭天礼制；其四，认为“天”有六个，上帝化育五精帝，它们都在相同的祭坛内，比如曹魏政权的祭天礼制。关于天与五帝之间的关系，清代陈澧《东塾读书记·三国》记载：“郑君以五帝为天帝，乃汉制也。以圜丘与郊为二，则汉初之制也。王肃以圜丘与郊为一，汉成帝时制也。以五帝为五人帝，王莽奏定之制也。又以为天佐，则谬忌之说也。”②因此如果仅从“六天”的数量上，以及相关的礼仪制度方面分析，北魏的“六天说”与魏明帝和西晋太康十年变礼以后的信仰基本相同。那么曹魏的“六天说”又是怎样产生的呢？

二、六天说

汉晋时期对于天在数量上和祭礼上的认识程度，与经学思想及其各种流派都有密不可分的关系。两汉时期的经学非常发达，每个阶段的经学家又站在不同的历史高度和政治背景下诠释宇宙观和儒家伦理观，其中东汉末年郑玄的经学思想，对于后代的祭天礼制影响最大。《礼记·

---

① (唐)房玄龄：《晋书》卷十九《礼志上》，中华书局1974年版，第584页。

② (清)陈澧：《东塾读书记》卷十六《三国》，上海古籍出版社2012年版，第271~272页。

大传》"王者禘其祖之所自出，以其祖配之"条郑玄注曰："王者之先祖，皆感大微五帝之精以生。苍则灵威仰，赤则赤熛怒，黄则含枢纽，白则白招拒，黑则汁光纪。皆用正岁之正月郊祭之，盖特尊焉。"①可以看出郑玄把昊天上帝和五帝之间的关系具体地划分为"实体"和"功用"两部分，即昊天上帝为实体，其功用对应于五时而有五帝。② 他还认为皇帝祖先感受五帝的精气之后，才能使天命降临，所以五精帝非常尊贵，如果再包括昊天上帝便构成"六天"。那么针对郑玄的"六天说"，王肃则采取否定的经学立场，他认为"天"只有一个。其后司马炎建立西晋举行南郊祭天时，便采用王肃独祭昊天上帝的经学思想。关于郑玄与王肃的经学之争，历史上有一定的记载。《礼记·郊特牲》孔颖达疏曰："先儒说郊，其义有二。案《圣证论》以天体无二，郊即圜丘，圜丘即郊。郑氏以为天有六天，丘郊各异。今具载郑义兼以王氏难。郑氏谓天有六天，天为至极之尊，其体只应是一。而郑氏以为六者，指其尊极清虚之体其实一也。论其五行生育之功则别有五，以五配天，故为六。"③王肃认为南郊祭天与圜丘祭天都是祭祀同一个天，天并没有两个，又怎么会有六个呢？然而郑玄认为五行化育出的五精帝，再包括上帝便有六个天，并且感生帝又可以连接符合五行德运的祖先。由于三国魏明帝青龙三年(235 年)进行改制时，参照了郑玄的"六天说"的祭天思想。而王肃是晋武帝司马炎的外祖父，与司马氏有亲戚关系，为了否定曹魏政权的正统性和合法性，首先从经学角度批判郑玄的祭天思想，然后借此否定曹魏政权的"六天说"，并间接否定曹魏政权的合法性，从而为司马氏进一步夺取曹魏政权准备理论依据，同时谋求建立自己的经学思想

① (清)阮元：《十三经注疏·礼记正义》卷三十四《大传》，中华书局 1980 年版，第 1506 页。

② 陈中浙、刘钊：《儒家"六天"说辨析》，《孔子研究》2002 年第 3 期，第 107 页。

③ (清)阮元：《十三经注疏·礼记正义》卷二十五《郊特牲》，中华书局 1980 年版，第 1444 页。

体系。

日本学者渡边义浩先生认为，西晋司马炎采用王肃信仰的昊天上帝的“一天说”的经学观点，说明以“理”为基础的经典解释，打破了郑玄的“六天说”的神秘性。① 尽管郑玄经学此时落于下风，王肃经学在理论上也存在很多问题。由于举行南郊祭天时要以宣皇帝司马懿“配天”，举行明堂祭礼时又以文皇帝司马昭“配天”，一祖一宗都要配相同的“天”，这与王肃“一天说”理论产生了矛盾。正如前文司马炎自己认为的：“宣帝以神武创业，既已配天，复以先帝配天，于义亦所不安。”司马炎持有的否定态度，实际上也是间接对王肃祭天思想的怀疑和否定。所以泰始二年(266年)独祀昊天上帝的礼仪制度仅仅实行了23年，至太康十年(289年)司马炎再度改制时，又恢复了“南郊五帝位”。可见统治阶级更愿意接受具有谶纬神秘性的“六天说”的宇宙观，也意味着郑玄的经学思想战胜了王肃的祭天理论。

有关“六天说”的历史渊源，元代马端临《文献通考·郊祀考》记载：“至班孟坚则直名其书曰《郊祀志》。盖汉世以三代之所郊祀者，祀泰一、五帝，于是以天为六，以祀六帝为郊，自迁固以来，议论相袭而然矣。康成注二礼，凡祀天处，必指以为所祀者为某帝。其所谓天者非一帝，故其所谓配天者亦非一祖，于是释帝郊祖宗，以为或祀一帝，或祀五帝，各配以一祖，其病盖在于取谶纬之书解经，以秦汉之事为三代之事。然六天之事，汉人崇之，六天之说，迁固志之，则其谬亦非始于康成也。”②由于郑玄的祭天理论引入很多谶纬思想，这就导致后代学者对他的经学持否定态度。但是在围绕“明堂配帝”的问题上，怎样调和祭天礼制存在的矛盾，确实需要根据时代发展，思考出新的祭天礼制。按照前文《封禅书》的描述，五帝之名在两汉时期已经出现，虽然五帝与

① ［日］渡边义浩：《王肅の祭天思想》，《中国文化——研究と教育》，第66号，2008年，第11页。

② (元)马端临：《文献通考》卷六十八《郊祀考》，浙江古籍出版社2000年版，第611页。

上帝的地位有很大不同，但郑玄的经学内容主要引入谶纬思想，故而使五帝更加崇高玄妙。所以西晋太康十年以后的变礼，说明郑玄的经学思想比王肃的更具理论性和政治实用性。特别是在追述帝王祖先与五帝德之间的关系时，又需要这种宗教神秘性支撑这个五帝理论。

然而如果从政治与祭祀关系的角度思考，祭天是皇帝独享的权力，如果在国家大一统的历史时期，不论是崇拜昊天上帝还是持有“六天说”，都不会对国家的礼制建设和宗教信仰带来重大影响。当历史的车轮进入到国家四分五裂的动荡年代，由于政治上的不安定因素，原本只能是皇帝独享的祭天礼制，各个军事割据政权也会借助“六天说”的宇宙观和宗教伦理观，在五帝中寻找符合自己祖先的感生帝，使祭天礼制走向合法化和制度化。因为每个军事割据政权都要享有至高无上的祭天权力，并且都认为自己才是正统的封建王朝。所以如果在祭天礼制和经学思想上不能找到理论依据，该政权的正统性和合法性便会受到质疑。但是魏明帝作为至高无上的皇帝，为什么愿意采用郑玄的“六天说”而不独祭祀昊天上帝呢？这是因为三国时期魏蜀吴三足鼎立，特别是景初元年公孙渊又自立为燕王。① 在分裂的情况下，即使否定其他割据政权的合法性，也无法阻止他们举行祭天礼制。但是在《三国志》中，蜀汉和东吴的祭天理论记载得并不系统，也没有记载它们的德运次序的继承问题，这或许是由于史官没有过多渲染，或许囿于魏晋禅让的政治因素和正统观念。恩格斯曾经说过：“没有统一的君主，就绝不会出现统一的神。”②这句话恰恰反映出每个时代都存在特定的宗教思想和祭天礼制，只有出现强大的封建帝王，才能树立与之相匹配的至高无上的神灵。所以在当时的特殊历史背景下，“六天说”的祭天礼制更符合时代需求。

“六天说”的经学思想不是无源之水，它的产生有一定的文化背景和历史渊源。日本学者间屿润一先生认为，鲁国是周王朝以外有祭祀上

① （晋）陈寿：《三国志》卷三《魏书 · 明帝纪》，中华书局 1959 年版，第 109 页。

② 《马克思恩格斯全集》，第 27 卷，人民出版社 1972 年版，第 65 页。

帝权力的诸侯国，但是按照当时的礼仪制度，它不可以祭天，或许郑玄正是基于这样的考虑。① 这是因为周公有功于社稷，又和周文王有直系血缘关系，所以才给予鲁国特别的政治待遇。关于鲁国举行郊祀的相关史料，《史记·鲁周公世家》记载："成王乃命鲁得郊祭文王。"②这说明鲁国可以郊祀上帝并配以文王，却没有至高无上的祭天权力。另一方面，《礼记·明堂位》记载："命鲁公世世祀周公，以天子之礼乐。……祀帝于郊，配以后稷。天子之礼也。"③"郊配文王"和"郊配后稷"是两个不同层面的礼制，因为"后稷"是周天子的"祖"，文王是周天子的"宗"，《孝经·圣治章》记载："郊祀后稷以配天，宗祀文王于明堂以配上帝。"④从《圣治章》的配祭制度便可以看出，即使能够使用天子之礼，但是鲁公与周天子的祭天礼制依然存在等级差别。鲁国作为诸侯国可以祭天，但是这个"天"仅指"上帝"，"上帝"的地位又亚于"天"，所以只有周天子才可以名正言顺地祭天。由于蜀汉政权认为自己是继承四百余年汉政权的正统王朝，而曹魏却认为有德者居之的禅让制才符合天意。如果按照郑玄的"六天说"，在昊天上帝之外，以五行相生顺应革命的五帝成为各个政权的守护神，从而确立汉魏革命的正统性和曹魏政权的合法地位。这说明魏明帝要效法周朝和鲁国的关系，把自己置于天子之位，而把蜀汉、孙吴、公孙氏置于诸侯国的政治地位。

《魏书·礼志一》记载："祀天之礼用周典。"⑤关于这个"周典"的含义，目前学界依然存在很多争议，有学者认为："北魏确立以拓跋鲜卑

① ［日］间嶋润一：《郑玄の祭天思想に就いて——《周礼》国家における圜丘祀天と郊天》，《中国文化——研究と教育》第44期，2007年。

② （汉）司马迁：《史记》卷三十三《鲁周公世家》，中华书局1959年版，第1523页。

③ （清）阮元：《十三经注疏·礼记正义》卷三十一《明堂位》，中华书局1980年版，第1488页。

④ （清）阮元：《十三经注疏·孝经注疏》卷五《圣治章》，中华书局1980年版，第2552页。

⑤ （北齐）魏收：《魏书》卷一百八之一《礼志一》，中华书局1974年版，第2734页。

较经常使用的夏四月为祭天之月，也就能从周礼中找到理论依据及历史上找到祭祀先例，北魏太祖在制度建设上动辄稽古，‘用周典’即是明证。”①实际上这种观点非常牵强，而且鲜卑民族的夏四月祭天或者是建国以后的西郊祭天，并没有按照汉文化的礼仪制度。通过前面的史料考证，这个“周典”是指郑玄的“六天说”经常引用的《周礼》,② 与鲜卑传统文化的夏四月祭天礼制毫无关系。《周礼·春官·小宗伯》记载：“及王之吉服，祀昊天上帝，则服大裘而冕，祀五帝亦如之。”③这里面就区分出昊天上帝和五帝，《魏书·礼志一》言及的“周典”，即是《周礼》和郑玄的“六天说”。因为北魏在天兴二年举行南郊祭天时，便按照这样的礼仪制度进行。《魏书·礼志一》又有记载：“(天兴)二年正月，帝亲祀上帝于南郊，以始祖神元皇帝配。……五精帝在坛内，壝内四帝，各于其方，一帝在未。”④这里面使用的“上帝”和“五精帝”，正式采用郑玄的“六天说”。这充分显示出郑玄经学思想，特别是这种祭天礼制对于鲜卑拓跋政权产生的巨大影响。因为北魏建国时期的政治状况与魏明帝统治时期极为相似。南方有东晋王朝和后秦政权伺机而动，后燕的残余势力不能小觑，道武帝很难在短时间内统一全国。为了缓解与各个割据政权之间的政治矛盾和军事冲突，采用“六天说”的宇宙观至少从表面上，给予其他政权一定的合法地位，道武帝则成为至高无上的真命天子，并享有崇高的祭天权利。所以北魏效法曹魏礼制，采用“六天说”的宇宙观，也是北魏奉曹魏为正统的原因之一。

---

① 杨永俊：《论北魏的西郊祭天制度》，《兰州大学学报》2002 年第 2 期，第 61 页。

② 陈中浙、刘钊：《儒家“六天”说辨析》，《孔子研究》2002 年第 3 期，第 111 页。

③ (清)孙诒让：《周礼正义》卷四十《春官·司服》，中华书局 2000 年版，第 1620 页。

④ (北齐)魏收：《魏书》卷一百八之一《礼志一》，中华书局 1974 年版，第 2734 页。

第四节 配祭礼制

由于天子的祖先神灵来自上天，因此在拟定祭天礼制时，往往采用祖先配天的祭祀方法。而且除了“郊祭始祖以配天”之外，还有“明堂祭宗以配上帝”的相关制度。《孝经·圣治章》记载：“郊祀后稷以配天，宗祀文王于明堂以配上帝。”实际上，这样的配祭方式对于汉晋时期的各个政权都产生过很大影响。比如《汉书·平帝纪》记载：“(汉平帝元始)四年春正月，郊祀高祖以配天，宗祀孝文以配上帝。”①这是汉平帝举行祭天礼制时，选择汉高祖刘邦配天，汉文帝刘恒配上帝的配祭礼制。《后汉书·明帝纪》记载：“(永平)二年春正月辛未，宗祀光武皇帝于明堂。”②由于光武帝刘秀以汉高祖刘邦为祖，所以这里应该省略了“祖配天”的文字描述，而仅有光武帝刘秀配明堂上帝的礼制。《三国志·魏书·明帝纪》记载：“(魏明帝)太和元年春正月，郊祀武皇帝以配天，宗祀文皇帝于明堂以配上帝。”③《晋书·武帝纪》记载：“(武帝泰始二年正月)丁丑，郊祀宣皇帝以配天，宗祀文皇帝于明堂以配上帝。”④曹魏和西晋政权都有配天和配明堂的礼制。虽然各个王朝的祭天礼制略有差异，但整体上都遵循这样的配祭形式。甚至已经汉化的后赵政权也有这样的礼制，《晋书·刘曜载记》记载：“以水承晋金行，国号曰赵。牲牡尚黑，旗帜尚玄，冒顿配天，元海配上帝。”⑤可见匈奴汉化以后的祭天礼制，与汉文化的配祭方式几乎完全相同。那么北魏的配祭制度又具有怎样的特点呢？

① (汉)班固：《汉书》卷十二《平帝纪》，中华书局1962年版，第356页。

② (南朝)范晔：《后汉书》卷二《明帝纪》，中华书局1965年版，第100页。

③ (晋)陈寿：《三国志》卷三《魏书·明帝纪》，中华书局1959年版，第92页。

④ (唐)房玄龄：《晋书》卷一《武帝纪》，中华书局1974年版，第53页。

⑤ (唐)房玄龄：《晋书》卷一百三《刘曜载记》，中华书局1974年版，第2685页。

一、神元帝配天

道武帝建立北魏政权并迁都平城以后，于天兴二年正月首次举行南郊祭天仪式时，就有祖先配天的礼仪制度。《魏书·礼志一》记载："帝亲祀上帝于南郊，以始祖神元皇帝配。为坛通四陛，为壝埒三重，天位在其上，南面，神元西面。五精帝在坛内，壝内四帝各于其方，一帝在未。"由于神元帝被看作拓跋部的始祖，这才采用始祖神元帝配天的礼制。但是这里面的"天"与"上帝"等同，因为"帝亲祀上帝于南郊"的"上帝"，与"天位在其上"的"天"，在这里可以称为昊天上帝。道武帝拓跋珪于天兴元年宣读的祭天文中，关于"皇帝臣珪，敢用玄牡，昭告于皇天后土之灵，上天降命"的"皇天"和"上天"，应该都指"昊天上帝"。《隋书·礼仪志一》记载："五时迎气，皆是祭五行之人帝太皞之属，非祭天也。天称皇天，亦称上帝，亦直称帝。五行人帝亦得称上帝，但不得称天。故五时迎气及文、武配祭明堂，皆祭人帝，非祭天也。此则王学之所宗也。"①这里面的"五行人帝"就是郑玄经学的"五精帝"，但是王肃没有把"五精帝"看作"天"，只是定格为"上帝"等级。当"上帝"指"昊天上帝"时，二者的祭祀等级完全相同。如果"上帝"被看作"五帝"或"五行人帝"或"五精帝"，它们的祭祀等级要低于"天"。《通典·乐七》"郊庙不奏乐庙诸室别舞"条载："《春秋传》曰：'告昊天上帝。'凡上帝之言，无非天也。天尊不可以一称，故或谓昊天，或谓上帝，或谓昊天上帝，不得以天有数称，便谓上帝非天。"②可以看出，"昊天"与"上帝"合二为一，也就是"昊天上帝"的最尊称谓，也可以称为"昊天""上帝"或"昊天上帝"。所以《隋书》所指的"皇天"，与《魏书·礼志一》道武帝拓跋珪宣读祭天文的"皇天后土"的"皇天"，都是宇宙万物的最高主宰"天"。但是前文已经讨论过，北魏在坛内不仅有昊

① （唐）魏征：《隋书》卷六《礼仪志一》，中华书局1973年版，第107页。

② （唐）杜佑：《通典》卷一百四十七《乐七》，中华书局1988年版，第3781页。

天上帝之位，还有五精帝之位，因此道武帝天兴二年正月的南郊祭天，依然采用郑玄经学的“六天说”。另一方面，作为配祭的始祖神元帝，为什么他的神位会是“神元面西”呢？这与西郊祭天是否有关系呢？《汉书·郊祀志下》记载：“祭天南郊，则以地配，一体之谊也。天地位皆南乡，同席，地在东，共牢而食。高帝、高后配于坛上，西乡，后在北，亦同席共牢。”①可以看出配天的高帝刘邦也是采用西乡（西向），这说明北魏南郊祭天的礼制源自汉文化的配祭制度。尽管鲜卑人信仰的天神在西方，早期的夏四月祭天就有西向设祭的礼仪制度，但是这次南郊祭天的始祖神位设定向西，与鲜卑文化没有直接关系。

关于这段南郊祭天的礼制描述，后代史官却持否定的态度。《隋书·礼仪志五》记载：“后魏天兴初，诏仪曹郎董谧撰朝飨仪，始制轩冕，未知古式，多违旧章。”②《隋书》指出董谧拟定的礼制内容违反旧章，《魏书》也确实记载了天兴初年拟定礼制的官员名字。《魏书·太祖纪》记载：“天兴元年十有一月辛亥……仪曹郎中董谧撰郊庙、社稷、朝觐、飨宴之仪。”③关于董谧“未知古式，多违旧章”的细节问题并不清楚，也没有在《隋书》中直接指出。那么这是否意味着董谧并不精通祭天礼制呢？实际情况却并非如此。《魏书·崔玄伯传》记载：“玄伯同郡董谧。谧父京，与同郡崔康时、广阳霍原等，俱以硕学播名辽海。谧好学，传父业。中山平，入朝，拜仪曹郎，撰朝觐、飨宴、郊庙、社稷之仪。”④这说明董谧不仅有家学渊源，甚至自身的文化素养也非常深厚。因此他拟定的祭天礼制内容，很可能受到当时的鲜卑统治阶级的政治倾向影响，所以才没有完全按照“古礼”拟定相关的典章制度。

---

① （汉）班固：《汉书》卷二十五下《郊祀志下》，中华书局 1962 年版，第 1266 页。

② （唐）魏征：《隋书》卷十《礼仪志五》，中华书局 1973 年版，第 195 页。

③ （北齐）魏收：《魏书》卷二《太祖纪》，中华书局 1974 年版，第 33 页。

④ （北齐）魏收：《魏书》卷二十四《崔玄伯传》，中华书局 1974 年版，第 634 页。

但是，《隋书·礼仪志五》记载，董谧拟定的礼仪制度“多违旧章”，这恐怕也绝非空穴来风，应该有一定的客观依据。其中没有“明堂”的配祭礼制便是问题之一。所谓“明堂”，桓谭《新论·正经》记载：“王者造明堂、辟雍。所以承天行化也。天称明，故命曰明堂。”①因此明堂是古代帝王颁布政令、接受朝觐、祭祀天地诸神和祖先的重要场所。但是根据目前所见到的《魏书》中，没有发现道武帝建国初期营造过明堂的文献记录。那么北魏初期为什么已经有“始祖配天”，却没有“宗配上帝于明堂”的礼制呢？这固然不能直观地判定董谧不懂礼制，也不会因为北魏政权初建陷于财政困难而没有营造。如果是道武帝的即位时间过于仓促，其后也有足够时间和条件补造。因此或许其中有更深层的政治问题、历史背景和极为重要的文化因素，这才不得不暂时放弃建造明堂。下面对其中的几点原因试加剖析。

二、宗配上帝

汉晋时期的配祭制度主要有“祖配天”和“宗配上帝”两种基本模式，而且各朝都延续“祖配天”，但是在“宗配上帝”的配祭方面，有西汉平帝以“文帝配祭”的方法，也有东汉、曹魏和西晋以“父配祭上帝于明堂”的方法。应该说，上述的配祭祖先在国家的发展中都有很大的政治作用和历史功绩，对于皇权统治起到不可或缺的推动作用。然而，综观道武帝的直系祖先却与之有很大不同。《魏书·序传》记载，除了始祖神元帝之外，道武帝还有五位直系祖先，他们分别是文帝、思帝、平文帝、昭成帝、献明帝。由于明堂主要配祭帝王之父或有巨大功绩的直系祖先，因此下面采用排除法分别比较道武帝祖先的历史功绩。其一，《魏书·序传》记载，道武帝之父献明皇帝因为保护昭成帝，于建国三十四年(371年)五月死去，② 道武帝作为遗腹子于建国三十四年七月才

① (汉)桓谭：《新论》卷中《正经》，上海人民出版社1977年版，第36页。
② (北齐)魏收：《魏书》卷一《序纪》，中华书局1974年版，第15页。

出生，因此献明皇帝很年轻时就已经逝去，他对拓跋部的历史发展没有做出过较大贡献，所以无法担当明堂祭上帝的配祭角色。其二，昭成皇帝为道武帝祖父，曾经为拓跋部的政治发展做出过很大贡献，魏收评价："昭成以雄杰之姿，包君子之量，征伐四克，威被荒遐，乃立号改都，恢隆大业。"①但是公元376年在前秦讨伐代国的战役中，整个代国被前秦灭亡，部落处在分崩离析的境地。若不是383年苻坚"淝水之战"失败，或许代国很难再次遇到复兴机会。因此虽然昭成帝对于代国的发展有巨大的历史功绩，但是也要担负国家被灭亡的重大历史责任，从而他无法成为明堂祭天的配祭角色。其三，文帝是始祖神元帝之子，曾经作为人质前赴西晋，但是在始祖还没有故去以前，他在刚刚返回到部落时便死于内讧中，② 因此他对代国的发展没有建立功业，也不能成为明堂祭天的配祭角色。其四，《魏书·序纪》记载，文帝之子思帝只"飨国一年而崩"，③ 他也不符合明堂配祭的最佳人选标准。其五，思帝之子平文帝，他只在位五年便死于部落内讧，对于部落的发展亦谈不上建有大功。④ 因此纵观代国早期的历史发展状况，道武帝的五位直系祖先都无法享有配祭明堂的崇高地位。

但是，另一方面，如果从鲜卑拓跋部的历史发展和军事影响力角度来看，道武帝建国以后追封的昭皇帝和穆皇帝所取得的政治功绩巨大。特别是穆皇帝曾经被西晋册封为代王，从此鲜卑拓跋部拥有了正统地位，⑤ 这对于居于漠北草原的偏远部族来说具有划时代的政治意义，也为其后道武帝能够重建代国，提供了极为重要的合法依据。如果没有这些祖先做出的历史功绩和政治贡献，道武帝绝不可能有机会建立北魏政权。然而这些祖先与其都没有直系血缘关系，如果盲目地把他们供奉在

① （北齐）魏收：《魏书》卷一《序纪》，中华书局1974年版，第17页。
② （北齐）魏收：《魏书》卷一《序纪》，中华书局1974年版，第4~5页。
③ （北齐）魏收：《魏书》卷一《序纪》，中华书局1974年版，第5页。
④ （北齐）魏收：《魏书》卷一《序纪》，中华书局1974年版，第10页。
⑤ （北齐）魏收：《魏书》卷一《序纪》，中华书局1974年版，第9页。

明堂上，并担任配祭上帝的角色，一定会给政局带来不稳定因素，也不符合汉文化的“父死子继”的皇位继承制。特别是早期代国属于兄终弟及的部落推举制，这与汉文化的父死子继的政治制度完全不同，故此这些非直系有功祖先并不适合配祭明堂。汉文化的祭祀制度与皇位继承制息息相关，所以不论是明堂还是宗庙都不可以随意供奉其他祖先神位。换言之，如果从“郊祭始祖配天”的角度看，汉文化与鲜卑文化都存在可以相互兼容的地方，因为中原汉人政权的最高统治者能够寻找到一个伟大的始祖，鲜卑民族也同样可以寻找到自己的伟大始祖。但是在漫长的历史发展的过程中，由于鲜卑民族的继承制为“兄终弟及”，建立伟大功业的部族领袖未必是道武帝的直系祖先，而汉民族的继承制是“父死子继”，它具有一脉相传的直系血缘关系的基本特点。因此“父死子继”与“兄终弟及”在明堂礼制的问题上便凸显出它们的不可兼容性，这也是汉文化与游牧文化出现抵牾的地方。如果不能给巩固新兴皇权带来积极力量，道武帝只能选择暂时放弃建造明堂。

道武帝建立北魏政权初期，并没有把自己看作鲜卑政权的创始者，这在给“平文帝”上尊号为“太祖”的史籍中，就能够窥见一二。《魏书·序纪》记载：“平文皇帝讳郁律立，思帝之子也。姿质雄壮，甚有威略。……天兴初，尊曰太祖。”①而道武帝故去以后，虽然《魏书·太祖纪》记载明元帝上尊号为“太祖”，然而很可能这是魏收编撰《魏书》时经过粉饰的结果。比如《魏书·孙惠蔚传》记载：“先是七庙以平文为太祖，高祖议定祖宗，以道武为太祖。”②这说明降至孝文帝议定宗庙礼制时，根据道武帝拓跋珪的历史功绩，才重新确定他居于太祖之位。《魏书·礼志一》记载：“烈祖有创基之功，世祖有开拓之德，宜为祖宗，百世不迁。而远祖平文功未多于昭成，然庙号为太祖。道武建业之勋，高于平文，庙号为烈祖。比功校德，以为未允。朕今奉尊道武为太祖。”③

① （北齐）魏收：《魏书》卷一《序纪》，中华书局1974年版，第10页。

② （北齐）魏收：《魏书》卷八十四《孙惠蔚传》，中华书局1974年版，第1852页。

③ （北齐）魏收：《魏书》卷一百八之一《礼志一》，中华书局1974年版，第2747~2748页。

宋代司马光也引用了相同观点。《资治通鉴·齐纪三》“武帝永明九年”条载：“烈祖有创业之功，世祖有开拓之德，宜为祖宗，百世不迁。平文之功少于昭成，而庙号太祖；道武之功高于平文，而庙号烈祖。于义未允。朕今奉尊烈祖为太祖。”①北魏以及后来的东魏和西魏，在围绕太祖庙号方面屡有改易，可以看出拓跋宗室各种势力的政治斗争，以及东魏和西魏对各自政权合法性的解释。② 北魏初期没有明堂制度，与鲜卑拓跋部的部落继承制，以及无直系祖先取得历史功绩的特殊性密切相关，甚至拓跋内部的权力斗争，也会左右明堂的建设。而且北魏建国初期非常依赖鲜卑贵族的军事力量，以始祖神元帝配天并不影响鲜卑拓跋部的民族凝聚力和宗教信仰。鲜卑拓跋部的其他祖先纵使为北魏奠定过重要的政治基础，但因为不与道武帝有直系血缘关系，仍然会被排除在“宗配上帝”之外。

三、明堂配祭

孝文帝时期，北魏建国已近百年，国家的整个状况发生了很大变化。虽然南北双方军事依然长期对峙，但明显北方已经占据很大优势，③ 鲜卑政权获得了长期稳定的经济发展。特别是“父死子继”的皇位继承制已经根深蒂固，其他鲜卑贵族在政权内的影响力，远不及北魏初期时强大。因此在汉化改革的前提下，“宗配上帝于明堂”开始得到统治阶级的高度重视。

《魏书·高祖纪下》记载：“（太和十年）九月辛卯，诏起明堂。”④这

① （宋）司马光：《资治通鉴》卷一百三十七《齐纪三》，中华书局 1956 年版，第 4310 页。

② 王铭：《“正统”与“政统”：拓跋魏“太祖”庙号改易及其历史书写》，《中华文书论丛》2011 年第 2 期，第 293 页。

③ 万绳楠整理：《陈寅恪魏晋南北朝史讲演录》，贵州人民出版社 2008 年版，第 192~195 页。

④ （北齐）魏收：《魏书》卷七下《高祖纪下》，中华书局 1974 年版，第 161 页。

说明孝文帝太和十年才下诏建造明堂。《魏书·高祖纪下》记载："(太和十五年)经始明堂，改营太庙。"①这里的"始"字，即表示开始建造明堂，这也间接地表明此前没有营造过。而且"改营太庙"的"改"字，既说明太庙的礼制进行改易，也是应对始明堂的新政策。因此如果再次回顾道武帝时期的明堂配祭问题，便可以发现北魏从皇始元年(396年)建国至天兴元年(398年)七月迁都平城，在国家筹备期间没有营造过明堂。至孝文帝太和十年(486年)之前，大约90年的时间里，也没有见《魏书》记载营造明堂。由此可见北魏在明堂问题上，一直处在礼仪制度欠缺的状态。并且"祖配天"和"父配上帝"的礼制，至孝文帝太和十六年(392年)才最终得以完成。《魏书·高祖纪下》记载："(太和十六年)宗祀显祖献文帝于明堂，以配上帝。……始以太祖配南郊。"②可以看出，直到建国将近百年北魏才最终完成"郊祀太祖以配天"与"宗祀明堂以配上帝"的礼仪制度。而且道武帝天兴二年首次举行南郊祭天时，是采用始祖神元帝配天的礼仪制度，降至孝文帝改为太祖拓跋珪配天，这种礼制改易也是为了适应新时代的政治需求。因为始祖神元帝为拓跋部的共同祖先，太祖拓跋珪为孝文帝的直系祖先，这时期在不断强化皇权正统性和汉化改革的浪潮下，太祖拓跋珪配天的祭祀礼制显得更为重要。

1995年在山西大同发现的北魏明堂遗址，学者们认为这就是孝文帝太和年间下诏营造的礼制建筑物。③ 关于这个明堂的建筑规模及特

① (北齐)魏收：《魏书》卷七下《高祖纪下》，中华书局1974年版，第168页。

② (北齐)魏收：《魏书》卷七下《高祖纪下》，中华书局1974年版，第169页。

③ 整个明堂遗址的外部为一个巨大的环形水渠。环形水渠的外缘直径约为289~294米，内缘直径255~259米，水渠宽18~23米。水渠内侧岸边的四面分别有一个厚2米多的凸字形夯土台，突出的部位伸向渠内。夯土台长29米、宽16.2米。环形水渠以内的陆地中央，地表下有一个正方形的夯土台，厚2米多，边长42米。中间夯土台的方向为4度，其余四个夯土台的东西两边与中间夯土台的方向一致。参照王银田、曹臣明、韩生存：《山西大同市北魏平城明堂遗址1995年的发掘》，《考古》2001年第3期，第26~34页。

点，《水经注·漯水》记载："明堂上圆下方，四周十二堂九室，而不为重隅也。室外柱内，绮井之下，施机轮，饰缥碧，仰象天状，画北道之宿焉，盖天也。每月随斗所建之辰，转应天道，此之异古也。加灵台于其上，下则引水为辟雍，水侧结石为塘，事准古制，是太和中之所经建也。"①其中的"太和中之所经建"，说明郦道元也认为北魏明堂是在孝文帝太和年间营造的，此前应该没有营造过明堂。因此综观北魏的明堂配祭制度，由于道武帝建国初期受到政治环境以及拓跋内部的"兄终弟及"的旧制度影响，只能通过暂时搁置的方法避免部落内的矛盾激化。所以尽管《隋书》批判北魏董谧拟定的礼制"多违旧章"，但至少从"明堂配祭"的角度，还不能直观地判定董谧"未知古式"，只不过他拟定的礼制需要顾及当时的政治形势、历史背景和民族文化等诸多要素。

第五节　"孝"的自然观和超自然性

在中国古代的传统文化中，"孝"是统治阶级尤为关注的伦理观念之一，它是构建和谐社会的价值体现，从西周开始就逐步得到统治阶级和庶民们的重视。其使社会各个阶层处于尊卑有序、老有所养的安定局面，是国家和平及政权稳固的重要基础。因此天子举行的南郊祭天不仅具有完成"礼"的政治目的，还有向"天父"表达"孝"的宗教寓意，"礼"与"孝"的结合才是天子南郊祭天的政治伦理价值观。《后汉书·韦彪传》记载："事亲孝故忠可移于君，是以求忠臣必于孝子之门。"②因为两汉时期把"孝亲"与"忠君"联系起来，所以"举孝廉"的"孝"便指"孝子"或"孝道"，并且被地方推举的孝子入朝廷为官的事例非常多。《孝

① 《水经注校证》卷十三《漯水》，第315页。

② （南朝）范晔：《后汉书》卷二十六《韦彪传》，中华书局1965年版，第918页。

经纬》记载：“人有孝性，天出孝星，孝心感天地，天与之孝行。”①正是因为孝子的行为能够感动天地，甚至出现违背时令节气的超自然现象，这就促使整个社会形成以孝为核心的良好风气。特别是天子作为上天之子代天牧民，人间社会发生的灾祸或祥瑞既是表达天意，也是对天子行使政权或褒或贬的鲜明反映。孝子的行为能够感动上天，亦如感动当朝最高统治者天子。那么北魏鲜卑拓跋统治者，又是怎样看待汉文化的“孝”的伦理价值观呢？

一、天子之孝与祥瑞

《魏书·灵征志下》记载，从道武帝建国至北魏灭亡为止，共计出现了30多种祥瑞征兆，其中有6种与天子的孝行密切相关。比如，“三足乌”“白乌”“苍乌”“甘露”“白鸠”“白兔”等。下面试加比较《魏书》的《灵征志下》与《宋书》的《符瑞志中》和《符瑞志下》的祥瑞内容。通过表3-1的数据可以看出，北魏与刘宋政权在围绕孝与祥瑞的问题上，只有“白鸠”条略有字数上的差异，其他5种祥瑞资料的行文方式和思想含义几乎完全相同。那么这6种反映天子孝行的祥瑞，究竟属于汉文化还是鲜卑文化呢？它们又有怎样的政治寓意和历史发展轨迹呢？

表3-1 孝行祥瑞对照表②

序号	名称	次数	《魏书·灵征志下》	《宋书·符瑞志》
1	三足乌	38	王者慈孝天地则至	王者慈孝天地则至
2	白乌	28	王者宗庙肃敬则至	王者宗庙肃静则至

① ［日］安居香山，中村璋八编：《重修纬书集成》卷五《孝经·论语》，明德出版社1992年版，第78页。

② （北齐）魏收：《魏书》卷一百一十二下《灵征志下》，中华书局1974年版，第2927～2967页。《宋书》卷二十八《符瑞志中》，以及卷二十九《符瑞志下》，分见第841页、第841页、第813页、第813页、第848页、第837页。该表中的“次数”是对《灵征志下》的调查数据。

续表

序号	名称	次数	《魏书·灵征志下》	《宋书·符瑞志》
3	甘露	20	王者敬老，则柏受甘露。王者尊贤爱老，不失细微，则竹苇受	王者耆老见敬，则柏受甘露。……王者尊贤爱老，不失细微，则竹苇受甘露
4	苍乌	13	君修行孝慈万姓，不好杀生则至	贤君修行孝慈于万姓，不好杀生则来
5	白鸠	12	殷汤时至，王者养耆老，遵道德，不以新失旧则至	成汤时来至
6	白兔	58	王者敬耆老则见	王者敬耆老则见

1. 三足乌

1974年至1975年陕西宝鸡茹家庄，发掘出土了两件西周时期的三足乌青铜尊。① 这说明至少在西周时期已经出现了以三足乌为孝鸟的宗教信仰。降至汉朝，三足乌的文化面貌日益突出。《史记·司马相如传》记载："亦幸有三足乌为之使。"②这是说三足乌已经转化为天神的使者。《论衡·说日篇》记载："日中有三足乌。"③这是太阳里有三足乌的文献描述。关于三足乌与孝的伦理价值观的相互关联性，根据《史记·五帝本纪》的记载，虞舜以孝而闻名于世，所以三足乌集于庭院。④《艺文类聚·鸟部下》"乌"条载："有虞至孝，三足集其庭。"⑤关于孝与

① 李卫：《西周三足乌形尊》，《人民日报》(海外版)2003年5月28日(第7版)。

② (汉)司马迁：《史记》卷一百十七《司马相如传》，中华书局1959年版，第3060页。

③ 王充著，黄晖校释：《论衡校释》卷十一《说日篇》，中华书局1990年版，第502页。

④ (汉)司马迁：《史记》卷一《五帝本纪》，中华书局1959年版，第32页。

⑤ (唐)欧阳询：《艺文类聚》卷九十二《鸟部下》，上海古籍出版社1982年版，第1592页。

统治者的内在联系，《艺文类聚·祥瑞部下》“乌”条载：“孙氏瑞应图曰：三足乌，王者慈孝被于万姓，不好杀生则来。”①所谓《孙氏瑞应图》，也称《瑞应图》，是指南梁孙柔之编撰的一部图书，实际上这部书在晋代已经出现了。《晋书·五行志中》和《五行志下》都引用过《瑞应图》,② 比如《五行志中》引用的《瑞应图》，在东吴孙亮建兴二年(253年)；《五行志下》引用的《瑞应图》，在西晋孝闵帝建兴四年(316年)。所以尽管《晋书》为唐人编撰而成的史书，然而其中引用的文献应该是早期史官收集的原始资料。《魏书》首次出现三足乌的时间，为北魏高祖太和七年(483年)七月。《魏书·灵征志下》记载：“高祖太和七年六月，青州献三足乌。王者慈孝天地则至。”③因为这时期正是文明太后在执掌朝政，孝文帝出于顺从文明太后和确保皇位的政治目的，采用了汉文化的三足乌的孝行祥瑞。在孙柔之没有编辑整理《瑞应图》以前，相关史料已经对北魏产生过影响，因此“三足乌”与“孝”连接在一起的祥瑞思想，完全来自传统的汉文化，它与汉文化有一脉相承的史学倾向和思想特点。

2. 白乌

《说文》记载：“乌，孝鸟也。”④即乌鸦被认为是懂得孝行的鸟类。南宋罗愿《尔雅翼·释鸟》载：“乌，孝鸟也。始生，母哺之六十日。至子稍长，则母处而子反哺。其日如母哺子之数，故乌一名哺公。”⑤可以

---

① (唐)欧阳询：《艺文类聚》卷九十九《祥瑞部下》，上海古籍出版社1982年版，第1710~1711页。

② (唐)房玄龄：《晋书》卷二十八《五行志中》，中华书局1974年版，第863页；(唐)房玄龄：《晋书》卷二十九《五行志下》，中华书局1974年版，第909页。

③ (北齐)魏收：《魏书》卷一百一十二下《灵征志下》，中华书局1974年版，第2932页。

④ (清)桂馥：《说文解字义证》卷十《乌部》，中华书局1987年版，第326页。

⑤ (宋)罗愿：《尔雅翼》卷十三《释鸟》，《四库全书》第222册，上海古籍出版社1987年版，第366页。

看出这是讲小乌鸦长大以后，喂养不能捕食的老乌鸦，“乌”具有人类的“孝”的高尚品德。但是“白乌”与统治阶级崇尚的“孝”又有怎样的关系呢？这就需要从中国古代文字的视角考察。由于甲骨文的“日”字形为，它与“白”字形十分相似。① 并且直观视觉上太阳呈现白色状态，白字又多与光亮有关。《庄子集释·人间世》“虚室生白”条，唐代陆德明《经典释文》注曰：“白者，日光所照也。”②可见，白色往往被看作光明。《尔雅翼·释乌》亦载：“天无二日，土无二王……乌本黑之称，故《瑞应图》以白乌为太阳之精，至孝之应。”③而且白乌曾经作为上古鸟部族的图腾，象征男性生殖器官，也是祖先崇拜的起源之一，故此《魏书·灵征志下》才载有“王者宗庙肃敬则至”。④ 特别是中原地区较少出现白色乌鸦，它一旦被人们发现就会觉得这是上天预示的祥瑞征兆，从而白乌与统治者的孝行连接起来了。所以崇尚白乌是北魏统治者吸收汉文化的孝行思想的体现。

3. 甘露

“甘露”是中国历史上很多政权都非常重视的祥瑞征兆，甚至西汉宣帝(前53—前50年)、曹魏曹髦(256—259年)、东吴孙皓(265年)、前秦苻坚(359—364年)等帝王，在他们统治期间都使用过“甘露”年号。实际上，甘露作为祥瑞征兆很早就出现了。《史记·赵世家》记载：“甘露降，时雨至，年谷丰孰，民不疾疫，众人善之。”⑤这说明先秦时

① 马如森：《殷墟甲骨文实用字典》，上海大学出版社2008年版，第158页，第184页。

② (清)郭庆藩：《庄子集释》卷二中《人间世》，中华书局1961年版，第156页。

③ (宋)罗愿：《尔雅翼》卷十三《释乌》，《四库全书》第222册，上海古籍出版社1987年版，第366页。

④ (北齐)魏收：《魏书》卷一百一十二下《灵征志下》，中华书局1974年版，第2935页；周俊超：《释“白乌”》，《现代语文》2014年第7期，第61页。

⑤ (汉)司马迁：《史记》卷四十三《赵世家》，中华书局1959年版，第1817页。

期就已经把甘露看作祥瑞了。《汉书·宣帝纪》记载：“甘露降，神爵集，已诏有司告祠上帝、宗庙。”①可见汉代已经把甘露与宗庙联系在了一起。此外，还有几部史料也有相同的文字描述。《初学记·天部下》“露”条引《晋中兴书》载：“甘露降，耆老得敬，则松柏受之，尊贤容众，则竹苇受之。”②《开元占经·露占》引《瑞应图》曰：“耆老见敬则柏受甘露，尊贤爱老不失细微，则竹苇受甘露。”③可见把“甘露”视为“孝”属于传统的汉文化，《魏书·灵征志下》记载：“世祖始光四年六月，甘露降于太学。王者德至，天和气盛则降。又王者敬老，则柏受甘露。王者尊贤爱老，不失细微，则竹苇受。”④所以北魏接受这种祥瑞思想，对于巩固政权和吸收汉文化依然会产生积极意义。

4. 苍乌

关于苍乌与孝之间的祥瑞关系，《艺文类聚·祥瑞部下》“乌”条引《瑞应图》曰：“苍乌者，王者孝悌则至。”⑤这说明苍乌与王者的孝悌有关，但这段记载相对比较简略。北魏时期也继承了这种孝悌与苍乌的思想联系，甚至影响到孝的伦理价值观。《魏书·灵征志下》记载：“世宗景明二年(501年)十二月，南青州献苍乌。君修行孝慈(于)万姓，不好杀生则至。”⑥北魏的苍乌与孝德关系的理论来源，应该受到汉文化的影响。《宋书·符瑞志中》载：“苍乌者，贤君修行孝慈于万姓，不好杀

① (汉)班固：《汉书》卷八《宣帝纪》，中华书局1962年版，第266页。

② (唐)徐坚：《初学记》卷二《露第五》，中华书局2010年版，第33页。

③ (唐)瞿昙悉达：《开元占经》卷一百一《霜露占》，九州出版社2012年版，第997页。

④ (北齐)魏收：《魏书》卷一百一十二下《灵征志下》，中华书局1974年版，第2938~2939页。

⑤ (唐)欧阳询：《艺文类聚》卷九十九《祥瑞部下》，上海古籍出版社1982年版，第1711页。

⑥ (北齐)魏收：《魏书》卷一百一十二下《灵征志下》，中华书局1974年版，第2937页。

生则来。”①这两部文献都把苍乌与君主对百姓施以仁孝联系起来。虽然《灵征志下》和《符瑞志中》都有可能参照了《瑞应图》的祥瑞内容，但如果进一步比较《灵征志下》和《符瑞志中》在苍乌问题上的看法，《灵征志下》参照《符瑞志中》的可能性很大。因为从两部史籍的编撰时间上看，沈约(441—513年)历仕宋、齐、梁三朝，南齐永明五年（487年)任著作郎，并奉诏撰写《宋书》。② 魏收(505—572年)历仕北魏、东魏、北齐三朝。北齐天保五年(554年)魏收正式完成对《魏书》的编撰工作，③所以他有足够的时间看到沈约的《宋书》。但是，北魏也很可能直接承续魏晋时期的苍乌的孝祥瑞含义，其后被魏收编入《魏书》中。

5. 白鸠

有关“鸠”与“孝”的关联性，根据目前所见，西周、春秋、战国时期的考古发掘，均有类似鸠鸟的器物出现。比如20世纪70年代鲁国故城出土了一个鸠首，它共由三只鸠组成。一只大鸠身上背着一只小鸠，嘴里还衔着一只小鸠。④ 因为鲁国是孔子的故乡，这里深受儒家文化影响。所以如果分析这个鸠首造型，就能够看出它在表达父慈子孝的儒家伦理观。汉代出现的鸠杖，依然表现出敬老爱老的悠久历史文化传统。⑤ 但是随着时代发展，鸠的文化含义开始发生转变，并成为祥瑞征兆。《开元占经·鸟休征》记载：“《瑞应图》曰：白鸠，王者养耆老、尊道德，不以新失旧则至。”⑥另据《太平御览·羽族部八》引《瑞应图》载：

① （南朝)沈约：《宋书》卷二十八《符征志下》，中华书局1974年版，第813页。

② 见《宋书》的“宋书出版说明”，中华书局1974年版，第2页。

③ 见《魏书》的“魏书出版说明”，中华书局1974年版，第1~2页。

④ 王泽强：《中国文化史上“鸠鸟”形象的蕴意、功用及演化》，《山西师大学报》2008年第5期，第95页。

⑤ 李立：《“鸠杖”考辨》，《深圳大学学报》2008年第2期，第131页。

⑥ （唐)瞿昙悉达：《开元占经》卷一百十五《鸟休征》，九州出版社2012年版，第1092页。

“白鸠，成汤时来。王者养耆老、尊道德，不以新失旧则至。”①这两条文献都是通过鸠，表达王者敬老爱老的“孝”思想。《魏书·灵征志下》记载：“高宗和平四年(463 年)三月，冀州献白鸠。殷汤时至，王者养耆老，遵道德，不以新失旧则至。”②这条史料必然参照过《瑞应图》。上述内容体现了汉文化的祥瑞思想，与鲜卑游牧文化没有直接关系，北魏时期把白鸠看作祥瑞，完全是吸收了儒家伦理价值观，也间接反映出“孝”的教化思想影响到北魏政权统治。

6. 白兔

《后汉书·光武纪下》记载：“(建武十三年)九月，日南徼外蛮夷献白雉、白兔。”③此外，《后汉书·桓帝纪》亦载：“(永康元年)十一月，西河言白兔见。”④通过这两条史料，可见在东汉时期已经把白兔看作与天子相关的祥瑞了。在后汉时期的人物传中，也可以窥见到白兔拥有“孝”的祥瑞寓意。《后汉书·蔡邕传》记载：“邕(133—192 年)性笃孝，母常滞病三年，邕自非寒暑节变，未尝解襟带，不寝寐者十旬。母卒，庐于冢侧，动静以礼。有兔驯扰其室。”⑤此外东汉时期还有一个事例。《艺文类聚·木部上》记载：“后汉方储，字圣明，遭母忧，负土成坟，松柏数十株，鸾乌栖其上，白兔游其下。”⑥这说明在东汉时期已经把白兔视为“孝”的祥瑞了，并且这样的观念已经深入到民间。《开元占经·

① (宋)李昉：《太平御览》卷九百二十一《羽族部八》，上海古籍出版社 2008 年版，第 240 页。

② (北齐)魏收：《魏书》卷一百一十二下《灵征志下》，中华书局 1974 年版，第 2953 页。

③ (南朝)范晔：《后汉书》卷一下《光武纪下》，中华书局 1965 年版，第 62 页。

④ (南朝)范晔：《后汉书》卷七《桓帝纪》，中华书局 1965 年版，第 319 页。

⑤ (南朝)范晔：《后汉书》卷六十下《蔡邕传》，中华书局 1965 年版，第 1980 页。

⑥ (唐)欧阳询：《艺文类聚》卷八十八《木部上》，上海古籍出版社 1982 年版，第 1515 页。

兽占》"白兔"条载："晋中兴征祥说曰：白兔，仁兽也。王者尊敬耆老则见。……瑞应图曰：王者敬事耆老则白兔见。"①所以《魏书·灵征志下》记载："太祖天兴(399年)二年七月，并州献白兔一，王者敬耆老则见。"②这里面的白兔祥瑞符合汉文化的传统思想，也是北魏统治者吸收汉文化祥瑞思想的鲜明反映。

以上六种祥瑞便是天子因孝行获得的上天褒奖，也是人间社会以孝为媒介，沟通天与天子之间的渠道。实际上每个孝的祥瑞出现，都是空间、时间与政治相结合的文化产物。统治阶级期待孝能够根植于社会的各个阶层，并渴望建立一个长治久安的和谐社会。因此祥瑞是以天命思想考察社会变化及历史盛衰的一种形式。③ 北魏政权频繁出现这些祥瑞，足以说明他们不仅接受了传统的汉文化，也期待孝可以帮助政权建立稳定的社会秩序。甚至通过孝的道德媒介，推广这种孝悌教化思想，从而使国家能够长治久安。

二、孝悌与律法

由于汉文化的天子含义具有代天牧民的宗教思想，所以庶民通过孝行能够感动天(子)，这也是"孝"的宇宙观的侧面反映。《魏书·孝感传》引用《孝经》曰："孝，德之本。孝悌之至，通于神明。"④可见孝悌不仅成为统治者评判人的道德标准，甚至其还能够通达神明，这个神明应该包括各种神灵，以及天和代天行使统治权的天子。因此《魏书·孝感传》不仅是记录一些孝子的行为，更重要的是反映天子对于庶民的政

---

① (唐)瞿昙悉达：《开元占经》卷一百十六《兽占》，九州出版社2012年版，第1103~1104页。

② (北齐)魏收：《魏书》卷一百一十二下《灵征志下》，中华书局1974年版，第2942页。

③ 庞天佑：《中国史学思想通论·历史盛衰论卷》，福建人民出版社2011年版，第92页。

④ (北齐)魏收：《魏书》卷八十六《孝感传》，中华书局1974年版，第1881页。

治态度。如果从宇宙观角度继续思考，天—天子—庶民，这三者之间绝非毫无关联，而是相互影响、相互作用，在时间与空间中建立某种内在联系。

《北史·孝行传》记载：“长孙虑，代人也。母因饮酒，其父真呵叱之，误以杖击，便即致死。真为县囚执，处以重坐。虑列辞尚书云：‘父母忿争，本无余恶，直以谬误，一朝横祸。今母丧未殡，父命旦夕，虑兄弟五人并冲幼。虑身居长，今年十五，有一女弟，向始四岁。更相鞠养，不能保全，父若就刑，交坠沟壑。乞以身代老父命，使嬰弱众孤，得蒙存立。’尚书奏云：‘虑于父为孝子，于弟为仁兄，寻情究状，特可矜感。’孝文帝诏特恕其父死罪，以从远流。”①长孙虑的父母因家庭琐事争吵，其父失手将其母打死。如果按照刑法应该治其父重罪，但长孙虑的弟、妹年纪幼小，如果其父死去，家庭必将遭到灭顶之灾，于是他本人愿意替父顶罪，孝文帝获知他的孝行而没有判处其父死刑。长孙虑的行为体现了封建伦理与法律之间的辩证关系。其一，长孙虑代替父亲向朝廷请罪，这是一个孝子的行为，这样可以避免家庭支离破碎，父亲不用赴死，弟、妹能够继续得到父爱，家庭得以保全。但是古代律法是杀人偿命，其父应该被处以重刑。其二，“孝文帝诏特恕其父死罪”，孝文帝被长孙虑的孝行感动，所以采用流放(远流)的方式，让其家庭依然看到生存希望。虽然这个历史故事是讲长孙虑的孝道行为感动孝文帝，但是孝文帝作为天子代天牧民，感动天子也意味着感动上天。所以天—天子—庶民，在“孝”的伦理观的影响下，构成一种上下相连的宗教思想互动关系，也是一个紧密相连的统一整体。另一方面，在伦理和法律面前如何裁定，孝文帝选择了伦理观，这说明古代社会非常重视“孝”，只有在孝德或者孝悌的影响下，整个社会才能走向和谐安定。

《北史·孝行传》记载：“孙益德，乐安人也。其母为人所害。益德

① (唐)李延寿:《北史》卷八十四《孝行传》，中华书局 1974 年版，第 2827 页。

童幼，为母复仇，还家哭于殡，以待县官。孝文、文明太后以其幼而孝决，又不逃罪，特免之。”①孙益德为母报仇体现出他的至孝行为，但是古代社会不允许随便杀人，原则上孙益德将会受到律法制裁，然而孙益德报仇之后没有逃避，等待官府前来捉拿归案。当孝文帝和文明太后听到这件事情以后，有感于他的孝行选择了赦免。这里面同样出现伦理观和法律的矛盾。从罪行上看，孙益德要被处死，但是从孝行情感上统治者给予宽宥。由此可见，这是伦理重于法律的古代案例。实际上早在春秋时期，孔子就提出过对待杀害父母仇人的态度。《礼记·檀弓上》记载：“子夏问于孔子曰：居父母之仇，如之何？夫子曰：寝苫枕干，不仕，弗与共天下也。遇诸市朝，不反兵而斗。”②所以既然圣人对于杀害父母的仇人都采用特别手段，那么其后在法律的裁定上，便从伦理学的角度宽恕复仇者的罪行。

可以看出上述的孝行事例，都涉及“法律”与“伦理”两个层面的问题。如果仅从法律角度分析，杀人者必将受到应有的惩处。但是鉴于长孙虑和孙益德拥有孝行，统治者从伦理的角度放弃对他们的重罚。这说明在法律与伦理之间，究竟怎样选择取舍要看统治者的政治态度，如果犯案人因为孝行感动天子，统治者甚至可以抛开国家法律，把伦理价值观作为评判标准。从而天(子)与人之间通过孝的纽带关系紧密地联系起来，并构成汉文化独有的宇宙思维模式。北魏鲜卑统治者能够采用孝行治理国家，也说明他们不仅接受了这方面的伦理观，也极力向人间社会推广孝行思想。

三、孝的超自然性

北魏时期还有反映超自然的孝的事例，也就是大自然中原本不可能

① (唐)李延寿：《北史》卷八十四《孝行传》，中华书局1974年版，第2828页。

② (清)阮元：《十三经注疏·礼记正义》卷七《檀弓上》，中华书局1980年版，第1284页。

发生的事情，却因为孝子的行为感动天地，从而出现违背客观规律的超自然现象，那么它与孝行又有怎样的关系呢？

《北史·孝行传》记载：“阎元明，河东安邑人也。少而至孝，行著乡间。太和五年，除北随郡太守。元明以违离亲养，兴言悲慕。母亦慈念，泣泪丧明。悲号上诉，许归奉养。一见其母，母目便开。刺史吕寿恩列状上闻，诏下州郡，表为孝门，复其租调兵役，令终母年。”①阎元明的母亲因思念儿子哭瞎了眼睛，当阎元明获准回家奉养老母时，二人相见，其母双眼复明。史书认为这是阎元明的孝行感动上天的缘故。然而这是因为感动上天，从而使母亲的眼睛再次获得光明，还是因为其他原因呢？如果从现代医学角度分析，由于突然受到意外的恶性刺激，从而双目急骤失明的人，通过身心护理并施以药物或针灸等疗法便有可能恢复视力，这在当今的眼科医学方面可以得到验证。② 阎元明的母亲失明原因如果与此类似，是有可能恢复光明的。目前的自然科学已经获知，天是没有像人的这种感知的，天也没有任何好恶情感。因此阎元明的孝行感动上天之事并不可信，还不能用孝行感动上天的超自然现象，直观地理解这个事例。此外，《北史·孝行传》亦载：“王崇，字乾邕。……母亡，杖而后起，鬓发坠落。未及葬，权殡宅西。崇庐于殡所，昼夜哭泣，鸠鸽群至。有一小鸟，素质墨眸，形大于雀，栖于崇庐，朝夕不去，母丧阕，复丁父忧，哀毁过礼。是年夏，风雹，经所处，禽兽暴死，草木摧折。至崇田畔，风雹便止，禾麦十顷，竟无损落，及过崇地，风雹如初。咸称至行所感。”③因为王崇是一位孝子，他的孝行感动天地，即使发生风雹灾难也不会波及他家的田地。但是如果

① (唐)李延寿：《北史》卷八十四《孝行传》，中华书局1974年版，第2828~2829页。

② 李秀清、王路、柏彬：《突然失明的治疗》，《江西中医药》1994年第25卷增刊，第133页。

③ (唐)李延寿：《北史》卷八十四《孝行传》，中华书局1974年版，第2831页。

从科学的唯物史观看待这件事情，风雹本身没有思维能力，也不会有意识地选择田地，更不会因为这块田地的主人是一位孝子，而放弃对他家的田地进行侵袭。因此这应该是受到偶然突变的气候影响才引起的自然灾害，风雹没有侵袭王崇家的田地与他是一位孝子无关。

而且上述的孝行绝非北魏一朝独有的事例，实际上早在魏晋时期就已经出现了。西晋王祥为了给继母寻找鲤鱼，冬天来到冰冻的河边时，冰面自动裂开并跳出鲤鱼，当时人们认为这是“孝感所致”。《晋书·王祥传》记载：“(王)祥性至孝。早丧亲，继母朱氏不慈，数谮之，由是失爱于父。每使扫除牛下，祥愈恭谨。父母有疾，衣不解带，汤药必亲尝。母常欲生鱼，时天寒冰冻，祥解衣将剖冰求之，冰忽自解，双鲤跃出，持之而归。母又思黄雀炙，复有黄雀数十飞入其幕，复以供母。乡里惊叹，以为孝感所致焉。”①实际上，有时冬天的冰面会因气候变化，或者当地下水有暖流流动时，会偶然开裂，鲤鱼为了呼吸新鲜空气会跳出水面，这是很普通的自然现象。三国时期孟宗的母亲想吃竹笋，当孟宗冬天去竹林哀叹难以找到时，竹笋却自动长出来了，当时被认为这是“至孝之所致感”。《三国志》·吴书·三嗣主传》裴松之注引《楚国先贤传》记载：“(孟)宗母嗜笋，冬节将至。时笋尚未生，宗入竹林哀叹，而笋为之出，得以供母，皆以为至孝之所致感。”②按照《中国大百科全书》提供的资料，立秋前后由毛竹的地下茎侧芽发育而成的笋芽已经长成，而且在一年之中的春季、夏季和冬季均可收获竹笋。③ 所以孟宗到竹林寻找竹笋，有可能遇到从泥土里显露出来的冬笋。因此上述两个事例都是普通的大自然现象。

---

① (唐)房玄龄：《晋书》卷三十三《王祥传》，中华书局 1974 年版，第 987 页。

② (晋)陈寿：《三国志》卷四十八《吴书·三嗣主传》裴松之注引《楚国先贤传》，中华书局 1959 年版，第 1169 页。

③ 《中国大百科全书》第 29 卷，中国大百科全书出版社 2009 年版，第 567 页。

所谓超自然的孝，完全可以用现代自然科学做出解释。只不过在古代社会科学技术不发达的情况下，对自然现象无法客观理解时，便主观地认为在大自然中，有某种咒术性的超自然力量控制着人间社会，甚至一个王朝的兴衰和生命始终都是由上天意志决定的。而且统治阶级往往也需要利用孝营造社会和谐气氛，以此增强统治阶级的天命神授的宗教力量，也为政权寻找合理的统治依据。

小　结

通过以上的文献考察可以得知，虽说鲜卑人很早就接触到汉文化，但是真正开始接受汉文化的“天”，肇始于道武帝在天兴元年(398 年)宣读的祭天文。为了名正言顺地实行统治，道武帝委派大臣按照中原政权的建国理念，先后拟定出“五行之德”“祖先之德”和“天德”。建国以后又继承了汉文化的“孝”的宇宙观，这就给北魏增添了新的伦理价值观念和法律的裁定标准。总之，鲜卑统治者通过举行汉文化的南郊祭天，便等同于以“礼”的形式搭建出一个天与天子之间可以相互交流的空间平台，鲜卑人与中原汉人建立了平等对话的思想基础，也减少了统治阶级与被统治阶级在意识形态上的巨大隔阂。而且伴随着时间的日积月累，鲜卑统治阶级开始逐渐接受汉文化的传统观念，从早期的游牧文化的管理方式，逐渐向汉文化的儒家治国理念过渡。尽管统治阶级主要为鲜卑贵族集团，但是鲜卑文化面对系统庞大的汉文化居于次要地位，并越来越走向边缘化。降至孝文帝汉化改革以后，鲜卑文化逐渐退出了历史舞台。

那么有关“孝”的宇宙观对于北魏王朝究竟起到怎样的政治作用，以及拥有怎样的社会价值呢？下面需要从三个方面进行讨论。首先，尽管“孝”的宇宙观往往被笼罩着一层超自然力量，也可以说上天通过“孝”的祥瑞思想，对统治阶级的政绩进行褒贬。但是经过前文对这些事例的细致分析，就会发现这些祥瑞具有非常客观的自然属性，而不是某种超自然力量掌控着人类社会。正是由于天与人之间通过“孝”沟通，便形成汉文化独有的天人关系。其次，统治阶级除了宣传的“孝”使该政权笼罩着神秘化的宗教色彩之外，还期待通过孝行建构良好的社会秩序，从而在君与民之间由“孝”搭建起一个可以交流的空间平台。因为天子代表上天意志，孝子的行为能够感动上天，便可以获得天子的褒奖，所以他们是阶级关系的鲜明反映。最后，“孝”是由国家到社会再到家庭，形成从上到下环环相扣的社会关系，也是伦理价值观念的深刻体现。统治阶级自上而下推广孝行，又自下而上开始搭建“家庭之孝”，继而累积成“社会之孝”，最终形成“国家之孝”。君主正是通过多层面多角度地推动孝行，期待国家拥有和谐安定的社会秩序。因此如果从宏观视域分析，北魏乃至中国古代的“孝”的宇宙观，可以推导出以下三个方面：

天与人→天人关系→宗教→上帝

君与民→阶级关系→政治→君王

国与家→社会关系→伦理→圣贤

上述内容反映出宗教、政治和伦理等三个层面，继而还能推导出上帝、君王和圣贤之间的三位一体关系。它们都是由“孝”构成的有机整体，并担负着社会发展的润滑剂作用。而且天子作为上天之子，不仅在人间社会寻找拥有孝行的贤者，甚至自身也标榜道德高尚的圣王。《庄子·天下》记载：“圣有所生，王有所成，皆原于一，不离于宗，谓之天人。……以天为宗，以德为本，以道为门，兆于变化，谓之圣人。……是故内圣外王之道。”①“内圣”与“外王”兼具的双重性格，实际上是道家和儒家共同追求的精神境界。因此崇尚汉文化的“孝”的鲜卑统治者，已经接受了这方面的哲学思想。

此外，当16~18世纪西方传教士来到中国以后，对于汉文化的“有

① （清）郭庆藩：《庄子集释》卷十下《天下》，中华书局1961年版，第1060~1064页。

神论”说与“无神论”说进行过深入探讨，并没有获得相同答案。① 那么中国古代是否存在类似上帝耶和华与耶稣这样的父子关系，以及耶稣作为圣灵引导社会呢？实际上如果细致比较就会发现，由“孝”推导出的天神、君王和圣贤的三位一体关系，与基督教的圣父、圣子、圣灵的三位一体，具有非常相似的宗教特点。《管子·度地》记载：“盖天子圣人也。”②天子与天是父子关系，天子又兼具圣人之德行，因此拥有最高的行政权和祭拜天地的宗教神权，还可以作为道德效法的圣人楷模。黎翔凤先生认为：“能为圣人，因其为天之子，有神权作用。”③可以看出它们与基督教的三位一体的宗教特点极为相似。当然，这是一个非常庞大的哲学问题，在这里不便进行深入讨论。

---

① ［日］井川义次：《宋学の西迁——近代启蒙への道》，京都人文书院，2009年，第13页。

② （清）黎翔凤：《管子校注》卷十八《度地》，中华书局2004年版，第1050页。

③ （清）黎翔凤：《管子校注》卷十八《度地》，中华书局2004年版，第1052页注（一）。

第四章　北魏宗庙礼制的时空观念

引　言

所谓宗庙，是中国古代社会中统治者为了维护宗法等级制度，追思祖先亡灵的祭祀场所，也是子孙与祖先建立交流的空间平台。按照汉文化的宇宙观和宗教伦理观，皇帝的远古祖先因感受上天的精气以后，将德运传给子孙后代，并使其继承皇位统治天下。所以皇帝宗庙还有宣传君权神授的宗教伦理观、强化皇权的正统性的重要意义。《春秋繁露·深察名号》记载："受命之君，天意之所予也。故号为天子者，宜视天如父，事天以孝道也。"①这是"君权神授"和"事天如父"的文献描述，②它反映出"君权"与"孝礼"之间的关联性。尽管历代政权皆重视宗庙礼制，但是鉴于每个政权的构成情况不同，因此拟定的相关礼仪制度也存在很大差别。

道武帝拓跋珪建立北魏政权以后，采取积极吸收汉文化的政治策略，天兴初年拟定的三庙、五庙、七庙，就是其中的重要礼制内容。《魏书·礼志一》记载："天兴二年(399 年)……冬十月，平文、昭成、

① (清)苏舆：《春秋繁露义证》卷十《深察名号》，中华书局 2002 年版，第 286 页。

② 庞天佑：《秦汉历史哲学思想研究》，中国社会科学出版社 2002 年版，第 194~196 页。

献明庙成，岁五祭，用二至、二分、腊，牲用太牢，常遣宗正兼太尉率祀官侍祀。……又立神元、思帝、平文、昭成、献明五帝庙于宫中，岁四祭，用正、冬、腊、九月，牲用马、牛各一。……又于云中及盛乐神元旧都，祀神元以下七帝。岁三祭，正、冬、腊，用马、牛各一，祀官侍祀。"①中原政权的皇帝宗庙没有像北魏这样营建三种，这说明尽管北魏政权吸收汉文化的礼仪制度，但是还是在某种程度上保留了他们的传统文化。学者们对于北魏初期的宗庙礼制，已经进行了很多研究，并取得了非常丰厚的学术成果。比如日本学者金子修一《关于魏晋到隋唐的郊祀、宗庙制度》②，刘慧琴《北朝郊祀、宗庙制度的儒学化》③，柏贵喜《从宗庙祭祀制度看北朝礼制建设》④，王柏中、史颖、董春龙《北魏国家宗庙祭祀制度考述》⑤，楼劲《道武帝所立庙制与拓跋氏早期世系》⑥，郭善兵《中国古代帝王宗庙礼制研究》⑦，梁满仓《魏晋南北朝五礼制度考论》⑧。上述学者们分别从不同侧面考察了北魏宗庙的礼制，几乎都认为其兼具胡汉两种礼仪制度的特点。但是因为宗庙体系原本就非常庞杂，北魏初期又处在鲜卑文化与汉文化相互交流与融合的历史阶

---

① (北齐)魏收:《魏书》卷一百八之一《礼志一》，中华书局1974年版，第2735页。

② [日]金子修一:《关于魏晋到隋唐的郊祀、宗庙制度》，《日本中青年学者论中国史·六朝隋唐卷》，上海古籍出版社1995年版，第337~386页。

③ 刘慧琴:《北朝郊祀、宗庙制度的儒学化》，《西北大学学报》2000年第1期，第39~41页。

④ 柏贵喜:《从宗庙祭祀制度看北朝礼制建设》，《中南民族大学学报》2003年第3期，第110~114页。

⑤ 王柏中、史颖、董春龙:《北魏国家宗庙祭祀制度考述》，殷宪主编:《北朝史研究·中国魏晋南北朝史国际学术研讨会论文集》，商务印书馆2004年版，第303~314页。

⑥ 楼劲:《道武帝所立庙制与拓跋氏早期世系》，《文史》2006年第4辑，第45~79页。

⑦ 郭善兵:《中国古代帝王宗庙礼制研究》，人民出版社2007年版，第314页。

⑧ 梁满仓:《魏晋南北朝五礼制度考论》，社会科学文献出版社2009年版，第249~257页。

段，所以很多宗庙礼制的细节问题仍然没有完全解决。首先是宗庙的神主问题。作为新兴的鲜卑拓跋政权，为什么建造最重要的宗庙却仅供奉三位神主，道武帝以哪个王朝的宗庙礼制为蓝本呢？而且《魏书》仅写七庙礼制，没有明确记载七庙神主。从始祖神元皇帝至献明帝，道武帝的直系血缘祖先仅有六人，其中还有两位祖先没有担任过部落酋长，所以很难凑够七庙的数量。因此这七位神主究竟是指哪几位，还需要持续对这个问题进行考辨。其次是宗庙礼制的年度祭祀时间问题。三庙为"岁五祭"，五庙为"岁四祭"，七庙为"岁三祭"，同样是祭祀祖先的礼仪制度，为什么每年在时间上和次数上却存在如此之大的差别，它们究竟以什么样的礼制为参照对象呢？再次是宗庙的祭祀用牲问题。原则上牺牲是献给祖先的重要祭品，也是子孙对祖先表达孝行与追思的深厚情感的方式，更是他们之间相互沟通的空间纽带。然而三庙采用"太牢"，五庙和七庙皆采用马牺牲和牛牺牲，可以看出三庙与五庙和七庙的祭祀用牲并不相同。那么三庙供奉的"太牢"究竟有怎样的寓意？五庙和七庙使用的马牺牲和牛牺牲，属于汉文化礼制还是鲜卑文化礼制，为什么对于同样的祖先却采用不同的牺牲制度呢？最后是宗庙和社稷与北魏首都平城的二维空间布局，究竟拥有怎样的内在联系？鲜卑人在草原生活期间，并没有营造都城的实践经验，道武帝建立北魏政权以后，才开始系统地规划首都平城和相关的礼制设施。那么它以什么样的经学礼制为蓝本，国家宗庙、社稷和四极等礼制建筑物，又有怎样的时空观念呢？

本章主要针对北魏天兴初年拟定的三种宗庙，考察宗庙神主、宗庙的祭祀时间、牺牲礼制的时空观和平城礼制设施的空间布局等礼制细节，特别是尝试性地考察这些礼制的时间与空间问题。

第一节　宗庙神主

北魏鲜卑拓跋政权于天兴元年(398 年)迁都平城以后，相继建成了三庙、五庙和七庙，在这三种宗庙的礼仪制度中，《魏书》记载的三庙和五庙的神主清晰可辨，但为什么作为初代帝王会营造三庙呢？而且有关七庙里供奉的神主究竟是哪几位，《魏书》记载的并不清楚，《魏书·礼志一》只是简略地记载为“神元以下七帝”。那么除了始祖神元帝之外，其他的六位先帝究竟是指哪几位呢？由于道武帝与七庙祖先不仅拥有亲密的血缘关系，他们还是按照辈分先后排列出来的昭穆顺序，所以本节把它作为一个时间问题纳入到考察范围。

一、三庙神主

关于北魏的三庙神主问题，《魏书·礼志一》记载：“(天兴二年，399年)冬十月，平文、昭成、献明庙成。”①从这里可以看出，天兴二年建成三庙，神主分别是平文、昭成、献明。而且《魏书·礼志一》记载：“秦之未灭，皇魏未克神州，秦氏既亡，大魏称制玄朔。故平文之庙，始称太祖。”②这说明平文帝为太祖的神主之位。那么道武帝拓跋珪为什么选择这几位祖先作为三庙神主呢？这又采用什么样的礼制作为参考对象呢？

有关皇家宗庙的三庙礼仪制度问题，《仪礼》和《周礼》皆未见有详细描述。《礼记·王制》记载：“大夫三庙，一昭一穆，与太祖之庙而三。”③这里面记载大夫官职可以拥有三庙，但是作为普通官职的大夫，为什么能够把皇帝的“太祖”的宗庙作为祭祀对象呢？郑玄注曰：“太祖别子，始爵者也。虽非别子，始爵者亦然。”④由此可见这里的“大夫”，绝非指朝廷的普通大臣，而是与皇家有亲密血统关系的臣子，实际上是指太祖的其他儿子或者他们的后代。因为祖先曾经受封了爵位，所以可

---

① (北齐)魏收：《魏书》卷一百八之一《礼志一》，中华书局1974年版，第2735页。

② (北齐)魏收：《魏书》卷一百八之一《礼志一》，中华书局1974年版，第2745页。

③ (清)阮元：《十三经注疏·礼记注疏》卷十二《王制》，中华书局1980年版，第1335页。

④ (清)阮元：《十三经注疏·礼记注疏》卷十二《王制》，中华书局1980年版，第1335页。

以进行三庙祭祀，当然这些内容都属于周朝礼制。《魏书·序纪》记载："平文皇帝讳郁律立，思帝之子也。姿质雄壮，甚有威略。……五年，僭晋司马睿遣使韩畅加崇爵服，帝绝之。治兵讲武，有平南夏之意。桓帝后以帝得众心，恐不利于己子，害帝，遂崩，大人死者数十人。天兴初，尊曰太祖。"①这里面的平文皇帝，在北魏建国以后，被道武帝拓跋珪追封为太祖庙号。当然其后围绕北魏的太祖庙号问题，又进行过礼制改易。② 但是北魏建国初期的道武帝并没有担任过大夫官职，也绝不会按照大夫爵位确定宗庙。因此北魏建国初期的三庙制度，应该与《礼记·王制》记载的周朝礼制没有直接关系。尽管《魏书·礼志一》记载："祀天之礼用周典。"③祖先宗庙也应该与祭天礼制存在一定的关联性，但是正如本书第三章考察的结果，所谓"周典"即《周礼》，与北魏参考郑玄经学的"六天说"密切相关。因此鉴于道武帝并不是诸侯王，北魏初期营造的三庙应该另有理论源头。

由于北"魏"与曹"魏"的国名相同，很多礼制都参照曹魏政权的典章制度，下面先考察这时期曹魏的宗庙礼制。当曹操被汉献帝册封为魏王以后，开始建造自己的宗庙。《三国志·魏书·太祖纪》记载："(建安十八年，213年)秋七月，始建魏社稷、宗庙。"④可以看出建安十八年开始营造魏宗庙，这标志着曹操正式成为诸侯王。那么此时按曹操的魏王爵位应该建造几庙呢?《礼记·王制》记载："天子七庙，三昭三穆，与大祖之庙而七。诸侯五庙，二昭二穆，与大祖之庙而五。"⑤既然

① (北齐)魏收：《魏书》卷一《序纪》，中华书局1974年版，第9~10页。

② 王铭：《"正统"与"政统"：拓跋魏"太祖"庙号改易及其历史书写》，《中华文书论丛》2011年第2期，第293页。

③ (北齐)魏收：《魏书》卷一百八之一《礼志一》，中华书局1974年版，第2734页。

④ (晋)陈寿：《三国志》卷一《魏书·太祖纪》，中华书局1959年版，第42页。

⑤ (清)阮元：《十三经注疏·礼记注疏》卷十二《王制》，中华书局1980年版，第1335页。

已经被汉献帝册封为诸侯，那么这时候曹操应该建造五庙。曹操到底建造了几庙呢？首先需要了解曹操的几位祖先。《三国志·魏书·太祖纪》记载："太祖武皇帝，沛国谯人也，姓曹，讳操，字孟德，汉相国参之后。桓帝世，曹腾为中常侍大长秋，封费亭侯。养子嵩嗣，官至太尉，莫能审其生出本末。嵩生太祖。"①曹操为汉初曹参之后，这应该是陈寿的一个推测，因为其中的"莫能审其生出本末"，便说明曹操的祖先无法稽考。郭善兵先生同样认为无法确切追溯曾祖以上历代名讳。②因此曹操追溯祖先只能到曹腾和曹嵩，《三国志·魏书·太祖纪》裴松之注引司马彪《续汉书》曰："腾父节，字元伟，素以仁厚称。"③另据《三国志·魏书·太祖纪》裴松之注引《续汉书》曰："(曹)嵩字巨高。质性敦慎，所在忠孝。为司隶校尉，灵帝擢拜大司农、大鸿胪，代崔烈为太尉。黄初元年(220 年)，追尊嵩曰太皇帝。"④曹丕在黄初元年建立政权以后，追封曹嵩为"太皇帝"。另据《三国志·魏书·刘晔传》记载："明帝即位，进爵(刘晔)东亭侯，邑三百户。诏曰：'尊严祖考，所以崇孝表行也；追本敬始，所以笃教流化也。是以成汤、文、武，实造商、周，诗、书之义，追尊稷、契，歌颂有娀、姜嫄之事，明盛德之源流，受命所由兴也。自我魏室之承天序，既发迹于高皇、太皇帝，而功隆于武皇、文皇帝。至于高皇之父处士君，潜修德让，行动神明，斯乃乾坤所福飨，光灵所从来也。'"⑤由此可见高皇帝为曹腾，高皇帝之父为处士君曹节，因此曹操建造的魏宗庙仅有曹节、曹腾和曹嵩三庙。曹

---

① (晋)陈寿：《三国志》卷一《魏书·太祖纪》，中华书局 1959 年版，第 1 页。

② 郭善兵：《中国古代帝王宗庙礼制研究》，人民出版社 2007 年版，第 239 页。

③ (晋)陈寿：《三国志》卷一《魏书·太祖纪》，中华书局 1959 年版，第 1 页。

④ (晋)陈寿：《三国志》卷十四《魏书·太祖纪》，中华书局 1959 年版，第 2 页。

⑤ (晋)陈寿：《三国志》卷十四《魏书·刘晔传》，中华书局 1959 年版，第 447~448 页。

操非常熟悉朝廷典章制度，为什么没有按照古礼营造五庙呢？其一，诸侯王把“太祖”的宗庙与“二昭二穆”合为五庙，但是曹操并没有刘氏宗族血统，并无法把“太祖”的神主与自己的“二昭二穆”合为五庙祭祀。其二，曹操的父亲曹嵩为曹腾养子，这说明在曹腾与曹嵩之间没有直接的血缘关系。其三，祖父曹腾为宦官，曹腾的父亲为处士君。但是《三国志·魏书·刘晔传》为何不直接记载曹节而写作处士君呢？《后汉书·宦者传》分别记载了曹腾和曹节，但是这两个人出生地不同，他们也不是父子关系。《后汉书·宦者传附曹腾传》记载：“曹腾字季兴，沛国谯人也。安帝（107—125年）时，除黄门从官。……桓帝（147—167年）得立，腾与长乐太仆州辅等七人，以定策功，皆封亭侯，腾为费亭侯，迁大长秋，加位特进。……腾卒，养子嵩嗣。种暠后为司徒，告宾客曰：‘今身为公，乃曹常侍力焉。’……及子操起兵，不肯相随，乃与少子疾避乱琅邪，为徐州刺史陶谦所杀。”①可以看出曹腾的养子为曹嵩，曹嵩之子为曹操，这三者之间史料紧密连接。另据《后汉书·宦者传附曹节传》记载：“曹节字汉丰，南阳新野人也。其本魏郡人，世吏二千石。顺帝（126—144年）初，以西园骑迁小黄门。桓帝（147—167年）时，迁中常侍，奉车都尉。建宁元年（168年），持节将中黄门虎贲羽林千人，北迎灵帝（168—189年），陪乘入宫。及即位，以定策封长安乡侯，六百户。”②由此可见曹腾比曹节在宫中的时间略早。曹腾被桓帝册封为“费亭侯，迁大长秋”在147年，曹节被灵帝册封为“长安乡侯”在建宁元年（168年），这期间至少相差20余年，他们不仅不可能是父子，甚至很可能曹腾要比曹节年长。因此前文司马彪《续汉书》论及曹节绝非长安乡侯处士君，而《三国志·魏书·刘晔传》记载：“高皇之父处士君，潜修德让，行动神明，斯乃乾坤所福飨，光灵所从来也。”③

① （南朝）范晔：《后汉书·宦者传附曹腾传》，中华书局1965年版，第2519页。

② （南朝）范晔：《后汉书·宦者传附曹节传》，中华书局1965年版，第2524页。

③ （晋）陈寿：《三国志》卷十四《魏书·刘晔传》，中华书局1959年版，第447~448页。

并没有直接言及处士君为曹节。从而可以推论处士君并不是具体的人名，那么处士君究竟是怎样的名讳，或许降至曹操时期已经无从查考。关于“处士君”的“君”字，实际上它是对人的一种敬称，比如著名战国四公子的“信陵君”魏无忌、“春申君”黄歇、“孟尝君”田文、“平原君”赵胜，这些带有“君”的词语，既表示显赫地位又表示高尚名节。关于“处士”的含义呢？这是暗指德才兼备却又未曾做官之人。比如《孟子·滕文公下》记载：“圣王不作，诸侯放恣，处士横议，杨朱、墨翟之言盈天下。”①这里面的“处士”就是指民间有才学的人。《史记·殷本纪》记载：“伊尹处士，汤使人聘迎之，五反然后肯往从汤，言素王及九主之事。汤举任以国政。”②伊尹是殷商时期著名政治家，曾经帮助商汤建立霸业，但是在没有为官之前被看作处士。《后汉书·方术传》记载：“李固、朱穆等以为处士，纯盗虚名无益于用，故其所以然也。”③这里的“处士”同样可以看作有才学的隐士。由此可见处士绝不是一个人名，而是指道德高尚学识渊博的在野人才。由此《三国志》把曹腾之父以处士君看待，它可以反映出几个重要信息：其一，曹腾的父亲无从查考。其二，以处士之名暗指大德隐士。其三，这样可以提高曹操祖先身份地位。其四，既然曹腾之父已经无从查考，便无法寻找更早的祖先。中国古代社会宦官地位极其低下，如果不是家庭迫于无奈，绝不会让自己的儿子成为宦官。因此曹腾之父为处士君的观点，如果没有内在客观缘由，必然是曹操出于政治考量的牵强之举。由于曹操被册封为魏王以后，因自身祖先存在诸多无法详考的问题，便只能追溯三代营造三庙。如果从礼制及血统关系看，营造这三座宗庙已经非常牵强。实际上仅有曹操之父曹嵩才可以进入宗庙，当然中国古代社会养子拥有财

① (清)阮元：《十三经注疏·孟子注疏》卷六下《滕文公下》，中华书局 1980 年版，第 2714 页。

② (汉)司马迁：《史记》卷三《殷本纪》，中华书局 1959 年版，第 94 页。

③ (南朝)范晔：《后汉书》卷八十二上《方术传上》，中华书局 1965 年版，第 2725 页。

产继承权，也受到当时宗亲氏族的认可。所以曹操与这三位宗庙神主之间，仅与父亲曹嵩是直系血缘关系，曹腾和处士君只是其名义上的祖父和曾祖父。

曹魏政权建立以后，曹丕依然实行三庙制度。《三国志·魏书·文帝纪》裴松之注引《魏书》曰："(黄初四年，223年)辛酉，有司奏造二庙，立太皇帝庙，大长秋特进侯与高祖合祭，亲尽以次毁；特立武皇帝庙，四时享祀，为魏太祖，万载不毁也。"①虽然说是"二庙"，实际上是供奉高皇帝曹腾、太皇帝曹嵩、武帝曹操三位神主，至于处士君的神主之位，这时候已经被撤下了。这点可以反证出，曹操在营造魏宗庙选择处士君作为神主，或许是限于祖先无法详考的无奈之举，曹丕即天子位便撤掉处士君的神主之位，这说明其中或许有不为外人所知的内情。《三国会要·礼上·魏宗庙》亦载："(黄初)四年，有司奏立二庙，乃立太皇帝庙，大长秋(曹腾)与高祖(曹嵩)合祭，亲尽以次毁，特立武皇帝庙。"②这种二庙三神主的祭祀方法，降至魏明帝时期又发生了新的礼制变化。《三国志·魏书·明帝纪》记载："初，洛阳宗庙未成，神主在鄴庙。(太和三年)十一月，庙始成，使太常韩暨持节迎高皇帝、太皇帝、武帝、文帝神主于鄴。"③除了刚刚驾崩的文帝曹丕之外，曹魏建国初期确实施行二庙三神主制度。魏明帝即位以后施行七庙制，然而这时期的宗庙神主仅有三位，甚至魏明帝曹睿还把自己看作烈祖，并纳入宗庙神主之列。《三国志·魏书·明帝纪》记载："有司奏：武皇帝拨乱反正，为魏太祖，乐用武始之舞。文皇帝应天受命，为魏高祖，乐用咸熙之舞。帝制作兴治，为魏烈祖，乐用章(武)之舞。三祖之庙，万世不

① (晋)陈寿：《三国志》卷二《魏书·文帝纪》，中华书局1959年版，第83页。

② (清)杨晨：《三国会要》卷十一《礼上·魏宗庙》，中华书局1998年版，第213页。

③ (晋)陈寿：《三国志》卷三《魏书·明帝纪》，中华书局1959年版，第96~97页。

毁。其余四庙，亲尽迭毁，如周后稷、文、武庙祧之制。”①魏明帝还没有死去却为自己争得神主之位，这种做法并不符合礼仪制度，也遭到后代学者的讽刺和批判。《三国志·魏书·明帝纪》裴松之注引孙盛语曰：“夫谥以表行，庙以存容，皆於既没然后著焉，所以原始要终，以示百世也。未有当年而逆制祖宗，未终而豫自尊显。昔华乐以厚敛致讥，周人以豫凶违礼，魏之群司，於是乎失正。”②由此可见从曹操被册封为魏王，直至魏明帝时期都是施行三庙或二庙三神主的太庙制度。

由于北魏建国初期很多礼制几乎沿袭了曹魏制度，这是出于继承曹魏正朔的考虑。《魏书·地形志上》记载：“汉兴，即其郡县，因而增广。班固考地理焉，彪志郡国，魏世三分，晋又一统，《地道》所载，又其次也。自刘渊、石勒倾覆神州，僭逆相仍，五方淆乱，随所跨擅。□□□长，更相侵食，彼此不恒，犬牙未足论，绣错莫能比。魏定燕赵，遂荒九服，夷翦逋伪，一国一家，遗之度外，吴蜀而已。”③其中的“魏世三分”即是“魏蜀吴”三国鼎立。“魏定燕赵”可以看出北魏灭亡后燕和后赵等政权，并逐步了统一北方，但“遗之度外，吴蜀而已”。这说明北魏把江南政权看作“遗之度外”的“吴蜀”，把自己比作“曹魏”，把江南的“东晋”政权比作“吴蜀”，这两个前后朝代的相互比较，足以说明北魏拓跋统治者把曹魏政权看作正统王朝，甚至在宗庙祭祀时间上都以曹魏政权为蓝本(详见后文)，因此道武帝拓跋珪选择平文、昭成、献明为三庙，与曹操选择处士君、曹腾、曹嵩以及曹丕选择曹腾、曹嵩、曹操作为三庙数量完全相同。但是曹魏政权囿于祖先无从稽考，这才迫不得已施行三庙制，道武帝时期已经成功建国，采用三庙制度除了

① (晋)陈寿：《三国志》卷三《魏书·明帝纪》，中华书局1959年版，第109页。

② (晋)陈寿：《三国志》卷三《魏书·明帝纪》，中华书局1959年版，第109页。

③ (北齐)魏收：《魏书》卷一百六上《地形志上》，中华书局1974年版，第2455页。

是受曹魏礼制的束缚，也是拘泥于曹魏与北魏之间的正统观。这就促使北魏在拟定宗庙礼制方面，出现无法调和的矛盾，迫不得已再营造一个七庙，这样才能与《礼记·王制》记载的皇帝七庙制度相符合。换言之，北魏选择三庙是把曹魏看作正统王朝，选择七庙是为了符合古礼。此外，北魏于天兴二年还建造过五庙，三庙、五庙、七庙同时出现，这在历朝历代绝无仅有。但是结合鲜卑少数民族的礼制特点，特别是在五庙的祭祀时间上(详见后文)，出现汉礼与胡礼杂糅的礼仪制度，这说明鲜卑拓跋统治者不仅要兼顾汉文化的礼仪制度，对于本民族的传统文化同样需要兼顾。由此可见北魏初期统治者思考得比较全面，在多元文化多民族的特殊历史背景下，这样做也是出于鲜卑拓跋政权能够长治久安，获得社会各阶层的广泛拥护的政治目的。

二、七庙神主

天子营造七庙符合周代礼制，但是《魏书》并没有清楚地记载哪七位神主，这就给学界带来很大困惑。目前有很多学者对七庙神主进行了相关研究，也获得了很多重要的学术成果。但是北魏是由鲜卑拓跋部建立的少数民族政权，在很多传统礼制方面与汉文化存在很大差别，特别是七庙神主需要与道武帝拓跋珪存在直系血缘关系，然而《魏书》仅记载了道武帝的六位直系祖先。既然是七庙，必然需要相应的神主数量，因此这就成为目前学界讨论的重要问题。

柏贵喜先生认为七帝似合七庙之数，但没有指出哪几位祖先。① 他是站在《礼记·王制》记载的“七庙”角度，思考北魏宗庙制度问题的。王柏中等先生认为，七庙神主是道武帝四世以上的远祖，即神元帝、文帝、章帝、平帝、昭帝、桓帝、穆帝。② 这里面没有包括道武帝的祖父

① 柏贵喜：《从宗庙祭祀制度看北朝礼制建设》，《中南民族大学学报》2003年第3期，第111页。

② 王柏中、史颖、董春龙：《北魏国家宗庙祭祀制度考述》，殷宪主编：《北朝史研究·中国魏晋南北朝史国际学术研讨会论文集》，商务印书馆2004年版，第306页。

代王什翼犍和父亲献明帝拓跋寔，如果说拓跋寔没有继承过王位，但是什翼犍统治代部长达39年，而且从直系血缘关系角度，也不能将道武帝父祖排除在宗庙之外。楼劲先生认为七庙神主应该是神元、文帝、思帝、平文帝、烈帝、昭成帝、献明帝七帝。① 郭善兵先生认为由于史书中并无当时所立七庙庙主的明确记载，上述观点尚有待考证。② 张金龙先生认为七帝很可能是神元帝、思帝、平文帝、昭成帝、献明帝五帝，以及桓帝和穆帝二帝。③梁满仓先生认为北魏前期在云中、盛乐、金陵等地，立先祖庙反映的是拓跋族古老游牧习俗的残存。④ 可以看出目前对于七庙神主的研究，大体上可以归纳为以下五种观点。其一，因为没有史料作为依据，所以很难对七庙神主做出具体判断；其二，七庙属于鲜卑拓跋的古老祭祖习俗；其三，七庙神主应该是道武帝的四世以上远祖；其四，七庙神主是道武帝的五位直系祖先（不含文帝）与桓帝和穆帝；其五，七庙神主应该是道武帝的六位直系祖先和烈帝。可见针对七庙里究竟供奉的哪几位神主，学界存在很大分歧。原则上本书赞同楼劲先生的观点，但是还有几方面内容需要补充。

首先，从鲜卑文化早期祭祖特点思考七庙神主问题。《后汉书·乌桓鲜卑传》记载："敬鬼神，祠天地日月星辰山川，及先大人有健名者，祠用牛羊。"⑤鲜卑民族建立北魏政权以前，只要是逝去的部落大人尚有名字流传于世，便与天地日月山川等一起被祭祀。这种不问血缘远近亲疏关系的传统习俗，反映了早期鲜卑游牧文化的祭祖方式，体现了部落凝聚力。然而道武帝建立北魏政权以后，共计追封了二十八位先帝的谥

① 楼劲：《道武帝所立庙制与拓跋氏早期世系》，《文史》2006年第4辑，第48页。

② 郭善兵：《中国古代帝王宗庙礼制研究》，人民出版社2007年版，第315页注②。

③ 张金龙：《北魏政治史》（二），甘肃教育出版社2008年版，第301页。

④ 梁满仓：《魏晋南北朝五礼制度考论》，社会科学文献出版社2009年版，第251页。

⑤ （南朝）范晔：《后汉书》卷一百二十《乌桓鲜卑传》，中华书局1965年版，第2980页。

号(详见下文)，这说明北魏初期仍然知道二十八位祖先名字，但是却没有建造“二十八庙”祭祀这些祖先，所以七庙神主与拓跋传统祭祖习俗有很大差别。此外，还有一条史料与北魏初期祭祀祖先有关。《魏书·礼志一》记载：“又置献明以上所立天神四十所，岁二祭。”①因为献明帝是道武帝之父，既然他能够被尊为神，其他祖先被尊为神的可能性非常大。如果是上述二十八位祖先，再包括一些逝去的部落大人，就比较符合上文《乌桓鲜卑传》记载的“先大人有健名者”便予以祭祀的礼仪制度了。可以看出道武帝建国以后，并没有放弃鲜卑传统的祭祖方式，只不过与汉文化的宗庙分开祭祀而已。《魏书·礼志一》记载：“天赐二年(405年)夏四月，复祀天于西郊，为方坛一，置木主七于上。”②这是鲜卑民族传统的西郊祭天，关于其中的“木主七”，吕一飞先生认为他们是“神元帝以下七位皇帝的木制偶像”③。所谓“木主”，《续汉书·礼仪志下》“桑木主尺二寸，不书谥。虞礼毕，祔于庙”条引《汉旧仪》曰：“高帝崩三日，小敛室中牖下，作木主，长八寸。”④可见木主是供奉在宗庙里的祖先牌位。日本学者吾妻重二先生认为，木主又单称为主或神主，⑤ 在中国古代的祖先祭祀中，木主作为祖先灵魂所依附之对象而受到重视。可见这是把“七庙神主”与“木主七”联系起来，并且他们都以道武帝的直系祖先为祭祀对象，所以这二者之间应该具有某种关联性。

北魏建国以前祭祀祖先并没有固定的人数，这次西郊祭天供奉的“木主七”，说明北魏建国初期即使是最重要的西郊祭天，也逐渐渗入了汉文化的礼仪制度。到显祖时期，“木主七”依然具有重要的政治寓

---

① (北齐)魏收：《魏书》卷一百八之一《礼志一》，中华书局1974年版，第2735页。

② (北齐)魏收：《魏书》卷一百八之一《礼志一》，中华书局1974年版，第2736页。

③ 吕一飞：《胡族习俗与隋唐风韵》，书目文献出版社1994年版，第226页。

④ (西晋)司马彪：《续汉书》志第六《礼仪志下》，见范晔《后汉书》，中华书局1965年版，第3148页。

⑤ [日]吾妻重二著，吴震译：《木主考——到朱子学为止》，《云南大学学报》2011年第5期，第39页。

意。《魏书·礼志一》记载："（北魏延兴二年，472 年）六月，显祖以西郊旧事，岁增木主七。"①这里所言之"西郊旧事"的"旧事"，应该指天赐二年(405 年)的西郊祭天。实际上这一时期的显祖因政治斗争失败，迫不得已成为太上皇，他把"木主七"作为西郊祭天的配祭，除了表明他与道武帝和"木主七"拥有一脉相承的血缘关系之外，还有向世人宣称他才是正统皇帝的政治目的。试想如果"木主七"并非是道武帝的直系祖先，显祖则没有必要借此宣称他的正统地位。如果显祖确实在强调皇权正统性，毫无疑问只有汉文化才有这方面的政治思想。如果是汉文化的宗庙礼制，就不会把旁系祖先作为宗庙神主。总之，显祖于 472 年举行西郊祭天供奉的"木主七"，与道武帝于 405 年供奉的"木主七"，祭祀对象竟然完全相同。这恰恰能够反映出尽管两代相隔大约 70 年，却在礼仪制度方面存在极为重要的共性关系。因此可以进一步做出推论，道武帝乃至显祖必然与七庙神主有亲密的血缘关系。从而北魏初期拟定的宗庙为汉文化的传统祭祖礼制，选择与自己有直系血缘关系的祖先作为七庙神主，比较符合汉文化的礼制规范。

其次，关于拓跋珪的代王位，是否存在政治合法性的问题。当登国元年(386 年)正月重建代国，拓跋珪即代王位时，他曾经遭到过部落内部的政治挑战。《魏书·莫题传》记载："太祖季父窟咄徙于长安。苻坚败，从慕容永东迁。及永自立，以窟咄为新兴太守。登国初，刘显遣弟亢泥等迎窟咄，寇南鄙。题时贰于太祖，遗箭于窟咄，谓之曰：'三岁犊岂胜重载'。言窟咄长而太祖少也。"②窟咄与拓跋珪为叔侄关系，代国被前秦苻坚灭亡时，窟咄被带到长安，淝水之战以后投奔慕容永，在拓跋部内有一定的政治声望。所以拓跋珪即代王位并没有合法依据，甚至遭到莫题等人藐视，认为其未必能堪重任。《魏书·神元平文诸帝子孙传附上谷公纥罗传》亦载："上谷公纥罗，神元皇帝之曾孙也。初，

① （北齐）魏收：《魏书》卷一百八之一《礼志一》，中华书局 1974 年版，第 2740 页。

② （北齐）魏收：《魏书》卷二十八《莫题传》，中华书局 1974 年版，第 683 页。

从太祖自独孤如贺兰部，招集旧户，得三百家，与弟建议，劝贺讷推太祖为主。及太祖登王位，纥罗常翼卫左右。"①可以看出道武帝是被部落推举以后才继承的代王位。《魏书·皇后传附献明皇后传》记载："后，后弟染干忌太祖之得人心，举兵围逼行宫。后出谓染干曰：'汝等今安所置我，而欲杀吾子也。'染干惭而去。"②染干是献明皇后贺氏的弟弟，他反对道武帝继承代王位，甚至欲诛杀之。《魏书·长孙嵩传》记载："昭成末年，诸部乖乱，苻坚使刘库仁摄国事，嵩与元他等率部众归之。刘显之谋难也，嵩率旧人及乡邑七百余家叛显走，将至五原。时寔君之子，亦聚众自立，嵩欲归之。见于乌渥，称逆父之子，劝嵩归太祖。嵩未决，乌渥回其牛首，嵩僶俛从之。见太祖于三汉亭。太祖承大统，复以为南部大人。"③这说明当时道武帝的军事实力绝非一家独大，还有很多可以与他抗衡的军事集团。因此拓跋珪能够即代王位，不能说与其血统毫无关系，但是当时的政治形势确实有利于拓跋珪。因为代国被前秦灭亡以后，大约有10年时间部族四分五裂，这时候前秦淝水之战失败，拓跋部确实需要寻找合适的部族成员重建代国，所以是历史选择了拓跋珪，他也抓住了千载难逢的政治机遇。

早期拓跋部尚处在部落联盟阶段，最高权力的交替一直实行兄终弟及制，并保持着巨大的影响力，此时并没有形成汉文化的立太子制度。④ 关于部落选举制或世袭继承制出现的原因，美国著名历史学家摩尔根认为，部落选举制产生于民主政治，世袭继承制产生于暴力。⑤ 所

---

① （北齐）魏收：《魏书》卷十四《神元平文诸帝子孙传附上谷公纥罗传》，中华书局1974年版，第345页。

② （北齐）魏收：《魏书》卷十三《皇后传附献明皇后传》，中华书局1974年版，第324页。

③ （北齐）魏收：《魏书》卷二十五《长孙嵩传》，中华书局1974年版，第643页。

④ 李凭：《北魏平城时代》，社会科学文献出版社2000年版，第97页。

⑤ ［美］摩尔根：《古代社会》，第1册，商务印书馆1971年版，第242~247页。

以北魏政权建立的前后，恰恰反映出拓跋部围绕最高统治者的继承制度问题出现的历史分水岭。王仲荦先生认为："在道武帝入主中原以前，拓跋氏还长期保存着氏族关系，这点可以在稳固的贵族氏族联系上，在拓跋氏自拓跋诘汾以下酋长的氏族传统中，例如兄弟轮替继承王位的兄终弟及制方面，得到确切的证实。……而到了道武帝之后，兄终弟及制才被严格的嫡长子继承制所代替。"①张旭华先生认为北魏建国以后，拓跋部的最高军事首领世袭制，也随之迅速向王权世袭制转变。② 可以看出道武帝才是北魏初期施行"兄终弟及"还是"父死子继"的最终决策者。汉文化的宗庙与鲜卑传统的祭祖礼制，在道武帝建立北魏政权时，也开始出现重大的礼仪制度转变。《魏书·皇后列传》记载："道武宣穆皇后刘氏，刘眷女也。登国初，纳为夫人，生华阴公主，后生太宗。后专理内事，宠待有加，以铸金人不成，故不得登后位。魏故事，后宫产子将为储贰，其母皆赐死。"③这点足以说明北魏建国初期在皇位继承的问题上，道武帝坚持实行父死子继制度，甚至不惜牺牲太子母亲刘后性命，也要确保其后太子顺利继承皇位。

再次，道武帝建国初期对于祖先的谥号追封。道武帝建国以后共计追封了二十八位先帝的谥号，但是始祖神元帝以前的十四位先帝，鉴于历史久远应该与七庙神主没有直接关系。④ 根据《魏书·序纪》记载，拓跋部最早登场的历史人物是神元帝力微，他是拓跋部的政治开拓者，所以道武帝建国以后追封他为始祖。此外，还追封了神元帝以下五位直系祖先为文帝、思帝、平文帝、昭成帝、献明帝；追封八位旁系祖先为章帝、平帝、昭帝、桓帝、穆帝、惠帝、炀帝、烈帝。其中

---

① (北齐)魏收：《魏书》卷十三《皇后列传》，中华书局 1974 年版，第 325 页。

② 张旭华：《试论北魏前期的奴隶主贵族官职世袭制》，《魏晋南北朝官制论集》，大象出版社 2011 年版，第 220 页。

③ (宋)司马光：《资治通鉴》卷一百一十《晋纪三十二》，中华书局 1956 年版，第 3483~3484 页。

④ (北齐)魏收：《魏书》卷一《序纪》，中华书局 1974 年版，第 1~2 页。

章帝在位九年，平帝为章帝的少弟，在位七年，昭帝在位十二年，他们三人并无子嗣继承王位。虽然文帝之子桓帝和穆帝对代国的政治发展做出过很大贡献，但是桓帝之子惠帝和炀帝，长期与道武帝的曾祖父平文帝为敌，平文帝最终死于他们之手。特别是桓帝之子炀帝与昭成帝之兄烈帝，都有两次即代王位的经历，双方为了争夺王位已经达到水火不容的程度。①

三庙为平文、昭成、献明三位祖先，五庙为神元、思帝、平文、昭成、献明五位祖先。有关七庙供奉的七位神主，道武帝绝不会舍本求末，放弃直系祖先而选择旁系祖先。按照中国古代传统的汉文化礼制，宗庙神主不仅有谥号还要有庙号。《魏书·序纪》记载，北魏建国初期只为神元帝、平文帝、昭成帝、献明帝四位祖先追授过庙号，② 其他先帝们只有谥号而不见庙号。《资治通鉴·晋纪三十二》"安帝隆安二年"条载："力微曰神元皇帝，庙号始祖，祖什翼犍曰昭成皇帝，庙号高祖，父曰献明皇帝。"③这说明《资治通鉴》认为道武帝的三位祖先应该有庙号，尽管没有明言献明帝的庙号称谓，但结合《魏书》记载的三庙和五庙都有献明帝，所以他必然应该拥有自己的庙号。此外，王钦若《册府元龟·帝王部》记载："后魏道武天兴元年十二月……追尊神元皇帝为始祖，平文皇帝为太祖，昭成皇帝为高祖，考为献明皇帝。"④可以看出宋代的王钦若记载的庙号与《魏书》完全相同，这说明他们的宗庙地位非常重要。当然上述几位祖先的谥号依然不够七庙数量。

如果按照血缘关系的远近亲疏，道武帝与神元帝、文帝、思帝、平

① (北齐)魏收:《魏书》卷一《序纪》，中华书局 1974 年版，第 3~11 页。

② (北齐)魏收:《魏书》卷一《序纪》，中华书局 1974 年版，第 5 页、第 10 页、第 15 页、第 16 页。

③ (宋)司马光:《资治通鉴》卷一百一十《晋纪三十二》，中华书局 1956 年版，第 3483~3484 页。

④ (宋)王钦若:《册府元龟》卷二十九《帝王部》，中华书局 1982 年版，第 315~316 页。

文帝、昭成帝、献明帝的血缘关系最近，所以至少这六位祖先应该成为七庙神主的最合适人选。但是七庙之中还缺一位神主，图 4-1 显示，如果仅就血缘远近关系而论，烈帝比较符合七庙神主的基本条件。烈帝与昭成帝同为兄弟关系，昭成帝的代王位就是继承于烈帝，他们双方并没有围绕王位发生过对立冲突，而是烈帝通过留遗嘱的形式让昭成帝继承王位。① 至少《魏书》记载他们的关系比较融洽，所以他对道武帝一系的政治发展，有不可抹杀的历史功绩。

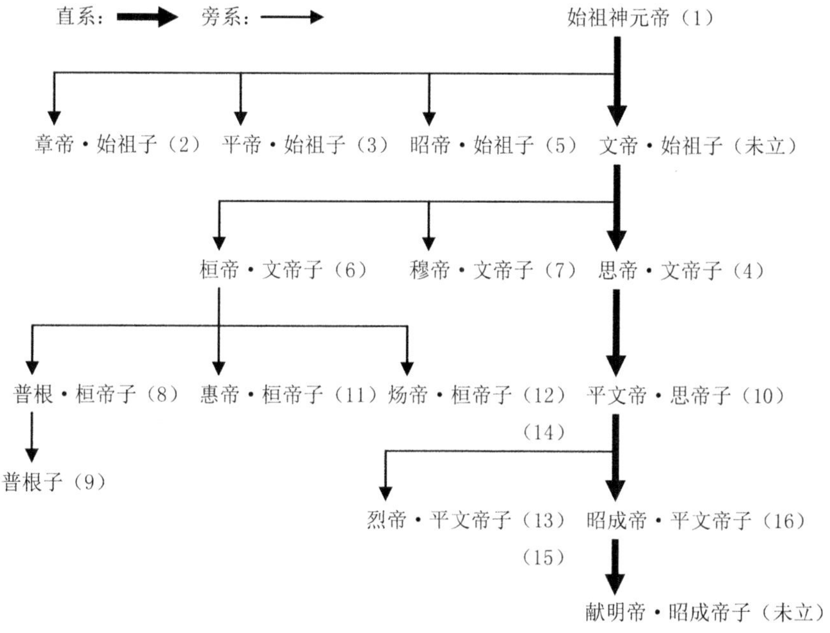

图 4-1　始祖神元帝至献明帝王位世系谱②

---

① （北齐）魏收：《魏书》卷一《序纪》，中华书局 1974 年版，第 11～12 页。

② 该谱内的序号是继承王位（或酋长）的先后顺序，其中的帝名是道武帝建国以后追封的谥号，文帝和献明帝没有继承过王位，故没有编订他们的序号。（北齐）魏收：《魏书》卷一《序纪》，中华书局 1974 年版，第 3～11 页；（北齐）魏收：《魏书》卷二《太祖纪》，中华书局 1974 年版，第 34 页；前揭李凭：《北魏平城时代》，社会科学文献出版社 2000 年版，第 415 页。

最后，胡汉文化围绕王位继承制对七庙神主的影响。北魏政权没有建立以前，由于鲜卑拓跋部长期以来都施行游牧文化的“兄终弟及”的继承制度，虽然选择酋长是部落内有经验者担当，但是因为没有建立一个有效完善的法律体系，因此每次选举新酋长几乎带来长时间的政治动荡，甚至围绕权力斗争出现流血事件和部族分裂的严重后果。《魏书·序纪》记载，思帝即位仅仅一年而崩之后，拓跋集团便分裂为三部，直到穆帝即位才恢复统一。① 诸如此类的权力斗争，《魏书》记载的事例非常多。因为汉文化的皇位继承制是“父死子继”，所以国家宗庙不仅仅是祭祀祖先的场所，它还拥有皇权正统性的政治寓意。由于汉文化的宗庙礼制与鲜卑文化的传统祭祖方式存在明显的制度差别，所以祭祀祖先绝非表面形式，而是包含更深层的皇权延续问题。伴随着时间流逝与政治环境的发展变化，道武帝建立北魏初期施行汉文化的宗庙礼制，另有鲜卑传统文化的祭祖方式，即《礼志一》记载的“置献明以上所立天神四十所”。因此七庙神主的选择应该与汉文化密切相关。如果七庙内供奉道武帝四世以上的远祖，则会淡化直系与旁系之间的血缘远近亲疏关系的重要性，甚至有可能成为旁系后代觊觎皇位的借口，这样就不利于道武帝一系的皇权统治。实际上北魏建国以后，采用了汉文化的“父死子继”的皇位继承制度，明元帝和太武帝都是以皇子的身份继承的父业，这可以间接地证明北魏初期选择宗庙神主的汉礼倾向。

所以鲜卑拓跋部由原始的部落酋长推举制，向封建社会的皇位继承制的过渡时期，在选择最高统治者的问题上，发生过非常重要的思想碰撞和制度演进。它反映游牧文化以畜牧业生产经济为主体的奴隶制度（或原始的酋邦制），在走向汉文化以农业生产经济为主体的封建制度的前夜，呈现出极为错综复杂的政治形态，以及汉文化与鲜卑文化相互

① （北齐）魏收：《魏书》卷一《序纪》，中华书局1974年版，第5~7页。

兼容又彼此对立的曲折历程。北魏初期拟定的“七庙神主”，可以称为“六世七庙”，即“神元、文帝、思帝、平文帝、烈帝、昭成帝、献明帝”。① 虽然上述的世系排列和血缘关系，并没有完全形成父死子继的连贯性，比如烈帝并非是道武帝的直系血缘祖先，但是这应该已经最接近北魏初期拟定的七庙神主的礼仪制度了。

三、四庙神主

北魏初期有关宗庙问题，还有“三庙”和“四庙”的争论，下面对此略加考辨。《魏书·太祖纪》记载：“(天兴二年，399年)冬十月，太庙成，迁神元、平文、昭成、献明皇帝神主于太庙。”②那么北魏初期，是否存在“神元、平文、昭成、献明皇帝”的“四庙”礼制呢？

《魏书·礼志一》记载：“天兴二年(399年)……冬十月，平文、昭成、献明庙成。……又立神元、思帝、平文、昭成、献明五帝庙于宫中。……又于云中及盛乐神元旧都，祀神元以下七帝。”③这里面清楚地记载北魏初期仅建造三庙、五庙和七庙，应该没有择地另建四庙。但是《魏书·太祖纪》比《魏书·礼志一》多出神元宗庙，两卷涉及的时间都记载为“天兴元年十月”，都是记载宗庙建成的内容。那么这是文献错误还是另有其他原因呢？

天兴二年(399年)正月举行南郊祭天时，神元帝作为鲜卑拓跋部的始祖，担当过祭祀上帝的配祭角色。其他三位祖先在天兴二年十月以后，才正式成为三庙神主。观察建造宗庙的先后顺序，五庙的建成时间要晚于三庙。关于五庙的建造样式，《南齐书·魏虏传》记载：“(道武帝)始都平城。……截平城西为宫城……南门外立二土门，内立庙，开

---

① 楼劲先生也有此相同观点。参见楼劲《北魏开国史探》，中国社会科学出版社2017年版，第206页。

② (北齐)魏收：《魏书》卷二《太祖纪》，中华书局1974年版，第36页。

③ (北齐)魏收：《魏书》卷一百八之一《礼志一》，中华书局1974年版，第2735页。

四门，各随方色，凡五庙，一世一间，瓦屋。”①可见五庙的建筑肃穆庄严、琉光夺目。② 特别是《魏书·礼志一》记载五庙也包含神元的宗庙。所以天兴二年十月建成的三庙不可能供奉神元，当五庙建成以后他才能正式进入宗庙。虽然北魏时期太庙一般指汉文化的三庙，但三庙里不可能供奉四位祖先，况且五庙为太祖亲祀，地位非常尊贵。由于《魏书》没有详细记载五庙的建成时间，如果仅比三庙时间略晚，但仍然在天兴二年十月，则《太祖纪》与《礼志一》的记载都没有错误。

所以《魏书·太祖纪》记载的“迁神元、平文、昭成、献明皇帝神主于太庙”应该是一般性的历史事件叙述，不是强调宗庙的神主数量问题。即使神元帝宗庙与其他三庙同时建成，也不能主观认为北魏建国初期有四庙制度。

第二节　宗庙的祭祀时间

北魏天兴初年拟定的三庙、五庙、七庙的祭祖时间，《魏书·礼志一》记载：“（三庙）岁五祭，用二至、二分、腊。……（五庙）岁四祭，用正、冬、腊、九月。……（七庙）岁三祭，正、冬、腊。”针对这个问题学界有一些不同观点。梁满仓先生认为北魏前期宗庙的建立没有一定的制度③，郭善兵先生认为当时祖先祭祀还没有形成比较明确、固定的制度④。如果直观地判断北魏初期的三种宗庙礼制的祭祀时间，或许感觉比较混乱，但是北魏建国初期的官员拟定皇帝宗庙礼制时，必然不会

① （南朝）萧子显：《南齐书》卷五十七《魏虏传》，中华书局1972年版，第984页。

② 王健、王梦章：《琉璃瓦的历史、生产和发展》，《陶瓷工程》1994年第6期，第42~48页。

③ 梁满仓：《魏晋南北朝五礼制度考论》，社会科学文献出版社2009年版，第250页。

④ 郭善兵：《中国古代帝王宗庙礼制研究》，人民出版社2007年版，第315页。

毫无章法，应该存在比较复杂的历史背景和文化背景。由于这时期的游牧文化与汉文化还处在相互接触、彼此交流的历史阶段，因此尽管拟定汉文化的宗庙礼制，也往往会掺杂一些游牧文化的祭祀礼制，下面分别考察北魏初期的三种宗庙的时间问题。

一、三庙的祭祀时间

首先是三庙的祭祀时间问题。三庙的“二至”是指冬至和夏至，“二分”是指春分和秋分。下面需要把这四个节气换算成月份，这样才能进一步考察北魏三庙礼制的时间特点。《魏书·律历志上》记载的月份与二十四节气的对应关系：

> 冬至十一月中，小寒十二月节，大寒十二月中，立春正月节
> 雨水正月中，惊蛰二月节，春分二月中，清明三月节。
> 谷雨三月中，立夏四月节，小满四月中，芒种五月节。
> 夏至五月中，小暑六月节，大暑六月中，立秋七月节。
> 处暑七月中，白露八月节，秋分八月中，寒露九月节。
> 霜降九月中，立冬十月节，小雪十月中，大雪十一月节。①

如果是冬至应该在十一月，如果是夏至应该在五月，如果是春分应该在二月，如果是秋分应该在八月。所以北魏初期的三庙祭祀时间，按照月份的先后顺序，依次为二月、五月、八月、十一月，可以看出它们之间各相差三个月。但是古代往往把每个季度的三个月，按照孟、仲、季的顺序排列，并且拟定岁首还受到正朔的影响。前文已经言及北魏天兴元年十二月，尚书崔宏建议行夏正历法。因此如果按照夏正历法进行推算，这四个月份的祭祀时间，分别是仲春、仲夏、仲秋、仲冬，也就

① （北齐）魏收：《魏书》卷一百七上《律历志上》，中华书局 1974 年版，第 2666 页。

是三庙的祭祀时间都在仲月。那么这样的礼制体系是如何制定出来的，下面对汉晋时期的几个政权的年度宗庙祭祀时间进行比较分析。

先秦以前各个诸侯国的宗庙礼制非常繁杂，而且相隔时代久远很难对北魏政权产生直接影响。关于西汉时期的宗庙祭祀时间，《汉书·韦贤传》记载："日祭于寝，月祭于庙……庙，岁二十五祠。"①西汉一年25次的宗庙祭祀次数，与北魏三庙的一年5次相差很大。《续汉书·祭祀志下》记载："光武帝建武二年……四时春以正月，夏以四月，秋以七月，冬以十月及腊，一岁五祀。"②东汉施行的历法是夏正建寅，以此推算正月、四月、七月和十月的宗庙祭祀时间应该在孟月。所以尽管一年5次的祭祀次数与北魏相同，但是具体的祭祀月份却有很大差别。关于曹魏宗庙的年度祭祀时间，《三国志·魏书·明帝纪》记载："初，洛阳宗庙未成，神主在邺庙。十一月，庙始成，使太常韩暨持节迎高皇帝、太皇帝、武帝、文帝神主于邺。"③这说明曹魏在十一月举行过宗庙仪式。那么有关这时期的宗庙年度祭祀时间，《通典·礼十二·吉礼十一》"旁亲丧不废祭议"条载："又按魏高堂隆议，平原公主薨。二月春祀，不宜阙。"④另据《三国会要·礼上·魏宗庙》记载："一岁五祀，常用仲月。高堂隆议，平原公主薨。二月，春祀不宜阙祭。"⑤这说明曹魏

① （汉）班固：《汉书》卷七十三《韦贤传》"岁二十五祠"条下注曰："如淳曰：月祭朔望，加腊为二十五。晋灼曰：《汉仪注》宗庙一岁十二祠。五月尝麦、六月、七月、三伏、立秋、貙娄、又尝粢，八月先夕馈飧，皆一太牢，酎祭用九太牢。十月尝稻，又饮蒸，二太牢。十一月尝，十二月腊，二太牢。又每月一太牢，如闰加一祀，与此上十二为二十五祠。师古曰：晋说是也。"中华书局1962年版，第3116页。

② （西晋）司马彪：《续汉书》志第九《祭祀志下》，见范晔《后汉书》，中华书局1965年版，第3193页。

③ （晋）陈寿：《三国志》卷三《魏书·明帝纪》，中华书局1959年版，第96~97页。

④ （唐）杜佑：《通典》卷五十二《礼十二·吉礼十一》，中华书局1988年版，第1440页。

⑤ （清）杨晨：《三国会要》卷十一《礼上·魏宗庙》，中华书局1998年版，第216页。

政权的宗庙祭祀时间为一年 5 次。由于曹魏时期除魏明帝在短时间内使用过商正建丑正朔之外，主要实行的历法是夏正建寅。所以曹魏宗庙的仲月祭祀时间，依次应该为二月、五月、八月、十一月，这与北魏初期的宗庙年度祭祀时间在仲月的特点完全相同。关于两晋时期的宗庙的祭祀时间，《晋书·礼志上》记载："（晋元帝太兴三年正月）诏曰：……今祠太庙，不亲执觞酌，而令有司行事，于情礼不安。"①晋元帝太兴三年为公元 320 年，这说明东晋时期的正月举行过宗庙祭祀。《通典·礼九·禘祫上》记载："晋武帝太始中……故今礿祠烝尝，于是行焉。"②根据金鹗《求古录礼说·宗庙祭祀时月考》的详细考证，"礿祠尝烝"的祭祀时间皆在孟月，③ 也就是说西晋的宗庙祭祀时间在正月、四月、七月、十月，由此可见东汉与两晋的宗庙祭祀时间完全相同。比较上述几个朝代的宗庙年度祭祀时间，只有曹魏与北魏都在仲月，而且北魏初期拟定的三庙制度，几乎都参考曹魏的宗庙礼制，两朝不仅仅都祭祀三神主，在祭祀时间方面也呈现相同的礼制特点。

东汉和西晋与曹魏和北魏的宗庙礼制，不仅在祭祀月份方面存在显著差别，甚至还有对空间与时间的不同理解。比如正月、四月、七月、十月相当于孟春、孟夏、孟秋、孟冬，所谓"孟"实际上是季节之首，这说明东汉与西晋在祭祀祖先宗庙方面，更注重季节的起点。《春秋繁露·四祭》记载："古者岁四祭。四祭者，因四时之所生孰，而祭其先祖父母也。故春曰祠，夏曰礿，秋曰尝，冬曰蒸。此言不失其时，以奉祭先祖也。"④由此可见东汉与西晋更注重周代祭祖礼仪，尤其是尊奉祭祀时间。然而曹魏和北魏的二月、五月、八月、十一月，为仲春、仲

① （唐）房玄龄：《晋书》卷十九《礼志上》，中华书局 1974 年版，第 603～604 页。

② （唐）杜佑：《通典》卷四十九《礼九·祫禘》，中华书局 1988 年版，第 1382～1383 页。

③ 金鹗：《求古录礼说》卷一《宗庙祭祀时月考》，山东友谊书社 1992 年版，第 57～66 页。

④ （清）苏舆：《春秋繁露义证》卷十五《四祭》，中华书局 2002 年版，第 406 页。

夏、仲秋、仲冬，也相当于二十四节气的二至二分。本书第一章曾经讨论过，因为确定一年四季主要是划分“二至二分”，冬至在黄经的270度，秋分在黄经的180度，夏至在黄经的90度，春分在黄经的0度。而且冬至是黄道的最低点，夏至是黄道的最高点，春分和秋分成为黄道和赤道的两个交汇点(见图2-1)。曹魏与北魏在这个节点上祭祀祖先，这说明他们更重视空间思维模式。因此对时间与空间的不同理解，成为东汉和西晋与曹魏和北魏的重要差别。换言之，它们的宗庙祭祀礼制体现出空间与时间两种不同的思维模式。

下面继续考察北魏初期三庙的“腊祭”时间。《说文·腊部》记载：“冬至后三戌，腊祭百神。”①有关冬至在汉代的确切时间，《汉书·律历志下》记载：“冬至，于夏为十一月，商为十二月，周为正月。”②也就是冬至在夏正的十一月。自从汉武帝改正朔以后到北魏为止，除了王莽和魏明帝曾经短时间内使用过商正建丑之外，其他政权的历法几乎是夏正建寅。如果采用干支计日法，以夏正的十一月为基础进行推算，冬至以后的“三戌”的时间跨度大约为36天，这样“腊祭”的时间就应该在夏正的十二月。《初学记·腊第十三》记载：“汉以戌日为腊，魏以辰，晋以丑。”③即腊日的祭祀时间分别是：汉代在戌日，曹魏在辰日，两晋在丑日。那么北魏建国初期又是怎样确定的腊祭时间呢?《魏书·太祖纪》记载：“(天兴元年十二月)尚书崔玄伯等奏……未祖辰腊。”④所谓“未祖”就是指北魏祭祀祖神选在未日。《初学记·祭祀第二》的《嵇含祖道赋序》条载曰：“祖之在于俗尚矣，自天子至庶人莫不咸用。有汉卜日丙午，魏氏择其丁未，至于大晋，则祖孟月之酉日。”⑤可以看

① (清)桂馥：《说文解字义证》卷十一《腊部》，中华书局1987年版，第351页。

② (汉)班固：《汉书》卷二十一下《律历志下》，中华书局1962年版，第1005页。

③ (唐)徐坚：《初学记》卷四《腊第十三》，中华书局2010年版，第84页。

④ (北齐)魏收：《魏书》卷二《太祖纪》，中华书局1974年版，第34页。

⑤ (唐)徐坚：《初学记》卷十三《祭祀第二》，中华书局2010年版，第319页。

出从汉代至西晋的祭祖时间存在日期上的显著差异，但北魏与曹魏的祭祖时间都在未日，两朝礼制完全相同，而且《魏书·礼志一》记载："立祖神，常以正月上未，设籍于端门内。"①这里面的"未"与《太祖纪》的"未祖辰腊"的"未祖"的日期完全相同，这点可以说是北魏吸收曹魏礼制的又一个旁证。所谓"未祖辰腊"的"辰腊"，是指北魏时期的腊祭日期在辰日。《魏书·礼志一》记载："越近承远，情所未安。然考次推时，颇亦难继。朝贤所议，岂朕能有违夺。便可依为水德，祖申腊辰。"②可以看出北魏孝文帝汉化改革，只是调整了一部分礼制内容，腊祭时间依然在辰日。

此外，1944年甘肃省敦煌市曾经发现过北魏太武帝时期的一部简短的历书，这就是学者们经常言及的"敦煌北魏历书"，其中就记载北魏太武帝太平真君十一年十二月"十三日腊"，以及太平真君十二年(其年改正平元年)十二月"十八日腊"的两次腊祭时间。而且还提供了占卜日期方面吉凶祸福的"通胜十二建"，③ 以及每个月份的节气信息。为了便于考察，现将敦煌北魏历书的原文抄录于下：

1. 太平真君十一年历[日]　[太]岁在庚寅　太阴大将军[在子]

2. 正月大一日壬戌收　九日立春正月节　廿五日雨水

3. 二月小一日壬辰满　十日惊蛰二月节　廿五日春分　廿七日社

4. 三月大一日辛酉破　十一日清明三月节　廿六日谷雨

① (北齐)魏收：《魏书》卷一百八之一《礼志一》，中华书局1974年版，第2735页。

② (北齐)魏收：《魏书》卷一百八之一《礼志一》，中华书局1974年版，第2747页。

③ 所谓"通胜十二建"，即"建、除、满、平、定、执、破、危、成、收、开、闭"。主要用于占卜日期的吉凶祸福，一般老黄历都有详细描述。刘文典：《淮南鸿烈集解》卷三《天文训》，中华书局2010年版，第117页。

5. 四月小一日辛卯闭　十二日立夏四月节　廿七日小满

6. 五月大一日庚申平　十三日望种五月节　廿八日夏至

7. 六月小一日庚寅成　十四日小暑六月节　廿九日大暑

8. 七[月]大一日己未建　十五日立秋七月节　卅日处暑

9. [闰]月小　一日己丑执　十五日白露八月节

10. 八月大一日戊午收　社　二日秋分　十七日寒露九月节

11. 九月小一日戊子满　二日霜降　十七日立冬十月节

12. 十月大一日丁巳破　四日小雪　十九日大雪十一月节

13. 十一月小一日丁亥闭　四日冬至　十九日小寒十二月节

14. 十二月大一日丙辰平　五日大寒　十三日腊　廿一日立春正月节

15. 太平真君十二年历日　其年改为正平元年 太岁在辛卯大将军在卯　大阴在丑

16. 正月小一日丙戌成　二日始耕　六日雨水　廿一日惊蛰二月节

17. 二月大一日乙卯建　四日社　七日春分　十六日月食　廿二日清明三月节

18. [三]月大一日乙酉执　八日谷雨　廿三日立夏四月节

19. 四月小一日乙卯开　八日小满　廿三日望种五月节

20. 五月大一日甲申满　十日夏至　廿五日小暑六月节

21. 六月小一日甲寅危　十日大暑　廿五日立秋七月节

22. 七月大一日水未闭　十一日处暑　廿七日白露八月节

23. 八月小一日水丑定　十二日秋分　十六日社月食①　廿七日寒露九月节

---

①　按照敦煌北魏历书的记载，正平元年八月十六日即公元451年9月27日为月食。根据《5000年月食表》的研究成果，这天确实发生过月食，从而能够证明这部历书的数据比较可信。李广宇、何玉囡、张健、张培瑜：《夏商周时期的天象和月相》，世界图书出版社2007年版，第267页。

24. 九月大一日壬午成　十三日霜降　廿九日立冬十月节

25. 十月小一日壬子除　十四日小雪　廿九日大雪十一月节

26. 十一月大一日辛巳执　十五日冬至　卅日小寒十二月节

27. 十二月小一日辛亥开　十六日大寒　十八日腊①

按照古今历法换算，太平真君十一年十二月十三日为庚寅年己丑月戊辰日，即公元451年1月30日；太平真君十二年（正平元年）十二月十八日，为辛卯年辛丑日戊辰日，即公元452年1月25日。按照上述历法推算，这两年的腊祭时间都在辰日。结合前面的文献考察，《魏书》和敦煌北魏历书与曹魏的腊祭日期完全相同。由于北魏拟定的土德、祥瑞、国号等内容，几乎都是以曹魏的礼制为蓝本。所以北魏初期拟定的三庙之中的“二至”“二分”和“腊祭”的祭祀时间，也是直接吸收了曹魏的礼仪制度。邓文宽先生也认为北魏既以魏为国名，其腊祭亦应在辰日。② 确实根据敦煌北魏历书的腊祭时间，以及崔宏建议的“未祖辰腊”，也能够得到相应的史料印证。

二、五庙和七庙的祭祀时间

关于五庙的“岁四祭”，依照《魏书·礼志一》的记载，包括“正（月）、冬（至）、腊、九月”。前文已经考察过北魏的三庙受到曹魏宗庙礼制的影响，所以五庙之中的“冬至”和“腊祭”，应该与曹魏的宗庙礼制密切相关。而且“冬至”和“腊祭”原本就是汉文化的词语，应该没有受到鲜卑传统文化的影响。但是曹魏没有正月和九月的宗庙祭祀时间，关于五庙的正月的祭祖时间，将在后面继续讨论。有关九月举行的宗庙

① 邓文宽：《邓文宽敦煌天文历法考索》，上海古籍出版社2010年版，第39~40页。“望种”即“芒种”，西北方言中“望”与“芒”音近，故得通借。参照第41页注[8]；第22条“水未”和第23条“水丑”，为北魏避讳字，原来应为“癸未”和“癸丑”，参照第41页注[24]和第42页注[26]。

② 邓文宽：《敦煌吐鲁番天文历法研究》，甘肃教育出版社2002年版，第186页。

祭祖时间，东汉、曹魏和西晋都没有明文记载。尽管西汉的祭祀时间为一年25次，其中应该包含九月的祭祖时间，然而那是每月必须举行的庙祭，这与北魏固定的九月宗庙祭祀时间只是偶然巧合而已，它们之间没有直接的礼制传承关系。那么鲜卑人的九月祭祀时间，究竟与哪个政权的礼制有关呢？由于匈奴部族很早就生活在北方草原，鲜卑人与他们长期杂居生活，应该在饮食习惯、文化样式和宗教信仰等方面受到其影响。前文已经考察过，《汉书·匈奴传》记载匈奴有正月、五月和秋三次祭祀时间。其中的“秋”的祭祀时间有些模糊，但是《后汉书·匈奴传》记载，匈奴人的祭天时间是正月、五月、九月。① 可以看出匈奴人不仅拥有九月的祭天时间，并且在祭天的时候也有祭祀祖先的传统礼俗。所以北魏初期五庙的九月祭祀时间，必然与匈奴民族的礼仪制度有某种内在联系，或许这也是鲜卑拓跋部的秋天祭祀时间。《史记·匈奴传》“大会蹛林”条颜师古注曰：“蹛林者，遶林木而祭也。鲜卑之俗，自古相传，秋祭无林木者，尚竖柳枝，众骑驰绕三匝乃止，此其遗法也。”②这里面鲜卑人“秋祭”的“秋”，与《史记》记载匈奴祭祀的“秋”，与《后汉书》的“九月”，应该都指相同的时间。

关于七庙的“岁三祭”，有“正(月)、冬(至)、腊(祭)”。前文已经考察过北魏初期宗庙祭祀时间中，有关“冬至祭”和“腊祭”是参照了曹魏的礼制，然而曹魏并没有正月祭祀祖先的礼制。虽然东汉和西晋都有正月的祭祀时间，但是由于北魏已经把曹魏的礼制作为蓝本，绝不会再参照东汉和西晋的宗庙祭祀时间。因此北魏与东汉和西晋没有直接的祭祖礼制的传承关系。前文《汉书·匈奴传上》和《后汉书·南匈奴传》，都记载匈奴有正月的祭祖时间，这就与五庙和七庙的正月祭祖时间完全

① (汉)班固：《汉书》卷九十四上《匈奴传上》，中华书局1962年版，第3752页；(南朝)范晔：《后汉书》卷八十九《南匈奴传》，中华书局1965年版，第2944页。

② (汉)司马迁：《史记》卷一百十《匈奴传》，中华书局1959年版，第2893页。

吻合。众所周知，鲜卑拓跋统治者入主中原以前，深受匈奴游牧文化的影响。关于鲜卑人与匈奴人的民族关系和血缘关系，《南齐·魏虏传》记载：“魏虏，匈奴种也，姓托跋氏。”①并且道武帝的宣穆皇后刘氏便是匈奴刘眷之女，② 太武帝的皇后赫连氏也出自匈奴。③ 如果再结合现代遗传学的最新研究成果，也能够证明他们发生过基因交流。④ 既然鲜卑拓跋部进入漠北草原的时间在匈奴人之后，他们曾经生活在相同地域，又有部族联姻，所以从时间、地域和婚姻状况等角度，应该有理由相信五庙与七庙的正月的祭祀时间，与匈奴人的祭天时间存在密切关系。东汉至北魏初期宗庙年度祭祀时间见表 4-1。

表 4-1　东汉至北魏初期宗庙年度祭祀时间表(附匈奴祭天时间)⑤

月份/朝代	夏十一	夏十二	夏正	夏二	夏三	夏四	夏五	夏六	夏七	夏八	夏九	夏十
	仲冬	季冬	孟春	仲春	季春	孟夏	仲夏	季夏	孟秋	仲秋	季秋	孟冬
东汉		腊	正月			四月			七月			十月
曹魏	仲冬	腊		仲春			仲夏			仲秋		
西晋		腊	礿			祠			尝			烝

① (南朝)萧子显：《南齐书》卷三十八《魏虏传》，中华书局 1972 年版，第 983 页。

② (北齐)魏收：《魏书》卷十三《皇后传附宣穆皇后传》，中华书局 1974 年版，第 325 页。

③ (北齐)魏收：《魏书》卷十三《皇后传附赫连皇后传》，中华书局 1974 年版，第 326 页。

④ 于长春、谢力、张小雷、周慧、朱泓：《鲜卑拓跋和匈奴之间亲缘关系的遗传学分析》，《遗传》第 29 卷 2007 年第 10 期，第 1223 页。

⑤ (西晋)司马彪：《续汉书》志第九《祭祀志下》，见范晔《后汉书》，中华书局 1965 年版，第 3193 页；(清)杨晨：《三国会要》卷十一《礼上·魏宗庙》，中华书局 1998 年版，第 96~97 页；(唐)杜佑：《通典》卷四十九《礼九·禘祫上》，中华书局 1988 年版，第 1382~1383 页；(北齐)魏收：《魏书》卷一百八之一《礼志一》，中华书局 1974 年版，第 2735 页；(北齐)魏收：《魏书》卷一百七上《律历志上》，中华书局 1974 年版，第 2666 页；(汉)班固：《汉书》卷九十四上《匈奴传上》，中华书局 1962 年版，第 3752 页；(南朝)范晔：《后汉书》卷八十九《南匈奴传》，中华书局 1965 年版，第 2944 页。

续表

朝代＼月份		夏十一	夏十二	夏正	夏二	夏三	夏四	夏五	夏六	夏七	夏八	夏九	夏十
		仲冬	季冬	孟春	仲春	季春	孟夏	仲夏	季夏	孟秋	仲秋	季秋	孟冬
匈奴				正月				五月				九月	
北魏	三庙	冬至	腊		春分			夏至			秋分		
	五庙	冬至	腊	正月								九月	
	七庙	冬至	腊	正月									
二十四		冬小	大立	雨惊	春清	谷立	小芒	夏小	大立	处白	秋寒	霜立	小大
节　气		至寒	寒春	水蛰	分明	雨夏	满种	至暑	暑秋	暑露	分露	降冬	雪雪

如果从广义上分析北魏初期的宗庙礼制特点，三庙的祭祀时间来自汉文化，五庙和七庙的祭祀时间为胡汉礼制的结合。假如从狭义上再具体地追根溯源，所谓“汉”仅指曹魏的宗庙祭祀时间，所谓“胡”应该与匈奴民族的祭祀时间密切相关。并且依照上述祭祖时间的逻辑推论，古代史官记载匈奴、鲜卑和突厥的祭祀时间，与记载中原汉人政权的祭祀时间在记录笔法上略有不同。如果是汉文化的祭祖时间，一般采用“尝祭”或“仲春”之类的记录方式，如果是北方游牧民族的祭天或祭祖时间，则直接采用“月份”的叙述方法。比如《南齐书·魏虏传》记载：“城西有祠天坛……常以四月四日杀牛马祭祀。”①《隋书·突厥传》记载：“突厥……五月中，多杀羊马以祭天。”②前文《汉书·匈奴传上》的“正月”“五月”和《后汉书·南匈奴传》的“正月”“五月”“九月”，很明显记载这几个游牧民族的祭祀时间，都是直接标明“月份”。虽然《续汉书》志第九《祭祀志下》也使用“正月”和“四月”之类的月份词语记载东汉的祭祖时间，然而那是有规律的孟月。如果把匈奴的祭祖时间用夏正历法换算，正月、五月、九月分别为孟春、仲夏、季秋，这是每间隔四个月

① (南朝)萧子显：《南齐书》卷五十七《魏虏传》，中华书局 1972 年版，第 985 页。

② (唐)魏征：《隋书》卷八十四《突厥传》，中华书局 1973 年版，第 1864 页。

举行一次。汉文化的宗庙祭祀时间不论是孟月还是仲月，都是每间隔三个月举行一次，所以它们拥有不同的文化属性和礼仪制度。

第三节　牺牲礼制的时空论

由于宗庙牺牲是子孙献给祖先的贡品，也是祖先在世之时享用过的美食，甚至可以说宗庙仪式就是再现昔日家族成员共同度过幸福生活的团聚场面。因此子孙通过敬献祖先祭品的礼仪和孝行，便搭建出一条天与人之间能够相互交流的空间渠道，尽管他们处在不同的时空维度，却可以采用祭祀方式向祖先寻求政权护佑和精神支持。这种以宗庙牺牲为媒介的礼仪制度，表达了古代社会乃至统治阶级信仰的宇宙观和宗教伦理观。所以牺牲不仅仅是向祖先供奉美食，它还起到追溯过去、连接现在和期盼未来的宗教思想作用。

一、三庙的牺牲礼制

北魏天兴初年拟定的三种宗庙中，就有使用牺牲的相关描述。《魏书·礼志一》记载："(三庙)牲用太牢。……(五庙)牲用马、牛各一。……(七庙)用马、牛各一。"那么三庙使用的"太牢"，五庙和七庙使用的马牺牲和牛牺牲，究竟属于汉文化的礼制还是游牧文化的礼制呢？

北魏三庙使用的"太牢"，《公羊传·桓公八年》"冬曰烝"条何休注："牛、羊、豕凡三牲曰太牢。"①这说明太牢为"牛羊豕"。《周礼·天官·宰夫》记载："凡朝觐会同宾客以牢礼之法。"郑玄注曰："三牲，牛羊豕具为一牢。"②可见郑玄认为三牲当指"牛羊豕"，所谓"一牢"既是"一太牢"的简略称谓。《抱朴子内篇·道意》记载："若养之失和，伐

① (清)阮元：《十三经注疏·公羊传注疏》卷五《桓公八年》，中华书局1980年版，第2218页。

② (清)阮元：《十三经注疏·周礼注疏》卷三《天官·宰夫》，中华书局1980年版，第656页。

之不解，百痾缘隙而结，荣卫竭而不悟，太牢三牲，曷能济焉。”①可以看出东晋葛洪把太牢看作“三牲”。《仪礼·少牢馈食礼》贾公彦疏曰：“羊豕曰少牢者，对三牲具为太牢。”②唐代贾公彦也把太牢看作牛羊豕三牲。《孝经·纪孝行》记载：“虽日用三牲之养，犹不为孝也。”邢昺疏曰：“三牲，牛、羊、豕也。”③当代学者彭林先生同样认为“太牢”为牛羊豕三牲。④ 除此之外，“太牢”还指牛牺牲，《大戴礼记·曾子天圆》记载：“诸侯之祭，牛曰太牢。”⑤很明显这里把牛牺牲看作太牢。历史上关于“太牢”有“牛羊豕”和“牛”两种含义，但是更倾向把“牛羊豕”看作太牢。虽然定义不同，但不论是牛羊豕三牲还是牛牺牲，只要是“太牢”便会打上汉文化的礼仪烙印。由于三庙是北魏最重要的皇家宗庙，其规格和等级远比五庙和七庙的礼制高，既然五庙和七庙都已经用马牺牲和牛牺牲，那么北魏使用的“太牢”就应该是牛、羊、豕三牲，如果三庙仅供奉牛牺牲，它的等级反而比五庙和七庙的礼制低，这就不符合古代等级森严的牺牲礼制了。而且历史上很多汉人政权都采用“太牢”作为宗庙供品。比如《汉书·霍光传》记载：“臣请有司御史大夫臣谊……太常臣昌与太祝，以一太牢具告祠高庙。”⑥这里即是采用太牢祭祀汉高祖刘邦的宗庙。《后汉书·光武帝纪下》记载：“(建武十五年)夏四月戊申，以太牢告祠宗庙。”⑦除了两汉时期宗庙牺牲使用太牢之外，

---

① (东晋)葛洪：《抱朴子内篇》卷九《道意》，中华书局2011年版，第294~295页。

② (清)阮元：《十三经注疏·仪礼注疏》卷四十七《少牢馈食礼》，中华书局1980年版，第1196页。

③ (清)阮元：《十三经注疏·孝经注疏》卷五《纪孝行》，中华书局1980年版，第2555页。

④ 彭林注释：《仪礼》，岳麓书社2001年版，第421页。

⑤ (清)王聘珍：《大戴礼记解诂》卷五《曾子天圆》，中华书局1983年版，第101页。

⑥ (汉)班固：《汉书》卷六十八《霍光传》，中华书局1962年版，第2946页。

⑦ (南朝)范晔：《后汉书》卷一下《光武帝纪下》，中华书局1965年版，第66页。

三国西晋依然延续这样的礼制传统。《三国志·魏书·明帝纪》记载："诏有司以太牢，告祠文帝庙。"①这是祭祀文帝曹丕宗庙时使用太牢牺牲。《晋书·后妃传上附杨皇后传》记载："有司奏请从晃等议废太后为庶人，遣使者以太牢告于郊庙。"②可以看出北魏三庙供奉的太牢属于汉文化的礼制无疑。

宗庙牺牲不仅仅是重要的祭祀贡品，它与一个民族的饮食文化也密切相关。中原政权的宗庙牺牲与他们的生活习俗相符合，鲜卑子孙奉献给祖先的祭品也与游牧文化紧密相连。然而如果鲜卑拓跋子孙供奉给祖先的牺牲为太牢，那就意味着祖先接受子孙的牺牲贡品发生礼制转变，这里面还出现几个新问题。其一，祖先接受子孙的汉文化贡品意味着占领汉地疆域。其二，祖先接受子孙的汉文化贡品等同于接受汉文化的宗庙礼制。其三，鲜卑祭祖的传统礼俗被汉文化的宗庙礼制代替。其四，子孙通过敬献祖先太牢牺牲的方式，完成了胡汉礼制的初步融合。其五，以宗庙祭祀为媒介开始出现胡汉文化的逐步汇流。其六，缓解汉人与鲜卑人的民族矛盾。所以鲜卑拓跋统治者敬献给祖先的太牢，绝不是简单的直观的普通祭品，它牵涉很多政治思想、宗教文化和民俗礼仪等错综复杂问题，甚至还有祖先们超越时空，与子孙们共同生活在汉文化的氛围里的内在寓意。当然这反映出鲜卑拓跋统治者入主中原以后，采取积极吸收汉文化的鲜明态度，并借此巩固北魏新生政权，宣传皇朝正统性的目的。但是这个所谓的"正统性"，必然是在汉文化的定义下出现的正统观念，这是鲜卑拓跋统治者接受汉文化的宗庙牺牲礼制以后，间接衍生出一个新的政治思想问题，也是一个新的宗教哲学问题。

---

① （晋）陈寿：《三国志》卷三《魏书·明帝纪》，中华书局1959年版，第101页。

② （唐）房玄龄：《晋书》卷三十一《后妃传上附杨皇后传》，中华书局1974年版，第956页。

二、五庙和七庙的马牺牲礼制

北魏建国初期还建造了五庙和七庙，这两种宗庙使用马牺牲是依据胡礼还是汉礼呢？下面先比较汉文献的相关描述。《史记·封禅书》记载："秦襄公既侯，居西垂，自以为主少皞之神，作西畤，祠白帝，其牲用駵驹、黄牛、羝羊各一。"①秦襄公祭祀少皞时使用过"駵驹"。《史记·孝武本纪》记载："独五帝用驹，行亲郊用驹。"②汉武帝祭祀五帝和郊祀时使用过驹牺牲。有关秦汉时期的马牺牲的礼制来源，《史记·叔孙通传》记载："汉五年，已并天下，诸侯共尊汉王为皇帝于定陶，叔孙通就其仪号。……颇采古礼，与秦仪杂就之。"③可见西汉建国初期主要沿用秦朝的典章制度，降至晋代也能够看到相同观点。《晋书·礼志上》记载："郊庙牲币，璧玉之色，虽有成文，秦世多以駵驹，汉则。"④这说明以马为牺牲为秦人的古老习俗，西汉初期使用马牺牲是沿袭秦礼制的结果。汉武帝以后，礼仪制度逐渐得到规范，并且因战争马匹锐减，以及中原汉人较少食用马肉等缘故，祭祀时很少出现马牺牲了。所以北魏初期的五庙和七庙，与秦汉时期使用的马牺牲，应该没有直接的礼制传承关系。那么在判断这是否为鲜卑礼制之前，首先试加比较《魏书》记载北魏初期，其他祭祀使用的马牺牲特点。

《魏书·礼志一》记载："宫中立星神，一岁一祭，常以十二月，用马□各一，牛豕各二，鸡一。"⑤这条文献主要提供了四个重要信息：其一，祭祀地点在平城宫中；其二，祭祀时间在十二月；其三，祭祀用牲

---

① （汉）司马迁：《史记》卷二十八《封禅书》，中华书局 1959 年版，第 1358 页。

② （汉）司马迁：《史记》卷十二《孝武本纪》，中华书局 1959 年版，第 484 页。

③ （汉）司马迁：《史记》卷九十九《叔孙通传》，中华书局 1959 年版，第 2722 页。

④ （唐）房玄龄：《晋书》卷十九《礼志上》，中华书局 1974 年版，第 586 页。

⑤ （北齐）魏收：《魏书》卷一百八之一《礼志一》，中华书局 1974 年版，第 2735 页。

为马牛豕鸡等；其四，每年举行一次祭祀。由于北魏初期胡汉礼制相互掺杂，而且迄今为止学界又很少关注牺牲的使用情况，所以在考察北魏祭祀星宿使用的马牺牲之前，首先要判断出这次祭祀本身是否采用鲜卑文化的礼仪制度，然后才能进一步判断马牺牲的文化属性。但是在解决上述两个连环问题之前，需要比较中原政权祭祀星宿的礼制特点。《周礼·典瑞》记载："圭璧以祀日月星辰。"①这说明汉文化很早就使用圭璧祭祀星宿。曹魏时期就有这样的事例。《晋书·礼志上》记载："魏文帝黄初二年六月庚子，初礼五岳四渎，咸秩群祀，瘗沈圭璧。"②这里面的群祀或许包括星宿，使用珪璧符合《周礼》的礼制特点，而且祭祀时间在六月。《隋书·礼仪志二》记载："隋制，于国城西北十里亥地，为司中、司命、司禄三坛，同壝。祀以立冬后亥。……牲以一少牢。"③这说明隋代祭祀星宿在立冬，换算成月份当为九月。《明史·礼志三》记载："唐制，立秋后辰日祀灵星，立冬后亥日遣官祀司中、司命、司民、司禄，以少牢。"④也就是唐代祭祀星宿在立秋和立冬，依照历法换算应该在六月和九月。

通过以上对于汉文化祭祀星宿礼制的相关考察，可以得知祭祀时间主要局限在六月和九月，尽管隋唐使用"少牢"祭祀星宿，这与《周礼》用"珪璧"不同，但它依然属于汉文化的祭祀制度。而且前文已经考证过，汉武帝以后祭祀时很少使用马牺牲。因此如果从祭祀时间、地点和牺牲方面分析，北魏初期祭祀星宿的礼制应该属于鲜卑文化，使用的马牺牲当为鲜卑传统礼俗。而且北魏天赐二年西郊祭天时使用的黄驹，也应该属于鲜卑文化的传统习俗。

北魏太武帝时期还有使用马牺牲的事例。《魏书·礼志一》记载：

① （清）阮元：《十三经注疏·周礼注疏》卷二十《大宗伯·典瑞》，中华书局1980年版，第777页。

② （唐）房玄龄：《晋书》卷十九《礼志上》，中华书局1974年版，第597~598页。

③ （唐）魏征：《隋书》卷七《礼仪志二》，中华书局1973年版，第147页。

④ （清）张廷玉：《明史》卷四十九《礼志三》，中华书局1974年版，第1282页。

“其岁，遣中书侍郎李敞诣石室，告祭天地，以皇祖先妣配。祝曰天子焘谨遣(李)敞等，用骏足、一元大武，敢昭告于皇天之灵。”①这是太武帝派遣李敞去乌洛侯国，祭祀祖先时留下的祝文。米文平先生1980年7月30日在黑龙江省大兴安岭嘎仙洞发现了一块碑文，内容是：“维太平真君四年癸未岁七月廿五日，天子臣焘使谒者仆射库立官中书侍郎李敞、傅㲋用骏足，一元大武，柔毛之牲，敢昭告于皇天之神：启辟之初，佑我皇祖，于彼土田，历载亿年。聿来南迁，应受多福。光宅中原，惟祖惟父。拓定四边、庆流后胤。延及冲人，阐扬玄风。增构崇堂、克翦凶刃，威暨四荒，幽人忘遐。稽首来王，始闻旧墟，爰在彼方。悠悠之怀，希仰余光。王业之兴，起自皇祖。绵绵瓜爪，时惟多。归以谢施，推以配天，子子孙孙，福禄永延。荐于皇之帝天、皇之后土。以皇祖先可寒配，皇妣先可敦配。尚飨！东作帅使念凿。”②所谓的“骏足”是指漂亮的马，这里可以引申为马牺牲。不论是传世文献还是考古发掘材料，都有记载把骏足作为祭祀祖先的重要牺牲。那么《魏书》为什么不直接书写马牺牲而称“骏足”呢？《礼记·曲礼下》记载：“凡祭宗庙之礼，牛曰一元大武，豕曰刚鬣，豚曰腯肥，羊曰柔毛，鸡曰翰音，犬曰羹献，雉曰疏趾，兔曰明视，脯曰尹祭，鱼曰商祭，鲜鱼曰脡祭。”③可以看出按照汉文化的宗庙礼制，每个牺牲几乎都有很好听的别称，“骏足”之名正是模仿《礼记》记载的宗庙牺牲。尽管上述列举的祭祀属于不同种类，但是从牺牲礼制贡品角度，可以看出鲜卑祭祀文化以使用马牺牲为主要特点。《三国志·魏书·乌丸鲜卑东夷传》裴松之注引王沈《魏书》曰：“至葬日……然后杀犬马、衣物烧之。敬鬼神，祠天地日月星辰山川，及先大人有健名者，亦同祠用牛羊。祠

① (北齐)魏收：《魏书》卷一百八之一《礼志一》，中华书局1974年版，第2738页。

② 米文平：《鲜卑史研究》，中州古籍出版社1994年版，第46页。

③ (清)阮元：《十三经注疏·礼记正义》卷五《曲礼下》，中华书局1980年版，第1269页。

毕皆烧之。”①说明鲜卑乌桓葬礼和祭祀都采用焚烧牺牲的礼制方式，也用马作为祭品。因此北魏五庙和七庙使用马牺牲供奉祖先，应该是鲜卑游牧民族的传统习俗。

三、五庙和七庙的牛牺牲礼制

关于五庙和七庙的牛牺牲的礼制问题，原则上不论是中原汉人还是鲜卑人，都把牛牺牲作为重要的祭祀贡品。但是如果在一篇史学典籍中，只是简单地记载“牺牲用牛”之类的祭祀词语，就会为区分它的文化礼制属性感到困惑。这是由于倘若在不清楚它的祭祀名称的前提下，便无法客观地判断这个牛牺牲究竟属于汉文化的祭礼还是鲜卑文化的祭礼。尤其是北魏初期鲜卑人刚刚入主中原，统治阶级采取胡汉文化相互兼容的政治态度，更容易混淆五庙和七庙使用的牛牺牲的文化属性。再进而言之，因为牺牲担当子孙与祖先相互交流的空间渠道作用，如果不清楚牛牺牲的礼制属性，便很难深入地把握北魏统治阶级在文化层面的宗教信仰。而且通过判断牺牲礼制的文化属性，可以从更深层面了解鲜卑人吸收汉文化的细节问题。

下面在考察五庙和七庙使用的牛牺牲的文化属性之前，还要先举几个相关事例进行比较分析。《魏书·礼志一》记载：“又立□□神十二，岁一祭，常以十一月，各用牛一、鸡三。”②由于这条文献并没有直接记载祭祀名称，所以很难判断其中的牛牺牲究竟属于汉礼还是游牧文化礼制。但是如果换个角度，从祭祀的数量上和时间上分析，就会发现在汉文化的礼制中，没有“□□神十二”的神灵数量，也未见祭祀时间在十一月的相关记录。所以根据上述两个特点可以推论，这次祭祀使用的牛牺牲应该属于鲜卑文化的礼仪制度。再如《魏书·礼志一》记载：“（天

① （晋）陈寿：《三国志》卷三十《乌丸鲜卑东夷传》，中华书局1959年版，第833页。

② （北齐）魏收：《魏书》卷一百八之一《礼志一》，中华书局1974年版，第2735页。

兴)二年正月……上帝、神元用犊各一，五方帝共用犊一，日月等共用牛一。”①这里祭祀日月采用牛牺牲，然而根据祭祀对象分析，上帝和五方帝都属于汉文化，因此与之相关联的日月也应该属于汉文化。但是，前文《后汉书》的《乌桓鲜卑传》已经清楚地记载，鲜卑乌桓就有使用牛牺牲祭祀日月的传统文化，仅从祭祀对象的角度推导牺牲的文化属性并不客观。那么怎样判断这个牛牺牲的礼制属性呢？如果从祭祀种类和祭祀时间分析，这次祭祀属于汉文化的南郊祭天，日月只是担当配祭角色，所以用牛牺牲当为汉礼无疑。而且《史记·封禅书》记载：“祭日以牛，祭月以羊彘特。”②这说明从西汉时期开始就有祭日用牛牺牲的传统。因此通过上面的史料分析，如果在文章中仅仅称呼“牛”，并不能直观地判断出它的文化礼制属性。

实际上如果要区分牺牲礼制的文化属性，还有一个较少被学界关注的方法。很多历史文献在记录北方游牧民族的祭祀用牲时，往往存在直接称呼动物名字的显著特点。比如前文《后汉书·乌桓鲜卑传》记载的“祠用牛羊”；《隋书·突厥传》记载的“多杀羊马以祭天”；《南齐书·魏虏传》记载的“杀牛马祭祀”等，可以看出上述三个祭祀事例，都能够反映游牧文化的牺牲礼制特点。然而如果是汉文化的祭祀礼制，除了需要关注它们的种类和时间等细节之外，牺牲在一般情况下还有它们的专有名词。比如《魏书·礼志一》记载：“置太社、太稷、帝社于宗庙之右……皆太牢。”③这里面出现的“太牢”以及三庙使用的“太牢”，仅从名称上就可以判断它属于汉文化的礼仪制度。北魏初期举行汉文化的祭祀典礼时，往往把牺牲称为“太牢”“少牢”或“牲牢”，这在《魏书》的《礼志一》中能够得到印证。那么北魏五庙和七庙使用牛牺牲究竟是汉

① (北齐)魏收：《魏书》卷一百八之一《礼志一》，中华书局1974年版，第2734页。

② (汉)司马迁：《史记》卷十二《封禅书》，中华书局1959年版，第1394页。

③ (北齐)魏收：《魏书》卷一百八之一《礼志一》，中华书局1974年版，第2735页。

礼还是胡礼呢？原则上“宗庙”是汉文化独有的祭祖词汇，那么用牛牺牲就应该是汉文化的礼制了。但是鉴于前面考察过的五庙和七庙的祭祀时间包含胡汉两种礼制，所以如果仅从“宗庙”的祭名上判断牛牺牲的文化属性比较困难。然而不能忽略的问题是，按照前文《礼记》记载，宗庙的牛牺牲往往称为“一元大武”，太武帝派遣李敞到乌洛侯国祭祀祖先时，就使用了这个宗庙牺牲的专用词汇。那么五庙和七庙直接称为“牛”，这说明北魏没有采用汉文化的宗庙牺牲礼制，而是以鲜卑传统文化的牺牲祭祀祖先。从而尽管“牛”与“一元大武”都可以称为牛牺牲，但是它们反映出的文化属性和礼制细节却存在很大差异。此外，《礼记·王制》记载：“祭天地之牛角茧栗，宗庙之牛角握。”①这说明宗庙的牛牺牲有严格的尺寸规定，并不是所有“牛”都可以作为祭祀用牲，然而鲜卑文化的牛牺牲应该没有汉文化的“一元大武”之类的礼仪制度。

综上所述，北魏初期的三庙、五庙和七庙的牺牲礼制，分别表达不同的文化内涵，三庙完全采用汉文化的“太牢”，五庙和七庙采用的马牺牲和牛牺牲同属于鲜卑传统的祭祀礼制。这说明北魏统治者在对待汉文化的宗庙礼制上，并非是盲从的拿来主义，而是根据宗庙所处环境以及祖先生活地域等角度，思考怎样选择取舍鲜卑礼制与汉礼制。而且在部分程度地保留鲜卑民族的传统礼制的同时，使多元文化拥有平等对话的思想基础，期待减少社会矛盾逐步走向多民族融合的道路。如果再引申论之，北魏初期的鲜卑统治者在重视汉文化的宗庙礼制的前提下，并没有忘记通过传统的牺牲礼制向祖先表达思念之情。当然这种情感的空间沟通，随着错综复杂的政治形势的发展变化，呈现出此消彼长的文化样式，直至其后孝文帝的汉化改革，才促使鲜卑文化逐渐淡出历史舞台。

① （清）阮元：《十三经注疏·礼记注疏》卷十二《王制》，中华书局1980年版，第1337页。

第四节　平城礼制设施的空间布局

首都是国家的政治中心和文化中心，其建设是一个新兴王朝的重要标志。北魏天兴元年(398 年)迁都平城以后，鲜卑统治者模仿中原政权的都城样式，建造了一系列的礼制建筑物。《魏书 · 太祖纪》记载："(天兴元年，398 年)秋七月，迁都平城，始营宫室，建宗庙，立社稷。"①由于北魏初期的宗庙共有三庙、五庙和七庙，根据前文对它们的祭祀时间和牺牲特点等的详细考辨，最具有代表性的国家宗庙应该是三庙。并且在中国的古代社会里，国家宗庙和社稷不仅仅是沟通天人关系的平台，它们还有护卫宫室、祈祷丰收和强化皇权的作用。所以考察这些礼制设施的建造特点，对于了解北魏平城的二维空间布局以及宇宙思维模式具有重要意义。

一、社稷的方位

由于社稷与宗庙具有宫室的宗教护法作用，也是左右对称的空间布局，它们之间也有紧密的礼制关联性，所以下面考察北魏的社稷礼制来源，更有助于从宏观角度了解宗庙特点。西汉建国初期基本上承袭了秦代的"一社一稷"，也是受到《周礼》的"右社稷，左宗庙"的建筑理念影响。② 关于东汉时期的社稷，《续汉书 · 祭祀志下》记载："建武二年，立大社稷于洛阳，在宗庙之右，方坛，无屋，有墙门而已。二月、八月及腊，一岁三祠，皆太牢具，使有司祠。"③这说明东汉也是采用"一社一稷"的礼仪制度。有关曹魏初期的社稷，通过曹植撰写的一篇赋，能够看到当时的礼制风貌。《初学记 · 社稷第五》引《魏曹植社

① (北齐)魏收：《魏书》卷二《太祖纪》，中华书局 1974 年版，第 33 页。

② (清)孙诒让：《周礼正义》卷三十六《春官 · 小宗伯》，第 1421 页。

③ (西晋)司马彪：《续汉书》志第九《祭祀下》，见范晔《后汉书》，中华书局 1965 年版，第 3200 页。

颂》曰："于惟太社，官名后土。是曰句龙，功著上古。德配帝皇，实为灵主。克明播植，农正具举。尊以作稷，丰年是与。义与社同，方神北宇。建国承家，莫不修叙。"①这里面列举了"太社"和"稷"，说明曹魏的文帝时期，应该采用"一社一稷"的礼制。但是曹魏政权的社稷礼制降至魏明帝时期开始发生变化。《通典·吉礼四》"社稷"条载："魏自汉后，但太社有稷，官社无稷，故常二社一稷也。至明帝景初中，立帝社。博士孔晁议，汉氏及魏初，皆立一社一稷。至景初之时，更立太社、太稷，又特立帝社。"②关于曹魏社稷礼制的发展变化，《三国会要·礼上·社稷》"至明帝景初中立帝社"条引《续汉志》曰："孔晁谓汉及魏皆立一社一稷，至景初时，更立太社、太稷，又特立帝社。"③这说明魏明帝时期把"一社一稷"改为"二社一稷"。关于西晋时期的社稷礼制，《晋书·礼志九》记载："前汉但置官社而无官稷，王莽置官稷，后复省。故汉至魏但太社有稷，而官社无稷，故常二社一稷也。晋初仍魏，无所增损。"④这说明西晋继承了曹魏的"二社一稷"。关于东晋的社稷，《通典·礼五·吉四》记载："东晋元帝建武元年，又依洛京立二社一稷。"⑤有关北魏的社稷礼制，《魏书·礼志一》记载："置太社、太稷、帝社于宗庙之右，为方坛四陛。祀以二月、八月，用戊(日)，皆太牢。"⑥所以北魏营造的"二社一稷"，主要吸收了曹魏的礼仪制度。

---

① (唐)徐坚：《初学记》卷十三《社稷第五》，中华书局2010年版，第327页。

② (唐)杜佑：《通典》卷四十五《礼五·吉礼四》，中华书局1988年版，第1267页。

③ (清)杨晨：《三国会要》卷十一《礼上·社稷》，中华书局1998年版，第209页。

④ (唐)房玄龄：《晋书》卷十九《礼志第九》，中华书局1974年版，第591页。

⑤ (唐)杜佑：《通典》卷四十五《礼五·吉四》，中华书局2007年版，第1269页。

⑥ (北齐)魏收：《魏书》卷一百八之一《礼志一》，中华书局1974年版，第2735页。

因为“太社”是祭祀土地神的神主之位，所以建造方坛符合汉文化的天圆地方的宇宙观。

有关祭祀社稷的具体时间，《魏书·礼志一》记载，北魏的社稷时间在“二月”和“八月”的“戊日”。鉴于曹魏、北魏和唐朝都崇尚土德，下面试加比较唐代的社稷特点。《通典·礼五·吉四》“社稷”条载：“仲春、仲秋二时戊日，祭太社、太稷。社以勾龙配，稷以后稷配。武太后天授三年九月为社，至长安四年三月，制社依旧用八月。神龙元年，改先农坛为帝社坛，于太坛西立帝稷坛，礼同太社、太稷，其坛不备方色，异于太社。”①这说明唐初是“一社一稷”，但唐中宗神龙元年(705)改为“二社一稷”。鉴于唐朝的正朔是夏正建寅，所以“仲春”和“仲秋”换算成月份应该为“二月”和“八月”，并且社稷在“戊日”的礼制特点与北魏完全相同。由于“二社一稷”的整体建筑理念肇始于魏明帝，所以北魏和唐朝的社稷月份以及相关礼制，很可能与曹魏的典章制度有直接的传承关系。

由此可见北魏的“二社一稷”和三庙各有三个神主之位，它们分别立于宫室左右，起到重要的宗教护法作用。这种二维空间布局，体现出左右对称或者两翼平衡的几何学原理，即体现出以统治者的政治中心为主体，又有祖先宗庙神灵和社稷神灵双重护佑的宗教思想，也与游牧文化的两翼军事单位不谋而合。

二、平城的城郭规制

下面考察北魏的“四极”问题。在汉文化的古典文献中，“四极”这个词语很早就出现了，并且有几种不同含义。《楚辞·离骚》记载：“览相观于四极兮，周流乎天余乃下。”②关于这个“四极”的含义，朱熹注释为：“四方极远之地。”③也就是四极是遥远的地方，这是把“极”字看

---

① (唐)杜佑：《通典》卷四十五《礼五·吉四》，中华书局1988年版，第1271页。

② (战国)屈原：《楚辞》卷一《离骚》，上海古籍出版社2010年版，第12页。

③ (战国)屈原：《楚辞》卷一《离骚》，上海古籍出版社2010年版，第14页注(14)。

作“非常”的意思。《淮南子·览冥训》记载：“往古之时，四极废，九州裂，天不兼覆，地不周载，火爁炎而不灭，水浩洋而不息，猛兽食颛民，鸷鸟攫老弱。于是女娲炼五色石以补苍天，断鳌足以立四极。……苍天补，四极正。”①这个“四极”指擎天柱，实际上它起到顶住苍天护佑大地的宗教作用。

北魏时期的四极概念与上述的定义虽有相似之处，但也略有不同，它与四方和四郊祭祀存在密切关系。道武帝天兴元年迁都平城以后，举行过南郊祭天和西郊祭天，在北郊祭祀过土地神，在东郊祭祀过日神。《魏书·礼志一》记载：“明年正月辛酉，郊天。癸亥，瘗地于北郊，以神元窦皇后配。……祀日于东郊，用骍牛一。秋分祭月于西郊，用白羊一。……天赐二年夏四月，复祀天于西郊，为方坛一，置木主七于上。”②这四座祭坛举行的祭祀礼仪是宗教文化的体现，它还通过统治者的祭礼，把天与地沟通起来。这是一种抽象的四极概念，是通过四方或者四种祭祀种类，与上帝或者祖先神灵进行沟通。但是必须注意的问题是，西郊祭天是由鲜卑游牧文化夏四月的祭天礼制发展而来的，因此西郊祭坛不仅拥有宗教作用，它还是鲜卑文化渗入到汉文化礼仪制度的体现。因为中原政权在西郊有自己的传统祭祀方式，比如《后汉书·祭祀志》记载：“立秋之日，迎秋于西郊，祭白帝蓐收。”③所以北魏的四极既包含宗教信仰，又是两种文化的精神载体。

关于平城的历史沿革和城市规划问题，《汉书》记载秦代时平城为县城，④ 两汉时期归雁门郡管辖。⑤ 曹魏初期平城归新兴郡管辖，其后

---

① 刘文典：《淮南鸿烈集解》卷六《览冥训》，中华书局2010年版，第206~207页。

② （北齐）魏收：《魏书》卷一百八之一《礼志一》，中华书局1974年版，第2734~2736页。

③ （南朝）范晔：《后汉书》志第八《祭祀志》，中华书局1965年版，第3182页。

④ （汉）班固：《汉书》卷二十八下《地理志下》，中华书局1962年版，第1621页。

⑤ （西晋）司马彪：《续汉书》志二十三《郡国志五》，见范晔《后汉书》，中华书局1965年版，第3525页。

又重新划归为雁门郡，西晋时期仍然归雁门郡管辖。① 所以平城从秦汉时期开始，就已经成为中原政权主要经营的地区之一。有关北魏建国以前鲜卑拓跋部对于平城的基础建设，依前文《魏书·序纪》记载，穆皇帝于313年修筑盛乐作为北都，修建平城视为南都。这说明道武帝建立北魏政权以前，鲜卑拓跋部曾经把平城看作重要的政治中心。北魏政权建立以后，道武帝模仿中原政权的都城样式建造宫室。《南齐书·魏虏传》记载："截平城西为宫城，四角起楼。"②2003年3月山西省考古研究所在大同市区操场城街大同四中北侧，抢救挖掘了大同操场城北魏一号建筑城址，夯土台基的西边缘西操场城街89米，台基南缘距大同四中北墙18米，距明清大同府城北墙550米，北侧距离大同火车站1350米。③这里被看作北魏宫城遗址，可以看出它的占地面积非常广。关于平城的外城周长，《魏书·太宗纪》记载："(太宗泰常七年九月)筑平城外郭，周回三十二里。"④那么平城有宫城和外郭(外城)，是否还有中城呢？《魏书·蠕蠕传》记载："(世祖太延)五年……贼(蠕蠕)至七介山，京邑大骇，争奔中城。"⑤这说明平城是由内城(宫城)、中城和外城三部分构成。道武帝进入平城的初期阶段，应该修造了宫城和中城两部分，降至太宗明元帝时期，才开始建造平城的外城。但是由于《魏书·太宗纪》只是简单地记载为"周回三十二里"，关于它的南北长度和东西宽度都没有详细数据，因此下面根据中国古代的都城建筑理念试加分析：

东西7里×2+南北9里×2=32里(《魏书·太宗纪》)

---

① (唐)房玄龄：《晋书》卷十四《地理志上》，中华书局1974年版，第429页。

② (南朝)萧子显：《南齐书》卷五十七《魏虏传》，中华书局1972年版，第985页。

③ 张庆捷、王银田、曹臣明、高峰、刘俊喜：《大同操场城北魏建筑遗址发掘报告》，《考古学报》2005年第4期，第485~513页。

④ (北齐)魏收：《魏书》卷三《太宗纪》，中华书局1974年版，第62页。

⑤ (北齐)魏收：《魏书》卷一百三《蠕蠕传》，中华书局1974年版，第2294页。

由于平城并不在开阔的平原地带，所以营造首都这样的大规模工程，必然受到客观条件的限制。而且其他文献也记录过所谓“古平城”的长度和宽度数据。《太平寰宇记·河东道十》“云中县”条引《冀州图》①曰：“古平城在白登台南三里，有水焉，其城东西八里，南北九里。”②这里比上文《魏书·太宗纪》记载的“周回三十二里”略微宽广，但是能够看出“九”这个数字符合《周礼》的“方九里”的空间概念，同时能够证明北魏都城应该是参考《周礼》的建筑理念设计建造的，但是在某种程度上还是受到一定的地理环境限制。黄惠贤先生经过考证，认为《冀州图》是隋人著作，大约成书于开皇六年以后。③ 前田正名先生认为这里的“古平城”恐怕并非指首都平城。④ 北魏的平城应该是《汉书·地理志下》记载的雁门郡管辖下的平城县，其后道武帝把它作为首都。⑤《水经注·漯水》记载：“今，平城东十七里有台，即白登台也。台南对冈阜，即白登山也。”⑥如果以“白登台”为地理坐标，《冀州图》与《水经注》所指的“平城”方位确实不同。但是，另一方面，如果将“东西八里，南北九里”换算成数据：

东西 8 里×2+南北 9 里×2＝34 里(《冀州图》)

这个数据非常接近《魏书·太宗纪》的“周回三十二里”，也比较接近《周礼》的“方九里”的空间布局。那么《冀州图》记载的“古平城”具有如此大的规模，史书却没有记载它的建造时间。李凭先生认为这个面积

① (唐)魏征：《隋书》卷三十三《经籍志二》，载有《冀州图经》一卷，中华书局 1973 年版，第 986 页。

② (宋)乐史：《太平寰宇记》卷四十九《河东道十》，中华书局 2007 年版，第 1034 页。

③ 黄惠贤：《北魏平城故都初探》，《山西地方史论丛》，第 1 辑，山西人民出版社 1985 年版，第 14 页。

④ [日]前田正名：《平城の历史地理学的研究》，风间书房 1978 年版，第 6 页。

⑤ (汉)班固：《汉书》卷二十八下《地理志下》，中华书局 1962 年版，第 1621 页。

⑥ 陈桥驿：《水经注校证》卷十三《漯水》，中华书局 2007 年版，第 314 页。

大体上与北魏平城的城郭面积相同，很可能《冀州图》的作者将北魏平城城郭误作汉代平城了。① 这个观点很有道理，因为营造规模如此巨大的城郭，需要强大的经济实力和政治基础，根据中国古代的各王朝建造首都的情况，只有北魏都城的地理方位比较接近这个地点。实际上北魏初期的首都平城，是王畿直接管辖下的政治中心，并逐渐向外扩展。而且《周礼》提到的城郭四周，都是采用“旁三门”的建筑结构，对平城的外城建设起到重要的效法作用。《魏书·太祖纪》记载：“(天兴二年八月)增启京师十二门。”②这时道武帝刚刚建立政权，“增启”二字说明原来平城并没有这样的城门样式，其后才建造了“十二门”。每个侧面均为3门，四面合计为12门，这实际上是为了符合《周礼》的“旁三门”的建筑理念。所以从宏观上考察平城的二维布局，应该深受《周礼》的都城规制的空间思维影响。

北魏平城的二维空间布局为南北结构(纵向)，③ 即东西4300米，南北4800米。隋唐时期的长安为东西结构(横向)，洛阳为南北结构(纵向)。④《魏书·莫含传附莫题传》记载：“太祖欲广宫室，规度平城四方数十里，将模邺、洛、长安之制，运材数百万根。”这则文献说明平城的建筑规划，参照过当时的邺城、洛阳和长安等中原政权的都市。俯瞰平城的建筑特点与艺术风格，其以宫室为国家的政治中心，“三庙”和“二社一稷”作为拱卫宫室的两翼，它采用了几何学的中轴对称学原理，宫室面对的大道就是一条重要的中轴线。平城四郊建造的四座祭坛成为四极，它们起到宗教思想上的护法作用，表现出宇宙空间思维观

---

① 李凭：《北魏平城时代》，社会科学文献出版社2000年版，第298页。

② (北齐)魏收：《魏书》卷二《太祖纪》，中华书局1974年版，第35页。

③ [新加坡]王才强：《隋唐长安、洛阳、平城、长冈和平安——一种东亚城市新模式的诞生》，《建筑史》第24辑2009年，第83页。

④ 隋代长安即大兴城外城东西9721米，南北8651.7米；洛阳城不够规整，或许受到风水等因素的影响。北墙的东西6138，南墙东西7290米，南北7312米。付熹年：《隋唐长安洛阳城规划手法的探讨》，《文物》1995年第3期，第51页、第55页。

念。在首都平城之外，北魏政权的治国理念也深受传统汉文化的影响。如《魏书·食货志》记载："其外又设四方四维，置八部帅以监之。"①这是通过政治理念和军事手段，监管王畿以外王道教化能够波及的地方。张旭华先生认为："八部帅、八部大夫则是沿用过去的八部大人称号而设置的官职。"②这说明鲜卑文化受到汉文化影响以后，随着时代发展，原本鲜卑的"八部大人"逐渐以汉文化的"八部帅"或者"八部大夫"的面貌出现，呈现出汉文化与鲜卑文化相互融合的时代特点，也体现出鲜卑拓跋统治者定居建国以后，在地方管理上出现有关政治制度建设的思维方式的转换。

小　结

北魏天兴初年营造的三庙、五庙和七庙中，虽然七庙选择与道武帝有直系血缘关系的祖先为神主，但是在牺牲礼制和建筑风格上，还掺杂很多游牧文化的传统礼制。三庙的建筑风格、祭祀时间和牺牲礼制，整体上以曹魏政权的礼仪制度为蓝本，所以只有三庙才能代表北魏新兴政权的国家宗庙。作为护卫宫室的"二社一稷"，也是参照了曹魏的礼仪制度。五庙和七庙是鲜卑拓跋部入主中原以后，本民族的祭祖礼俗与汉人的宗庙礼制相遇时，两种文化开始走向融合的时代产物。所以北魏建国初期有关宗庙是选择汉礼还是游牧文化礼制，应该受到当时复杂的政治环境和文化因素的双重影响。建立宗庙也是为了减少中原汉人与游牧民族之间的军事对立和民族冲突，增加多种文化的交流机会。降至孝文帝汉化改革时，把北魏施行了近百年的仲月宗庙祭祀时间改为孟月。《魏书·礼志一》记载："夫四时享祀，人子常道。然祭荐之礼，贵贱不同。故有邑之君，祭以首时，无田之士，荐以仲月。况七庙之重，而用

---

① （北齐）魏收：《魏书》卷一百一十《食货志》，中华书局1974年版，第2850页。

② 张旭华：《九品中正制研究》，中华书局2015年版，第404页。

中节者哉！自顷蒸尝之礼，颇违旧义。今将仰遵远式，以此孟月，犆礿于太庙。”①实际上孟月作为年度宗庙祭祀时间，是延续汉晋时期的礼仪制度。但是，另一方面，仲月与孟月的区别不仅仅是祭祀时间问题，在空间方面也存在很大差异。汉晋政权在宗庙礼制方面，注重时间和节气要素，曹魏和北魏的宗庙礼制则更关注空间观念。这是两种宗庙礼制在时空观方面的显著差别。

此外，如果从宏观角度看北魏宗庙，它不过是平城礼制建设的一部分设施。平城的二维空间布局整体上是方形结构，按照目前的考古发掘材料，为东西4300米，南北4800米，可以换算成东西8.6里×南北9.6里，它比《太宗纪》记载的“周回三十二里”还要宽阔，接近《冀州图》记载的“东西八里，南北九里”的大体数据。这说明从太宗至孝文帝迁都洛阳以前，北魏很可能再度扩充或修缮过平城城郭，只不过史书没有详细记载而已。但平城的中心区域依然是位于北部的宫城，拱卫皇宫两侧的宗庙和社稷不仅借鉴了汉文化的建筑结构，很可能在某种程度上，也受到鲜卑传统的两翼政治制度的影响，这是鲜卑文化与汉文化相互兼容的地方。四郊祭坛是沟通天地的四极，也具有宗教目的。总之，北魏平城的礼制设施建造，从宏观上取材于中原政权的都城样式，特别是《周礼》的“方九里，旁三门”的城郭布局。但是局部依然渗入鲜卑游牧文化的思维观念和传统礼俗，比如西郊祭坛和两翼制度就是最典型的事例。因此北魏政权的胡汉礼制兼采，两种文化并存的基本特点，一直影响到孝文帝的汉化改革，直到迁都洛阳以后这两种文化才逐渐走向合流。

① (北齐)魏收：《魏书》卷一百八之一《礼志一》，中华书局1974年版，第2749页。

第五章　北魏土德的时空观念

引　言

中国古代帝王在建国之际，首先把厘定国家的礼仪制度作为稳定政治基础的重要任务。在种类繁多的典章制度中，拟定五德运次又是不可欠缺的重要环节。所谓“五德运次”，就是根据五行相生或五行相克(相胜)的理论思想，通过祖先由来、崇尚颜色和祥瑞征兆等，决定新政权在五行中的德运次序，以此证明为秉承天命的正统王朝。这是秦汉政权以来新王朝受命改制的政治哲学。最早提出五德终始说理论的是战国末期的思想家邹衍，他系统地总结出先秦以前的王朝德运次序的排列规律，对于秦汉以后的政治制度建设产生了极为深远的影响。《淮南子·齐俗训》“周人之礼其社用栗祀灶”条高诱注：“邹子曰：五德之次，从所不胜。故虞土、夏木、殷金、周火。”①正是因为这种极富思辨精神的宇宙观与先验论思想，为后继政权在推演本朝的德运次序方面，提供了理论依据。

秦始皇嬴政兼并六国以后，便以周朝的火德为基础拟定秦朝为水德。《史记·始皇本纪》记载：“始皇推终始五德之传，谓五行之德始终

① 刘文典：《淮南鸿烈集解》卷十一《齐俗训》，中华书局2010年版，第358页。

相次也。以为周得火德，秦代周德，从所不胜，方今水德之始。”①西汉建国初期基本沿用秦朝制度，汉文帝即位以后开始思考本朝的德运问题。《史记·张丞相传》记载：“(张)苍为丞相十余年，鲁人公孙臣上书言汉土德时，其符有黄龙当见。诏下其议张苍，张苍以为非是，罢之。其后黄龙见成纪，于是文帝召公孙臣以为博士，草土德之历制度。”②汉文帝采用“土克水”的五行相克的思想理论，确定西汉政权为土德。但是西汉末年外戚王莽掌握朝廷的实际权力以后，他想通过和平过渡的禅让手段，取代西汉政权建立新王朝，却又常常以“行土德”的黄帝后裔自居，这样就面临一个政治上的尴尬难题。如果继续使用五行相克的革命理论排列五德运次，便无法解决“革命”与“禅让”两者之间的思想矛盾。因为“革命”是通过武力手段推翻前朝政权，“禅让”是“有德者”秉承天命，通过和平过渡的政治方式进行新旧政权的交替。③ 刘歆为了让王莽名正言顺地即皇帝位，便借助刘邦为赤帝子的故事传说，把汉文帝时期拟定的“土德”改为“火德”。④ 从而出现了“土德”(王莽)代替“火德”(西汉)的五行相生的排列方法。由于五行思想正是在“相克”与“相生”的问题上，发生了非常重要的理论思想转变，它对于后继政权的制度建设和五行排列方法产生了重要影响。刘秀建立东汉王朝时，完全否定了王莽政权的合法性，并重新恢复了西汉的“火德”。⑤ 曹丕通过禅让手段取代东汉政权以后，按照五行相生的德运次序以“土德”承接东汉的“火德”。⑥

---

① (汉)司马迁：《史记》卷六《始皇本纪》，中华书局1959年版，第236页。

② (汉)司马迁：《史记》卷九十六《张丞相传》，中华书局1959年版，第2681页。其后王莽把这次出现的黄龙看作他的祥瑞。

③ [日]东晋次：《王莽——儒家の理想に凭かれた男》，白帝社2003年版，第189页。

④ (汉)班固：《汉书》卷一《高帝纪》，中华书局1962年版，第7页；[日]岛邦男：《五行思想と礼记月令の研究》，汲古书院2004年版，第305~311页。

⑤ (南朝)范晔：《后汉书》卷一《光武帝纪上》，中华书局1965年版，第27页。

⑥ (晋)陈寿：《三国志》卷二《魏书·文帝纪》裴松之注，中华书局1959年版，第70页。

司马炎同样采用禅让方法取代曹魏政权，也根据五行相生理论确定西晋为“金德”。① 自此北魏以前的几个政权，都是按照五行相生排列的德运次序，这给其后政权带来了巨大影响。

鲜卑拓跋族在五胡纷争、帝王林立的历史背景下，经过长时间的兼并战争，最终建立了北魏少数民族政权。天兴元年(398 年)十二月拓跋珪即皇帝位时，拟定为“从土德，服色尚黄”。② 但是北魏要想拥有“土德”运次，必须解决以下几个问题。首先，拓跋珪重建代国不久就把代王改成魏王，天兴元年又把国号改成“魏”。那么鲜卑政权的国号是怎样由代国向北魏一步步转变的？其次，按照《魏书》的相关记载，很可能在登国初年施行过“水德”，天兴元年拟定为“土德”，太和十五年(491 年)又改成“水德”，那么北魏为什么多次修改德运次序，它们之间又有怎样不同的政治因素和文化背景呢？再次，由于鲜卑人与汉人并非同宗同源，拓跋珪要想证明其政权的正统性，需要把鲜卑人和汉人的祖先联系起来。学界已经对北魏的德运问题进行过研究，③ 普遍认为拓跋珪追认黄帝为远古祖先，只是为了拟定土德顺次，尽管这些观点基本正确，但是其中还有很多细节问题没有解决。最后，为了证明北魏王朝的正统性和政权的合法性，需要运用“土德”祥瑞表达天意。依据《魏书》的描述，拓跋珪共采用“黄星”和“神兽”两种祥瑞，然而史籍并没有关于其他王朝把“神兽”看作“土德”祥瑞的描述，那么它们都有怎样的历史背景、体现了怎样的政治思想和文化特点，对于北魏又有怎样的特别寓意呢？

---

① (唐)房玄龄：《晋书》卷五《愍帝纪》，中华书局 1974 年版，第 132 页。

② (北齐)魏收：《魏书》卷二《太祖纪》，中华书局 1974 年版，第 34 页。

③ 康乐：《从西郊到南郊——国家祭典与北魏政治》，第 192~193 页；罗新：《十六国北朝的五德历运问题》，《中国史研究》2004 年第 3 期，第 54 页；〔日〕川本芳昭著，邓红、牟发松译：《关于五胡十六国北朝时代的“正统”王朝》，殷宪、马自强主编：《北朝研究》，第 2 辑，北京燕山出版社 2008 年版，第 83 页；何德章：《〈魏书〉正统义例之渊源》，《魏晋南北朝史丛稿》，商务印书馆 2010 年版，第 378 页。

本章重点考察北魏拟定五德运次时，涉及国号变迁与土德诞生、土德与水德、黄帝后裔与文化认同、黄星与神兽四个问题，以求揭示北魏鲜卑拓跋政权的五行思想与时空观的一般特点。

第一节　国号变迁与土德诞生

拓跋珪于登国元年正月在牛川重建代国不久，就在当年的夏四月改称魏王。《魏书·太祖纪》记载："登国元年(386年)春正月戊申，帝即代王位，郊天，建元，大会于牛川。复以长孙嵩为南部大人，以叔孙普洛为北部大人。班爵叙勋，各有差。二月，幸定襄之盛乐。息众课农。三月，刘显自善无南走马邑，其族奴真率所部来降。夏四月，改称魏王。"①可以看出，拓跋珪即代王位以后，仅仅过去三个多月，就由代王改称魏王。

一、国号变迁

这次王号改易，引起了学界关注。当代著名学者田余庆先生认为，拓跋珪的王号改易是为了宣示他对代北的统辖权。② 田先生的观点很有道理，但是还需要从其他角度思考这个复杂的政治问题。

拓跋珪重建代国以后，很快就陷入与周边部族的兼并战争。这时候代部尚处在复兴的初期阶段，部落还没有完全稳固，自身的军事力量依然非常薄弱。所以他在登国元年改代王为魏王，或许主观上有挺进中原的雄心壮志，但是客观上还不会有很大的政治作为。特别是从登国元年(386年)至登国五年(390年)期间，每遇强敌都要向后燕慕容垂求救。《魏书·太祖纪》记载："(登国元年)八月，刘显遣弟亢泥迎窟咄，以兵随之，来逼南境。于是诸部骚动，人心顾望。帝左右于桓等，与诸部人

① (北齐)魏收:《魏书》卷二《太祖纪》，中华书局1974年版，第20页。
② 田余庆:《拓跋史探》，生活·读书·新知三联书店2011年版，第219页。

谋为逆以应之。事泄，诛造谋者五人，余悉不问。帝虑内难，乃北逾阴山，幸贺兰部，阻山为固。遣行人安同、长孙贺使于慕容垂以征师。垂遣使朝贡，并令其子贺驎帅步骑以随同等。……二年春正月，班赐功臣长孙嵩等七十三人各有差。……冬十月癸卯，幸濡源，遣外朝大人王建使于慕容垂。……三年春二月，帝东巡。……八月使九原公元仪使于慕容垂。……五年春三月甲申，帝西征。次鹿浑海，袭高车袁纥部，大破之，虏获生口、马牛羊二十余万。慕容垂遣子贺驎率众来会。"①所以这时候拓跋珪部族的军事力量还很弱小，当他与慕容垂的政治关系破裂以后，登国十年(395 年)曾经两次派遣许谦向后秦姚兴寻求救兵。② 可以说这期间拓跋珪保护自身都很困难，如果要对外宣誓领土统治权则会更加被动。所以有关魏王爵位与其后的"北魏"国名之间，在登国初年应该没有发生必然联系。况且拓跋部自西晋开始就统治代北地区，拓跋珪改代王为魏王并不涉及统辖权的问题。当皇始元年燕慕容垂死在上谷之后，③ 拓跋珪才在北方逐步建立起稳固的军事根基，并开始出现称帝建国的远大政治抱负。因此其后这两个"魏"字之间，又有不可割裂的内在联系。那么究竟从何时开始，魏王爵位与"北魏"国号之间，能够发生重要的关联呢？下面沿着北魏国家的形成过程，以及国号改易时间进行考述。

通观《魏书》，关于拓跋珪的魏王爵位称号，只在登国元年四月出现过一次而已，直至天兴元年(398 年)道武帝建立北魏政权为止的 12 年间，《魏书》并没有再次出现过"魏王"一词。登国元年慕容垂曾经册封过拓跋珪。《魏书·太祖纪》记载："(登国元年)十二月，慕容垂遣使朝贡，奉帝西单于印绶，封上谷王，帝不纳。"④虽然《魏书》记载拓跋

① (北齐)魏收：《魏书》卷二《太祖纪》，中华书局 1974 年版，第 20~23 页。

② (北齐)魏收：《魏书》卷二十四《许谦传》，中华书局 1974 年版，第 611 页。

③ (北齐)魏收：《魏书》卷二《太祖纪》，中华书局 1974 年版，第 27 页。

④ (北齐)魏收：《魏书》卷二《太祖纪》，中华书局 1974 年版，第 21 页。

珪没有接受后燕的册封，但其他邦交国家也没有承认魏王称号的文献描述。此后代国在对外交往上，仍然称呼拓跋珪为代王而不是魏王。比如《魏书·昭成子孙传附拓跋仪传》记载："(拓跋仪语)先人以来，世据北土，子孙相承，不失其旧。乃祖受晋正朔，爵称代王，东与燕世为兄弟。"①这表明拓跋仪代表拓跋珪出使后燕时，仍然沿用拓跋部曾经受西晋册封"代王"以来的爵位称号。关于拓跋仪出使后燕的具体时间，《魏书·太祖纪》记载："(登国三年)八月，使九原公仪使于慕容垂。"②可以看出拓跋仪这次出访后燕时间当在登国三年八月，距离拓跋珪自称魏王已经过去了2年4个月。所以尽管拓跋珪主观上自封为魏王，但是客观上在与其他国家交往的过程中，仍然需要沿用晋愍帝册封拓跋猗卢以来的代王爵位称号，③ 也可以说只有这个"代王"，才是其他部族或国家承认的爵位称号。

根据近年的考古发掘，山西省大同市的平城遗址中，出土过带有"大代万岁"文字的瓦当。经过学者们的深入研究，这个瓦当应该是北魏时期的建筑构件。④ 这说明即使北魏建国以后，仍然经常沿用"代京""恒代""代都""旧代"等称呼。在传世的文献中也有类似的描述。比如《魏书·太祖纪》记载："(天兴元年十二月)徙六州二十二郡守宰、豪杰、吏民二千余家于代都。"⑤这时候已经迁都平城，把首都称呼为代都便能够客观证明魏王的爵位称号并没有对国名产生影响。《魏书·高祖纪下》记载："(太和十七年)冬十月……诏安定王休率从官迎家于代京，车驾送于漳水之上。"⑥北魏孝文帝太和十八年才迁都洛阳，所以这

① (北齐)魏收:《魏书》卷十五《昭成子孙传附拓跋仪传》，中华书局1974年版，第370页。

② (北齐)魏收:《魏书》卷二《太祖纪》，中华书局1974年版，第22页。

③ (北齐)魏收:《魏书》卷一《序纪》，中华书局1974年版，第9页。

④ 王雁卿、高峰:《北魏平城瓦当考略》，《文物世界》2003年第6期，第26页。

⑤ (北齐)魏收:《魏书》卷二《太祖纪》，中华书局1974年版，第34页。

⑥ (北齐)魏收:《魏书》卷七下《高祖纪下》，中华书局1974年版，第173页。

时候的代京必然指平城。《魏书·世宗纪》记载："(景明四年)冬十一月……诏尚书左仆射源怀抚劳代都、北镇，随方抚恤。"①北魏迁都洛阳以后，依然把平城称为代都。可以看出尽管这时候已经迁都洛阳，但仍然沿用代国的原有称谓。在目前出土的墓志铭中，也有北魏建国以后的"唯大代延兴四年(474年)岁在甲寅"和"维大代太和八年(484年)岁在甲子"等。② 从时间上能够判断出，这是孝文帝时期的两块碑文，距离道武帝建国已经过去了80年左右，却仍然用"大代"称呼国名。针对"代"与"魏"之间的国名关系，北魏初期的崔浩曾经有过具体的描述。《魏书·崔浩传》记载："昔太祖道武皇帝，应天受命，开拓洪业，诸所制置，无不循古。以始封代土，后称为魏，故代、魏兼用，犹彼殷、商。"③所以代部是北魏的前身，就像殷和商的两个不同的历史阶段。因此北魏建国以前的"魏王"爵号，很可能没有被其他部族普遍接受，代王的爵位称号应该持续了很长时间。而且建国以后的"代"和"魏"的国名之间经常混用，"代国"的称谓依然具有很强的影响力，甚至某种程度不亚于"魏"的国号。

有关北魏最早议定国号的历史契机，是在东晋使者前来访问的一个外交场合中。《魏书·崔玄伯传》记载："时，司马德宗遣使来朝。太祖将报之，诏有司博议国号。玄伯议曰：'三皇五帝之立号也，或因所生之土，或即封国之名。故虞夏商周始皆诸侯，及圣德既隆，万国宗戴，称号随本，不复更立。唯商人屡徙，改号曰殷，然犹兼行，不废始基之称。故《诗》云，殷商之旅。又云天命玄鸟，降而生商，宅殷土茫茫。此其义也。昔汉高祖以汉王定三秦，灭强楚，故遂以汉为号。国家虽统北方广漠之土，逮于陛下，应运龙飞，虽曰旧邦，受命惟新，是以登国之初，改代曰魏。又慕容永亦奉魏土。夫魏者大名，神州之上国，斯乃

① (北齐)魏收：《魏书》卷八《世宗纪》，中华书局1974年版，第196页。

② 赵超：《汉魏南北朝墓志汇编》，天津古籍出版社2008年版，第35页。

③ (北齐)魏收：《魏书》卷三十五《崔浩传》，中华书局1974年版，第822页。

革命之徵验，利见之玄符也。臣愚以为宜号为魏。'太祖从之。于是四方宾王之贡，咸称大魏矣。"①有关东晋使者访问北魏的具体时间，《魏书·太祖纪》记载："(皇始元年)十有一月庚子朔……是岁，司马昌明死，子德宗僭立，遣使朝贡。二年春正月……"②这条文献的编年次序在皇始元年(396年)十一月之后，皇始二年(397年)正月之前。关于司马德宗的即位时间，《晋书·安帝纪》记载："安皇帝讳德宗，字德宗，孝武帝长子也。太元十二年(387年)八月辛巳，立为皇太子。二十一年(396年)九月庚申，孝武帝崩。辛酉，太子即皇帝位。"③这说明东晋司马德宗在即位不久的太元二十一年，即北魏皇始元年十二月左右遣使访问代国，那么此时拓跋珪为什么要通报本国国号为"魏"呢？晋安帝司马德宗派使者访问代国，这时候在采用什么国名的问题上，道武帝向崔玄伯询问。崔玄伯认为"三皇五帝"所立国号，主要在于出生之地和受封地点两个方面，夏、商、周都是从诸侯开始逐渐发展壮大，它们的国号也没有发生改易，只有商人屡次迁徙，但国号是殷和商兼用，所以《诗经》上才有"殷商之旅"和"降而生商""宅殷土茫茫"之类的国名典故；汉高祖刘邦以汉王的称号灭亡秦国，战胜强大的楚国项羽，由此确定"汉"为国号；尽管我国统领漠北之地，但是"受命惟新"，而且登国之初年改代为魏，所以应该称为魏国。

按照上述记载，对崔玄伯提出拟定北魏国号有四点疑问：其一，东晋使者造访代国的主要目的是什么？其二，拓跋珪为什么会在东晋使者到来之前，才紧急下诏"博议国号"？为什么不向东晋使者通报原来使用的代国称号？其三，拓跋珪对东晋使者宣称国号为"魏"是否有贬晋褒曹的政治意图？其四，虽然《魏书》记载"四方宾王之贡，咸称大魏"，但是这次临时议定出"魏"的国号，是否获得鲜卑贵族们的普遍认可？

① (北齐)魏收：《魏书》卷二十四《崔玄伯传》，中华书局1974年版，第620~621页。

② (北齐)魏收：《魏书》卷二《太祖纪》，中华书局1974年版，第28页。

③ (唐)房玄龄：《晋书》卷十《安帝纪》，中华书局1974年版，第249页。

关于拓跋珪向东晋使者通告本国国号为“魏”的目的，何德章先生认为这是宣称自己为曹魏的继承者，而否定西晋僭取曹魏政权的合法性。① 原则上“代王”的爵号最早来自西晋的册封，东晋又是西晋政权的政治延续，如果此时否定晋政权的正统地位，那么代国自身的合法性便会遭到质疑。历史上还未曾出现被册封的诸侯国在以后建立新政权时全面否定册封它的宗主国的案例。在各个王朝的五行运次的排列上，便能够看到后继政权往往肯定前朝的正统地位，这样才能顺势延续本朝的正统性。特别是对于尚待分娩的鲜卑拓跋政权，无需在远方先树立一个强大的政敌，这对于北魏没有任何实质性意义。此时东晋作为西晋的后继政权已经偏居江左，不会对代国构成军事威胁。所以拓跋珪采用“魏”国号，主要目的或许是为了摆脱晋与代之间的宗主国与附属国的君臣关系。换言之，此时拓跋珪代表鲜卑拓跋部的新生力量，已经不需要依附其他军事力量求得生存空间。尤其是西晋司马氏政权已经逃向江南逐渐衰弱，在军事上并不会威胁到北魏政权。

下面分别考察前面已经提出的四个问题。首先，伴随着代部的重新崛起，这股新兴力量已经不能小觑，因此东晋政权派遣使者访问代部，或许是为了探听虚实有意拉拢。其次，既然代王爵位来自西晋的册封，如果道武帝向东晋使者通报本国国号依然为“代”，便有继续承认东晋政权的宗主国地位的内在含义，这对于雄心勃勃的拓跋珪来说当然不能接受，所以他才急切地“诏有司博议国号”。如果东晋使者没有造访代部，或许拓跋珪不会如此焦急地拟定新国号，这说明“代国”国号与晋政权之间，原本就有不可明言的从属关系，此时回避代国国名应该是不愿意继续承认东晋为宗主国，但“改代为魏”绝不是为了要对抗东晋政权。再次，曹魏曾经统治过北方，如果国号称为“魏”会有利于新兴王朝的长期统治，这与否定东晋政权的合法性，完全是两个不同的政治问题。换言之，假使拓跋珪拟定“魏”国号的目的，是站在否定东晋政权

① 何德章：《北魏国号与正统问题》，《历史研究》1992年第3期，第116页。

合法性的立场，这就把复杂的政治问题乃至国号的重要性过于简单化了。最后，因为这次告知东晋使者国号为“魏”，并没有事前召集全体大臣共同商讨，所以在朝廷内尚未达成一致意见。

当东晋使者访问结束的一年半之后，天兴元年(398年)六月拓跋珪不得不再次召集群臣筹议国号问题。《魏书·太祖纪》记载：“(天兴元年)六月丙子，诏有司议定国号。群臣曰：‘昔周秦以前，世居所生之土，有国有家，及王天下，即承为号。自汉以来，罢侯置守，时无世继，其应运而起者，皆不由尺土之资。今国家万世相承，启基云代。臣等以为若取长远，应以代为号。’”①群臣们一致主张国号为“代”的观点，与皇始元年十二月崔玄伯上奏建议国号为“魏”，两者之间出现极大的矛盾。这说明拓跋珪在登国元年(386年)四月改代王为魏王以来，并没有得到鲜卑大臣们的普遍支持，甚至这时期也未见有史料记载其他政权承认“魏国”称号。而且如果代部改称为“魏”，不仅标志着鲜卑贵族们的政治妥协和传统文化的逐渐丧失，更牵涉到鲜卑内部的新旧派系的权力斗争和游牧经济的逐步瓦解。所以群臣一致主张国号为“代”，尽管违背了拓跋珪的政治理想，却符合鲜卑贵族的传统观念和经济利益。鲜卑贵族们担心的问题其后确实出现了，比如道武帝拓跋珪离散诸部之后，张旭华先生认为那些“君长大人”和部落显贵的子孙们，因为失去传统权力而没有获得官职者，正是旧部落贵族们的权益受到损害的真实写照。② 所以关于“代”与“魏”的国号改易，虽然表面上只是牵涉国名问题，实际上它会触及整个拓跋集团的各种利益。

二、土德的诞生

由于很多大臣反对改国号为“魏”，这就导致在朝廷内颁布新国号时，遭到很多大臣强烈抵触，于是道武帝拓跋珪下诏阐明了自己的观

① (北齐)魏收：《魏书》卷二《太祖纪》，中华书局1974年版，第32页。
② 张旭华：《九品中正制研究》，中华书局2015年版，第405页。

点，由此也引出北魏的五德运次问题。因为只有德运次序和国名以及相应的规章制度完善，才能够在国号的问题上让鲜卑大臣们默认此事。

《魏书・太祖纪》记载："(天兴元年)六月丙子……诏曰：昔朕远祖，总御幽都，控制遐国，虽践王位，未定九州。逮于朕躬，处百代之季，天下分裂，诸华乏主。民俗虽殊，抚之在德，故躬率六军，扫平中土，凶逆荡除，遐迩率服。宜仍先号，以为魏焉。布告天下，咸知朕意。"①拓跋珪认为自己才是皇权基业的创建者，此前的代部并不能被看作国家，所以他才使用最高行政权强行推动国号改易。而且其中的"宜仍先号，以为魏焉"说明此前拟定的国号没有被鲜卑大臣们接受，在引发很多争议的过程中，降至天兴元年才正式确立国号为"魏"，这还是道武帝拓跋珪采用行政干预的政治手段才勉强通过。因此从登国元年四月至天兴元年六月经过大约 12 年的努力，其间还有向东晋使者通报北魏国号之事，才把拓跋珪的"魏"王与北"魏"国号联系在一起。

由于国号为"魏"就有承袭曹魏正统性的政治含义，而曹魏以黄帝为祖先并崇尚"土德"，这就导致道武帝拓跋珪在确定国号以后，还要在崇尚服色、考证祖先、典章制度和祥瑞征兆方面，寻找与曹魏相关联的诸多内容。道武帝和大臣们开始意识到北魏的德运问题。《魏书・太祖纪》记载："(天兴元年)十有二月己丑，帝临天文殿，太尉、司徒进玺绶，百官咸称万岁。……尚书崔玄伯等奏从土德，服色尚黄。"②这说明天兴元年六月确定国号时，还没有思考出五德顺次问题，经过半年的建国筹备工作，才最终拟定出北魏崇尚"土德"。对于负责建国筹备工作的崔玄伯，北魏统治者在他故去多年以后，依然给予其崇高的政治待遇。《魏书・崔玄伯传》记载："泰常三年(418 年)夏，玄伯病笃。太宗遣侍中宜都公穆观就受遗言，更遣侍臣问疾，一夜数返。及卒，下诏痛惜，赠司空，谥文贞公。丧礼一依安城王叔录傍故事。诏群臣及附国渠

① (北齐)魏收：《魏书》卷二《太祖纪》，中华书局 1974 年版，第 32~33 页。
② (北齐)魏收：《魏书》卷二《太祖纪》，中华书局 1974 年版，第 34 页。

帅皆会葬，自亲王以外，尽令拜送。太和中，高祖追录先朝功臣，以玄伯配飨庙庭。”①崔玄伯晚年弥留之际，太宗明元帝派官员多次探望，甚至一夜数次了解病情，由此可见明元帝对崔玄伯的重视程度。崔玄伯病故以后还追赠官号和谥号，群臣和附属国的大臣们都参与葬礼，礼制规格仅次于王侯级别，当高祖孝文帝追录先朝功臣时，还让崔玄伯“配飨庙庭”，足可见对他的尊崇程度。

第二节　土德与水德

天兴元年十二月尚书崔玄伯等上奏，建议国家施行“土德”，服色尚黄。但是北魏要想成为“土德”运次，则必须思考怎样连接西晋的“金德”。由于西晋于316年灭亡，拓跋珪于398年建立北魏政权。在长达80多年的时间里，北方先后出现过前赵、后赵、前燕、前秦等政权。如果按照“金生水，水生木，木生火，火生土，土生金”的五行相生的排列顺序，“金德”之后为“水德”而非“土德”。如果依据“金克木，木克土，土克水，水克火，火克金”的五行相克的排列次序，克“金德”者为“火德”而不能成为“土德”。秦汉以前主要采用五行相克的德运次序，王莽以后主要沿用五行相生的排列方法。尽管北魏并非通过禅让建立的新政权，然而在道武帝的祭天文中，却充斥着浓厚的禅让思想。因此如果结合这时期的五行顺次，北魏要想成为“土德”，则需要按照“五行相生”的排列方法，填补适合于“水德”“木德”“火德”的政权，这样才能顺利地拟定出“土德”。但是关于北魏建国前夕是怎样承续前朝政权，以及北魏“行土德”的理论依据等问题，《魏书》却语焉不详了。

一、土德的存在时间

由于北魏建国时期崔玄伯仅上奏国家行“土德”，但是为什么会采

① (北齐)魏收:《魏书》卷二十四《崔玄伯传》，中华书局1974年版，第623页。

用出这种德运，《魏书》并没有详细记录，尤其是没有明确记载怎样承接前朝德运，以哪个政权为正统王朝，以及这个王朝的五行是什么等。

降至孝文帝太和十四年(490年)八月，在围绕五行顺次的问题上，中书监高闾曾经议论过北魏行“土德”的理论依据，并排列出相关政权和德运次序。《魏书·礼志一》记载：“(高闾语)魏承汉，火生土，故魏为土德。晋承魏，土生金，故晋为金德。赵承晋，金生水，故赵为水德。燕承赵，水生木，故燕为木德。秦承燕，木生火，故秦为火德。秦之未灭，皇魏未克神州。秦氏既亡，大魏称制玄朔。……故以魏承秦，魏为土德。”①按照高闾的德运排列方法，前赵(或后赵)承接西晋政权的“金德”为“水德”，前燕承接后赵的“水德”为“木德”，前秦承接前燕的“木德”为“火德”，并最终推导出北魏行“土德”的理论依据。可以说高闾把前赵、前燕、前秦等几个少数民族政权都看作正统王朝。中国台湾学者康乐先生、日本学者川本芳昭先生，以及罗新先生、何德章先生和刘浦江先生等,② 都认可高闾排列的德运次序。但是，一个新王朝在拟定德运之前，必须思考在时间上和空间上合理地承接前朝。比如曹魏的“土德”承接东汉的“火德”，西晋的“金德”承接曹魏的“土德”，在时间上与空间上都紧密衔接，也基本符合五行思想理论。然而在“以魏承秦”的德运次序的排列上，就会发现高闾的观点存在严重的理论错误。

《晋书·刘曜载记》记载：“以水承晋金行，国号曰赵。”③即前赵根据“五行相生”的理论，承接西晋的“金德”为“水德”。另据《晋书·石

① (北齐)魏收：《魏书》卷一百八之一《礼志一》，中华书局1974年版，第2745页。

② 康乐：《从西郊到南郊——国家祭典与北魏政治》，第192页；[日]川本芳昭著，邓红等译：《关于五胡十六国北朝时代的“正统”王朝》，殷宪、马自强主编：《北朝研究》第2辑，第84页；罗新：《十六国北朝的五德历运问题》，《中国史研究》2004年第3期，第47页；何德章：《〈魏书〉正统义例之渊源》，《魏晋南北朝史丛稿》，商务印书馆2010年版，第378页；刘浦江：《南北朝的历史遗产与隋唐时代的正统论》，《魏晋南北朝隋唐史》(人大复印)2013年5月，第30页。

③ (唐)房玄龄：《晋书》卷一百三《刘曜载记》，中华书局1974年版，第2685页。

勒载记下》记载："以赵承金为水德。"①这说明后赵也按照"五行相生"的德运次序，承接西晋的"金德"为"水德"。下面是承接"水德"的"木德"政权。《晋书·慕容儁载记附韩恒传》记载："(慕容)儁僭位，将定五行次，众论纷纭。恒时疾在龙城，儁召恒以决之。恒未至而群臣议，以燕宜承晋为水德。既而恒至，言于儁曰：'赵有中原，非唯人事，天所命也。天实与之，而人夺之，臣窃谓不可。且大燕王迹始自于震，于《易》，震为青龙。受命之初，有龙见于都邑城，龙为木德，幽契之符也。'"②可见前燕是按照"五行相生"的德运次序，以"木德"承接前赵的"水德"。如果按照这个顺序推演五德运次，这些政权都被看作正统王朝。因此如果按照"五行相生"的排列顺序，从新旧政权在时间的交替上，可以排列出"西晋→前赵→前燕"，如果从它们的德运次序的空间角度，则可以推导出"金德→水德→木德"。所以高闾排列这三个朝代的德运次序毫无问题，关键是下面怎样衔接前燕的"木德"。

根据前文高闾的观点，能够承接"木德"的政权一定为"火德"，但是"以魏承秦"之中的"秦"字，究竟是指"前秦"还是"后秦"呢？这实际上直接影响到北魏的五德顺次问题。《晋书·姚苌载记》记载："以太元十一年(386年)，苌僭即皇帝位于长安，大赦，改元曰建初，国号大秦，改长安曰常安。立妻虵氏为皇后，子兴为皇太子，置百官。自谓以火德承苻氏木行，服色如汉氏承周故事。"③可以看出后秦把本朝视为"火德"并承接前秦的"木德"。那么按照高闾的排列方法，"以魏承秦"之中的"秦"，绝不可能是行"木德"的前秦。如果能够承接后秦的"火德"为"土德"，便符合五行相生的德运排列顺序。但是后秦的建国时间

① (唐)房玄龄：《晋书》卷一百五《石勒载记下》，中华书局1974年版，第2746页。

② (唐)房玄龄：《晋书》卷一百十《慕容儁载记附韩恒传》，中华书局1974年版，第2843页。

③ (唐)房玄龄：《晋书》卷一百十六《姚苌载记》，中华书局1974年版，第2967页。

在384年，关于它的灭亡时间，《晋书·安帝纪》记载："(义熙十三年，417年)秋七月，刘裕克长安，执姚泓，收其彝器。"①这说明后秦于417年才被东晋灭亡，然而在此之前，北魏于398年已经建国并施行"土德"。如果从时间一维性的延续上，北魏政权("土德")诞生在前，后秦政权("火德")被东晋灭亡于后，北魏与后秦的兴亡时间相差20多年，二者在时间上无法前后相承，所以"以魏承秦"的"秦"字并非指后秦。西晋至北魏的国家兴亡时间与五德运次见表5-1。

表5-1　西晋至北魏的国家兴亡时间与五德运次

国名	西晋	东晋	前赵	后赵	前燕	前秦	后秦	北魏
建国时间	265	317	319	319	337	350	384	398
灭亡时间	316	420	329	352	370	394	417	557
五行运次	金德	金德	水德	水德	木德	木德	火德	土德

尽管北魏在时间上能够与前秦衔接，但是北魏的"土德"无法承接前秦的"木德"，因为中间还需要有"火德"作为这两种德运的连接桥梁。那么前秦是否以"火德"承接前燕的"木德"呢？按照表5-1显示的国家兴亡时间顺序，前秦和前燕基本上同时建国，并且前秦灭掉前燕政权。所以在时间上前秦能够承接前赵或后赵的"水德"为"木德"，而无法承接前燕的"木德"为"火德"。因此如果按照高闾的五德排列顺序，则在"秦承燕"和"魏承秦"的环节上并不成立。换言之，如果按照西晋以后各王朝的兴亡顺序，并依照高闾排列的五德顺次观点，根本不可能推演出北魏为"土德"的结果。所以他的"以魏承秦"在五行运次的排列上，存在无法弥合的理论缝隙。

那么北魏究竟根据什么理论行"土德"之运呢？何德章先生认为曹魏受东汉禅让继"火德"为"土德"，因此北魏必须行"土德"才能成为曹

① (唐)房玄龄：《晋书》卷十《安帝纪》，中华书局1974年版，第266页。

魏的继承者，并视晋政权为非法僭取。① 罗新先生认为北魏拟定的“土德”行次乃是以继承苻氏前秦为基础，实与曹魏无涉。② 前面已经言及在德运次序的排列上，北魏的“土德”无法承接前秦的“木德”。而且代王的爵位称号就是来自晋愍帝的册封，因此北魏没有理由不承认西晋的正统性，如果片面地否定西晋政权，则北魏前身的代国的合法性便会遭到质疑，甚至无法解释北魏建国以后依然使用的“代”国国号。而且曹魏政权灭亡于266年，北魏政权诞生于398年，这需要跨越130余年才能接续曹魏的“土德”，可见在时间上两朝相距甚远，历史上也没有这样承续前朝德运的先例，因此按照这个推理，北魏为“土德”非常牵强。特别是孝文帝时期的汉化改革，尽管国运已经远远强于北魏初期，却仍然把西晋看作正统王朝，并承接西晋的“金德”为“水德”。换言之，如果说刘秀的东汉政权可以恢复西汉的“火德”，那是因为他本身就出自刘氏，并且王莽篡汉的时间毕竟短暂，然而北魏拓跋珪与曹魏不仅没有任何血缘关系，甚至他们的文化属性和民族成分完全不同。而且《魏书》至少在《太祖纪》和《礼志一》中，清楚地记载北魏行“土德”之运，但是却没有详细描述拟定“土德”运次的整个首尾，甚至在理论上没有记载怎样承接前朝的德运。很可能担当总负责人的崔玄伯都难以解决北魏的“土德”承续问题。既然理论上无法破解北魏拟定为“土德”的真正原因，那只能在现实中寻找答案，或许幕后推手正是拓跋珪本人和一部分汉人大臣。他们主观上感觉曹魏与北魏都占据北方，使用相同国号有利于长久统治。但是在客观上和理论上，却无法排列出“土德”运次，更无法跨越时空连接曹魏的“土德”，所以《魏书》记载北魏拟定“土德”时，表现得非常敷衍。

实际上北魏拟定德运问题时，在理论上应该承接西晋的“金德”，

---

① 何德章：《北魏国号与正统问题》，《历史研究》1992年第3期，第116页、第118页。

② 罗新：《十六国北朝的五德历运问题》，《中国史研究》2004年第3期，第54页。

否定其他几个少数民族政权的正统性，或许这样排列德运次序，更有利于北魏政权长久统治。因此降至孝文帝汉化改革时期，有关北魏政权的德运次序问题，再次被作为国事提到议论的日程上。

二、水德的存在时间

伴随着北魏与南朝的刘宋和萧齐政权的长期对峙，逐渐呈现出南弱北强的军事格局，孝文帝时期在新的政治形势下，如果放弃天兴元年拟定的“土德”，采取直接继承西晋的“金德”为“水德”的方式，便可以利用汉化改制的机会提升北魏的政治地位，并名正言顺地成为正统王朝。太和十五年(491年)正月，秘书丞李彪、著作郎崔光等人上奏，建议国家实行“水德”。《魏书·礼志一》记载：“神元皇帝与晋武并时，桓、穆二帝，仍修旧好。始自平文，逮于太祖，抗衡秦、赵，终平慕容。晋祚终于秦方，大魏兴于云朔。据汉弃秦承周之义，以皇魏承晋为水德。”①北魏按照“据汉弃秦承周”的历史典故，不仅否定了南朝各个政权的正统性，也视前赵、前燕、前秦等少数民族政权属于非法僭越。北宋张方平《乐全集·论》“南北正閏论”条载：“唐以土承隋，隋以火继周，周以木变魏，魏以水而绍金。”②这说明后代史官把北魏看作正统王朝，但是并没有承认建国初期拟定的“土德”，而是把孝文帝时期拟定的“水德”看作五德顺次的重要一环。这说明后代学者在“土德”与“水德”的问题上，更倾向于北魏为“水德”的五行排列方法。

《魏书·礼志一》记载：“暨登国肇号，亦几六十余载，物色旗帜，率多从黑。”③这说明自登国初年以来，很可能已经施行过60多年的“水

① (北齐)魏收：《魏书》卷一百八之一《礼志一》，中华书局1974年版，第2747页。

② (宋)张方平：《乐全集》卷十七《论》，《四库全书》第1104册，台北商务印书馆1983年版，第141页。

③ (北齐)魏收：《魏书》卷一百八之一《礼志一》，中华书局1974年版，第2746页。

德”。关于崇尚黑色的问题，《魏书》没有详细描述。《魏书·太祖纪》记载：“(天赐二年)夏四月，车驾有事于西郊，车旗尽黑。”①可见北魏崇尚黄色之外，也有崇尚黑色的礼制特点，那么既然天兴元年已经拟定为“土德”，为什么还要继续使用属于“水德”的黑色旗帜呢？北魏初期的“土德”和“水德”之间是否存在必然联系呢？《魏书·礼志一》记载：“诏有司定行次，正服色。群臣奏以国家继黄帝之后，宜为土德，故神兽如牛，牛土畜，又黄星显曜，其符也。于是始从土德，数用五，服尚黄，牺牲用白。祀天之礼用周典，以夏四月亲祀于西郊，徽帜有加焉。”②天兴元年定都平城以后，道武帝即皇帝位时，需要重新“定行次”和“正服色”，登国初年“服色尚黑”，很可能当时制定这个礼制，就有继承西晋“金德”的政治目的。天赐二年夏四月的西郊祭天，属于鲜卑游牧文化的礼制范畴，因此这个“水德”是鲜卑人在吸收汉文化的过程中，流入到鲜卑游牧文化的一条支流。换言之，在西郊祭天礼制中，“水德”只不过是鲜卑人吸收汉文化的一个重要元素，它不可能占据游牧文化的主导地位，而且此前没有文字表明登国初年的“黑色”，与天兴初年的“黄色”存在某种关联性。当拓跋珪战胜慕容垂以后，在汉族大臣们的建议下，为了更好地统治中原地区，并确立北魏王朝的正统地位和鲜卑政权的合法性，需要依据汉文化的传统理念建立国家，以及拟定国号和德运等典章制度。但是如果完全放弃西郊祭天，必然会遭到鲜卑贵族的强烈反对，甚至危及北魏政权的长久统治。拓跋珪便采用西郊祭天和南郊祭天并行的政治措施，一直到孝文帝太和十八年(494年)，当全面实施汉化改革以后，才彻底废除西郊祭天礼制。③ 同时，也放弃了崇尚将近百年的“土德”。

① (北齐)魏收：《魏书》卷二《太祖纪》，中华书局1974年版，第42页。

② (北齐)魏收：《魏书》卷一百八之一《礼志一》，中华书局1974年版，第2734页。

③ (北齐)魏收：《魏书》卷七下《高祖纪下》，中华书局1974年版，第174页。

鉴于孝文帝时期的政治形势已经发生了很大变化，重新排列德运次序对于确立北魏的正统性具有非常重要的战略意义。并且李彪等人建议北魏继承西晋的“金德”为“水德”，也符合孝文帝否定南朝政权的政治目的。但是即使北魏承续“金德”施行“水德”，其在五行思想方面的认知仍然显得非常薄弱。《魏书·刑罚志》记载：“魏初礼俗纯朴，刑禁疏简。宣帝南迁，复置四部大人，坐王庭决辞讼，以言语约束，刻契记事，无囹圄考讯之法，诸犯罪者，皆临时决遣。神元因循，亡所革易。”①唐长孺先生认为，直到力微之世拓跋族还没有法律和监狱。② 甚至进入穆皇帝拓跋猗卢统治时期，代部也只是从游牧生活逐渐走向定居生活的初级阶段，并不具备现代意义上的国家观念。而且登国初年崇尚的黑色与孝文帝时期拟定的“水德”，虽然都有直接继承西晋“金德”的可能性，但是登国初年没有举行过汉文化的南郊祭天，更没有拟定社稷和宗庙等礼仪制度，所以这个“水德”属于游牧文化吸收汉文化尚处于初级阶段时的产物。曹魏至唐代德运次序如图 5-1 所示：

→东魏(水)→→→→北齐(木)

↑　　　　　　　↓

曹魏(土)→西晋(金)→北魏(水)→西魏(水)→北周(木)→隋(火)→唐(土)

↓　　　　　　　　　　　　↑

→东晋(金)→宋(水)→齐(木)→梁(火)→陈(土)

图 5-1　曹魏至唐代的德运次序

不论是登国初年拟定的“水德”，还是天兴元年(398 年)十二月拟定的“土德”，甚至是太和十五年(491 年)正月拟定的“水德”，最终都汇聚到同一条五行思想的长河里。北魏以后诞生的新政权以北魏的水德

① (北齐)魏收：《魏书》卷一百一十一《刑罚志》，中华书局 1974 年版，第 2873 页。

② 唐长孺：《魏晋南北朝史论丛》，中华书局 2011 年版，第 189 页。

为基础，继续采用五行相生的方式排列德运次序。这说明北魏被后继政权看作正统王朝，并使它担负承前启后的承载汉文化的五行思想的桥梁作用。

第三节　黄帝后裔与文化认同

众所周知，北魏统治者是鲜卑拓跋部人，在民族成分上与中原汉人没有直接血缘关系，但是天兴元年十二月却追认黄帝为祖先，并选择崇尚“土德”。那么拓跋珪是否为黄帝的后裔，他们之间又有怎样的内在联系呢?

一、黄帝后裔

北齐史学家魏收在编撰《魏书》时，就在《序纪》中记录了鲜卑拓跋部的历史来源。实际上这等于道武帝拓跋珪承认他们是黄帝后裔，那么这种纽带关系是否建立在血缘关系的基础上，这涉及北魏政权如何面对汉文化，以及统治阶级怎样实施有效的文化政策等问题。

《魏书·序纪》记载：“昔黄帝有子二十五人，或内列诸华，或外分荒服。昌意少子，受封北土，国有大鲜卑山，因以为号。其后，世为君长，统幽都之北，广漠之野，畜牧迁徙，射猎为业，淳朴为俗，简易为化，不为文字，刻木纪契而已。……黄帝为土德王，北俗谓土为托，谓后为跋，故以为氏。其裔始均，入仕尧世，逐女魃于弱水之北，民赖其勤，帝舜嘉之，命为田祖。……而始均之裔，不交南夏，是以载籍无闻焉。”①黄帝有二十五子的典故出自《史记·五帝本纪》的“黄帝二十五子，其得姓者十四人。”②《魏书》首先着重描述黄帝有很多儿子，并且还进一步借鉴“或内列诸华，或外分荒服”之说。“内列诸华”指分封到

① (北齐)魏收：《魏书》卷一《序纪》，中华书局1974年版，第1页。

② (汉)司马迁：《史记》卷一《五帝本纪》，中华书局1959年版，第9页。

华夏各地，“外分荒服”的“荒服”则指遥远的边疆地区。《尚书·禹贡》记载：“五百里荒服。”①这是《尚书》把距离王畿五百里外的地方看作“荒服”，实际上这是比喻偏远地区，但属于王道教化尚能到达的地方。《史记·五帝本纪》记载：“方五千里，至于荒服。南抚交阯、北发，西戎、析枝、渠廋、氐、羌，北山戎、发、息慎，东长、鸟夷，四海之内咸戴帝舜之功。”②《史记》把“荒服”看作五千里之外的地方，并言及“氐”“羌”和“北山戎”等北方少数民族生活的地区。《史记·周本纪》记载：“夷蛮要服，戎翟荒服。”③这里把“荒服”看作“戎翟”，其中“戎翟”的“翟”通“狄”，“戎翟”即为“戎狄”，这与鲜卑拓跋部长期生活的漠北地区，几乎处在相同的地理位置。

所以“受封北土”的“昌意少子”在漠北地区繁衍生息，其后才能够占领北方成为正统王朝。这说明拓跋珪把自己看作黄帝的后裔，也是北魏行“土德”的理论依据。特别是其中的“北俗谓土为托，谓后为跋”，成为北魏皇权行“土德”的重要理论依据。《资治通鉴·齐明帝纪》“建武三年”条载：“(孝文帝下诏曰)北人谓土为托，后为跋。魏之先出于黄帝，以土德王，故为拓跋氏。”④可见降至孝文帝时期，尽管他在汉化改革时施行“水德”，但是在追慕祖先的问题上依然认可黄帝，这与北魏初期完全相同。但前文已经论述过，把“拓跋”翻译为“后土”，完全是为了文化认同和迎合华夏正统论思想，这样有利于北魏王朝的持续统治。

但是，关于鲜卑人的祖先起源，其他古籍也有几种不同观点。《史记·匈奴传》“山戎越燕而伐齐”条注引《史记索引》记载：“胡广云：

---

① (清)阮元：《十三经注疏·尚书正义》卷六《夏书·禹贡》，中华书局1980年版，第153页。

② (汉)司马迁：《史记》卷一《五帝本纪》，中华书局1959年版，第43页。

③ (汉)司马迁：《史记》卷四《周本纪》，中华书局1959年版，第136页。

④ (宋)司马光：《资治通鉴》卷一百四十《齐明帝纪》，中华书局1956年版，第4393页。

‘鲜卑，东胡别种。’又应奉云：‘秦筑长城，徒役之士，亡出塞外，依鲜卑山，因以为号。’”①即胡广认为鲜卑为东胡人的后裔，应奉认为是秦代修建长城的“徒役之士”，其后逃出塞外成为鲜卑族。《后汉书·乌桓鲜卑传》记载：“鲜卑者，亦东胡之支也。别依鲜卑山，故因号焉。其言语、习俗与乌桓同。”②《后汉书》的记载内容与《史记索隐》的胡广的观点基本相同。《三国志·魏书·乌丸鲜卑东夷传》裴松之注引王沈《魏书》载：“鲜卑亦东胡之余也。别保鲜卑山，因号焉。其言语、习俗与乌丸同。”③应奉认为鲜卑人是逃出塞外的徒役，虽然在鲜卑部族当中或许有这样的汉族成员，但是他们绝不能占据主流。所以上述几种史书都认为鲜卑为东胡后裔，与中原汉人没有直接的血缘关系。南朝史料也记录了鲜卑人的民族起源，《宋书·索虏传》记载：“索头虏，姓拓跋氏，其先汉将李陵后也。”④《南齐书·魏虏传》记载：“魏虏，匈奴种也。姓拓跋氏。”⑤虽然南北史料各有不同的观点，但是迄今为止学界普遍认为，鲜卑人应该是东胡人的一支后裔，并与匈奴人有紧密的血缘关系。此外，有关“拓跋”的词语含义，日本学者白鸟库吉先生认为，“拓跋”一词可以翻译成“土地的君长”。⑥ 内田吟风先生从阿尔泰语的角度，认为“拓跋”有“土地的所有者”的意思。⑦ 罗新先生根据中古北族

① （汉）司马迁：《史记》卷一百十《匈奴传》，中华书局1959年版，第2883页。

② （南朝）范晔：《后汉书》卷九十《乌桓鲜卑传》，中华书局1965年版，第2985页。

③ （晋）陈寿：《三国志》卷三十《魏书·乌丸鲜卑东夷传》，中华书局1959年版，第836页。

④ （南朝）沈约：《宋书》卷九十五《索虏传》，中华书局1974年版，第2321页。

⑤ （南朝）萧子显：《南齐书》卷五十七《魏虏传》，中华书局1972年版，第983页。

⑥ ［日］白鸟库吉著，方壮猷译：《东胡民族考》，商务印书馆1933年版，第128~129页。

⑦ ［日］内田吟风：《北アジア史研究·鲜卑柔然突厥篇》，同朋舍1975年版，第96页。

语言学特点，并结合这两位日本学者观点，认为“拓跋”可以译作“土地的主人”，并考察出“拓跋”之语是官号和官称相结合的复合词。① 或许“拓跋”一词既有政治功能又有土地的含义，它反映出北方游牧民族的文化特征，也接近《魏书·序纪》对“拓跋”的解释。但是上述史料并没有证据表明拓跋为黄帝的后裔，甚至鲜卑拓跋部与中原汉人之间存在很大血缘差别和文化差别。

实际上针对《魏书·序纪》记载的黄帝与拓跋之间的联系，宋代学者已经注意到这些问题，并否定了拓跋与黄帝的血缘关系，还客观指出编撰《魏书·序纪》的部分史料来源。罗泌《路史·余论三》“拓跋氏”条载：“《魏书》序纪则因《山海经》始均生北狄，而妄谓为拓跋之先。”②那么《路史》提到《山海经》的“始均生北狄”与黄帝又有怎样的关系呢？《山海经·大荒西经》记载：“有北狄之国，黄帝之孙曰始均，始均生北狄。”③这说明北狄源自始均，始均又是黄帝的孙子，北魏统治者把始均与拓跋祖先联系起来，就如同与黄帝建立起血缘纽带关系了。由于北狄泛指北方的游牧民族，鲜卑拓跋也生活在这片地域，所以北魏建国前夕在追认祖先时，应该参考了《史记》和《山海经》等史籍。而且“拓跋”这个词语的含义，并不应该如日本学者白鸟库吉和内田吟风解释的那般牵强，“拓跋”与“后土”之间，或许没有直接对译的语言媒介，它们仅仅是因为政治需要才成为一对相互比拟的文化词语。唐代著名史学家刘知几就对翻译少数民族使用的词语问题，有过极为客观的深入分析。《史通·言语》记载：“而彦鸾(崔鸿)修伪国诸史，(魏)收、(牛)弘撰《魏》《周》二书，必讳彼夷音，变成华语，等杨由之听雀，如介葛之闻牛，

---

① 罗新：《中古北族名号研究·论拓跋鲜卑之得名》，第49~79页。该作者发表于《历史研究》的《论拓跋鲜卑之得名》与此相同。2006年第6期，第32~48页。

② (宋)罗泌：《路史》卷四十《余论三》，《四库全书》第383册，上海古籍出版社1989年版，第581页。

③ 袁珂：《山海经校注》卷十一《大荒西经》，巴蜀书社1996年版，第452页。

斯亦可矣。而于其间，则有妄益文彩，虚加风物，援引《诗》《书》，宪章《史》《汉》。遂使沮渠、乞伏，儒雅比于元封，拓跋、宇文，德音同于正始。华而失实，过莫大焉。”①这说明刘知几已经对“拓跋”和“宇文”等词语的翻译持有强烈的批判态度。元代陶宗仪《说郛·遯斋闲览》引宋代范正敏“朔言无正音”条载：“欧公云，契丹阿保机李琪集中赐契丹诏，乃为阿布机，后有人自朔中归，云朔人实呼为阿保人，以为传闻之讹，余当思之。盖其音无正音，用华语译，不能无讹谬。如汉身毒国亦号捐笃，其后改为乾笃，又曰乾竺。今遂呼为天竺矣。译者但取其语音与中国相近者言之。故随时更变而莫能定也。”②可以看出“阿保机”“阿布机”“阿保人”都是音译，用汉语翻译这些民族语言，定会存在某种程度的以讹传讹或者主观见解。“捐笃”“乾笃”“乾竺”“天竺”也是这种情况。撰写《魏书》的学者们，能够贴近汉文化语言词汇对“拓跋”进行翻译，无非是为了北魏政权统治和减少民族文化之间的差异，如果文化、民俗等差异过大，必然会遭到中原汉人的强烈抵制，这将不利于鲜卑拓跋部的长久统治。因此所谓“谓土为托，谓后为跋”完全是为了连接到黄帝，以此才能证明北魏政权施行“土德”的正确性。

目前史学界传统的观点认为，道武帝拓跋珪为了拟定“土德”运次而追认黄帝为祖先，并且《魏书·序纪》记载黄帝至拓跋氏仅有“一条传承路线”。然而如果按照拓跋始祖之间的辈分的前后顺序，就会发现《魏书·序纪》在连接几个关键的历史人物时，并不能推演出他们之间拥有父子关系。比如按照《魏书·序纪》的文字排列顺序，“昌意少子”在前“始均”在后，好像“昌意少子”的辈分既比“始均”高，又与其有一脉相承的血缘关系，但是如果核对史籍就会发现其中另有隐情。《史记·五帝本纪》记载，昌意是黄帝之子，《山海经·海内经》亦载：“黄

① （唐）刘知几：《史通》卷六《言语》，中华书局2014年版，第257页。

② （元）陶宗仪：《说郛》卷二十五上《遯斋闲览》，《四库全书》第877册，上海古籍出版社1987年版，第400页。

帝妻雷祖，生昌意。”①这说明《史记·五帝本纪》与《山海经·海内经》记载的“昌意”应该是同一人，因此“昌意少子”必然是黄帝之孙。但是《山海经·大荒西经》记载的“黄帝之孙曰始均”，这里的“始均”也是黄帝之孙。既然“昌意少子”和“始均”都被看作黄帝的孙辈人物，他们二人必然为平辈关系。但是，始均的子孙因为“不交南夏”成为生活在漠北草原的“北狄”，也包括其后的鲜卑游牧民族，而昌意少子的子孙留在中原则成为汉人。因此《魏书·序纪》在编撰的过程中，或许隐含着始均与昌意少子为两个不同文化源流的意味。第一条是根据《史记·五帝本纪》提供的素材，以“黄帝→昌意少子→拓跋”为主，它代表汉文化的传承路线；第二条是结合《山海经·大荒西经》的史料，以“黄帝→始均→拓跋”为主，它代表游牧文化的传承路线。并且这两条路线并非孤立存在，还有不同的土德祥瑞作为史料依据，本章将要在后面继续讨论这个问题。北魏统治者从理论上设定出两个祖先的传承系谱，表面上是在告诉我们鲜卑人与中原汉人原本是“同根同源”关系，然而实际上是为了减少游牧文化和汉文化的对立与冲突，增加各民族之间和平共处相互交流的机会。再进而论之，它表明鲜卑统治阶级已经开始接受并认同中原文化，这无疑给双方带来经济发展和民族融合的历史机遇。然而鲜卑为黄帝后裔只是一种政治目的设定论，这是为了更好地实施统治，减少游牧民族与汉人的矛盾冲突，也是为了融入汉文化的正统王朝的政治理念。

关于鲜卑拓跋为黄帝后裔的观点，实际上并不是从道武帝拓跋珪为了拟定“土德”次序才开始的，在此之前《魏书》已经有这方面的叙述了。《魏书·卫操传》记载：“魏，轩辕之苗裔，言桓、穆二帝，驰名域外。”②这句话是卫操为桓帝和穆帝歌功颂德时，镌刻在石碑上的部分内

① 袁珂：《山海经校注》卷十八《海内经》，巴蜀书社 1996 年版，第 503 页。

② （北齐）魏收：《魏书》卷二十三《卫操传》，中华书局 1974 年版，第 599 页。

容。此碑在北魏皇兴(467—470)初年于大邗城南，由雍州别驾雁门段荣发掘出土。① 这块碑刻的具体内容，引起古今中外学者们的广泛关注。清代钱大昕《廿二史考异·北史二》认为："惜为史臣改窜，失其本真。……考其时未有魏号。"②钱大昕是清代著名的考据学家，对于经学和史学都有深刻认识。他认为"史臣改窜，失其本真"确实符合客观事实，因为这时期拓跋珪尚未出生，根本就不可能有魏国国号。所以钱大昕的史学观点非常客观，这块碑文内容值得商榷。日本学者内田吟风先生也认为，鲜卑为黄帝后裔只是附会之说，③ 马长寿先生认为鲜卑人为黄帝之苗裔的真实性非常值得怀疑。④ 姚薇元先生认为拓跋氏为黄帝后裔属于附会之说未可尽信。⑤ 毫无疑问这些评价都非常客观，本书基本上赞同这些观点。如果从纯粹的"血统"角度考察，鲜卑人绝不会是黄帝后裔，古人也没有 DNA 技术验证此事。所以如果对这个问题持否定的态度，既符合逻辑又不违背历史事实。但是如果抛开血缘关系，另外从文化传统的角度思考"拓跋为黄帝苗裔"这句话，或许就会得到意想不到的答案。在前面碑文镌刻的两个鲜卑历史人物中，桓帝曾经在 305 年被孝愍帝册封为大单于，穆帝又在 315 年被册封为代王。⑥ 由于西晋代表当时汉文化的正统王朝，这标志着鲜卑拓跋部已经承认西晋政权的正统性和宗主国地位。所以如果理性地客观地分析这条史料，或许除了"魏"字有可能为后人附会违背时代特征之外，"轩辕之苗裔"应该还会有其他含义。因为没有人会认为"拓跋为黄帝后裔"是真正建

---

① (北齐)魏收：《魏书》卷二十三《卫操传》，中华书局 1974 年版，第 602 页。

② (清)钱大昕：《廿二史考异》卷三十九《北史二》，上海古籍出版社 2010 年版，第 619 页。

③ [日]内田吟风：《北アジア史研究·鲜卑柔然突厥篇》，同朋舍 1975 年版，第 96 页。

④ 马长寿：《乌桓与鲜卑》，广西师范大学出版社 2006 年版，第 222 页。

⑤ 姚薇元：《北朝胡姓考》，中华书局 2007 年版，第 4 页。

⑥ (北齐)魏收：《魏书》卷一《序纪》，中华书局 1974 年版，第 7~9 页。

立在血缘关系的基础上，但是北魏统治者又如此强调与黄帝的内在联系。因此如果不解决这两者之间的矛盾，便无从解释“拓跋为黄帝后裔”。

根据《后汉书》《三国志》《晋书》等史籍的相关描述，便可以获知鲜卑人与汉人之间，很早就已经拥有文化交流和经贸往来的历史。鲜卑人与汉人交往的过程中，应该了解人文始祖黄帝在汉文化圈的崇高地位。而且在此之前，司马迁编撰的《史记·匈奴传》已经把匈奴人看作夏后氏的苗裔，班固依然延续司马迁的史学观点。① 所以在强调匈奴人与汉人拥有血缘纽带关系的同时，通过匈奴人的不断内迁，以及对中原政权的文化认同，使两个民族逐渐走向融合。这样的华夷一统思想是两汉以来的政治哲学，也是汉文化向周边部族不断渗透，并以此确立华夏政权的正统地位的思想保障。因此在博大精深的汉文化面前，绝不能排除鲜卑人与汉人在经贸文化交流的过程中，已经开始逐渐接受人文始祖黄帝的可能性。下面分别考察中原政权与游牧政权对黄帝的认识。

二、文化认同

北魏以前中原政权的初代帝王追认远古祖先的史籍，如《史记·秦本纪》“秦之先，帝颛顼之苗裔”条下《史记正义》载：“黄帝之孙，号高阳氏。”②秦始皇追认颛顼为远古祖先。《汉书·王莽传上》记载：“(王莽语)予以不德，讬于皇初祖考黄帝之后，皇始祖考虞帝之苗裔。”③王莽追认黄帝为远古祖先。《三国志·魏书·武帝纪》“汉相国参之后”条王沈《魏书》载：“其先出于黄帝，当高阳世，陆终之子曰

---

① (汉)司马迁：《史记》卷一百十《匈奴传》，中华书局1959年版，第2879页；(汉)班固：《汉书》卷九十四上《匈奴传上》，中华书局1962年版，3743页。

② (汉)司马迁：《史记》卷五《秦本纪》，中华书局1959年版，第173页。

③ (汉)班固：《汉书》卷九十九上《王莽传上》，中华书局1962年版，第4095页。

安，是为曹姓。”①曹魏追认黄帝为远古祖先。《晋书·宣帝纪》记载：“其先出自帝高阳之子重黎，为夏官祝融。……及周，以夏官为司马。”②司马炎追认重黎为远古祖先。可以说黄帝已经成为颛顼、帝喾、尧帝、舜帝等诸帝王的直接祖先，颛顼等又成为中原各个政权的远古祖先。实际上这样的连接系谱是在西汉末年的历史循环论的影响下，逐渐产生的“圣王同祖”思想的体现。③ 但是所谓“圣王同祖”，主要是为了排列五德运次和顺应大一统的政治思潮。如果从狭义上理解，或许有一定的血缘纽带关系；如果从广义上分析，它应该泛指各政权对黄帝的文化认同。

五胡十六国时期的少数民族政权，也受到汉文化的追认黄帝为祖先的政治思潮影响。《晋书·慕容廆载记》记载：“慕容廆，字弈洛瑰，昌黎棘城鲜卑人也。其先有熊氏之苗裔，世居北夷，邑于紫蒙之野，号曰东胡。其后与匈奴并盛，控弦之士二十余万，风俗官号与匈奴略同。秦汉之际为匈奴所败，分保鲜卑山，因以为号。”④前燕慕容廆认为自己是有熊氏之苗裔，南朝刘宋裴骃《史记集解》引谯周语曰：“有熊国君，少典之子也。”⑤《史记·五帝本纪》记载：“黄帝者，少典之子也。”所以慕容廆是把自己的远古祖先与黄帝联系起来了。《晋书·苻洪载记》记载：“苻洪，字广世，略阳临渭氐人也。其先盖有扈之苗裔，世为西戎酋长。始其家池中蒲生，长五丈，五节如竹形，时咸谓之蒲家，因以为氏焉。”⑥

---

① （晋）陈寿：《三国志》卷一《魏书·武帝纪》，中华书局1959年版，第1页。

② （唐）房玄龄：《晋书》卷一《宣帝纪》，中华书局1974年版，第1页。

③ 汪高鑫：《论刘歆的新五德终始历史学说》，《中国文化研究》2002年第2期，第93页。

④ （唐）房玄龄：《晋书》卷一百八《慕容廆载记》，中华书局1974年版，第2803页。

⑤ （汉）司马迁：《史记》卷一《五帝本纪》，中华书局1959年版，第2页。

⑥ （唐）房玄龄：《晋书》卷一百十二《苻洪载记》，中华书局1974年版，第2867页；（汉）司马迁：《史记》卷二《夏本纪》，中华书局1959年版，第49页。

前秦苻洪认为自己是有扈氏之苗裔，有扈氏为姒姓，出自大禹，大禹是黄帝的第六代孙。《晋书·姚弋仲载记》记载："姚弋仲，南安赤亭羌人也。其先有虞氏之苗裔。禹封舜少子于西戎，世为羌酋。"①后秦姚弋仲也认为自己是有扈氏之苗裔。尽管这些少数民族政权都将祖先追溯到黄帝，但是并没有强调与黄帝之间是代代相传的血缘关系，只是把祖先追述到黄帝而已。实际上这个"祖先"只是对华夏人文始祖黄帝的认同，这些部族首领如此煞费苦心，就是为了尽快让华夏民众接受他们建立的政权。② 胡鸿先生认为："十六国政权积极利用华夏历史资源来实现自我华夏化的真实努力。"③实现"华夏化"就是改变自身的游牧文化，其深层的政治目的还是为了统治的长治久安，因此这些少数民族政权追认的祖先，就不能用血缘关系简单地判定。这就迫使我们不得不再度反思，"拓跋为黄帝之苗裔"的背后，或许除了所谓的血缘关系之外，还应该蕴含着极为丰富的文化信息，甚至还有认可《史记》及相关古籍记载黄帝为华夏人文始祖的含义。尽管血缘关系与文化关系原本是两个不同层面的问题，但它们之间却存在着极为重要的关联性。那么这是否在汉文化的历史传承中，逐渐演化成了一个事物的两个方面呢？而我们往往只是重点关注其中的一个方面呢？

《魏书·序纪》记载从黄帝至拓跋有两条并行的传承系谱，这样的"矛盾性"恰恰说明鲜卑最高统治者，也未必仅从血缘关系的唯一角度，思考与黄帝之间的连接纽带。北魏建国前夕在拟定远古祖先时，就明确提出了两条不同的文化传承路径，只不过我们没有发现他们的真正意图，这才觉得拓跋为黄帝后裔的观点是牵强附会或是拟定德运的政治需

① （唐）房玄龄：《晋书》卷一百十六《姚弋仲载记》，中华书局1974年版，第2959页。

② 李凭：《黄帝历史形象的塑造》，《中国社会科学》2012年第3期，第177页。

③ 胡鸿：《十六国的华夏化："史相"与"史实"之间》，《中国史研究》2015年第1期，第136页。

要等。如果从文化认同的视点，重新审视这个历史问题，那么拓跋为“黄帝后裔”的内在含义就容易理解了。北魏与中原其他政权，乃至五胡十六国时期的各个政权，几乎都有追述黄帝为祖先的基本特点，恰恰反映出这些统治者拥有共同的文化价值取向，而不是强调与黄帝之间血统的纯正性。正如人们经常说自己是炎黄子孙，实际上这句话就是指文化认同，而非血缘关系的认祖归宗。历史上在陕西黄帝陵举行的无数次的公祭大典，没有人从血缘角度思考与黄帝的亲情关系，人们都把黄帝看作中华民族共同的人文始祖，以此表达缅怀之情。

可见鲜卑拓跋政权也是从文化认同角度，尊奉黄帝为华夏人文始祖。《魏书·序纪》记载的“谓土为托，谓后为跋”更是极力向汉文化的人文始祖黄帝靠近，争取最大限度获得中原汉人的文化认同。长期生活在茫茫草原的拓跋部，与长期依赖于土地的汉人敬仰的“后土”，绝不能直观地通过两种语言互译。而且如果把“拓跋”直接翻译为“土后”，这与中原汉人敬仰的“皇天后土”的“后土”，完全是风马牛不相及。因为“土后”并不是“后土”，所以前文日本学者白鸟库吉先生把“拓跋”翻译为“土地的君长”，以及内田吟风先生翻译为“土地的所有者”，完全是牵强的错误的学术论点。这是过度解释“拓跋”一词带来的后果。

第四节　黄星与神兽

秦汉以后每个新政权在拟定五德运次时，必然要选择符合本朝的祥瑞，这样才能表达上天意志，体现王朝的正统性和统治的合法性。关于北魏的祥瑞征兆问题，《魏书·崔玄伯传》记载：“夫魏者大名，神州之上国，斯乃革命之徵验，利见之玄符也。”其中所谓“玄符”正是指“符命”或者“祥瑞”，关于它的具体指向，《魏书·礼志一》记载：“（天兴元年）群臣奏以国家继黄帝之后，宜为土德。故神兽如牛，牛土畜，又黄星显曜，其符也。”①由此引出黄星和神兽两个“土德祥瑞”。但是同

① （北齐）魏收：《魏书》卷一百八之一《礼志一》，中华书局 1974 年版，第 2734 页。

一个政权为什么会出现两种德运征兆，尤其是北魏把神兽作为"土德祥瑞"？在汉文化的传统制度中并没有这样的事例，它是否与鲜卑文化的宗教信仰有关呢？

一、黄星祥瑞

在中国古代的历史文化中，北魏以前信仰"土德"的政权主要有王莽和曹操。首先关于新朝的祥瑞，《汉书·王莽传中》记载："文宣之世黄龙见于成纪、新都，高祖考王伯墓门梓柱生枝叶之属。"①汉文帝和汉宣帝时期，成纪和新都出现过黄龙，王氏家族的祖先墓门的梓柱上重新长出枝叶，于是王莽把它看作祥瑞。可见尽管北魏与新朝皆为"土德"，但是他们崇尚的祥瑞却有很大差别。下面是曹魏的祥瑞征兆。《三国志·魏书·武帝纪》记载："初，桓帝时有黄星见于楚、宋之分。辽东殷馗，善天文，言后五十年，当有真人起于梁、沛之间，其锋不可当。至是凡五十年，至公破绍，天下莫敌矣。"②因为曹操出生在谯，谯按照地区划分归沛郡管辖。根据中国古代的天地分野说，《汉书·地理志下》记载："宋地，房、心之分野也。今之沛、梁、楚、山阳、济阴、东平及东郡之须昌、寿张，皆宋分也。"③天上的"宋地"所在的"房心"分野，与地上的"沛郡"相互对应，所以构成天地分野说关系，并预示曹氏将要建立新政权。而且关于在这个天区出现黄星的预言，王应麟《玉海·祥瑞》"周麒麟游苑"条载："汉时黄星，后为曹公之兆。"④这说明东汉末年出现的黄星被看作曹氏将要取得政权的祥瑞征兆，可见史家

---

① (汉)班固：《汉书》卷九十九中《王莽传中》，中华书局1962年版，第4112页。

② (晋)陈寿：《三国志》卷一《魏书·武帝纪》，中华书局1959年版，第22页。

③ (汉)班固：《汉书》卷二十八下《地理志下》，中华书局1962年版，第1663~1665页。

④ (宋)王应麟：《玉海》卷一百九十八《祥瑞》，广陵书社2007年版，第3627页。

对于曹魏的祥瑞有深刻认识。此外，关于黄星的具体含义，宋代李昉《太平御览·地部二十五》“海”条载：“宋均曰，黄星土精。”①这是把黄星看作土星的精气，通过这种五行逻辑关系把它与“土德”结合起来了。《魏书·律历志上》亦载：“土精曰镇星。”②既然黄星为“土精”，“土精”又为镇星，古代的镇星就是目前所说的太阳系的土星，因此黄星应该是土星的别称。特别是土星和土德在五行思想体系内完全匹配，它与曹魏的相关制度基本相同。

关于北魏的祥瑞征兆，也就是天兴元年十二月群臣言及的黄星，究竟出现在何时呢？《魏书·天象志三》记载：“太祖皇始元年(396年)夏六月……有大黄星出于昴、毕之分。后五十余日，慕容氏太史丞王先曰：‘当有真人起于燕、代之间，大兵锵锵，其锋不可当。’冬十一月，黄星又见，天下莫敌。”③在《魏书》的其他传记中，能够看到汉代以来流行的天地分野思想。比如《魏书·崔浩传》记载：“今兹日蚀于胃昴，尽光赵代之分野。”④虽然《魏书·崔浩传》的“胃昴”与《魏书·天象志三》的“昴毕”不同，但是它们都属于西方七宿，并且空间位置紧密相邻。所以在毕昴天区出现黄星就能够与代国联系起来。而且还借燕国大臣王先之口，宣传将有真人出现在燕代地区，毫无疑问这个真人便指拓跋珪。既然天上的“昴毕”与地上的“燕代”相对应，⑤ 证明这颗黄星就是北魏的祥瑞征兆，特别是皇始元年连续出现两次黄星，更加预示天命不可违。《魏书·天象志三》与《三国志·魏书·武帝纪》记载的内容有

① (宋)李昉：《太平御览》卷六十《地部二十五》，上海古籍出版社2008年版，第624页。

② (北齐)魏收：《魏书》卷一百七上《律历志上》，中华书局1974年版，第2681页。

③ (北齐)魏收：《魏书》卷一百八之三《天象志三》，中华书局1974年版，第2397页。

④ (北齐)魏收：《魏书》卷三十五《崔浩传》，中华书局1974年版，第812页。

⑤ 刘文典：《淮南鸿烈集解》卷三《天文训》，中华书局2010年版，第122页。

六点基本相同。其一，两书都用天象预示将有新政权诞生。其二，两书都把黄星看作土德祥瑞。其三，两书都把真人看作治世圣王。其四，《三国志·魏书·武帝纪》有“辽东殷馗”，《魏书·天象志三》有“太史丞王先”，他们都是精通天象的占星家。其五，《三国志·魏书·武帝纪》有“至是凡五十年”，《魏书·天象志三》有“后五十余日”，这两个数字之间的关系非常微妙，而且都符合“土德”之数为“五”的理论体系。比如《吕氏春秋·季夏纪》记载：“中央土，其日戊己，其帝黄帝，其神后土，其虫倮，其音宫，律中黄钟之宫，其数五，其味甘，其臭香，其祀中霤，祭先心，天子居太庙太室，乘大辂，驾黄骝，载黄旗，衣黄衣，服黄玉，食稷与牛，其器圜以揜。”①可以看出“五”这个数字，与“土德”及黄帝、后土等都有紧密的联系。其六，两书都有“其锋不可当”和“天下莫敌”的词语。由此可以推论北魏在寻找“土德祥瑞”时，必然参考了《三国志·魏书·武帝纪》中的曹操事迹。② 从而北魏建国前夕，在寻找“土德祥瑞”方面，往往依赖于历史典籍，并从中汲取有利于北魏政权的文化思想素材。

另一方面，北魏在崇尚黄星的问题上，尽管已经能够初步确定参照了曹魏的祥瑞征兆，或者说参照了《三国志·魏书·武帝纪》记载的曹操的祥瑞征兆，然而北魏皇始元年是否出现过黄星却值得进一步探究。由于曹魏把汉桓帝时期出现的土星看作祥瑞，它围绕太阳的公转周期是29.46年，根据计算，它在20多年的时间里可以经过宋国分野对应的东方七宿的房心天区，所以曹魏把黄星祥瑞看作本朝德运有一定的理论依据。如果北魏皇始元年确实在昴毕天区出现过黄星祥瑞，这不仅能够证明当时的天文记录的准确性，还可以把曹魏政权与北魏政权看作“异世同符”。这是秦汉以来流行的五德终始说，也就是通过五行思想把两

① 许维遹：《吕氏春秋集释·季夏纪》，中华书局2011年版，第133~134页。

② 孙险峰：《北魏土德运次的制定》，《华南师范大学学报》2010年第6期，第80页。

个朝代的“土德”以及政治状况连接起来，也称作“历史循环论”观点。然而如果皇始元年毕昴天区没有出现过黄星，那么北魏把它作为祥瑞征兆，还拟定出与“土德”相关的典章制度，就不属于“历史循环论”的范畴了。下面结合现代天文学的研究成果，考察皇始元年的土星运行情况。太阳及部分星宿的黄经度见表 5-2。

表 5-2　太阳、土星与毕宿、昴宿的黄经度①

年	月	日	太阳	土星	毕宿	昴宿	心宿	尾宿
396	7	22	120	228	47. 505	37. 684	229. 140	244. 187
396	8	1	129	228	47. 505	37. 684	229. 140	244. 187
396	8	11	139	229	47. 505	37. 684	229. 140	244. 187
396	12	19	270	241	47. 457	37. 689	229. 145	244. 192
396	12	29	280	242	47. 457	37. 689	229. 145	244. 192
397	1	8	290	243	47. 457	37. 689	229. 145	244. 192

按照《汉书·地理志下》以及《淮南子·天文训》记载，宋国分野在东方七宿的房心天区，楚国在南方七宿的翼轸天区。② 因此土星在 20 多年的时间里，经过楚宋分野的房心天区和翼轸天区的可能性很大。但是，北魏皇始元年六月和十一月，土星是否运行到昴毕天区呢？由于昴毕是西方七宿中的两个星宿，根据表 5-2 的数据显示，这个时间土星大约在黄经 228 度和 242 度，因为二十八星宿距离地球非常遥远，按照曲

① Solar and planetary longitudes for years −2500 to +2000 by 10−day intervals WILLIAM D. STAHLMAN and OWEN GINGERICH, THE UNIVERSITY OF WISCONSIN PRESS, Madison, 1963, p. 355;《夏商周时期的天象和月相·二十八宿古度位置》，第 338 页、第 339 页、第 368 页、第 369 页。由于二十八星宿每 100 年才能有大约 1. 4 度左右的变化，所以该表的数据是近似值。

② （汉）班固：《汉书》卷二十八下《地理志下》，中华书局 1962 年版，第 1641 页；刘文典：《淮南鸿烈集解》卷三《天文训》，中华书局 2010 年版，第 122~123 页。

安京先生的研究，黄经周年视差为“0.014162 度”，也就是每百年大约有 1.4 度的变化，① 所以根据表 5-2 计算结果，皇始元年六月和十一月的毕宿在黄经 47.5 度，昴宿在黄经 37.6 度，可以说土星在这个时间没有运行到毕昴天区。因此能够初步断定，《天象志三》记载的“皇始元年夏六月，有大黄星出于昴、毕之分……冬十一月，黄星又见”之类的天象，应该不是通过观测土星运行获得的数据，而是人为主观捏造的虚构内容。

原则上土星距离太阳超过 15 度，因为光亮照射程度已经减少，便能够在地球上通过肉眼观看到它的位置。② 按照今古历法时间换算，皇始元年的六月是 396 年 7 月 23 日至 396 年 8 月 19 日，皇始元年十一月是 396 年 12 月 16 日至 397 年 1 月 14 日，这个时间确实能用肉眼观测到土星，但是它们出现的位置却不在西方七宿的毕昴天区，表 5-2 的数据显示，这时候土星运行到东方七宿的“心尾”附近。③ 这就可以证明北魏在拟定“土德”运次时，尽管参考了《三国志》曹魏崇尚的黄星祥瑞，但是却与天象的实际运行没有任何关系，北魏建国前夕为了寻找土德祥瑞，需要借助曹魏时期的黄星和真人等预言，但是天象并不会随着人的意志而转移，并不会按照人们的主观期待，需要在哪个星区出现就会出现在哪个天区。因此皇始元年出现在毕昴星区的黄星，是天文官主观杜撰的一个有利于北魏建国的祥瑞征兆，在天地分野说和五行思想的影响下，才出现《魏书》记载的“大黄星出于昴、毕之分”的真正原因。因此，北魏与曹魏在崇尚“土德”的问题上，绝非“异世同符”或者“历史循环论”，而是北魏要建立一个融入中原文化体系的新政权，不得不在崇尚土德的曹魏政权的典章制度中，寻找实践经验和历史线索，这才把《三

① 曲安京：《中国数理天文学》，科学出版社 2008 年版，第 170 页。

② 江晓原、钮卫星：《回天——武王伐纣与天文历史年代学》，上海人民出版社 2000 年版，第 276 页。

③ 李广宇、何玉囡、张健、张培瑜：《夏商周时期的天象和月相》上册，世界图书出版社 2007 年版，第 338 页、第 341 页。

国志·魏书·武帝纪》记载的“黄星”“真人”等祥瑞和预言，纳入北魏的典章制度的框架内，并重新粉饰再度登上历史舞台。

所以北魏建国前夕在排列五德次序时，并不是因为皇始元年出现了黄星祥瑞，才按照五行循环论思想客观拟定为“土德”，而是拓跋珪就想拥有“土德”才在历史文献中，寻找合适的典章制度为蓝本，这才借助《三国志》记载的东汉末年的黄星。可以说北魏拟定的“土德”与天象没有直接关系，只不过史官在文字上模仿《三国志·魏书·武帝纪》而已。因此北魏建国以前在拟定“土德”运次时，既没有介绍怎样承接前朝的德运，也没有明言此前哪个政权是正统王朝，在这两个疑点的背后，足以说明北魏拥有“土德”运次在理论上非常牵强。

二、神兽祥瑞

下面考察北魏的另一个土德祥瑞——神兽。有关它的历史由来，《魏书·序纪》记载：“献帝命南移，山谷高深，九难八阻，于是欲止。有神兽，其形似马，其声类牛，先行导引，历年乃出。始居匈奴之故地。”①鲜卑拓跋的祖先在漫长的迁徙过程中，遇到过很多意想不到的困难，最危险的一次就是在迁徙时迷失前进方向，但很幸运地遇到神兽引路，从而使整个部族摆脱迷途困境。关于这只神兽究竟是哪种动物，史学界对此有不同的观点。

干志耿先生和孙秀仁先生，根据近年出土的三鹿纹金饰牌和鹿纹青铜牌饰，认为这只神兽应该是驯鹿。② 米文平先生针对神兽列举了驯鹿、飞马、犀牛三种动物。③ 张金龙先生认为神兽应该是对马和牛的神化，也许是拓跋部或整个鲜卑部族的图腾。④ 张先生的见解主要针对

---

① （北齐）魏收：《魏书》卷一《序纪》，中华书局1974年版，第2页。

② 干志耿、孙秀仁：《关于鲜卑早期历史及其考古遗存的几个问题》，《民族研究》1982年第1期，第21页。

③ 米文平：《鲜卑史研究》，中州古籍出版社1994年版，第67页。

④ 张金龙：《北魏政治史》（一），甘肃教育出版社2008年版，第35~36页。

《魏书》记载的“其形似马，其声类牛”的外在表象的一种解释。还有一些观点认为早期鲜卑人没有文字记录，很难断定这只神兽是历史事实还是神话传说。根据考古发掘和历史文献的描述，本书赞同干志耿先生和孙秀仁先生的观点。那么“神兽”究竟是不是神话传说，它与文字之间又有怎样的关系呢?

美国学者艾兰先生认为，神话与历史的区别并不在于有无文字的问题，神话的想象空间非常巨大，它可以冲破客观的现实世界，其性质具有神圣化的思想特点。① 如果按照这个思路分析，《魏书》对于这只神兽的叙述方式，是采用非常通俗的“其形似马，其声类牛”的白描手法，并没有经过汉人文士的艺术加工，更没有赋予这只神兽拥有变身或飞腾之类的超自然力量。由于这只神兽没有神性，与神话传说应该相距甚远，甚至可以断定它就是现实生活中的某种动物。驯鹿生活在北半球的寒冷地区，主要以地衣、苔藓为食又有迁移习性，身体的外部特征与《序纪》记载的神兽极为相似。② 如果再结合目前出土的三鹿纹金饰牌和鹿纹青铜牌饰的纹饰特点，这只神兽为驯鹿的可能性最大。所以它原本是大自然的普通动物，其后或许在迁徙的过程中，偶然地帮助过鲜卑祖先才被称为神兽，并逐渐演化成鲜卑民族崇拜的宗教图腾。

实际上在人类社会的发展中，意外获得动物帮助的事例非常多，因此人们就会产生崇拜动物的宗教观念。比如唐代著名高僧玄奘就记载了一个部族受到老鼠保护的事例。《大唐西域记·瞿萨旦那国》“鼠壤坟传说”载：“王城西百五六十里，大沙碛正路中，有堆阜，并鼠壤坟也。闻之土俗曰：此沙碛中鼠大如猬，其毛则金银异色，为其群之酋长。每出穴游止，则群鼠为从。昔者匈奴率数十万众，寇掠边城，至鼠坟侧屯军。时瞿萨旦那王率数万兵，恐力不敌，素知碛中鼠奇，而未神也。洎

① (美)艾兰著，汪涛译：《龟之谜——商代神话、祭祀、艺术和宇宙观研究》，第15~16页。

② 《中国大百科全书》第25卷，中国大百科全书出版社2009年版，第448页。

乎寇至，无所求救。君臣震恐，莫知图计。苟复设祭，焚香请鼠。冀其有灵，少加军力。其夜瞿萨旦那王梦见大鼠曰：敬欲相助。愿早治兵，旦日合战，必当克胜。瞿萨旦那王知有灵佑，遂整戎马。申令将士，未明而行，长驱掩袭。匈奴之闻也，莫不惧焉。方欲驾乘被铠，而诸马鞍、人服、弓弦、甲縺，凡厥带系，鼠皆啮断。兵寇既临，面缚受戮。于是杀其将，虏其兵。匈奴震慑，以为神灵所佑也。瞿萨旦那王感鼠厚恩，建祠设祭。奕世遵敬，特深珍异。故上自君王，下至黎庶。咸修祀祭，以求福佑。行次其穴，下乘而趋，拜以致敬。祭以祈福，或衣服弓矢，或香花肴膳。亦既输诚，多蒙福利。若无享祭，则逢灾变。”①瞿萨旦那国即古于阗国，在今天的新疆和田县，这个部族在与匈奴人作战时，曾经获得过老鼠的救助，取得胜利以后全体百姓开始祭祀老鼠。事件的真实性或许会被怀疑，然而历史上新疆和阗一带确实存在与老鼠相关的文献记载。② 而且经过季羡林先生的研究，1900 年英籍考古学家斯坦因在旦旦乌里克遗址中，曾经发现过老鼠崇拜的木版画，它的出现印证了玄奘记载的瞿萨旦那国崇拜老鼠的可信性。③ 所以鲜卑人的神兽与瞿萨旦那国的老鼠，都是因为意外帮助过人类，才被当作精神图腾来崇拜。

由此可以做出进一步推论，既然驯鹿生活在北方寒冷地带，距离中原内陆非常遥远，又是鲜卑祖先迁徙时偶然遇到的动物，因此它应该与汉文化没有直接关系。但是神兽并非很早就作为鲜卑人的“土德祥瑞”，而是北魏建国前夕为了拟定五德运次才登上历史舞台。由于北魏拟定“土德”在天兴元年十二月，所以神兽也应该在这时候成为“土德祥瑞”。

① 季羡林：《大唐西域记校注》卷十二《瞿萨旦那国》“鼠壤坟传说”条，中华书局 2009 年版，第 1017~1018 页。

② 谭蝉雪：《西域鼠国及鼠神摭谈》，《敦煌研究》1994 年第 2 期，第 120~126 页。

③ 季羡林：《大唐西域记校注》卷十二《瞿萨旦那国》“鼠壤坟传说”条，中华书局 2009 年版，第 1019 页。

既然这只神兽原本是鲜卑游牧民族的宗教崇拜偶像，为什么又变成汉文化的“土德祥瑞”呢？实际上它的出现是胡汉文化相结合的时代产物。本章第三节已经考证过，由于拓跋珪追认黄帝为远古祖先时，拟定出两条文化传承路线：（汉文化）黄帝→昌意少子→拓跋（黄星），（游牧文化）黄帝→始均→拓跋（神兽）。这两条传承路线都把黄帝看作远古祖先，如果只有汉文化的传承路线出现黄星祥瑞，而鲜卑文化没有祥瑞，便不能证明黄帝与拓跋之间的相互关联性。鉴于鲜卑人很久以前就有崇拜神兽的传统习俗，当北魏拟定“土德”运次需要祥瑞时，神兽便成为最合适的选择。特别是在农业社会里，牛作为最重要的生产劳动工具，一直受到官方和民间的高度重视。为了让神兽名正言顺地成为“土德祥瑞”，《魏书》便采用“神兽如牛，牛土畜”之类的解释词语，向汉人熟知的牛的外貌特征靠近，期待得到鲜卑游牧文化和汉文化的双重认同。所以尽管黄星与神兽都是“土德祥瑞”，却有不同的文化属性和历史背景。

北魏拥有的文化特色与鲜卑民族早期历史密切相关，特别是神兽作为“土德祥瑞”，实际上是对中原传统文化的突破或嵌入，也为汉文化的发展注入了新的思想活力。孝文帝汉化改革以后，尽管神兽与黄星不再发挥土德祥瑞的政治作用，但是它已经作为一颗种子，深深地根植到汉文化的土壤里了。

小　结

综合上面的文献考察，拓跋珪在拟定国号的过程中，一直受到保守的鲜卑贵族的强烈抵制。为了顺利推动北魏的国名变更，而且鉴于“土德”与“魏”之国号又有密不可分的内在联系，皇始元年才两次假借黄星祥瑞证明国号改易是上天意志。或许为了进一步说服鲜卑大臣，还采用祖先早期遇到的神兽作为“土德祥瑞”的理论依据。虽然直到天兴元年六月道武帝下诏颁布国家为“魏”以后，才最终得到鲜卑贵族们的默认。

但是在此之前，黄星与神兽作为“土德祥瑞”，对于北魏国号的顺利诞生，应该起到极为重要的推动作用。此外，虽然皇始元年六月和十一月上天没有出现过黄星，但是拓跋珪在建国以及拟定“土德”等问题上，明显具有强烈的汉化倾向，甚至主观臆造天象模仿曹魏制度以此达到政治目的。而且利用天地分野说的对应关系，把北魏纳入中原王朝的正统序列，这对于新兴政权的制度建设和吸收多元文化，都有非常重要的现实意义。

实际上道武帝坚持使用“大魏”国号应该有深度思考，或许这与他早年接受汉文化的教育有密切相关。① 如果他一直生活在漠北草原，就应该与他的祖先拥有相同的价值观和人生观，而不会在重建代国不久就由代王改称魏王，这是一个非常令人不可思议的政治事件，应该受到汉文化的直接影响才会导致他倾心向往。

关于北魏孝文帝时期改“土德”为“水德”，实际上这与时代特点和政治格局密切相关。道武帝草创初期，主要谋求快速进入到中原王朝的正统序列，并寻求北方汉人士族阶层的广泛支持，因此他的“正统观”是新兴王朝怎样延续的基本问题。换言之，它属于历史(前后时间)学问题。孝文帝时期国力已经远超南朝，因此他的“正统观”是否定南朝政权的合法性问题。换言之，它属于政治(南北空间)学问题。从而这两代“正统观”的争论焦点，也是时间意识与空间观念问题。

① 孙险峰：《北魏道武帝的早年经历论考》，(日本)《中国文化——研究と教育》第68号，2010年，第32~41页。

第六章 北魏日食、卜辞与政治的时空观念

引　言

今天我们都知道，当月球遮挡住太阳光线照射到地球的某个区域时，那里就会发生日食现象。但是在中国古代的社会里，发生日食却被认为是“月来掩之也，臣下蔽君之象”。① 因此统治者非常关注它会对政权产生怎样的负面影响。由于古代天文官很早就已经知道发生日食存在一定的客观规律，这就促使历代的天文官们或者占星家们不断积累经验，并且把观测结果汇编成日占卜辞，以此探索宇宙观和人间社会的政治伦理。

虽然北魏是鲜卑拓跋部建立的少数民族政权，但是在观测日食的技术上和有关日占卜辞的理论上，完全受到传统的汉文化影响。《魏书·天象志一》就保存了从道武帝天兴三年(400年)至孝静帝武定六年(548年)大约150年间的61次日食数据，其中31条还附带日占卜辞和占验结果。② 这说明北魏统治者认为日食、卜辞与政治之间具有紧密的关

---

① (唐)李淳风：《乙巳占》，《丛书集成初编》，中华书局1985年版，第21页。

② (北齐)魏收：《魏书》卷一百五之一《天象志一》，中华书局1974年版，第2334~2344页。

联。比如《魏书·天象志一》记载："(太和十三年)二月乙亥朔，日十五分蚀八。占曰，有白衣之会。"①这次日食发生在二月，占卜内容是"有白衣之会"。关于二月对应的二十八星宿的天区，《开元占经·日占一》"日行度"条载："河图曰：……正月在营室、二月在奎、三月在胃、四月在毕、五月在东井、六月在柳、七月在翼、八月在角、九月在房、十月在尾、十一月在斗、十二月在牵牛。"②这说明二月对应西方七宿的奎宿。《开元占经·日占六》"日在西方七宿蚀"条载："《春秋·感精符》曰：日蚀奎南，邦不宁，有白衣之会。"③可以看出《魏书·天象志一》记载的"太和十三年二月乙亥日"发生日食，以及引用的日占卜辞，与"日在西方七宿蚀"记载的时间(二月)、空间(奎宿)和卜辞(有白衣之会)完全相同。但是如果按照二十八星宿与月份的对应关系，太阳每个月的视运动要经过几个星区，也就是"每个月份"与"每个星区"的空间距离并不相等。因此在这套卦辞的占卜理论中，拥有怎样的时空观问题尚待考辨。此外，《魏书·天象志一》记载："(正光元年)正月乙亥朔，日有蚀之。占曰，有大臣亡。"④其中的卜辞为"大臣亡"，发生在"正月"。关于它的卜辞来源，《开元占经·日占六》"日十二月蚀"条载："京房易传曰，正月日蚀……大臣一人死。"⑤这里面的"大臣一人死"，非常接近《魏书·天象志一》记载的"大臣亡"，卜辞时间都在正月，这与《天象志一》记载的日食时间完全相同，所以很可能北魏的天文官使用过"日十二月蚀"。那么这套卜辞拥有怎样的时空观理论

① (北齐)魏收：《魏书》卷一百五之一《天象志一》，中华书局1974年版，第2337页。

② (唐)瞿昙悉达：《开元占经》卷五《日行度》，九州出版社2012年版，第42页。

③ (唐)瞿昙悉达：《开元占经》卷十《日占六》，九州出版社2012年版，第114页。

④ (北齐)魏收：《魏书》卷一百五之一《天象志一》，中华书局1974年版，第2341页。

⑤ (唐)瞿昙悉达：《开元占经》卷十《日占六》，九州出版社2012年版，第105页。

呢?《魏书·天象志一》记载:“(天兴六年)四月癸巳朔,日有蚀之。占曰:兵稍出。……(太平真君六年)六月戊子朔,日有蚀之。占曰,有九族夷灭。”①对于这两次日食时间和卜辞内容,《开元占经·日占六》“日六甲蚀”条载:“京氏曰:癸巳日蚀……兵稍出。”②《开元占经·日占六》“日六甲蚀”条载:“京房曰:戊子日蚀……九族夷灭。”③可以看出《魏书·天象志一》的“干支日”的卜辞内容与《京房占》完全相同。因此北魏时期的天文官应该使用过“日六甲蚀”,以此推导未来政治人事的发展变化。那么这套“日六甲蚀”又有怎样的时空观理论呢?

在考察《魏书·天象志一》的日占卜辞之前,首先需要探讨本章借用的卜辞出典问题。前文多处引用的《开元占经》(或《唐开元占经》),它是唐代瞿昙悉达(724年卒)编撰的一部集大成的星占卜辞著作。薄树人先生认为这部巨著的成书时间应该在作者离世前夕。④ 虽然北魏至唐代战乱频发,但是由于统治者的格外重视,很多日占卜辞得以保存。尽管北魏的建国时间早在李唐之前,然而《魏书·天象志一》引用的日占卜辞,几乎都能够在《开元占经》中找到线索。这说明北魏天文官使用的卜辞文献,与瞿昙悉达所见史料拥有相同源头,其后才被他辑录到《开元占经》。因此本章在考察北魏的日占卜辞时,尽管经常引用唐代辑录的《开元占经》,但并不会出现用后代文献论证前代历史的矛盾性错误,这在本章的考察过程中,更能印证这个学术观点。

---

① (北齐)魏收:《魏书》卷一百五之一《天象志一》,中华书局1974年版,第2334页、第2335页。

② (唐)瞿昙悉达:《开元占经》卷十《日占六》,九州出版社2012年版,第109页。

③ (唐)瞿昙悉达:《开元占经》卷十《日占六》,九州出版社2012年版,第109页。

④ 参见薄树人:《中国文化史上的一部奇书》,(唐)瞿昙悉达:《唐开元占经》(前言),中国书店1989年版,第3页。

本章主要研究北魏时期的日食、卜辞与政治之间关系的问题，也就是《魏书·天象志一》引用的“日在二十八星宿蚀”“日十二月蚀”和“日六甲蚀”究竟体现了怎样的时间与空间理论，考察这些问题对于了解北魏的宇宙观和政治文化，具有重要的意义，这也是迄今为止学界尚未深入探讨的课题之一。

第一节　日在二十八星宿蚀

尽管北魏为鲜卑拓跋少数民族政权，但是在日食占卜理论方面，完全汲取汉文化的宗教信仰，往往通过日占卜辞推导国家政治的未来走向。北魏史料中很多把相关的政治结论与日食占卜相结合的文献，说明北魏时期的日占思想发挥重要的政治引导作用。在《魏书·天象志一》记载的31条日占卜辞中，究竟有多少属于“日在二十八星宿蚀”，其中分别使用了哪几种日占卜辞？这些卜辞又涉及怎样的时间与空间的理论问题呢？下面将进行探讨。

一、“日在二十八星宿蚀”的基本特点

所谓“日在二十八星宿蚀”，是指太阳以周年视运动，沿黄道进入到二十八星宿的相关星区时，天文官对发生的日食进行占卜。它由“日在东方七宿蚀”“日在北方七宿蚀”“日在南方七宿蚀”“日在西方七宿蚀”四方面构成。关于“日在二十八星宿蚀”的卜辞，《开元占经·日占六》共计收入《黄帝占》《甘氏占》《京氏占》《春秋·感精符》《石氏占》《洛书·说征示》《郗萌占》《河图·圣洽符》《海中占》《陈卓占》《盛悬象说》11种。① 这说明古代星占家非常关注日食与二十八星宿之间的内在联系。

① （唐）瞿昙悉达：《开元占经》卷十《日占六》，九州出版社2012年版，第112~116页。

现代天文学对于古代发生的日食时间，已经能够做出回推计算和科学检验，这对研究古代的日食问题具有重要意义。比如北魏时期保存的日食数据就是其中的事例之一。按照表 6-1 归纳的第 4 条，《天象志一》记载为延兴四年正月癸酉朔，即公元 474 年 2 月 3 日，然而按照《日食表》数据，实际发生时间为公元 474 年 2 月 2 日 23 时 54 分，距离《天象志一》记载的数据相差 6 分钟，并且这次日食发生在黑夜，当时天文官很可能无法通过实地观测，而是根据数学计算获得结果，这点可以说明中国古代日食观测技术非常发达，甚至已经拥有比较准确的科学方法。再如表 6-1 的第 9 条数据，《天象志一》记载为永平四年十二月壬戌朔，即 512 年 1 月 4 日，但是实际发生的时间在 512 年 1 月 5 日 10 时 42 分，这比《天象志一》记录的时间要推迟 1 天。按照古代历法记载日食时间往往在初一，但是此次却发生在初二，它说明这时期的北魏历法很可能出现了不准确，因此导致天文官无法及时纠正历法错误，只能按照惯例记录日食时间，这才有 1 天的误差。其他 11 条日食时间记载得比较准确，这说明北魏时期有较发达的天文观测技术。

另一方面，根据表 6-1 得知，在《天象志一》中有 13 条属于“日在二十八星宿蚀”，它们分别是《甘氏占》6 条、《石氏占》1 条、《春秋・感精符》6 条，这些卜辞几乎都有规律性。比如第 1 条、第 6 条、第 7 条在二月，星区皆在奎宿，其卜辞都是“有白衣之会”；第 10 条、第 11 条在五月，星区皆在东井，分别采用了同一个卜辞中的“秦邦不臣”和“天下大旱，民流千里”；第 2 条、第 12 条在四月，星区皆在毕宿，卜辞分别采用《春秋・感精符》和《甘氏占》；第 8 条在正月，星区在营宿，其卜辞内容与《春秋・感精符》仅有一字之差；第 3 条在十月，星区在尾箕，其卜辞“尊后有忧”与《春秋・感精符》的出典完全相同；第 5 条在三月，星区在胃宿，卜辞为“大臣诛”。第 4 条、第 13 条都在正月，星区在北方七宿的危宿，选择的卜辞是《甘氏占》。但是按照文献记载，正月对应营室，因此第 4 条和第 13 条出现了时间与空间差别。第 9 条在十二月，卜辞为“其国叛兵发”，星区虽在牛四度，却借用了《甘氏占》的“斗宿”的卜辞材料，这里面也有星区差别问题。因此下面讨论《天象志一》引用“日在二十八星宿蚀”的占卜特点，以及第 4 条、第 9 条和第 13 条等卜辞，涉及的“空间(星区)”与“时间(月份)”的理论问题。

表 6-1　《魏书》日在二十八星宿蚀调查表①

序号	《日食表》时间/食分	纪元/年号/《天象志一》出典	《开元占经》卷十《日占六》
1	462. 3. 17. 11. 40/0. 93	462. 3. 17/和平三年/二月壬子朔，日有蚀之。占曰：有白衣之会	春秋感精符曰：日蚀奎南，邦不宁，有白衣之会
2	468. 5. 8. 11. 06/1. 06	468. 5. 8/皇兴二年/四月丙子朔，日有蚀之。占曰：将诛	春秋感精符曰：日蚀毕……其将若军校尉诛
3	468. 11. 1. 09. 05/0. 91	468. 11. 1/皇兴二年/十月癸酉朔，日有蚀之。占曰：尊后有忧	春秋感精符曰：日蚀尾箕中，尊后有忧
4	474. 2. 2. 23. 54/0. 05	474. 2. 3/延兴四年/正月癸酉朔，日有蚀之。占曰：有崩主，天下改服，有大臣死	甘氏曰：日蚀危，必有兵丧，大臣薨，天下改服
5	479. 4. 8. 14. 55/0. 97	479. 4. 8/太和三年/三月癸卯朔，日有蚀之。占曰：大臣诛	石氏曰：日蚀胃，国有忧，大臣诛

① 李广宇、何玉囡、张健、张培瑜：《夏商周时期的天象和月相·5000 年日食表》，世界图书出版社 2007 年版，第 76~78 页；(北齐)魏收：《魏书》卷一百五之一《天象志一》，中华书局 1974 年版，第 2335~2344 页；(唐)瞿昙悉达：《开元占经》卷十《日占六》，九州出版社 2012 年版，第 112~116 页。

续表

序号	《日食表》时间/食分	纪元/年号/《天象志一》出典	《开元占经》卷十《日占六》
6	489. 3. 18. 14. 06/0. 92	489. 3. 18/太和十三年/二月乙亥朔，日十五分蚀八。占曰：有白衣之会	春秋感精符曰：日蚀奎南，邦不宁，有白衣之会
7	490. 3. 7. 14. 20/0. 93	490. 3. 7/太和十四年/二月己巳朔……日十五分蚀一。占曰：有白衣之会	春秋感精符曰：日蚀奎南，邦不宁，有白衣之会
8	491. 2. 24. 19. 52/0. 98	491. 2. 24/太和十五年/正月癸亥晦，日有蚀之。占曰：王者将兵，天下扰动	春秋感精符曰：日蚀营室，王者自将兵，天下扰动
9	512. 1. 5. 10. 42/0. 96	512. 1. 4/永平四年/十二月壬戌朔，日有蚀之。在牛四度。占曰：其国叛兵发	甘氏曰：日入斗度而蚀，其国反叛兵起
10	512. 6. 29. 17. 14/1. 02	512. 6. 29/延昌元年/五月己未晦，日十五分蚀九。占曰：大旱，民流千里	甘氏曰：日蚀东井，秦邦不臣……天下大旱，民流千里
11	522. 6. 10. 09. 37/1. 06	522. 6. 10/正光三年/五月壬辰朔，日有蚀之。占曰：秦邦不臣	甘氏曰：日蚀东井，秦邦不臣……天下大旱，民流千里
12	534. 4. 29. 15. 01/0. 93	534. 4. 29/永熙三年/四月癸丑，日有蚀之。占曰：有乱杀天子者	甘氏曰：日在昴毕而蚀，戒之在众，主狱之臣，有乱天子者
13	547. 2. 6. 15. 53/1. 02	547. 2. 6/武定五年/正月己亥朔，日有蚀之。……占曰：不有崩丧，必有臣亡，天下改服	甘氏曰：日蚀危，必有兵丧，大臣薨，天下改服

所谓空间，这里指《春秋·感精符》《甘氏占》和《石氏占》的日占卜辞涉及的星区。由于二十八星宿每年都会发生位移，日积月累就会使每百年出现1.4度左右的星区变化。甘、石二公生活在战国时期，距离北魏800多年，如果超过该星区所辖范围，就会影响到占卜数据的准确性。那么北魏时期测定的二十八星宿的天区，究竟各占据多少度数呢？《魏书·律历志下》记载："北方玄武七宿(共计九十八度一千四百七十七分)：斗二十六度，牛八度，女十二度，虚十度，危十七度，室十六度，壁九度。西方白虎七宿(共计八十度)：奎十六度，娄十二度，胃十四度，昴十一度，毕十六度，觜二度，参九度。南方朱雀七宿(共计一百一十二度)：井三十三度，鬼四度，柳十五度，星七度，张十八度，翼十八度，轸十七度。东方苍龙七宿(共计七十五度)：角十二度，亢九度，氐十五度，房五度，心五度，尾十八度，箕十一度。"①合计三百六十五度又一四七七分。古代历法测定的一年的时间或空间度数，两汉以前为三百六十五度又四分之一度，② 即所谓的四分历。汉代太初历测定为三百六十五度又一五三九分。③ 现在测定每年大约365.2422日。尽管战国至北魏使用的历法不同，但年度数值之间只有微小差别。然而如果比较战国与北魏之间的星区度数，就会发现战国时期的甘、石二公，使用的"日在二十八星宿蚀"的相关卜辞，降至北魏时期如果超出了星区所辖范围便不能再使用。而且二十八星宿的各个天区之间的距离并不是平均值，甚至东方七宿的房宿和心宿仅有5度，因此北魏的天文官在占卜日食时，是否能够参考《甘氏占》和《石氏占》的日占卜辞，不仅要看二十八星宿在这两个历史时期的星区差异情况，也是在检讨北魏

① (北齐)魏收：《魏书》卷一百七下《律历志下》，中华书局1974年版，第2713页。

② (西晋)司马彪：《续汉书》志二《律历志中》，见范晔《后汉书》，中华书局1965年版，第3030页。

③ (汉)班固：《汉书》卷二十一下《律历志下》，中华书局1962年版，第1006页。

的日占卜辞理论与天文学的基础知识是否契合。

除了战国至北魏有 800 多年的时间差别之外，这里的所谓“时间”，还包括战国与北魏之间的岁首问题。《史记·历书》记载：“夏正以正月为正，殷正以十二月为正，周正以十一月为正。”①战国时期以周正的建子之月为岁首，北魏时期以建寅之月为岁首，也就是这两个历史时期拟定的正月相差 2 个月，所以即使在相同月份也未必在相同星区，也可以说在相同星区也未必在相同月份。因此如果战国与北魏的空间(星区)与时间(岁首)发生错位现象，北魏的天文官要想继续使用这些日占卜辞，便会在理论上和实践上出现时间与空间的矛盾。下面分别考察这三种日占卜辞的创作年代。《春秋·感精符》最早见于东汉，班固《白虎通义·日月》“右论日月右行”条载：“感精符曰，三纲之义，日为君，月为臣也。”②这说明该卜辞至少在东汉早期已经出现了，甚至这条文献还涉及日与月之间的关系问题，实际上也是日食与政治之间的理论问题。再如《续汉书·律历志中》也载有《感精符》的卜辞名称。即“孝章皇帝以《保乾图》三百年斗历改宪，就用《四分》。以太白复枢甲子为癸亥，引天从算，耦之目前。更以庚申为元，既无明文，托之于获麟之岁，又不与《感精符》单阏之岁同。史官相代，因成习疑，少能钩深致远，按弦望足以知之”。③ 这里面就言及《感精符》，还涉及月球的运行规律问题。《魏书·天象志四》亦载：“感精符曰：天下以兵相威，以势相乘，至威乱，起布衣，从衡祸，未庸息，帝宫基空。”④可以看出降至北魏时期，《春秋·感精符》作为历史材料已经被引用过，北魏政权依然受到这种思想的影响。而且从时间角度看，东汉与北魏都施行夏正建寅，所

① (汉)司马迁：《史记》卷二十六《历书》，中华书局 1959 年版，第 1258 页。

② (清)陈立：《白虎通义疏》卷九《日月》，中华书局 1997 年版，第 424 页。

③ (西晋)司马彪：《续汉书》志二《律历志中》，见范晔《后汉书》，中华书局 1965 年版，第 3035 页。

④ (北齐)魏收：《魏书》卷一百五之四《天象志四》，中华书局 1974 年版，第 2439 页。

以它们之间并没有月份差别。如果从空间角度看，由于东汉与北魏相差400年左右，从而导致它们的黄经大约相差5度，可以说这两个朝代之间，还没有超出目前所见的这套日占卜辞涉及的时间与空间的理论范围。因此，北魏采用《春秋·感精符》作为文献出典，基本上不会出现时空错位问题。

关于《魏书·天象志一》引用的《甘氏占》和《石氏占》的作者资料，按照《史记·天官书》记载，甘德与石申皆为战国时期人。① 那么《天象志一》引用的《甘氏占》和《石氏占》，是否为他们的原著呢？这应该有三种可能性：其一，为后代占星家假托，这样在时间与空间方面，与北魏时期就不会出现错位现象；其二，后代占星家已经修复《甘氏占》和《石氏占》存在的时空差别，卜辞本身符合北魏时期的正朔和星区；其三，基本上保持了甘、石二公的日占卜辞原貌。如果《甘氏占》和《石氏占》属于前两种情况，便不会影响北魏的日食占卜理论。然而倘若是甘、石二公的日占卜辞原文，这就很容易出现天文历法的时空错位问题。对于《开元占经》卷六十至卷六十三和卷六十五至卷六十八记载的二十八星宿等121颗恒星赤道坐标，中外学者们经过持续研究，大体上有几种不同观点。日本学者上田穰先生认为这是公元前360年的观测结果，还有部分内容属于公元200年的观测结果。② 潘鼐先生认为这是公元前450年的观测结果，他也赞同上田穰认为还有一些恒星为公元200年的观测结果的观点。③ 日本学者薮内清先生认为是公元前70年的观测结果。④ 由于《开元占经》卷十收入的《石氏占》和《甘氏占》也是针对二十八星宿的日占卜辞，如果确实是石甘二公的原著，这就与《魏书·天象志一》

① （汉）司马迁：《史记》卷二十七《天官书》，中华书局1959年版，第1343页。

② ［日］上田穰：《石氏星经の研究》，《东洋文库论丛》第12期，1939年，第119页。

③ 潘鼐：《中国恒星观测史》，学林出版社2009年版，第91页。

④ ［日］薮内清：《〈石氏星经〉的观测年代》，《中国科技史料》（第5卷）1984年第3期，第16页。

记载的日食时间相差 800 多年，那么在这样漫长的岁月里，二十八星宿大约会有多少度数的星区位移呢？北魏使用这些日占卜辞是否科学呢？下面继续考察其中的时空观的理论问题。

二、“日在二十八星宿蚀”的卜辞理论

通过前面的文献考察和天文历法的数据比较，在《魏书·天象志一》使用的 13 条卜辞中，它们所指的星区和空间度数，分别是尾宿占据 18 度，斗宿占据 26 度，营室占据 16 度，奎宿占据 16 度，胃宿占据 14 度，毕宿占据 16 度，井宿占据 33 度。虽然战国时期的二十八星宿位置，降至北魏会有 11 度左右的空间位移(见表 6-2)，《魏书·天象志一》使用的卜辞都没有超出 11 度的星宿辖区。那么表 6-1 中的第 4 条、第 9 条和第 13 条的日占卜辞，为什么会出现时空错位问题呢？

表 6-2　公元前 300 年至公元 500 年二十八星宿黄经度变化①

二十八星宿		公元前 300 黄经度	公元 500 黄经度	所辖星区度数	月份	北魏占卜次数
北方七宿	斗	251.7914	262.8357	26	十一月	
	牛	271.8735	282.9640	8		1
	女	279.7872	290.8662	12		
	虚	291.2245	302.2837	10	十二月	
	危	304.7760	315.8925	17		
	室	321.6054	332.6607	16	正月	3
	壁	342.4600	353.5046	9		

① 李广宇、何玉囡、张健、张培瑜：《夏商周时期的天象和月相·二十八星宿古度位置》，世界图书出版社 2007 年版，第 328～384 页；(汉)班固：《汉书》卷二十一下《律历志下》，中华书局 1962 年版，第 1005～1007 页；(北齐)魏收：《魏书》卷一百五之一《天象志一》，中华书局 1974 年版，第 2335～2344 页。

续表

二十八星宿		公元前 300 黄经度	公元 500 黄经度	所辖星区度数	月 份	北魏占卜次数
西方七宿	奎	358. 5012	9. 565651	16	二月	3
	娄	2. 023768	13. 10459	12		
	胃	16. 27356	27. 34931	14	三月	1
	昴	28. 05018	39. 13151	11		
	毕	37. 81025	48. 90590	16	四月	2
	觜	51. 65225	62. 74082	2		
	参	56. 79178	67. 88391	9		
南方七宿	井	67. 13852	78. 23056	33	五月	2
	鬼	94. 32968	105. 2190	4		
	柳	98. 45079	109. 5055	15	六月	
	星	115. 4639	126. 5051	7		
	张	133. 2845	144. 2996	18		
	翼	144. 9667	155. 96962	18	七月	
	轸	158. 9648	169. 9841	17		
东方七宿	角	171. 9271	183. 0001	12	八月	
	亢	182. 5628	193. 6415	9		
	氐	193. 1888	204. 2542	15		
	房	210. 6186	221. 6981	5	九月	
	心	216. 4221	228. 8901	5		
	尾	234. 5140	245. 5916	18	十月	1
	箕	241. 7465	252. 7985	11		

关于北魏时期的二十八星宿的所占天区的细致划分，以及与月份和十二星次的对应关系，《魏书 · 律历志上》记载：

斗一至牛五，星纪，丑（十一月）。　牛五至危五，玄枵，子（十二月）。

危五至壁三，陬訾，亥（正月）。　壁三至娄八，降娄，戌（二月）。

娄八至毕二，大梁，酉（三月）。　毕二至井五，实沈，申（四月）。

井五至鬼三，鹑首，未（五月）。　鬼三至张七，鹑火，午（六月）。

张七至轸一，鹑尾，巳（七月）。　轸一至亢三，寿星，辰（八月）。

亢三至心四，大火，卯（九月）。　心四至斗一，析木，寅（十月）。①

根据表6-1第4条“延兴四年（474年）正月癸酉朔”和第13条“武定五年（547年）正月己亥朔”的文献记载，可知这两次日食都发生在正月，这个月份对应的星区是危五至壁三。也就是从危宿的5度开始计算至壁宿的3度为止。原本危宿是17度，减去5度之后从12度开始计算，营室16度不变，原本壁宿为9度，这个月仅计算到3度为止，并且因为在划分二十八星宿时，每两个月份多占据1度空间，所以这里需要减去1度。即：

危宿12度+营室16度+壁宿3度−1度=30度

因此危宿星区可以划归为正月，但正月并不仅限于危宿，还有营室16度和壁宿3度，尤其是古代历法往往把营室星区对应正月，比如《吕氏春秋·孟春纪》记载：“孟春之月，日在营室。”②从而第4条和第13条在正月发生日食时，使用危宿的日占卜辞尽管没有理论错

① （北齐）魏收：《魏书》卷一百七上《律历志上》，中华书局1974年版，第2686页。

② 许维遹：《吕氏春秋集释》卷一《孟春纪》，中华书局2011年版，第5页。

误，但是用危宿完全指代正月并不妥当。因此这个月份发生日食引用危宿星区的卜辞，便会出现时间（月份）与空间（星区）无法调和的错位问题。

再如根据表6-1第9条“永平五年十二月壬戌朔，日有蚀之，在牛四度”的文献记载，这次日食发生在十二月。但是如果星区在牛四度，月份应该在十一月，此月份对应的星区范围是“斗一至牛五”。也就是从斗宿的1度开始计算至牛宿的5度为止，尽管牛宿有8度的空间范围，但这个星区对应的月份仅用5度，再减去两个月份多占据的1度空间。即：

斗宿26度+牛宿5度-1度=30度

按照二十八星宿的天区分布，牛四度属于十一月份的时间范围，所以《魏书·天象志一》引用《甘氏占》的“斗宿”材料，占卜在牛宿发生的日食，这并不符合日占理论的前提条件。因此“日在二十八星宿蚀”的卜辞体系，或许不需要“月份”作为记录日食的时间参数。北魏的天文官如果不详加考察它的卜辞理论和占卜技法，便会出现正朔与星区的时空错位问题。下面再来看《开元占经·日在西方七宿蚀》记载的一组《甘氏占》的卜辞：

甘氏曰：日在奎娄而蚀，慎之在主边境厩库之臣。

甘氏曰：日在娄而蚀，戒之在聚敛之臣。

甘氏曰：日在胃而蚀，戒之在主委输之臣。

甘氏曰：日在昂毕而蚀，戒之在众主狱之臣，有乱天子者。

甘氏曰：日在觜参伐而蚀，戒之在将兵之臣。

甘氏曰：日在参伐而蚀，戒之在将帅之臣。①

① （唐）瞿昙悉达：《开元占经》卷十《日在西方七宿蚀》，九州出版社2012年版，第114~115页。

通过这组《甘氏占》的卜辞记载方式，可以看出这里面仅强调太阳与西方七宿的空间关系，并没有涉及“月份”之类的时间词语。因为太阳每个月都要跨过几个星区(仅有井宿 33 度例外)，然而发生日食的星区无法对应整个月份。换言之，每个月份涵盖几个星区，一个星区基本小于一个月份，因此“日在二十八星宿蚀”的时间与空间并不能完美契合。所以《甘氏占》等卜辞并没有用“月份”记载发生日食的时间，只用“星区”标注日食的空间位置。

关于日食、卜辞与政治文化三者之间的关系，下面以表 6-1 的第 8 条的卜辞为例。《魏书·天象志一》记载：“(太和十五年)正月癸亥晦，日有蚀之。占曰：王者将兵，天下扰动。十七年六月丙戌，高祖南伐。”①根据《日食表》的研究成果，孝文帝太和十五年正月癸亥为纪元 491 年 2 月 24 日，当日 19 时 52 分发生了一次食分为 0. 98 的日偏食。而且按照前面考察的“日在二十八星宿蚀”的卜辞理论，正月太阳运行在北方玄武的营室，《春秋·感精符》记载：“日蚀营室，王者自将兵，天下扰动。”所以能够证明《魏书·天象志一》的“太和十五年正月”的日占卜辞参照了《春秋·感精符》。实际上孝文帝此次南伐的目的是计划迁都洛阳，但是如果直接与朝臣商谈此事，一定会遭到鲜卑贵族们的强烈反对。所以便借助日食以南伐之名先把军队带到洛阳，再伺机决定迁都事宜，这是借助天象解决政治矛盾的方法之一。

总之，《魏书·天象志一》记载的 13 条占卜数据，它们皆为“日在二十八星宿蚀”的日占卜辞。这是太阳视运动到二十八星宿发生日食时，进行占卜的理论技法。而且这个卜辞体系只强调太阳与二十八星宿的空间运动关系，并不需要月份作为记录日食的时间参数。因为战国时期与北魏的岁首不同，所以天文官在引用《石氏占》和《甘氏占》时，尽管这两个时代涉及的星区度数并没有超出占卜理论范围，原则上后代的

---

① (北齐)魏收：《魏书》卷一百五之一《天象志一》，中华书局 1974 年版，第 2338 页。

天文官只要采用战国时期的这两套卜辞，就应该保留相关的星区和度数，并不需要用月份记载日食时间。而且二十八星宿的空间位置不断发生位移，原本相互对应的星区与月份也会逐渐发生时空错位现象。古人在记载日食等影响国家政治的大事件时，又需要月份作为历史见证和时间坐标，这就必然导致北魏使用相关卜辞时，出现既要采用时间记录的天象征兆和政治事件，却又无法回避空间的矛盾。实际上这显示出“日在二十八星宿蚀”的理论存在欠缺，只不过天文官需要结合统治者的政治意愿，要在这套卜辞中寻找某种理论依据而已。

第二节　日十二月蚀

古人很早就对月球有过观察，甚至与潮汐连在一起。汉代王充《论衡·书虚篇》记载：“涛之起也，随月盛衰，大小满损不齐同。”①上节考察的“日在二十八星宿蚀”，是以太阳与二十八星宿的空间运动为主体的日占卜辞。然而产生日食现象离不开月球，因此古代占星家另建构了一套以“月份”为主体的占卜体系，即“日十二月蚀”。在《开元占经·日占六》“日十二月蚀”条中，共有《京房易传》或《京氏易传》（以下统称为《京房易传》）、《石氏占》和《陈卓占》三种卜辞，而且它们的12个月份的数据都很完整。那么北魏时期经常使用哪种卜辞？其中又有怎样的时空观理论呢？

一、“日十二月蚀”的基本特点

表6-3的考察数据显示，《魏书·天象志一》记载的31条日占卜辞中，共有5条属于“日十二月蚀”，并且它们的日占卜辞都采用了《京房易传》。其中的第1条日食在六月，第3条的日食在二月晦，第5条的日食在正月。如果把这三次日食与《日食表》记载的时间进行比较，可

① 黄晖：《论衡校释》卷四《书虚篇》，中华书局1990年版，第186页。

以看出北魏天文官观测的数据非常准确。但是第4条的日食发生在公元520年2月5日08时14分，这天是正月初二丙子日，然而《魏书·天象志一》记载为："(正光元年)正月乙亥朔，日有蚀之。占曰：有大臣亡。"即公元520年2月4日，这比实际发生的时间提前了1天。这是天文官按照日食发生在"初一"的惯例进行记录的结果。因为即使移动1天也没有超出一个月的时间范围，占卜对象和对应卜辞完全相同，所以并不是为了寻找更合适的卜辞，才擅自改动的日食时间。关于第2条的日食时间，《魏书·天象志一》记载："(延兴元年)十二月癸卯，日有蚀之。"按照古今历法进行换算，应该为472年1月15日，那么这天是否发生过日食呢？

表6-3　《魏书》日十二月蚀调查表①

序号	《日食表》数据/食分	纪元/年号/《天象志一》原文	《开元占经》卷十《日占六》
1	400.7.8.11.43/1.03	400.7.8/天兴三年/六月庚辰朔，日有蚀之。占曰：外国侵，土地分	京房易传曰：六月日蚀……外国侵，土地分
2	472.2.25.06.54/0.93	472.1.15/延兴元年/十二月癸卯，日有蚀之。占曰：有兵	京氏易传曰：十二月日蚀，天下有兵
3	478.4.19.03.45/1.03	478.4.19/太和二年/二月乙酉晦，日有蚀之。占曰：有欲反者，近三月，远三年	京房易传曰：三月日蚀，有欲反者，近期三月，远期三年

① 李广宇、何玉囡、张健、张培瑜：《夏商周时期的天象和月相·5000年日食表》，世界图书出版社2007年版，第74~78页；(北齐)魏收：《魏书》卷一百五之一《天象志一》，中华书局1974年版，第2335~2344页；(唐)瞿昙悉达：《开元占经》卷十《日占六》，九州出版社2012年版，第105~107页。

续表

序号	《日食表》数据/食分	纪元/年号/《天象志一》原文	《开元占经》卷十《日占六》
4	520. 2. 5. 08. 14/1. 03	520. 2. 4/正光元年/正月乙亥朔，日有蚀之。占曰：有大臣亡	京房易传曰：正月日蚀……大臣一人死
5	538. 2. 15. 16. 42/1. 03	538. 2. 15/元象元年/正月辛丑朔，日有蚀之。占曰：大臣死	京房易传曰：正月日蚀……大臣一人死

经过对《日食表》记载的数据核实，虽然公元472年有两次日食记录，但是《天象志一》记载的472年1月15日并没有发生过日食(见表6-4)。实际上对于这天的日食时间，已经有学者提出过质疑。中华书局标点本的《魏书》的“校勘记”认为：“高祖延兴元年十二月癸卯日有蚀之。按是年十二月乙酉朔，癸卯是十九日，不应有日蚀。”①尽管有学者怀疑北魏记载这次日食时间的准确性，但是并没有继续深究它的内在原因。本书结合古今历法换算和数据比对，赞同《魏书》“校勘记”提出的观点，即“癸卯日”为十九日，根本不可能发生日食。如果深究其中的主要原因，实际上它涉及空间与时间问题，也涉及古代修订历法的基本原则问题。

如果从空间角度思考，原则上每个月的朔日(初一)未必都发生日食，但是发生日食应该在朔日是因为古代制定历法时，主要根据二十八星宿、五大行星、太阳、月亮和地球等星球的空间位置和运行规律来确定日期。由于太阳和月亮的视圆面直径只有半度左右，而黄道和白道之间有大约5°9′的夹角，因此只有当朔时太阳和黄白交点的距离在一定范

① (北齐)魏收：《魏书》卷一百五之一《天象志一》，中华书局1974年版，第2345页校勘记〔一〕。

围内才会发生日食。①《魏书·律历志上》"章岁五百五"条下注:"古十九年七闰,闰余尽为章。积至多年,月尽之日,月见东方,日蚀先晦,辄复变历。"②这说明使用一部历法时间久远以后,往往通过观测日食时间的准确性,才考虑是否需要修订历法。古代计算一年的起始时间,就是根据晦日、朔日和冬至的交界点计算。《史记·历书》记载:"太初元年,岁名焉逢摄提格,日得甲子,夜半朔旦冬至。"③汉武帝时期修订历法从这个时间点开始计算,此时太阳运行到黄道的最南端,日、月、地心及观测点在同一直线上。④ 所以古代天文官掌握的日食规律,不仅涉及观测太阳、月球和地球的空间运行情况,还是修订历法的前提条件之一。

如果从时间角度分析,按照古代对于日食的观测,只有初一发生才被认为是准确的天文历法,偏离这个日期便意味着当朝历法已经不准确了。因为中原是以农业经济为主体的社会形式,生产劳动和生活习惯都需要准确的天文历法,一旦它违背时令就会影响到农业生产。北魏时期就出现过"岁年积久,颇以为疏"。⑤ 所以一部历法用久以后需要重新修订。《元史·历志二》"授时历议"条也有"历法疏密,验在交食"。⑥因此北魏 472 年 1 月 15 日的日食时间发生在十九日,这就完全违背了历法的基本准则。但是事实上这时期的北魏历法,还没有达到如此荒疏的程度,也看不出是天文官的遗漏疏忽,那么这条日食数据被篡改,是否受到政治因素的直接影响呢?在揭示这个问题之前,下面先比较一些相关的日食数据,见表 6-4。

---

① 唐泉:《日食与视差》,科学出版社 2011 年版,第 17 页。

② (北齐)魏收:《魏书》卷一百七上《律历志上》,中华书局 1974 年版,第 2663 页。

③ (汉)司马迁:《史记》卷二十六《历书》,中华书局 1959 年版,第 1262 页。

④ 刘洪涛:《古代历法计算法》,南开大学出版社 2005 年版,第 4 页。

⑤ (北齐)魏收:《魏书》卷一百七上《律历志上》,中华书局 1974 年版,第 2659 页。

⑥ (明)宋濂:《元史》卷五十三《历志二》,中华书局 1976 年版,第 1253 页。

表 6-4　公元 471 年至 473 年日食时间表①

序号	年	月	日	时	分	干支	食分	食
1	471	3	8	06	57	庚寅	0.92	日环食
2	471	9	1	02	45	丁亥	1.04	日全食
3	472	2	25	06	54	甲申	0.93	日环食
4	472	8	20	17	55	辛酉	1.01	日全食
5	473	2	13	11	54	戊寅	0.97	日环食
6	473	8	10	03	30	丙子	0.96	日环食

表 6-4 中的数据显示，公元 471 年至公元 473 年共有 6 次日食，可见公元 472 年 1 月 15 日并没有发生日食。但是距离这次日食最近的时间为公元 472 年 2 月 25 日，即延兴二年二月甲申日(初一)。那么公元 472 年 1 月 15 日与公元 472 年 2 月 25 日这两个日期之间，是否存在某种关联性呢？下面考察“日十二月蚀”的相关理论问题。

二、“日十二月蚀”的卜辞理论

《魏书·天象志一》记载 5 条与“日十二月蚀”相关的卜辞，下面借助《京房易传》《石氏占》和《陈卓占》三种卜辞进行比较分析。《京房易传》曰：“正月日蚀，大臣出走，不然，大臣一人死；二月日蚀，人主夫人死，不然大旱；三月日蚀，有欲反者，近期三月，远期三年；四月日蚀，人主有过，臣有忧；五月日蚀，诸侯多死，期三年；六月日蚀，人主有谋，外国侵，土地分；七月日蚀，有反者从内起，期三年；八月日蚀，大水败城郭，天下更始，期三年；九月日蚀，外主欲自立，不成，期一年；十月日蚀，奸臣在朝，二人亲，一人远陵君，君走；十一

① 李广宇、何玉囡、张健、张培瑜：《夏商周时期的天象和月相·5000 年日食表》，世界图书出版社 2007 年版，第 76 页。

月日蚀，王者亡地，子弑父；十二月日蚀，天下有兵，大臣欲自立，不成，夫人弑君也；日以十二月正月蚀，破为两以上，王者尽走。”《石氏占》曰：“正月日蚀，不见光，人多疾；二月日蚀，不见光，人多丧；三月日蚀，不见光，水大出；四月日蚀，不见光，天下大旱；五月日蚀，不见光，大旱，民饥；六月日蚀，不见光，六畜贵；七月日蚀，不见光，其岁恶，又曰秦国恶之；八月日蚀，不见光，兵大起；九月日蚀，不见光，布帛贵；又曰卫国大恶；十月日蚀，不见光，六畜贵，又曰魏国鱼盐贵；十一月日蚀，不见光，鱼盐贵，又曰赵国大恶；十二月日蚀，不见光，谷粟贵，又日燕国牛死。”《陈卓占》曰：“正月日蚀，齐大凶，五谷贵；二月日蚀，鲁大凶，豆贵、牛死；三月日蚀，楚大凶，丝锦布帛贵；四月日蚀，宋大凶，牛食贵，六畜死；五月日蚀，梁大凶，牛死、畜贵；六月日蚀，沛大凶，稻米谷粟贵；七月日蚀，陈大凶，缯大贵；八月日蚀，郑大凶，兵起，兵革金贵；九月日蚀，韩大凶，衣盐贵；十月日蚀，秦大凶，鱼盐贵；十一月日蚀，燕大凶，鱼盐贵；十二月日蚀，赵大凶，帛贵。”①

下面用这三套卜辞继续讨论《魏书·天象志一》记载的公元 472 年 1 月 15 日的日食时间、相关卜辞和占卜结果。《魏书·天象志一》记载：“高祖延兴元年十二月癸卯，日有蚀之。占曰：有兵。二年正月乙卯，统万镇胡民相率北叛，遣宁南将军、交址公韩拔等灭之。”②这里面的日占卜辞为“有兵”，如果按照实际发生的日食时间，《京房易传》《石氏占》和《陈卓占》的“二月”卜辞，都没有记载“有兵”之类的词语。虽然《石氏占》“八月日蚀，不见光，兵大起”和《陈卓占》“八月日蚀，郑大凶，兵起，兵革金贵”的卜辞里，记载了“兵起”之类的词语，也符合这条日占卜辞的需求，但上面两条卜辞都在八月，距离北魏这次占卜日期

① （唐）瞿昙悉达：《开元占经》卷十《日十二月蚀》，九州出版社 2012 年版，第 105~107 页。此处按卜辞种类重新编排了月份顺序。

② （北齐）魏收：《魏书》卷一百五之一《天象志一》，中华书局 1974 年版，第 2336 页。

相差很远，只有《京房易传》的“十二月”卜辞中不仅有“天下有兵”，而且距离发生的日食时间最近。因此北魏的天文官需要该卜辞推导国家的政治走向，所以才把472年2月25日的日食时间，改在472年1月15日，或许这才是“错误地”记录日食时间的真正原因。而且从占卜结果的时间上核实，高祖延兴二年正月乙卯为472年1月27日，发生日食的时间在472年2月25日，所以为了验证日占卜辞的准确性，以及需要这个卜辞推导国家的政治人事的发展变化，只能把日食时间提前到472年1月15日。然而这样随意改动，却严重违背了日食应该发生在初一的历法原则。而且，《魏书·天象志一》记载：“夫在天成象，圣人是观，日月五星，象之著者，变常舛度，征咎随焉。然则明晦晕蚀，疾余犯守，飞流欻起，彗孛不恒，或皇灵降临，示谴以戒下，或王化有亏，感达于天路。”①这说明北魏时期的主流思想，依然把天象看作影响人间社会政治人事变化的重要因素之一。既然日食是表达上天意志，那么北魏天文官把第2条的日食时间，移动了40多天能够体现出天意吗？

实际上通过第2条的日食数据和日占卜辞，可以看出天文官随意改动日食时间的做法说明统治者未必完全相信发生日食会对君王产生负面影响。天文官记录日食的重点应该在于借助日占卜辞为统治阶级服务。西汉学者刘向认为：“日蚀者，月往蔽之。君臣反，不以道，故蚀。”②如果看到这段话的前半句“日蚀者，月往蔽之”，这是对日食现象的客观理解，也是从现代天文物理学角度，认识日食的发生原理，但是再看后半句的“君臣反，不以道，故蚀”，又将日食与汉代流行的天人感应混在一起。这是把自然界与人类社会发生的事情连接起来，用灾异思想

① （北齐）魏收：《魏书》卷一百五之一《天象志一》，中华书局1974年版，第2333页。

② （唐）瞿昙悉达：《开元占经》卷九《日薄蚀》，九州出版社2012年版，第90页。

作为对统治者的警告。① 那么北魏时期究竟怎样看待日食现象呢？通过上述考察，针对北魏的日占可以得出下面三个结论：其一，崇尚汉代以来的天人思想，这样便拥有了宗教信仰。其二，关注日食并记录发生时间，这是现代的自然科学意识。其三，采用日占卜辞推导未来的政治走向，这包含古代的一种政治伦理。所以北魏时期对于日食现象的基本认识，主要在于宗教信仰、自然科学和政治伦理三个方面。实际上它们之间既有区别又有联系，关系极为错综复杂，很难从一次日食和卜辞的事例中进行科学界定，只有掌握这些卜辞理论才能考察出北魏的日占思想，特别是日食、卜辞和政治之间的内在联系。

发生日食是太阳、月亮和地球三者之间的运动关系导致，这是纯粹的空间理论问题，原则上它与时间没有绝对关联，也不受时间条件的影响和限制。但是由于人类社会的科学发展，特别是天文学的不断进步，导致古人根据日月五星的运行轨迹，并以二十八星宿为空间坐标发现了时间的规律性。比如年、月、日、时（四季）等的周期性，就是古人通过生产生活的实践经验总结出的客观规律。古人很早就推算出一个月为 $29\frac{43}{81}$日，并制定出十九年七闰的历法体系。但是考察上述《京房易传》《石氏占》和《陈卓占》三家的日占卜辞，很明显它们只是按照月份的先后顺序排列出 12 组数据而已，并没有考虑闰月发生日食怎样占卜的理论问题。而且因为战国石申的《石氏占》与西汉的《京房易传》和东吴的《陈卓占》的正朔不同，《石氏占》是否经过正朔调整，对于北魏时期的日占卜辞也有很大影响。瞿昙悉达在编排这三家卜辞时，其顺序是《京房易传》→《石氏占》→《陈卓占》，如果从卜辞的重要性方面思考或许没有异议，如果按照历史的先后次序，《石氏占》应该放在《京房易传》的前面，但是瞿昙悉达把《石氏占》放置于《京房易传》之后《陈卓占》之

① 庞天佑：《论中国古代的历史总结与国家盛衰》，中国社会科学出版社 2012 年版，第 90 页。

前，这是没有考虑正朔问题呢？还是已经进行了重新加工润色呢？由于北魏天文官采用的5条“日十二月蚀”，并没有涉及《石氏占》和《陈卓占》，只选择《京房易传》一家卜辞内容，我们无法从北魏时期的史料中进行比较。很可能当时的天文官，已经有意识地回避了战国与北魏时期的正朔差别问题。

通过上述的文献考察和日食数据比较，可以看出“日十二月蚀”是根据月球的运动原理，以每个月发生的日食为占卜对象，并按照每个月的时间变化排列出的卜辞体系。但是北魏仅使用5条“日十二月蚀”的卜辞，这说明该卜辞体系有一定的局限性。卢央先生针对“日十二月蚀”，认为：“京房只注意朝廷和君王，石氏显然偏重于灾异，陈卓着重于占见日食地域情况。”①或许正如卢先生的观点，北魏统治者更关注日食给朝廷和君王带来怎样的负面影响。

第三节　日六甲蚀

前面分别讨论了以太阳运动为主体的“日在二十八星宿蚀”和以月球运动为主体的“日十二月蚀”。既然古人已经懂得日食是太阳、月球和地球三者之间位置变化产生的天象，因此也应该有以地球运动为主体的日占卜辞，这就是下面将要讨论的“日六甲蚀”。所谓“日六甲蚀”，是把天干和地支排列在一起，构成60组完整的卜辞体系，用发生日食的干支日对应卜辞的干支日，再从中寻找合适的卦辞，以此预测未来的政治变化和解决疑难问题。

一、“日六甲蚀”的卜辞特点

在《开元占经·日六甲蚀》中，《甘氏占》仅有两条卜辞数据，《京氏

---

① 卢央：《京氏易传解读》，九州出版社2004年版，第253页。

占》和《春秋·潜潭巴》记录的60条卜辞比较全面。那么北魏的天文官在占卜日食时，究竟使用了哪些“日六甲蚀”的卜辞内容，其中又有怎样的时间与空间理论问题呢？根据表6-5的考察结果，在《魏书·天象志一》记载的31条日占卜辞中，北魏共计使用了13条“日六甲蚀”，其中《京氏占》有10条，《春秋·潜潭巴》有3条。在这13条的日占卜辞中，第1、3、5、7、8、10、11、12、13条的日食时间与表6-5中的《日食表》的数据完全相同，干支日和卜辞内容也与“日六甲蚀”基本相同。

比如第1条为“(天兴六年)四月癸巳朔，日有蚀之。占曰：兵稍出”。其中的日食时间是天兴六年四月癸巳日，与《日食表》的403年5月7日在时间上完全相同，它的干支日是“癸巳日”，它的卜辞是“兵稍出”，这与《京氏占》的“癸巳日蚀……转相伐，兵稍出”不论是干支日还是卜辞内容都完全相同。第2条和第4条的干支日与“日六甲蚀”的卜辞内容大体一致，但是《魏书·天象志一》记载这两次日食时间与《日食表》略有差异。比如第4条为“(太平真君六年)六月戊子朔，日有蚀之。占曰，有九族夷灭”。其中的日食时间是太平真君六年六月戊子日，换算成现代历法为445年7月20日，《日食表》的时间是445年7月21日，这里相差了1天。虽然按照《魏书·天象志一》记载的太平真君六年六月戊子日为朔日，然而《日食表》记载的日食时间却是初二，原则上如果这天发生日食说明历法不准确。但是北魏天文官把这次日食时间选择为“戊子日”，绝不仅是初二不能发生日食的历法问题，还应该有更深层的政治含义。依据表6-5，《京氏占》的卜辞是：“戊子日蚀，妻欲害夫，九族夷灭。”这与《魏书·天象志一》的“有九族夷灭”的意思基本相同。可以看出正是由于北魏政权需要这条卜辞内容，所以才改变日食时间。如果按照实际发生的日食时间为“己丑日”，这就没有相关的日占卜辞了。

表 6-5 《魏书》日六甲蚀调查表①

序号	《日食表》数据/食分	纪元/年号/《天象志一》原文	《开元占经》卷十《日占六》
1	403. 5. 7. 14. 33/0. 95	403. 5. 7/天兴六年/四月癸巳朔，日有蚀之。占曰：兵稍出	京氏曰：癸巳日蚀……转相伐，兵稍出
2	408. 8. 8. 02. 48/1. 05	408. 8. 13/天赐五年/七月戊戌朔，日有蚀之。占曰：后死	春秋潜潭巴曰：戊戌日蚀，有殃，主后死
3	427. 7. 10. 18. 31/1. 02	427. 7. 10/始光四年/六月癸卯朔，日有蚀之。占曰：诸侯非其人	京氏曰：癸卯日蚀，诸侯非其(人)
4	445. 7. 21. 01. 51/0. 89	445. 7. 20/太平真君六年/六月戊子朔，日有蚀之。占曰：有九族夷灭	京房曰：戊子日蚀，妻欲害夫，九族夷灭
5	446. 7. 10. 10. 35/0. 96	446. 7. 10/太平真君七年/六月癸未朔，日有蚀之。占曰：不臣欲杀	京氏曰：癸未日蚀……下臣欲弑其君
6	无	449. 7. 6/太平真君十年/六月庚寅朔，日有蚀之。占曰，将相诛	春秋潜潭巴曰：庚寅日蚀，诛相，大水
7	478. 10. 12. 07. 53/0. 96	478. 10. 12/太和二年/九月乙巳朔，日有蚀之。占曰：东邦发兵	春秋潜潭巴曰：乙巳日蚀，东国发兵

① 李广宇、何玉囡、张健、张培瑜：《夏商周时期的天象和月相·5000年日食表》，世界图书出版社2007年版，第74~78页；(北齐)魏收：《魏书》卷一百五之一《天象志一》，中华书局1974年版，第2334~2344页；(唐)瞿昙悉达：《开元占经》卷十《日占六》，九州出版社2012年版，第107~112页。

续表

序号	《日食表》数据/食分	纪元/年号/《天象志一》原文	《开元占经》卷十《日占六》
8	522.12.4.09.15/0.91	522.12.4/正光三年/十一月己丑朔，日有蚀之。占曰：有小兵，在西北	京房曰：己丑日蚀……有小兵，在西方
9	无	529.11.17/永安二年/十月己酉朔……占曰：西夷欲杀，后有大兵，必西行	京房曰：己酉日蚀，西夷欲弑君，后有大兵，必西行
10	531.6.30.16.38/1.06	531.6.30/普泰元年/六月己亥朔……占曰：主弱，小人持政	京氏曰：己亥日蚀，主弱，小人持政
11	532.11.13.08.57/0.97	532.11.13/太昌元年/十月辛酉朔……占曰：有兵大行	京氏曰：辛酉日蚀，昆弟相杀……后有兵大行
12	533.5.10.12.02/0.97	533.5.10/永熙二年/四月己未朔，日有蚀之。……占曰：君(群)阴谋	京氏曰：己未日蚀，臣不安居，群阴谋
13	540.6.20.17.07/1.06	540.6.20/兴和二年/闰月丁丑朔，日有蚀之。占曰：有小兵	京氏曰：丁丑日蚀……其君在西北方，后有小兵

实际上这些日食与日占卜辞存在密切关系，而且北魏时期往往借助日食阐发政治见解，也可以说是借用日占卜辞推动政治走向。

二、占卜方法与政治关系

下面再考察表 6-5 的第 2 条的日食时间、日占卜辞和政治文化之间的关系问题。《魏书 · 天象志一》记载："天赐五年七月戊戌朔，日有蚀之。占曰‘后死’。六年七月，夫人刘氏薨，后谥为宣穆皇后。”①根据《日食表》的研究成果，天赐五年七月戊戌朔为纪元408年8月13日，但是当天并没有发生过日食，距离这天较近的408年8月8日，为道武帝天赐五年七月癸巳日，发生了一次食分为1.05的日全食。那么这两次日食是否拥有内在联系呢？《春秋·潜潭巴》记载：“癸巳日蚀，在阳位者权不行。”②这里没有“刘氏薨”的卜辞结果。《春秋·潜潭巴》记载：“戊戌日蚀，有殃，主后死。”这里面有北魏占卜“刘氏薨”的相关卜辞，即“后死”的结果。可见把纪元408年8月8日发生的日食时间，向后推迟5天是有特别的政治意图。然而道武帝为什么这样迫切地需要“主后死”的卜辞，“后死”对于当时的北魏又有怎样的政治意义呢？《魏书·太宗纪》记载：“初，帝母刘贵人赐死，太祖告帝(明元帝)曰：‘昔汉武帝将立其子而杀其母，不令妇人后与国政，使外家为乱。汝当继统，故吾远同汉武，为长久之计。’”③由于道武帝服用过多剂量的五石散，④天赐六年病情反复发作，⑤他担心自己死去以后外戚会干预朝政，于是仿效汉武帝杀钩弋夫人的做法，赐明元帝其母刘后死。韩国学者朴汉济先生认为北魏的这种子贵母死制度，无非是为了加强皇权统治。⑥然而鉴于刘后并无大过无法找到合适的借口，于是为了确保社稷平安便假借日食诛杀刘后。此外，根据《魏书·天象志二》记载：“(天

① (北齐)魏收：《魏书》卷一百五之一《天象志一》，中华书局1974年版，第2334页。

② (唐)瞿昙悉达：《开元占经》卷十《日占六》，九州出版社2012年版，第109页。

③ (北齐)魏收：《魏书》卷三《太宗纪》，中华书局1974年版，第49页。

④ 五石散又称寒食散，由紫石英、白石英、石硫磺、赤石脂、钟乳石等构成。少量服用有一定的药物功效，多服以后会产生毒副作用，但不至于像民间传说的有剧毒。蔡松穆、廖培辰：《关于魏晋南北朝时期的五石散》，《北京中医药》2007年第4期，第273~274页。

⑤ (北齐)魏收：《魏书》卷二《太祖纪》，中华书局1974年版，第44页。

⑥ [韩]朴汉济：《北魏王权与胡汉体制》，《中国史研究的成果与展望》，中国社会出版社1991年版，第92页。

赐元年）四月甲午（404 年 5 月 2 日），月掩轩辕第四星。占曰：女主恶之。六年七月，夫人刘氏薨。”①这条月占资料也说明道武帝要借助天象诛杀刘后。

第 6 条记载日食发生在太平真君十年六月庚寅日，但是根据《日食表》，当日日食并没有出现，鉴于这条卜辞涉及北魏军事家崔浩被诛杀的政治事件，因此本书将在第七章专门讨论这个天象问题。下面在考察第 9 条的日占卜辞之前，先看一套《京氏占》“日六甲蚀”的卜辞内容：“甲子日蚀，北夷欲杀，中臣有谋。不者，大水在东方。乙丑日蚀，诸侯之臣欲弑其君。在西北兵行不胜，后有小兵。五谷颇虫伤。丙寅日蚀，司待欲弑君，后有小旱在东南。丁卯日蚀，诸侯欲弑君，在北方，后有蝗虫之殃。戊辰日蚀，同姓近臣欲弑君，后有地动，变在东南。己巳日蚀，婚家欲弑君，后有诸侯谋后在西南。庚午日蚀。司徒欲弑其主，兵必行，后有大旱在南方。辛未日蚀，司空欲弑君，后有大虫在东方。壬申日蚀，诸候相弑，在东北方，后有小兵，寇盗并行。癸酉日蚀，上强，天下谋兵，不出其年，大兵行始于西方。……甲辰日蚀，王后爵命绝，后有水。乙巳日蚀，诸侯上侵以自益，近臣盗窃以为积，天子不知，日为之蚀。丙午日蚀，亲戚争嗣，同姓欲弑其主，后有大旱，在南方。丁未日蚀，执政欲弑，司徒不肖，后有虫，地震动。戊申日蚀，臣欲弑君，意在王位，后必有小水。己酉日蚀，西夷欲弑君，后有大兵，必西行。庚戌日蚀，司观之卿欲杀，有小旱。辛亥日蚀，司马之大夫欲弑君，反受其殃，后有虫害。壬子日蚀，诸侯同姓任政者欲弑其君，大夫害。癸丑日蚀，寇盗行，兵恐，君王目为不明。甲寅日蚀，同姓大臣欲弑其君，后有旱。乙卯日蚀，必有专政欲杀，不出三年，身被其诛，后有大虫。丙辰日蚀，帝命之极，武王乃得。丁巳日蚀，天乃去恶依圣人，后有小兵。戊午日蚀，有婚家执政，贼由妻始，后有旱。己

① （北齐）魏收：《魏书》卷一百五之二《天象志二》，中华书局 1974 年版，第 2349 页。

未日蚀，臣不安居，君阴谋，欲侵，后地大动。庚申日蚀，骨肉相贼，后有水。辛酉日蚀，昆弟相杀，更有国家，后有兵大行，三年不息。壬戌日蚀，诸侯欲杀，在西南。癸亥日蚀，天下命终极，圣人更起，不可救止，后大雨水。"①可以看出"日六甲蚀"的占卜方法，就是根据发生日食的干支日，对应这套卜辞的干支日进行预占和解读。

那么第9条的日占卜辞与北魏的政治文化有怎样的关系呢？《魏书·天象志一》记载："(永安二年)十月己酉朔，日从地下蚀出，十五分蚀七，亏从西南角起。占曰：'西夷欲杀，后有大兵，必西行。'三年四月丁卯，坞州刺史尒朱天光讨擒万俟丑奴、萧宝夤于孜定，送京师斩之。"②关于这次日食的时间，《魏书·天象志一》记载为魏庄帝永安二年十月己酉日，如果换算成现代历法是公元529年11月17日。那么这天是否发生过日食呢？根据表6-5显示，公元529年共计发生过两次日食，也就是529年1月26日和529年7月21日，③ 均不是《魏书·天象志一》记载的529年11月17日，可以说，11月17日这天根本就没有发生过日食。因此可以断定第9条的日食记载，很可能是人为捏造的天象数据。但是问题在于，杜撰日食时间为什么必须选在"己酉日"呢？它与"日六甲蚀"的日占卜辞又有怎样的内在联系呢？这就需要考察《魏书·天象志一》涉及的干支日，以及天文官占卜这次日食结果时，出现的几个历史人物与北魏末年的政治形势。

《魏书·尒朱天光传》记载："建义元年(528)夏，万俟丑奴僭大号，朝廷忧之。"④万俟丑奴是北魏末年关陇起义军领袖，由于他领导

---

① (唐)瞿昙悉达：《开元占经》卷十《日占六》，九州出版社2012年版，第107~112页。

② (北齐)魏收：《魏书》卷一百五之一《天象志一》，中华书局1974年版，第2342页。

③ 李广宇、何玉囡、张健、张培瑜：《夏商周时期的天象和月相·5000年日食表》，世界图书出版社2007年版，第77页。

④ (北齐)魏收：《魏书》卷七十五《尒朱天光传》，中华书局1974年版，第1673页。

的这支军队不断发展壮大，北魏朝廷对此事非常忧虑。《魏书·孝庄帝纪》记载："（永安二年）九月……万俟丑奴攻东秦城，陷之，杀刺史高子朗。"①当他杀死刺史高子朗以后，占领了泾水、渭水一带的广大地区。其后投降北魏的南齐萧宝夤也投奔了万俟丑奴，这使整个朝廷产生了巨大震动。由于北魏末年内忧外患不断，或许在这样的政治前提下，借助天意打破这样的不利局面，成为北魏政权战胜敌人的宗教信念。葛兆光先生认为有时社会出现的"祥瑞"或"灾异"等异常现象，可以充当时势转化的象征。② 按照这次日食的时间推算，万俟丑奴杀害刺史高子朗在永安二年九月，恰逢永安二年十月初一为己酉日，尽管这天没有发生日食，但是"日六甲蚀"的己酉日的日占卜辞对北魏政权极为有利。即"京房曰：己酉日蚀，西夷欲弑君，后有大兵，必西行"。关于"西夷欲弑君"这句话，有造反或以下犯上的嫌疑，万俟丑奴正是当时的起义军领袖，地理位置处在首都洛阳的西部，比较符合这条卜辞的具体方位。"有大兵，必西行"意味着将有军队向西进攻这支起义军队。其后随着万俟丑奴战事失利，最终被尒朱天光擒获。《魏书·天象志一》对此记载："（永安）三年四月丁卯，坞州刺史尒朱天光讨擒万俟丑奴、萧宝夤于孜定，送京师斩之。"关于万俟丑奴被杀的结局，其他纪传也有相同描述。《魏书·尒朱天光传》记载："（尒朱）天光遣（贺拔）岳轻骑急追，明日，及（万俟）丑奴于平凉长平坑，一战擒之。天光明便共逼高平，城内执送萧宝夤而降。"③尽管尒朱天光战胜了这支起义军，但是国力已经日渐衰微。当这次日食发生后的第五年，北魏政权最终走向分裂，公元 534 年东魏政权建立，公元 535 年西魏政权建立。

---

① （北齐）魏收：《魏书》卷十《孝庄帝纪》，中华书局 1974 年版，第 263～264 页。

② 葛兆光：《中国思想史》，第二卷，复旦大学出版社 2001 年版，第 39 页。

③ （北齐）魏收：《魏书》卷七十五《尒朱天光传》，中华书局 1974 年版，第 1674 页。

通过这条卜辞与政治之间的关系，可以看出尽管没有发生日食，但是统治者为了达到某个政治目的，便授意负责占卜官吏主观杜撰日食时间，并在“日六甲蚀”中寻找适合政治形势的卜辞内容。换言之，秦汉以前日食是上天对统治者的警示，但是随着时代发展和日占卜辞体系的逐渐成熟，日食本身并不能左右未来的政治走向，历代天文官总结的日占卜辞，上升为指导国家政治方向的理论工具。可以说这套卜辞体系是时空(日食)和卜辞(政治)的结合，对于上层统治阶级来说，即使没有这个日食(时空)存在，也会重视卜辞理论带来的政治指导作用。虽然日占卜辞是一种经验总结，但是毕竟属于人为的主观编撰的，它并不是建立在科学实验的基础上。所以迄今为止依然无法证明，天象与人事之间拥有内在的必然联系，发生日食和相关的干支日，并不会直接影响到北魏政权统治，更不可能通过日占卜辞理论，寻找到解决国家政治危机的有效办法，日占卜辞理论只能成为统治者的思想工具。

那么北魏使用的“日六甲蚀”是怎样形成的？这应该是一个非常漫长的历史过程，由于中国古代一直采用干支纪时法，不论是大的年度时间单位，还是月份、日期，甚至最小的卯时、辰时之类的时辰单位，都采用同一种干支纪时法。根据历史文献记载，干支的文化传承应该非常久远，早在殷商时期的甲骨卜辞中，就已经出现了用干支日记载占卜天象以及时间的文献资料。① 关于它的基本含义，以及主要用途，有很多学者已经进行了深入研究。比如卢央先生认为：“它是一套符号体系，在中国古代有广泛的应用，主要用于计时和记方位，因此它主要是时间和空间的符号。”②这样记载时间和空间的方式，在中国古代一直得到延续。如：“癸亥卜，贞兄庚……兄己……”③其中的“癸亥”应该指占卜的日期，这样的记载形式延续到后世。降至春秋时期，用干支日记载日

① ［日］岛邦男著，濮茅左等译：《殷墟卜辞研究》，上海古籍出版社 2006 年版，第 765~770 页。

② 卢央：《中国古代星占学》，中国科学技术出版社 2010 年版，第 1 页。

③ 王宇信：《甲骨学通论》，中国社会科学出版社 1999 年版，第 156 页。

期的基本形式与发生日食的时间已经结合在一起了。《春秋》记载："(隐公)三年春王二月己巳，日有食之。"①这说明用干支日记载日食时，时间与空间已经自然地组合起来了。曲安京先生认为至少从春秋时期开始，用干支纪日就从来没有间断过。② 可见干支纪日与日食时间结合得更为紧密了。所以汉代以后，天人感应成为政治建设的主要指导思想之一，继而产生了《京氏占》和《春秋·潜潭巴》的"日六甲蚀"的日占卜辞体系。因此，《魏书·天象志一》保留的13条"日六甲蚀"的卜辞内容，是对发生日食的干支日进行的占卜方法，它对于北魏的政治人事的发展变化，在某种程度上起到非常重要的推动作用。实际上"日六甲蚀"的卜辞体系，也可以说是时间与空间的理论组合。从时间上来看，一个干支日为24小时，从空间上来看，地球已经自转了一周，太阳视运动大约有1度左右的距离。这种时空观的结合形式，无疑增加了日占卜辞的逻辑理论。

小　结

北魏是一个非常崇尚星占、术数的少数民族政权，建国以前曾经受到匈奴文化的影响。《魏书·礼志一》记载："太祖初，有两彗星见，刘后使占者占之，曰：'祈之则当扫定天下。'"③刘后是匈奴独孤部刘眷之女，这说明在匈奴和拓跋部都有信仰星占的文化传统。

北魏政权建立以后，在日占方面较为系统地受到汉文化影响。在《魏书·天象志一》记载的61条日食数据中，有31条采用了占卜方式，推导未来政治人事的发展变化。统治者为了达到某种政治目的，甚至主

---

① (清)阮元：《十三经注疏·春秋公羊传注疏》卷二《隐公三年》，中华书局1980年版，第2203页。

② 曲安京：《中国数理天文学》，科学出版社2008年版，第62页。

③ (北齐)魏收：《魏书》卷一百八之一《礼志一》，中华书局1974年版，第2735页。

观臆造日食时间，以此对应卜辞内容，为政治走向创造理论依据。虽然北魏只选择“日二十八星宿蚀”“日十二月蚀”和“日六甲蚀”三种，它们在理论体系上较为完备，甚至有些卜辞在时间与空间方面都计算得非常精确。然而这并非是鲜卑民族固有的文化思想，它们深受两汉以来的天人感应思想的影响。并且这些日占卜辞尽管是占星家的经验积累，却并不能用现代科学技术检验，因此它们仍然属于主观唯心主义先验论思想。那么北魏为什么如此崇尚星占，当时又有怎样的思想潮流呢？在《魏书》卷一百五之一至卷一百五之四中，记载了日占、月占、五星占和恒星占等很多种卜辞数据和占卜方法，① 它们对于北魏社会的价值取向，以及如何应对未来的政治变化，都起到一定程度的指导作用。并且不仅统治者信仰星占，很多学者和官吏也是占星学的继承者和推动者。正如清代梁启超曾说：“凡文化发展之国，国民于一时期中，因环境之变迁，与夫心理之感召，不期而思想之进路，同趋于一方向，于是相与呼应汹涌，如潮然。”②考察《魏书》记载的人物，能够看到很多文人官吏都受到这个思潮的影响。

崔浩……博览经史，玄象阴阳(《魏书·崔浩传》)；李先……善占相之术(《魏书·李先传》)；晁崇……崇善天文术数(《魏书·术艺传》)；张渊……明占候，晓内外星分(《魏书·术艺传》)；僧化……案天占以言灾异(《魏书·术艺传》)；信都芳……善天文算数(《魏书·术艺传》)；殷绍……好阴阳术数(《魏书·术艺传》)；王早……明阴阳九宫及兵法，尤善风角(《魏书·术艺传》)；耿玄……善卜占(《魏书·术艺传》)；刘灵助……好阴阳占卜(《魏书·术艺传》)；高允……博通经史天文术数(《魏书·高允传》)；许彦……以卜筮频验(《魏书·许彦传》)。可以看出北魏时期的这些历史人物，有获得显赫高位的崔浩，还有晁崇和张渊等专门服务于皇家的天文官，还有很多官员和文人参与

① (北齐)魏收：《魏书》卷一百五之一《天象志一》至卷一百五之四《天象志四》，中华书局1974年版，第2331~2450页。

② (清)梁启超：《清代学术概论》，天津古籍出版社2003年版，第8页。

相关理论研究，这对于当时的整个朝廷，乃至民间社会的宗教信仰，都产生深远的影响。特别是张渊的《观象赋》，① 更是继东汉张衡《思玄赋》之后，把天文星象用诗赋的形式表现出来的重要著作。对其后隋代李播《天文大象赋》、丹元子《步天歌》以及唐代无名氏的《玄象诗》，都应该产生过深远影响。唐代著名的天文学家李淳风和袁天罡，以及瞿昙悉达《开元占经》，也都继承这样的日食观测与星占思想的遗风。毫无疑问，《魏书·天象志一》记载的日食数据，对于研究中国古代的天文学具有重要作用，其中的卜辞理论能够反映出北魏时期的宗教信仰、自然科学和政治伦理之间的密切关系。

因为古人缺乏现代的天文学技术，不能完全科学地解释日食现象的基本原理，甚至愿意用天人感应思考日食与人间社会的政治伦理。故而主观地认为，有某种神秘的咒术性的超自然力量在左右着人间社会的一切政治人事。古代天文官长时间关注的日食、卜辞和政治之间，没有内在的科学的必然联系，他们的卜辞理论和逻辑思想过分牵强，属于形而上学的思辨范畴。然而他们留下的日食数据，却可以作为现代天文学研究的基础材料。随着时代发展和科学进步，日食依然是目前天文学家关注的重要对象，通过观测日食出现的日冕、太阳黑子和太阳耀斑等，研究它们会对地球、人类社会和自然界等产生怎样的负面影响。因此同样是观测日食，也同样关注它会对人间社会的影响问题，但现代的天文学家与古代的天文官，却存在科学与非科学的区别。

① （北齐）魏收：《魏书》卷九十一《术艺传附张渊传》，中华书局 1974 年版，第 1945~1954 页。

第七章　崔浩的政治思想与天文历法

崔浩(381—450年)，字伯渊，清河东武城(今山东武城西)人，北魏时期著名的政治家、军事家和经学家。共经历过太祖、太宗、世祖三个朝代。他是魏司空崔林的七世孙，曾祖崔悦仕石季龙，祖父崔潜仕慕容暐，父亲崔宏为北魏建国做出过很大贡献，奠定了国家典章制度的重要基础。① 崔浩拥有卓越的政治才能和军事才能，史书给予他很高的评价。《魏书·崔浩传》记载："综核天人之际，举其纲纪，诸所处决，多有应验。恒与军国大谋，甚为宠密。"②可见他经常借助天象变化阐述政治见解，很多见解都得到了客观验证。还因为拥有杰出才能，积极谋划军国大事，被皇帝委以重任。太宗明元帝称赞他："博闻强识，精于天人之会。"③北齐著名的史学家魏收更是高度评价崔浩："究览天人，政事筹策，时莫之二。"④《旧五代史·末帝纪上》记载："有瞽者张濛，自言知术数，事太白山神，其神祠即元魏时崔浩庙也。"⑤甚至五代时期的卜者张濛认为，崔浩拥有深厚的天文历法知识和未卜先知的超自然能力，并为他建造神祠。所以崔浩的事迹与才学，对于后代历史产生了很大影响。

---

① (北齐)魏收：《魏书》卷三十五《崔浩传》，中华书局1974年版，第807页。

② (北齐)魏收：《魏书》卷三十五《崔浩传》，中华书局1974年版，第807页。

③ (北齐)魏收：《魏书》卷三十五《崔浩传》，中华书局1974年版，第813页。

④ (北齐)魏收：《魏书》卷三十五《崔浩传》，中华书局1974年版，第827页。

⑤ (宋)薛居正：《旧五代史》卷四十六《末帝纪上》，中华书局1976年版，第631页。

上面论及的“天人之际”“天人之会”和“究览天人”等，有关天与人之间的关系问题，实际上与西汉董仲舒以来倡导的“天人感应”基本相同。即上天出现的祥瑞或灾异，与人间社会的政治人事变化存在某种对应关系，人们通过观测天象就可以预知未来的政治走向。《汉书·董仲舒传》记载：“国家将有失道之败，而天乃先出灾害以谴告之，不知自省，又出怪异警告之，尚不知变，而伤败乃至。”①这种灾异思想在两汉以后的各个朝代都非常盛行，对于统治阶级的政治伦理和治国方略起到重要的警示作用。

本章主要探讨与崔浩相关的“天文与历法”“天象与占卜”“政治军事才能和信息收集”这几个问题，以此揭示崔浩在处理朝政时，是怎样借用天象变化表达他的政治见解，以及天人思想对于北魏皇权产生了怎样的政治影响。

第一节　崔浩的天文与历法

在中国古代社会，彗星往往被视为灾星，它一旦出现就预示着将会给人间社会带来巨大灾难。比如《开元占经·彗星占》“彗孛名状占”条载：“荆州占曰：彗星者，君臣失政，浊乱三光，五逆错变，气之所生也。……京房曰：君为祸，则彗星出。”②诸如此类的文献记载屡见于史书，可以看出统治阶级对彗星持有极端的恐惧心理，更担心它会直接威胁到国家安全与政权统治。

一、彗星预占与政治走向

北魏泰常三年(418年)出现了一颗彗星，这让太宗明元帝产生了很

---

① (汉)班固：《汉书》卷五十六《董仲舒传》，中华书局1962年版，第2498页。

② (唐)瞿昙悉达：《开元占经》卷八十八《彗星占》，九州出版社2012年版，第878页。

大的心理震动。因为如果这颗彗星针对北魏，那就预示着国家将要发生重大灾难。古代社会笃信天人感应，这无疑是一个令人敬畏的天象预警。《魏书·崔浩传》记载：“（太宗泰常）三年，彗星出天津，入太微，经北斗，络紫微，犯天棓，八十余日，至汉而灭。”①所谓“汉”也称为“天汉”，既是目前所说的银河系。可以看出这颗彗星共计经过天津、太微、北斗、紫微、天棓、（天）汉 6 个星区。那么这颗彗星经过的星区将会预示发生怎样的灾异呢？下面结合《晋书》和《开元占经》等史籍，针对这颗彗星与 6 个星区的星占问题进行考察，见图 7-1。

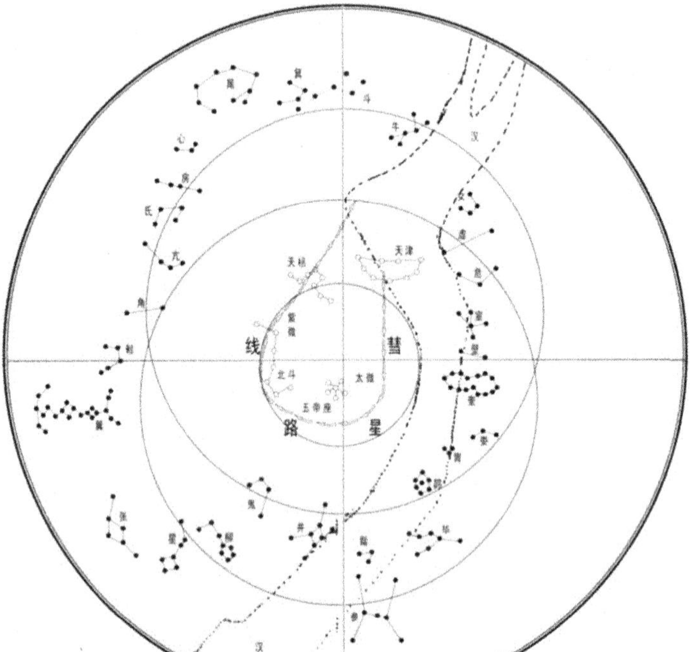

图 7-1　北魏泰常三年彗星运行轨迹②

① （北齐）魏收：《魏书》卷三十五《崔浩传》，中华书局 1974 年版，第 811 页。

② 潘鼐：《中国恒星观测史》，第 523 页；《魏书》卷三十五《崔浩传》，第 811 页。

由于这颗彗星从天津星区开始出现，关于“天津”的星空位置，《晋书·天文志上》记载：“天津九星，横河中……主四渎津梁，所以度神通四方也。一星不备，津关道不通。”①这说明“天津”在银河系的范围内，图7-1显示，它在北方七宿的虚危星宿左侧，古代星占家把它看作“关道”。关于彗星与“天津”的占卜问题，《开元占经·彗星占下》“彗孛犯天津”条载：“石氏曰，彗星犯天津，贼断王道。郗萌曰：彗星干犯入汉中，有亡国，当其野者变之。甘氏曰：彗星出天津，关津不通，若关吏有忧，若守之，天下大乱，津河隔塞，有旱灾，期三年。”②《开元占经》记载的三条占卜内容，也说明彗星路过“天津”预示出现“贼断王道”和“关津不通”，由此可见这是北魏明元帝担心的重要原因之一。其后这颗彗星离开“天津”进入“太微”，又会发生怎样的灾异呢？关于“太微”所在天空的星区位置，《晋书·天文志上》记载：“太微，天子庭也，五帝之坐也，十二诸侯府也。其外蕃，九卿也。一曰：太微为衡。衡，主平也。又为天庭，理法平辞，监升授德，列宿受符，诸神考节，舒情稽疑也。”③“太微”又称“太微垣”，所在天区位置极为重要，掌管天庭诉讼和监察朝廷官员等，它是天庭的法律裁断的最重要机构。那么这颗彗星出现在太微垣，将会预示发生怎样的灾难呢？《开元占经·彗星占下》“彗孛犯太微”条载：“《春秋纬》曰：彗星茀干太微，天子乱。陈卓曰，彗孛干入太微，帝宗后族为乱，亡社稷。一曰：所犯者亡。《圣洽符》曰：彗星入太微庭中，臣谋主，有兵起，王者灾社稷，其国忧，期百八十日，远一年。”④彗星进入太微星区，直接关系到社稷安

① （唐）房玄龄：《晋书》卷十一《天文志上》，中华书局1974年版，第296页。

② （唐）瞿昙悉达：《开元占经》卷九十《彗星占下》，九州出版社2012年版，第909页。

③ （唐）房玄龄：《晋书》卷十一《天文志上》，中华书局1974年版，第291页。

④ （唐）瞿昙悉达：《开元占经》卷九十《彗星占下》，九州出版社2012年版，第913页。

危，预示着国家将有巨大灾难降临。

这颗彗星离开“太微”经过“北斗”又将出现怎样的灾异呢？关于北斗七星所在天空的星区位置，《晋书·天文志上》记载：“北斗七星在太微北，七政之枢机，阴阳之元本也。故运乎天中，而临制四方，以建四时，而均五行也。魁四星为旋玑，杓三星为玉衡。又曰：斗为人君之象，号令之主也。又为帝车，取乎运动之义也。又魁第一星曰天枢，二曰璇，三曰玑，四曰权，五曰玉衡，六曰开阳，七曰摇光，一至四为魁，五至七为杓。枢为天，璇为地，玑为人，权为时，玉衡为音，开阳为律，摇光为星。石氏云，第一曰正星，主阳德，天子之象也。二曰法星，主阴刑，女主之位也。三曰令星，主中祸。四曰伐星，主天理，伐无道。五曰杀星，主中央，助四旁，杀有罪。六曰危星，主天仓五谷。七曰部星，亦曰应星，主兵。”①可以看出，“北斗”被看作“人君”，又被看作“帝车”，它可以号令天下。而且在这七颗星宿中，每颗星宿都有重要寓意。那么彗星经过这个星区又会出现怎样的灾异呢？《开元占经·彗星占下》“彗孛犯北斗”条载：“《春秋纬》曰：星茀于北斗中，有雄圣人受命天子。《潜潭巴》曰：星孛于北斗，璇玑更授，天子起走。《感精符》曰：孛贼入北斗中者，大国结谋，伐天子，运枢行之主号，诸侯争权，天下皆叛，兵合祸，构逆乱之变也。《感精符》曰：星孛入北斗，兵大起，将有以外制权、以兵为政者。”②可以看出这颗彗星经过“北斗”预示皇权遭到巨大威胁，甚至天子都会被强大对手击败，所以这应该是北魏太宗明元帝担心的灾异之一。当这颗彗星离开“北斗”围绕“紫微”星区运行时，又会发生怎样可怕的灾异呢？《晋书·天文志上》记载：“紫宫垣十五星，其西番七，东番八，在北斗北。一曰紫微，大帝之坐也，天子之常居也，主命主度也。一曰长垣，一曰天营，一曰

---

① （唐）房玄龄：《晋书》卷十一《天文志上》，中华书局1974年版，第290~291页。

② （唐）瞿昙悉达：《开元占经》卷九十《彗星占下》，九州出版社2012年版，第916页。

旗星，为番卫，备番臣也。宫阙兵起，旗星直，天子出，自将宫中兵。东垣下五星曰天柱，建政教，悬图法。门内东南维五星曰尚书，主纳言，夙夜谘谋；龙作纳言，此之象也。”①中国古代天文官划分天区时，有三个重要的天区被看作三垣，紫微垣是其中之一，它象征大帝的座位，也是天子时常居住的地方，所以这里出现彗星非常可怕。《开元占经·彗星占下》“彗孛犯紫宫”条载：“《感精符》曰：星孛于紫宫，将有阴谋反者。陈卓曰：星孛于紫宫，有大变，拔兵上殿；一曰：入紫微宫，有奇令。《春秋纬》曰：彗星入紫微宫，其国谋反。《黄帝》曰：彗星出而抵紫宫，天下大乱。《荆州》曰：彗星出长垣，边反。又曰：彗星而抵紫宫，天下易政。《黄帝占》曰：彗星出紫宫，入守之，宫中有兵，天下大乱，有亡主，国易政，以五色占其国，期百八十日，中一年，远三年。……《荆州》曰：彗星守天子宫，有乱天子之政者。”②这里表明紫微垣出现彗星，预示谋反、兵变和战乱，这足以让笃信天人思想的太宗明元帝感到恐惧。

按照这颗彗星的运行路线，离开紫微垣以后进入天棓星区，这又将预示怎样的灾异呢？《晋书·天文志上》记载：“天棓五星，在女床北，天子先驱也，主分争与刑罚，藏兵亦所以御难也。”③天棓星区作为天子的先驱，主要负责刑法诉讼之类的事宜，关于彗星路过这个星区引发的灾异警示，《开元占经·彗星占下》“彗孛犯天棓”条载：“《圣洽符》曰：彗星出天棓，兵大起，五仗用，国有忧，期二年。陈卓曰：彗星守天棓，兵四起。”④可见天棓出现彗星会与战争有关，这也预示国家将发

① （唐）房玄龄：《晋书》卷十一《天文志上》，中华书局1974年版，第290页。

② （唐）瞿昙悉达：《开元占经》卷九十《彗星占下》，九州出版社2012年版，第918~919页。

③ （唐）房玄龄：《晋书》卷十一《天文志上》，中华书局1974年版，第294页。

④ （唐）瞿昙悉达：《开元占经》卷九十《彗星占下》，九州出版社2012年版，第905页。

生战乱。最后这颗彗星进入天汉(天河)便消失了。那么彗星进入天汉又会发生怎样的灾异呢?《开元占经·彗星占下》"彗孛北斗"条载:"《海中占》曰:彗星出北斗,大臣谋反,兵大起。按《洪范天文星象变占》曰:汉武建元三年三月,有星孛于王良,芒自太微,经斗内,至天汉,其后济东王、胶东王、江都王皆坐法削黜自杀,衡山王反,诛之也。"①

由于这时期北魏建国仅30余年,政治根基并不稳固,周边其他割据政权虎视眈眈伺机而动,太宗明元帝非常担心这颗彗星会给北魏带来厄运。于是他向大臣们诚恳地询问:"今天下未一,四方岳峙,灾咎之应,将在何国?朕甚畏之,尽情以言,勿有所隐。"②当时中原大地仍然四分五裂、诸侯林立,北魏处在四面包围之中,北面有游牧民族柔然,东面有北燕政权,南方有东晋政权,西面有大夏政权。太宗最关心这次彗星灾异究竟针对哪个政权,以及这颗彗星是否会对北魏政权带来灾难。崔浩根据这颗彗星的运行轨迹,论述了未来东晋政权的政治走向和人事变化。《魏书·崔浩传》记载:"(崔浩语)古人有言,夫灾异之生,由人而起,人无衅焉,妖不自作,故人失于下,则变见于上,天事恒象,百代不易。《汉书》载,王莽篡位之前,彗星出入,正与今同。国家主尊臣卑,上下有序,民无异望。唯僭晋卑削,主弱臣强,累世陵迟,故桓玄逼夺,刘裕秉权。彗孛者,恶气之所生,是为僭晋将灭,刘裕篡之之应也。"③崔浩结合这颗彗星的运行轨迹,主要从以下几个方面分析了当时的政治形势:

其一,上天出现的灾异或者祥瑞与人间社会发生的各种事情有紧密

① (唐)瞿昙悉达:《开元占经》卷九十《彗星占下》,九州出版社2012年版,第917页。

② (北齐)魏收:《魏书》卷三十五《崔浩传》,中华书局1974年版,第811页。

③ (北齐)魏收:《魏书》卷三十五《崔浩传》,中华书局1974年版,第811页。

的关联，往往是因为统治者的荒淫暴政，才引起的上天愤怒继而降下灾异作为警示；其二，天象变化与人间社会之间存在某种客观的和必然的规律性；其三，按照《汉书》记载，王莽篡权以前出现的彗星，与目前看到的这颗彗星的运行轨迹完全相同；其四，因此可以进一步推论，这次彗星降临就预示刘裕将要篡夺东晋政权。可以看出崔浩结合汉代以来流行的天人思想，把古代史料记录的天象与东晋政治人事变化紧密地联系在一起，并以层层递进的逻辑推理方法，得出刘裕将要篡权的最终结论。那么崔浩的这个论断其后是否得到了客观验证呢？《魏书·太宗纪》记载："是岁（420 年），刘裕废杀其主司马德文，僭自称皇帝，（国）号宋。"①如此看来，崔浩的逻辑推理和叙述，好像前后衔接环环相扣毫无破绽。但是根据王莽掌握政权时间推算，应该从汉哀帝时期开始有彗星出现，然而《哀帝纪》和《平帝纪》皆未记录，《汉书·天文志》有两条比较接近王莽篡位之前出现彗星的记录。

《汉书·天文志》记载："（元帝初元）五年（前 44 年）四月，彗星出西北，赤黄色，长八尺所，后数日长丈余，东北指在参分，后二岁余，西羌反。"②可以看出这颗彗星的体量很大，但是它出现于西北，并非是《魏书》记载的"出天津"，而且这颗彗星的运行时间并不清楚，特别是结果为"西羌反"，这与北魏泰常三年出现的彗星的特点完全不同。《汉书·天文志》记载："（哀帝建平）二年（前 5 年）二月，彗星出牵牛七十余日。传曰：'彗所以除旧布新也。'牵牛，日、月、五星所从起，历数之元，三正之始。彗而出之，改更之象也。其出久者，为其事大也。"③这颗彗星出现的时间长达七十余日，这与北魏的"八十余日"的时间非常接近，虽然"牵牛"与"天津"在一个方向，但是彗星的运行线路并没有被记载清楚，崔浩没有理由能够获悉彗星的运行轨迹。王莽统治时期仅有一次彗星记录。《汉书·王莽传》记载："（始建国五年）十一月，彗

① （北齐）魏收：《魏书》卷三《太宗纪》，中华书局 1974 年版，第 60 页。
② （汉）班固：《汉书》卷二十六《天文志》，中华书局 1962 年版，第 1309 页。
③ （汉）班固：《汉书》卷二十六《天文志》，中华书局 1962 年版，第 1312 页。

星出，二十余日，不见。”①这里并没有详细记录彗星的运行轨迹，而且彗星仅仅在天空中出现“二十余日”，然而《魏书·崔浩传》记载的“彗星出天津，入太微，经北斗，络紫微，犯天棓，八十余日，至汉而灭”与“二十余日，不见”相比，出现了60多天的时间差，在空间的运行轨迹方面也存在明显区别。因此可以初步判断，王莽篡权前后期出现的几次彗星记录，与太宗明元帝泰常三年出现的彗星并没有存在某种关联性，也就是崔浩举出的彗星事例并不符合客观事实。实际上崔浩的真正目的，是想论证刘裕将要篡夺东晋政权，所以才借助王莽篡权的历史事实，主观捏造出在此之前，也曾经出现过这样的彗星。并采用类比方法和逻辑推理，进一步强调既然这两颗彗星的运行轨迹完全相同，此前王莽已经通过禅让取代了西汉政权，从而刘裕也一定会采用相同方法篡夺东晋政权。这样就把“彗星运行轨迹”与“刘裕篡权方法”，即天与人之间的对应关系结合在一起，构成“有力”的理论依据和天命不可违的理念。可见西汉董仲舒以来流行的天人感应思想，在北魏政权内具有很强的政治依据和理论说服力。

从另一个角度看，按照《魏书·太宗纪》的编年次序，“刘裕在太宗泰常元年(416年)就掌握东晋的主要军队了，这颗彗星的出现时间是在太宗泰常三年(418年)，刘裕实际上左右东晋政坛已经有三年时间，他的政治野心日益膨胀。“刘裕废杀其主司马德文，僭自称皇帝”的时间是在泰常五年(420年)。②《资治通鉴·宋纪一》“晋武帝永初元年”条载：“王为坛于南郊，即皇帝位。……奉晋恭帝为零陵王，优崇之礼，皆仿晋初故事。”③刘裕通过政治禅让手段取得了东晋政权，其中的所谓“晋初故事”，正是西晋篡夺曹魏政权的政治禅让。崔浩作为北魏时期

---

① (汉)班固：《汉书》卷九十九中《王莽传中》，中华书局1962年版，第4133页。

② (北齐)魏收：《魏书》卷三《太宗纪》，中华书局1974年版，第56~60页。

③ (宋)司马光：《资治通鉴》卷一百一十九《宋纪一》，中华书局1956年版，第3734~3735页。

的杰出政治家，很容易就能分析出东晋政治形势的未来变化，即使不参照彗星的运行数据，也能够正确判断东晋的政治走向，刘裕篡权已经成为必然趋势。江晓原先生认为崔浩引用王莽篡权前出现彗星的事例，只不过是他的占论技巧而已。① 所以崔浩借助彗星的运行规律，阐述刘裕将要篡权的政治论点，虽然其后通过《魏书》记载确实能够得到验证，但是还不能证明崔浩拥有未卜先知的超自然能力。

而且如果抛开历史文献的记载，仅就崔浩当时掌握的天文知识，他能不能观测到以400余年为周期的彗星运行轨迹呢？实际上这是一个极为困难的事情。尽管现代的天文学和物理学已经获得飞速发展，人类发明的天文望远镜已经能够观测到遥远的宇宙深处，但是目前要想利用先进的科学仪器和天文学知识，研究太阳系彗星的周期性变化规律，依然是十分困难的事情。迄今为止记载彗星数据最全面的《开元占经》,② 基本上以占卜为主要目的，也未见有详细的科学的彗星周期的文献记录。冯时先生认为中国虽然至少自汉代起就有了系统完备的彗星记录，但古人却始终没有利用这些记录发现彗星周期。③ 况且目前已知哈雷彗星最短周期时间大约为72.8年，最长周期时间大约为79.6年，王莽即位于公元8年，南朝刘裕即位于公元420年，两者相差长达400多年，这并不能计算出我们已知的彗星周期。④ 因此崔浩在没有任何史料证据和现代天文学仪器的前提下，是不可能精确地观测并掌握彗星的运行规律的。

① 江晓原：《天学真原》，辽宁教育出版社2007年版，第195页。

② (唐)瞿昙悉达：《开元占经》卷八十八《彗星占上》、卷八十九《彗星占中》和卷九十《彗星占下》，九州出版社2012年版，第877~926页。

③ 冯时：《天文学史话》，社会科学文献出版社2011年版，第2页。

④ 根据张钰哲先生研究，哈雷彗星分别在公元前11年(汉成帝元延元年)和公元451年(宋文帝元嘉廿八年)出现过，这两次是距离王莽和刘裕即位的最近时间。张钰哲：《哈雷彗星的轨道演变的趋势和它的古代历史》，庄威凤主编：《中国古代天象记录的研究与应用》，中国科学技术出版社2009年版，第419~421页，第419页表1。

通过上述客观分析，可以发现崔浩借助天人思想阐述政治见解，比较符合北魏时期的太宗明元帝的宗教信仰。但是自两汉以来流行的天人感应思想并没有科学依据，上天出现的灾异或者祥瑞等天文现象，绝不会对人间社会产生直接影响，更不会出现古今相同的政治宿命结果。因此彗星的出现时间和运行轨迹，很难与人间社会发生必然联系，更不会干预人间社会的政治人事变化，人间社会的政治走向也不会影响到彗星运行。

二、天文历法知识

按照正常的逻辑思维推理，既然崔浩能够经常把天象变化作为自己的政论依据，其前提条件应该是非常精通天文历法和数学计算，只有掌握这些专业技术知识，才会增强他的政治说服力和理论高度。那么事实上崔浩掌握的天文知识究竟达到怎样的程度呢？下面通过分析崔浩与北魏大臣高允针对修改历法的一段对话，或许能够得到客观的了解。

《魏书·高允传》记载："时(崔)浩集诸术士，考校汉元以来，日月薄蚀，五星行度，并识前史之失，别为魏历以示允。允曰：'天文历数不可空论，夫善言远者，必先验于今。且汉元年(前 206 年)冬十月，五星聚于东井，此乃历术之浅。今讥汉史，而不觉此谬，恐后人讥今，犹今之讥古。'浩曰：'所谬者何？'允曰：'案《星传》，金水二星常附日而行，冬十月，日在尾箕，昏没于申南，而东井方出于寅北，二星何因被日而行，是史官欲神其事，不复推之于理。'浩曰：'欲为变者何所不可，君独不疑三星之聚，而怪二星之来。'允曰：'此不可以空言争，宜更审之。'……后岁余，浩谓允曰：'先所论者，本不注心，及更考究，果如君语，以前三月(七月)聚于东井，非十月也。'"①崔浩担任北魏高

① (北齐)魏收：《魏书》卷四十八《高允传》，中华书局 1974 年版，第 1068 页。

官期间，汇集多位术士编订出一部北魏的新历法，并把它展示给高允看。围绕这个新历法中存在的诸多问题，他们之间有这样一段对话，涉及“五星聚东井”与水星和金星围绕太阳的运行轨道等天文知识，即“附日”和“被日”的行星运行问题。下面先考察刘邦进入咸阳时，是否出现过“五星聚东井”的天象。

《汉书·高帝纪上》记载：“元年(前206年)冬十月，五星聚于东井。”①所谓“五星聚东井”，是指太阳系五大行星金木水火土，在汉高祖刘邦元年十月进入到南方七宿的井宿星区，那么这年五大行星聚于东井，与刘邦又有怎样的内在联系呢？由于战国以来就出现天地分野说，马王堆汉墓出土的帛书中，就把东井天区对应秦上郡，《淮南子》和《汉书》等史书，记载天地分野说的对应关系是东井属于秦国的分野。② 日本学者小岛祐马先生同样认为，南方七宿的东井天区对应秦国分野。③如果五星在东井天区聚会预示着秦国将要灭亡，西汉政权将要兴起。但是高允反对崔浩说“天文历数不可空论”，这是因为天文历法需要科学计算，尽管古代没有现代科学意识，但是以农业为本的中国古代社会，天文历法不仅关系到民生，甚至可以左右国家的政治走向。并且高允还进一步分析说：“汉元年冬十月，五星聚于东井，此乃历术之浅。”也就是星占术士们的天文历法知识过于浅薄，没有经过科学计算就主观认为汉元年冬十月五星会聚于东井天区，这是“史官欲神其事”，并没有推究其中的天文历法的深刻道理。所以史官用“五星聚东井”的特殊天象，证明秦亡和刘邦进入咸阳都是为了表达天意，实际上这仅仅是出于政治家或者星占家的主观愿望而已。这说明高允或许已经推演过这个天象历

① (汉)班固：《汉书》卷一上《高帝纪上》，中华书局1962年版，第22页。

② 刘文典：《淮南鸿烈集解》卷三《天文训》，中华书局2010年版，第121页；(汉)班固：《汉书》卷二十八下《地理志下》，中华书局1962年版，第1641页。长沙马王堆汉墓帛书记载东井与“秦上郡”对应。刘乐贤：《马王堆天文考释》，中山大学出版社2004年版，第189页。

③ [日]小岛祐马：《古代中国研究·天地分野说と古代中国人の信仰》，筑摩书房1968年版，第51页。

法问题，只不过一些术士结合汉代以来的天人感应思想，把原本毫不相关的历法和灾祥联系到一起。实际上，所谓“五星聚东井”要具备时间与空间的两个前提条件，即五大行星要在一定的时间内，同时聚合在东井天区，空间上必须在东井所属的33度范围内，只有具备这两个前提条件，才能发生“五星聚东井”的天文现象。下面从时间、空间和历史材料三个方面继续讨论这个问题。

其一，从时间的角度分析“五星聚东井”的天象问题。《汉书·律历志上》记载：“汉兴，方纲纪大基，庶事草创，袭秦正朔。”①可以看出汉高祖元年仍然使用秦政权的建亥历法，按照古今历法的时间换算，汉元年十月应该在公元前206年11月14日至公元前206年12月13日之间。② 根据《五星聚会表》提供的相关数据，公元前206年共计发生了4次五星聚会的天文现象。它们分别是：“第1次BC 206年5月30日08时32.5分，聚会角为21.1度；第2次BC 206年7月1日19时09.1分，聚会角为39.7度；第3次BC 206年7月7日07时30.0分，聚会角为42.0度；第4次BC 206年8月1日22时15.9分，聚会角为38.9度。”③可以看出，尽管这年有4次五星聚会时间，但是都不在公元前206年11月14日至公元前206年12月13日的范围内。所以仅从时间上还不能证明汉元年十月出现过“五星聚东井”的天文现象。二十八星宿与月份之间的关系见表7-1。

其二，从空间的角度进一步分析“五星聚东井”的天象问题。中国古代的天文官划分周天大约为365 1/4度④，二十八星宿分布在天赤道与黄道之间，古人通过肉眼观测五大行星的运行轨迹，也是根据它们在

① （汉）班固：《汉书》卷二十一上《律历志上》，中华书局1962年版，第974页。

② 林道心主编：《中国古代万年历》，河北人民出版社2003年版，第181页。

③ 李广宇、何玉囡、张健、张培瑜：《夏商周时期的天象和月相·五星聚会表》上册，世界图书出版社2007年版，第459页。

④ 实际上古代把周天划分为365 1/4度应为弧长度而不是角度。关增建：《传统365 1/4分度不是角度》，《自然辩证法通讯》1989年第5期，第79页。

这个环形带的空间位置判断。《汉书·律历志下》和《魏书·律历志上》记载二十八星宿的各个天区的相关数值完全相同，“东井”属于南方七宿，并占据天空的33度。① 张培瑜先生经过考证认为：“汉元年十月太阳在尾箕斗，水星在尾箕，金星在牛女，火星在氐，木星在毕，虽然土星在井宿，但是与木星相距大约30度，与火星、水星、金星皆相距一二百度。”②可以看出五大行星在这个时间内并没有合聚于“东井”。所

表7-1 二十八星宿与月份对照表③

月份／出典	子	丑	寅	卯	辰	巳	午	未	申	酉	戌	亥
	十一月	十二月	夏正	二月	三月	四月	五月	六月	七月	八月	九月	十月
	十二月	商正	二月	三月	四月	五月	六月	七月	八月	九月	十月	十一月
	周正	二月	三月	四月	五月	六月	七月	八月	九月	十月	十一月	十二月
	二月	三月	四月	五月	六月	七月	八月	九月	十月	十一月	十二月	秦正
开元占经河图	斗	牵牛	营室	奎	胃	毕	东井	柳	翼	角	房	尾
淮南子·天文训	牵牛	虚	营室	奎娄	胃	毕	东井	张	翼	亢	房	尾
汉书律历志	牵牛	虚	营室	奎娄	胃	毕	东井	张	翼	亢	房	尾
礼记月令	斗	婺女	营室	奎	胃	毕	东井	柳	翼	角	房	尾
魏书律历志	牛	虚	营室	奎	胃	毕	井	柳	翼	亢	房	尾

① （汉）班固：《汉书》卷二十一下《律历志下》，中华书局1962年版，第1006页；（北齐）魏收：《魏书》卷一百七上《律历志上》，中华书局1974年版，第2676页。

② 张培瑜：《五星合聚与历史记载》，《人文杂志》1991年第5期，第103页。

③ （唐）瞿昙悉达：《开元占经》卷五《日行度》，九州出版社2012年版，第42页；刘文典：《淮南鸿烈集解》卷三《天文训》，中华书局2010年版，第121页；（汉）班固：《汉书》卷二十一下《律历志下》，中华书局1962年版，第1005~1006页；（清）阮元：《十三经注疏·礼记正义》卷十四《月令》，中华书局1980年版，第1352~1383页。（北齐）魏收：《魏书》卷一百七上《律历志上》，中华书局1974年版，第2686页。

以在“五星聚东井”的问题上，不得不怀疑崔浩掌握的天文历法知识非常主观。而且在推算“五星聚东井”的问题上，并没有结合天文历法计算数据，其知识体系仍属于汉代以来占星家的理论范畴。

其三，按照前文《魏书·高允传》的记载，其后崔浩又对高允说：“以前三月(七月)聚于东井，非十月也。”实际上这是崔浩发现自己以前计算的历法数据存在错误，所以又将“十月”改成“七月”。关于“五星聚东井”究竟发生在汉元年的“十月”还是“七月”，历史上很多学者有过相关的讨论。《汉书·高帝纪》“汉元年冬十月，五星聚于东井”条载：“刘攽谓，五星本以秦十月聚东井，高帝乃以夏十月入秦，亦即崔浩前三月之说也。”①可以看出北宋时期的刘攽赞成崔浩的七月“五星聚东井”的观点。明末顾炎武《日知录·改月》又载：“刘攽曰：按历太白辰星去日率不过一两次，今十月而从岁星于东井，无是理也。然则五星以秦之十月聚东井耳。秦之十月今七月，日当在鹑尾，故太白辰星得从岁星也。”②虽然顾炎武没有直接参与讨论汉元年的十月或七月是否发生过“五星聚东井”的天象问题，但是他认为：“案此足明记事之文，皆是追改，惟此一事失于追改，遂以秦之十月为汉之十月耳。夫以七月误为十月，正足以为秦人改月之证。”③这说明他间接地赞成了汉元年七月“五星聚东井”的观点。但是与此相反，清代王念孙《读书杂志·汉书志》“十月五星聚于东井”条载：“汉元年十月五星聚于东井，以历推之，从岁星也。刘敞(攽)曰：按历太白辰星去日率不能一两次，今十月而从岁星于东井非理也。然则五星以秦之十月聚东井耳。秦之十月今之七月，日当在鹑尾，故太白辰星得从岁星也。(王)引之曰：此用崔浩前三月聚于东井之说，其实非也。……十月五星聚东井乃事之必无者，高允以为史官欲神其事，不复推之于理是也。”④王念孙与其子王引之皆否

① (汉)班固：《汉书》卷一上《高帝纪》，中华书局1962年版，第249册。

② (清)顾炎武：《日知录》卷四《改月》，岳麓书社1996年版，第121页。

③ (清)顾炎武：《日知录》卷四《改月》，岳麓书社1996年版，第121页。

④ (清)王念孙：《读书杂志》卷四之五《汉书志》，中华书局1991年版，第236页。

定崔浩而赞成高允的历法观点，这说明历史上的学者们就对汉元年的十月或者七月是否发生过“五星聚东井”的天文现象产生过争议。

那么按照崔浩再次修改的时间，汉元年七月是否出现过“五星聚东井”的天文现象呢？汉元年七月在公元前206年8月7日至公元前206年9月5日之间，① 张培瑜先生经过研究认为，这个月只有土星在“井宿”，其余四星不仅不在该天区，甚至它们之间相距非常遥远。② 所以尽管崔浩改正以前汉元年十月“五星聚东井”的观点，并再次提出汉元年七月发生“五星聚东井”，但是结合现代天文学的研究成果，可以判定汉元年七月也未曾出现过这样的天文现象。崔浩在天文历法上摇摆不定的态度，恰恰说明他对于五星运行情况和历法问题缺乏深入研究。而且“五星聚东井”是非常罕见的天文现象，很难与历史上的开基帝王的即位时间相遇，但是占星家愿意用这样的天人感应，强调秦朝灭亡和刘邦建立新政权，都是代表上天意志和历史的必然趋势。然而五星聚会原本就比较难遇，如果需要在相同时间内汇聚东井天区，则又增加了很大难度。并且还要与历史上的初代帝王建国兴邦联系起来，在时间、空间和政治的三点上相契合，更是难以出现的事，所以崔浩的天文历法知识处在天人感应的思想层面，并不具备修改历法需要的严谨的科学态度。江晓原先生在《星占学与传统文化》一书中，引用黄一农先生研究成果，认为“五星聚东井”在刘邦入关的次年五月发生过。③ 尽管这种观点仍然需要商榷，但至少说明当代学者认为汉元年七月或者十月，确实没有发生过“五星聚东井”的天文现象。

其四，金星和水星与“附日”和“被日”的天文问题。由于水星和金星为内行星，当太阳运行到尾宿天区时，金星与太阳的最大距角约为48度，水星约为28度。④ 这时候它们几乎同升同没，所以才称为“附

① 林道心：《中国古代万年历》，河北人民出版社2003年版，第181页。
② 张培瑜：《五星合聚与历史记载》，《人文杂志》1991年第5期，第104页。
③ 江晓原：《星占学与传统文化》，上海古籍出版社1992年版，第112页。
④ 张培瑜：《五星合聚与历史记载》，《人文杂志》1991年第5期，第103页。

日”，也可以称为“伏日”，如果在这个度数内，用肉眼观测较为困难。所谓“被日”，也可以称为“背日”或者“逆日”，即此时金水二星背离太阳。关于金星的运行特点，古代天文官已经做过详细观测。《汉书·律历志下》记载：“金，晨始见，去日半次。逆，日行二分度一，六日，始留，八日而旋。始顺，日行四十六分度三十三，四十六日。顺，疾，日行一度九十二分度十五，百八十四日而伏。凡见二百四十四日，除逆，定行星二百四十四度。伏，日行一度九十二分度三十三有奇。伏八十三日，行星百一十三度四百三十六万五千二百二十分。凡晨见、伏三百二十七日，行星三百五十七度四百三十六万五千二百二十分。夕始见，去日半次。顺，日行一度九十二分度十五，百八十一日百七分日四十五。顺，迟，日行四十六分度四十三，四十六日。始留，七日百七分日六十二分而旋。逆，日行二分度一，六日而伏。凡见二百四十一日，除逆，定行星二百四十一度。伏，逆，日行八分度七有奇。伏十六日百二十九万五千三百五十二分，行星十四度三百六万九千八百六十八分。一凡夕见伏，二百五十七日百二十九万五千三百五十一分，行星二百二十六度六百九十万七千四百六十九分。一复，五百八十四日百二十九万五千三百五十二分。行星亦如之，故曰日行一度。”①这里面涉及金星的“逆”和“伏”就是《魏书》中崔浩言及的“被日”和“附日”。

关于水星的伏日与逆日，《汉书·律历志下》记载：“水，晨始见，去日半次。逆，日行二度，一日。始留，二日而旋。顺，日行七分度六，七日。顺，疾，日行一度三分度一，十八日而伏。凡见二十八日，除逆，定行星二十八度。伏，日行一度九分度七有奇，三十七日一亿二千二百二万九千六百五分，行星六十八度四千六百六十一万一百二十八分。凡晨见、伏，六十五日一亿二千二百二万九千六百五分，行星九十六度四千六百六十一万一百二十八分。夕始见，去日半次。顺，［疾］，

① （汉）班固：《汉书》卷二十一下《律历志下》，中华书局 1962 年版，第 998 页。

日行一度三分度一，十六日二分日一。顺，迟，日行七分度六，七日。留，一日二分日一而旋。逆，日行二度，一日而伏。凡见二十六日，除逆，定行星二十六度。伏，逆，日行十五分度四有奇，二十四日，行星六百五千八百六十六万二千八百二十分。凡夕见伏，五十日，行星十九度七千五百四十一万九千四百七十七分。一复，百一十五日一亿二千二百二万九千六百五分。行星亦如之，故曰日行一度。"①其中涉及水星的"逆"和"伏"的运行特点。根据前文高允引用《星传》的观点，金星和水星常常伏日运行，汉元年冬十月太阳视运动到东方七宿的"尾箕"，黄昏没于申南方位，此时东井刚刚出现于寅北方位，所以金水二星绝不会被日运行。如果按照崔浩的被日或者逆日观点，此时金星和水星应该在东井附近，这样才能出现"五星聚东井"的特殊天象。实际上，从地球上看金星和水星，此时它们与太阳运行到同一侧，这恰恰属于附日或者伏日的天文学范畴。但是崔浩认为"欲为变者何所不可，君独不疑三星之聚，而怪二星之来"。意思是要想改变它们又有什么不可以呢？你不怀疑火星、木星和土星的聚会问题，却怀疑水星和金星的由来问题。这种"欲为变者何所不可"，显示出崔浩对于天文历法问题过于随意的态度，因为五大行星运行各有其轨道和周期规律，它们聚会并不是随意就能实现的，盲目改变行星的逆行和伏行，只能说明崔浩不懂天文历法。

因为汉元年十月绝对不可能出现"五星聚东井"的天象，所以崔浩掌握的天文历法存在常识性的错误。那么除了天象问题中崔浩存在明显错误，他修订的历法又有怎样的特点呢？《魏书·律历志上》记载："真君(440—451年)中，司徒崔浩为《五寅元历》，未及施行，浩诛，遂寝。"②这说明崔浩确实在世祖太武帝真君年间，曾经进献过一部《五寅元历》，但是其后获罪被杀，这部历法也没有正式施行。那么崔浩编订

① (汉)班固：《汉书》卷二十一下《律历志下》，中华书局1962年版，第1000页。

② (北齐)魏收：《魏书》卷一百七上《律历志上》，中华书局1974年版，第2659页。

的历法是否客观实用呢?《魏书·律历志上》记载:“世祖应期,辑宁诸夏,乃命故司徒、东郡公崔浩错综其数。浩博涉渊通,更修历术,兼著《五行论》。是时故司空、咸阳公高允该览群籍,赞明五《纬》,并述洪范。然浩等考察未及周密,高宗践祚,乃用敦煌赵𢾺《甲寅》之历,然其星度,稍为差远。”①这条史料说明北魏时期崔浩确实参与过修订历法,但是由于这部历法并不精密,高宗即位主要采用敦煌赵𢾺的《甲寅》历法。由此可见崔浩修订的历法没有获得统治阶级的认可,不精确应该是重要原因。

那么与崔浩探讨过修订历法的高允,又拥有怎样的天文历法知识和灾异思想呢?《魏书·高允传》记载:“(高)允虽明于历数,初不推步,有所论说。唯游雅数以灾异问允,允曰:‘昔人有言,知之甚难,既知复恐漏泄,不如不知也。天下妙理至多,何遽问此。’雅乃止。”②可见高允精通天文历法和阴阳术数,但是从另一个侧面能够窥见他反对灾异的思想,只不过在当时特定的历史环境下,无法明确表达自己的见解而已。所以崔浩在政治上和军事上能够取得巨大成就,绝非依靠天文历法知识,而是应该另有原因。

第二节　天象与占卜

崔浩在政治策论中,往往根据天象变化进行占卜,并以此阐述自己的政治见解。这种天象、占卜和政治三者相结合的政论方法,即体现出他的政治理论和实践精神,也说明在北魏时期有这方面的宗教信仰。星占思想受到社会不同阶层的广泛关注,是崔浩议论国政取得话语权的原因之一。那么他究竟采用什么样的占卜方法,与其他占星家又有怎样的

① (北齐)魏收:《魏书》卷一百七上《律历志上》,中华书局1974年版,第2660页。

② (北齐)魏收:《魏书》卷四十八《高允传》,中华书局1974年版,第1068页。

不同理论呢?

一、秦地与羽林的天地分野说

星占、术数在中国古代社会发挥着十分重要的政治作用。崔浩经常采用占卜理论阐述他的见解，并且往往在政治上获得巨大成功。《魏书·崔浩传》记载："始光中，进爵东郡公，拜太常卿。时议讨赫连昌，群臣皆以为难。崔浩曰：往年以来，荧惑再守羽林，皆成钩己，其占秦亡。又今年五星并出东方，利以西伐。天应人和，时会并集，不可失也。'"①这次政论的主要内容是：分析是否讨伐大夏赫连昌，群臣极力反对，崔浩却结合天象变化，认为北魏出兵一定能够打败赫连昌。《魏书·天象志三》记载："(始光三年)九月，(太武)帝用崔浩策，行幸统万，遂击赫连定于平凉。十二月克之，悉定三秦。"②统万城位于今天陕西榆林靖边县城北大约58千米的红墩界乡白城则村，是夏国都城所在地。崔浩辅佐太武帝最终消灭了夏国，为北魏统一北方做出很大功绩。那么这是否能够说明崔浩拥有未卜先知的超自然能力呢？这段史料涉及"羽林"和"五星出东方"等几个星占问题，下面对此分别进行讨论。

所谓"羽林"，也被称为"天军"，是天上的星官名称之一。关于它的由来，《汉书·百官公卿表上》记载："羽林掌送从，次期门。武帝太初元年(前104年)初置，名曰建章营骑，后更名羽林骑。"③可以看出羽林是汉武帝太初元年，即公元前96年才设置的武官名，其后逐渐演化成天上的星官名。关于"羽林"所处的天区位置以及相关的卜辞内容，史书很早就有这方面的记录。《史记·天官书》"其南有众星曰羽林天

---

① (北齐)魏收：《魏书》卷三十五《崔浩传》，中华书局1974年版，第815页。

② (北齐)魏收：《魏书》一百五十三《天象志三》，中华书局1974年版，第2401页。

③ (汉)班固：《汉书》卷十九上《百官公卿表上》，中华书局1962年版，第727页。

军”条张守节《史记正义》载：“羽林四十五星，三三而聚散，在垒壁南，天军也。亦天宿卫主兵革。不见，天下乱。金、火、水入，军起也。”①也就是羽林星座在壁垒的南面，它的具体位置是赤经22时40分，赤纬-13度，在宝瓶座附近。② 当金星、火星、水星进入羽林天区时，将要发生军队变乱。但是，根据前文《崔浩传》记载，由于当时夏国赫连昌占据原秦朝都城长安，崔浩认为“荧惑守羽林”便意味着“秦亡”，可以说崔浩采用了“羽林”对应“秦地”的天地分野说。然而马王堆出土的《日月风雨云气占》记载：“东井，秦上地，舆鬼，秦南地。”③这是“东井”对应“秦上地”的天地分野，《汉书·地理志下》记载：“秦地，于天官东井、舆鬼之分壄也。”④这里面是“秦地”对应“东井和舆鬼”。也就是说，汉代流行的天地分野说依然是以“秦地”对应“东井”和“舆鬼”。并没有“羽林”对应“秦地”的文献描述。这说明崔浩在这个问题上的解释没有历史依据，而是为了出兵大夏赫连昌，才主观杜撰出“羽林”对应“秦地”的天地分野说。

此外，古代天文官在进行占卜之前要准备相关卦辞。目前保存星占数据最全面的《开元占经·荧惑占八》“荧惑犯羽林”中，共有13条记载羽林星官的占辞。为了便于讨论，现把这些内容抄录于下：(1)《荆州占》曰：荧惑入羽林之宫二十日，天子当之。(2)郗萌曰：荧惑经过羽林中，天子为军自守。(3)《荆州占》曰：荧惑舍羽林之宫，兵大起。(4)《黄帝占》曰：荧惑守羽林，大赦。(5)石氏曰：荧惑守羽林，马有行，期三十日。(6)又占曰：荧惑芒角赤色，守天军三十日，大国有急，诸侯悉发兵甲；一曰兴兵者亡。(7)又占曰：荧惑守羽林，兵起，

① (汉)司马迁：《史记》卷二十七《天官书》，中华书局1959年版，第1309页。

② 郑慧生：《认星识历——古代天文历法初步》，河南大学出版社2006年版，星图2。

③ 刘乐贤：《马王堆天文考释》，中山大学出版社2004年版，第189页。

④ (汉)班固：《汉书》卷二十八《地理志下》，中华书局1962年版，第1641页。

期六十日；火经羽林，臣欲弑主。(8)圣洽符曰：荧惑入羽林守之二十日以上，臣欲弑主，大人当之，期九十日。(案《荆州占》曰："汉二年荧惑入羽林，起角三芒，守之三十日，国有负兵，秦以之亡也。)(9)《海中占》曰：荧惑入守羽林，入有兵起；若逆行变色成勾已，天下大兵，关梁不通，急不出其年。(10)郗萌曰：荧惑入守羽林，有叛臣中兵也。(11)元命苞曰：荧惑守羽林，若垒城，谋在司马将军为乱。(12)《荆州占》曰：荧惑入天军，凶。(13)又占曰：荧惑入天军，兵败不可用，国更残也。①

可以看出，上面列举的"荧惑入羽林"的13条卜辞，基本上与军国大事有关。但是不仅没有"羽林"对应"秦地"的星占理论，更没有记载"荧惑守羽林"的占卜结果为秦亡的卦辞。此外，在第8条卜辞后面还有一条注释应该引起重视。尽管这条注释与崔浩认为的"羽林"对应"秦地"的卜辞含义基本相同，然而它存在几个问题需要考辨。这条出自《荆州占》的卜辞究竟出现于何时呢？《晋书·天文志二》记载："汉末刘表为荆州牧，命武陵太守刘叡集天文众占，名《荆州占》。"②这说明《荆州占》出现在东汉末年，是刘表命令武陵太守刘叡编辑而成的星占书籍。那么是否《荆州占》在成书以前，这条卜辞就已经存在了呢？根据这条卜辞内容分析，它是占卜刘邦"汉二年(前205年)"秦国将亡的卜辞。换言之，这条卜辞应该出现在"汉二年"以前。但是众所周知，汉高祖刘邦的"汉二年"不仅没有"羽林"星座名，甚至给羽林军命名的汉武帝还没有出生。如果这是汉武帝以后出现的卜辞文献，那么占卜"汉二年"的政治人事，便不符合占卜理论的基本原则。因为后代已经知道前代发生的历史，后人没有必要再度占卜既定事实。而且这条卜辞并非是《开元占经》的原文，它是后人补入的一个注释。或许由于崔浩

① (唐)瞿昙悉达：《开元占经》卷三十七《荧惑占八》，九州出版社2012年版，第386~387页。

② (唐)房玄龄：《晋书》卷十二《天文志二》，中华书局1974年版，第322页。

精通占卜术数的事迹对后代影响很大，他又用过“羽林”对应“秦地”的占卜思想，所以很可能这条卜辞是后世学者参阅《魏书》的卜辞内容以后，将它植入到《开元占经》的。换言之，这是一条主观杜撰的卜辞内容。江晓原先生认为《开元占经》在传抄的过程中，会有少数资料为后人附入。① 因此“羽林”对应“秦地”的观点，并不符合两汉以来的天地分野说的传统思想。

而且崔浩生活的北魏太武帝时期，也有火星守“羽林”的星占记录，但是未见对应“秦地”的文献描述。《魏书·天象志三》记载：“(始光二年)六月己丑，火入羽林，守六十余日。占曰：禁兵大起，且有反贼之戒。”②这里的占卜结果是“禁兵大起”或者是“且有反贼之戒”，这与“秦地”没有任何关系。此外，《魏书·天象志三》亦载：“(太平真君九年)正月，火水皆入羽林。占曰：禁兵大起。”③这条占卜结果也是“禁兵大起”，并且与前文《史记正义》和《开元占经》的卜辞理论完全相同，几乎都是围绕军队进行的占验结果。这两条史料也能够证明北魏时期，占卜“荧惑守羽林”与汉武帝以后流行的星占卜辞基本相同，但是都没有羽林天区对应秦地的星占卜辞理论。从而可以断定崔浩是想利用“荧惑守羽林”宣传后秦将要灭亡，以此达到尽快实施讨伐敌国行动的政治目的，绝非先有高深莫测的卜辞理论，其后才推导出强于其他大臣的政治论点。所以他的天地分野说并没有星占史料作为依据，辅佐太武帝讨伐夏国赫连昌，并没有依靠星占术数理论。

二、五星出东方

崔浩在政论中还提到过“五星出东方”的天象。关于“五星出东方”

① 江晓原：《〈开元占经〉：三百八十年前的“出土文物”》，《中国典籍与文化》1998 年第 3 期，第 94 页。

② (北齐)魏收：《魏书》卷一百五之三《天象志三》，中华书局 1974 年版，第 2400 页。

③ (北齐)魏收：《魏书》卷一百五之三《天象志三》，中华书局 1974 年版，第 2406 页。

的星占问题，历史上很早就有相关记录。《史记·天官书》记载："五星分天之中，积于东方，中国利。积于西方，外国用(兵)者利。"①这说明古人认为五大行星出现在东方对中国有利。而且《汉书·天文志》记载："五星分天之中，积于东方，中国大利，积于西方，夷狄用兵者利。"②《史记》与《汉书》记载的内容基本一致，都说明五星出现在东方有利于中国，汇集于西方对于夷狄有利。《晋书·天文志》记载："凡五星分天之中，积于东方，中国利，积于西方，外国用兵者利。"③《晋书》记载的内容与《史记》比较接近，认为五星汇集西方对外国用兵有利。这三部史料都反映出"五星出东方"的古代中国的占星学思想。

1995 年 10 月新疆尼雅出土了一块汉晋时期的织锦(见图 7-2)，上

图 7-2　"五星出东方利中国"织锦护腕④

① (汉)司马迁：《史记》卷二十七《天官书》，中华书局 1959 年版，第 1328 页。

② (汉)班固：《汉书》卷二十六《天文志》，中华书局 1962 年版，第 1283 页。

③ (唐)房玄龄：《晋书》卷十二《天文志》，中华书局 1974 年版，第 322 页。

④ 于志勇：《尼雅遗珍："五星出东方利中国"织锦护臂》，《人民日报》(副刊)2014 年 6 月 22 日第 12 版。该文考证这件织锦护臂为东汉中后期物品。

面就有“五星出东方利中国”的文字。织锦长度为18.5厘米，宽度为2.5厘米，以青红黄白绿五色彩线织成，有星云及孔雀、仙鹤、辟邪、虎等瑞兽花纹。其中星云纹饰形态飘逸灵动，而鸟兽则忽隐忽现地错落飞腾在星云中，其织造工艺精湛，堪称汉式织锦技术的代表作品。同墓葬还出土了另一块织锦，上面有“讨南羌”三字。学者们经过研究，认为它们是一副织锦护腕，用作占卜军国大事。① 或许这副织锦护腕在战争时期被将士佩戴在身上，有从心理上鼓舞士气战胜强敌的政治目的。因此不论是历史文献还是考古发掘，都能够证明中原政权确实把“五星出东方”看作是中原政权国运昌盛和敌国将要灭亡的天象征兆。

通过这些历史文献和考古发掘资料，可以得到初步判断，崔浩采用“五星出东方”宣传讨伐赫连昌能够取得成功的政治论述，比较符合当时流行的星占思想。然而尽管崔浩提出“五星出东方”观点符合汉晋以来的天人思想，但是，这年是否发生过“五星出东方”，却需要对北魏时期的天文数据进行核实。因为如果确实出现过这样的天象，这说明崔浩采用天人思想推动政治走向，如果没有出现过“五星出东方”的天象，便意味着他的理论来源与天文无关，而建议讨伐赫连昌才是他的最终政治目的。换言之，是这年先出现“五星出东方”再思考讨伐赫连昌，还是先准备讨伐赫连昌，需要借助“五星出东方”的天象，这样有利于战前的政治动员和军事部署。考察这个“五星出东方”问题，也能够从更深层剖析崔浩的天人思想。五星行度对应的二十八星宿见表7-2。

① 于志勇：《新疆尼雅出土“五星出东方利中国”彩锦织文初析》，《西域研究》1996年第3期，第46页；纪洪：《五星出东方利中国》，《环球人文地理》2012年第3期，第160页。

表 7-2　五星行度与二十八星宿对应表(中间值)①

发生时间	日黄经	水黄经	金黄经	火黄经	木黄经	土黄经
413. 5. 25	73. 7	86. 5	116. 9	116. 9	101. 4	81. 3
所在天区	井宿	井宿	星宿	星宿	柳宿	井宿
黄经度数	76. 40	76. 40	124. 31	124. 31	107. 95	76. 40
发生时间	日黄经	水黄经	金黄经	火黄经	木黄经	土黄经
430. 11. 21	248. 4	262. 5	286. 3	244. 9	264. 6	284. 7
所在天区	箕宿	斗宿	女宿	箕宿	斗宿	牛宿
黄经度数	247. 68	260. 21	289. 92	247. 68	260. 21	282. 40

对于北魏这次讨伐赫连昌的具体时间，《魏书·世祖纪上》有过记载："(始光三年)冬十月丁巳(11 月 26 日)，车驾西伐。……会天暴寒，数日结冰。十有一月戊寅(12 月 17 日)，帝率骑二万袭赫连昌。"②此次讨伐赫连昌的时间在始光三年十月。崔浩所言之"今年五星出东方"的时间，应该在始光三年十月前夕。按照《6000 年的五星聚会》的计算数据，公元 426 年前后没有发生过"五星出东方"的天文现象。五星聚会的最近时间，有两次分别发生在 413 年 5 月 25 日和 430 年 11 月 21 日，可以看出这与五星运行到东方七宿(角、亢、氐、房、心、尾、箕)的位置还相距甚远。它说明始光三年十月并没有发生过"五星出东方"的天象，崔浩更不可能观测到这样的天象。因此可以断定崔浩并非依赖"五星出东方"的天象，主张讨伐赫连昌才是最终目的。

但是如果换个角度分析当时北魏的政治环境和太武帝的政治理想，崔浩这么做的原因就会变得清楚起来了。《魏书·铁弗刘虎传》记载：

---

① 李广宇、何玉囡、张健、张培瑜：《夏商周时期的天象和月相》上册，世界图书出版社 2007 年版，第 328~384 页，第 442 页；江晓原、钮卫星：《回天——武王伐纣与天文历史年代学·古今五星聚一览表》，上海人民出版社 2000 年版，第 276 页。

② (北齐)魏收：《魏书》卷四《世祖纪上》，中华书局 1974 年版，第 71 页。

“(赫连)昌，字还国，一名折，屈孑(赫连勃勃)之第三子也。既僭位，改年承光(425年)。世祖闻屈孑死，诸子相攻，关中大乱，于是西伐。”①赫连勃勃在始光二年(425年)故去，太武帝得到夏国内乱的信息之后，于始光三年(426年)打算进攻赫连昌，由于群臣反对，他陷入进退两难的境地。此时崔浩深知太武帝希望讨伐赫连昌，他本人也热衷于北魏大一统的政治事业。由于两汉以来“五星出东方”一直被看作中原正统政权讨伐周边部族并能够取得成功的天象，为了顺利推进北魏讨伐赫连昌的军事部署，崔浩便主观地臆造出“五星出东方”的天文现象。②

根据上述的史料分析，可以看出崔浩引用的“五星出东方”的天象并没有发生过，其利用史书记载的星占史籍作为事例，目的是为了强化自己的政治见解的可信性，以此推动北魏政治向前继续发展，借助历史机遇统一北方。

三、占卜技法

崔浩还以占卜灵验闻名于世，史书有一些相关描述。《新五代史·唐臣传附刘延朗传》记载：“有瞽者张濛，自言事太白山神。神，魏崔浩也，其言吉凶无不中。”③正是传说中崔浩拥有未卜先知的超自然能力，所以才得到张濛的顶礼膜拜。关于崔浩的占卜技法和相关理论，史书有一事

① (北齐)魏收：《魏书》卷九十五《铁弗刘虎传》，中华书局1974年版，第2057页。该卷校勘记(八)认为：“改年永光”条下，《北史》卷九三“永”作“承”。《通鉴》卷一二〇同《北史》。根据“甘肃酒泉文殊山”出土马德惠塔，上面刻有“承阳二年”，李崇智先生认为“承光”或为“承阳”之误，或“承光”本不误，北凉沮渠氏奉夏国年号，用韵同义近的“阳”字代替“光”字，故将“承光”写作“承阳”，但史籍不见载“承阳”年号。本书依《北史》和《中国历代年号考》作“承光”。李崇智：《中国历代年号考》，中华书局2012年版，第50页。

② 孙险峰：《崔浩的天人思想与北魏政治文化》，楼劲主编：《魏晋南北朝史的新探索——中国魏晋南北朝史学会第十一届年会暨国际学术研讨会论文集》，中国社会科学出版社2015年版，第404页。

③ (宋)欧阳修：《新五代史》卷二十七《唐臣传第十五·刘延朗传》，中华书局1974年版，第291页。

例可以提供分析。《魏书·崔浩传》记载："是时，有兔在后宫，验问门官，无从得入。太宗怪之，命浩推其咎征。浩以为当有邻国贡嫔嫱者，善应也。明年，姚兴果献女。"①《魏书·灵征志下》亦载："太宗永兴三年(411年)，上猎于西山，获白兔。八月，京师获白兔。"②有一只野兔出现在后宫，太宗明元帝感到非常奇怪，于是命令崔浩进行占卜，结果是邻国将会进献美女，其后确实得到了准确印证。然而他采用"野兔"对应"美女"的占卜方法，是否能够断定他有未卜先知的超自然能力呢？在考察这个问题之前，首先了解北魏时期野兔的文化含义。

野兔原产地在地中海，其后逐渐传入中国，但中原多灰兔，白兔和黑兔主要产自高原和草原地带。③ 关于野兔成为统治者尊崇的祥瑞一事，《后汉书·光武帝纪下》记载："(建武十三年，37年)九月，日南徼外蛮夷献白雉、白兔。"④北魏时期更是把野兔看作罕见的祥瑞。《魏书·灵征志下》记载，从太祖天兴二年(399年)七月至孝敬帝武定六年(547年)十一月，共有黑兔9条和白兔59条的历史记录。⑤那么北魏把野兔看作祥瑞，究竟有什么样的寓意呢？《魏书·灵征志下》记载："太祖天兴二年七月，并州献白兔一，王者敬耆老则见。"⑥也就是说，统治者对于年长者施行仁孝才能出现白兔祥瑞。《礼记·曲礼下》记载："凡祭宗庙之礼，牛曰一元大武，豕曰刚鬣，豚曰腯

---

① (北齐)魏收：《魏书》卷三十五《崔浩传》，中华书局1974年版，第807~808页。

② (北齐)魏收：《魏书》卷一百一十二下《灵征志下》，中华书局1974年版，第2942页。

③ 《中国大百科全书》第22卷，北京：中国大百科全书出版社2009年版，第435页。

④ (南朝)范晔：《后汉书》卷二《光武帝纪下》，中华书局1965年版，第62页。

⑤ (北齐)魏收：《魏书》卷一百一十二下《灵征志下》，中华书局1974年版，第2942~2946页。

⑥ (北齐)魏收：《魏书》卷一百一十二下《灵征志下》，中华书局1974年版，第2942页。

肥……兔曰明视。”①可以看出不论把野兔看作是统治者敬老爱老的仁孝之“孝”，还是子孙献给祖先宗庙的牺牲之“孝”，都属于中国古代传统文化独有的“孝”的宇宙观范畴。所以野兔与统治者的仁孝才是对应关系，前文崔浩占卜野兔为“美女”的结果，并不符合汉代以来传统的卜辞理论和祥瑞思想。那么他的占卜又为何被认为非常灵验呢？

《魏书·崔浩传》记载，这条占卜野兔的文献出现在太宗继位后至神瑞二年之前的时间段内。有关太宗明元帝的在位年号，分别是永兴(5年间)、神瑞(3年间)、泰常(8年间)。姚兴打算进献美女的时间，《魏书·太宗纪》有记载：“(永兴三年，411年)六月，姚兴遣使来聘。……(永兴五年，413年)二月庚午，姚兴遣使来聘。……(永兴五年)十一月癸酉，姚兴遣使朝贡，来请进女，帝许之。”②由于姚兴战败以后急于求和，多次派遣使者前来朝贡。根据《魏书·崔浩传》的编年次序：“是时，有兔在后宫……明年，姚兴果献女。神瑞二年(415年)。”③永兴三年姚兴已经派遣使者向北魏朝贡，崔浩占卜野兔的时间应该在永兴五年，姚兴打算进献美女的时间在永兴五年十一月，正式进献美女的时间在神瑞元年。而且游牧民族原本就有通过联姻加强部族之间关系的传统习俗，姚兴战败以后为了缓解来自北魏的军事压力，“美人计”也是其经常使用的谋略手段。比如《六韬·文伐》就有“进美女淫声以惑之”这样的文献记载。④ 所以崔浩占卜之前，事先必然获得了姚兴将要进献美女的相关信息，尽管他占卜野兔为美女的结论，与汉魏以来把野兔看作敬老爱老的仁孝思想完全相悖，然而他能够客观分析当时的政治形势，并且做出准确判断。所以崔浩才能得出将有邻国进献美女

① (清)阮元：《十三经注疏·礼记正义》卷五《曲礼下》，中华书局1980年版，第1269页。

② (北齐)魏收：《魏书》卷三《太宗纪》，中华书局1974年版，第54页。

③ (北齐)魏收：《魏书》卷三十五《崔浩传》，中华书局1974年版，第807~808页。

④ (周)姜子牙：《六韬》卷二《文伐》，中州古籍出版社2011年版，第80页。

的结论，这与占卜野兔并没有内在的逻辑关联。

《魏书》还记载了一条日占卜辞与崔浩存在密切关系。如果说崔浩精于天人思想，又有常人所不及的未卜先知的超自然能力，那么如果厄运将要降临到他的身上，他事前应该知晓并伺机躲避。迄今为止研究崔浩被杀的相关论文有很多篇，获得的结论也多种多样，鉴于这些研究成果与本书考察的对象不同，所以暂且不对上述研究进行考述。关于太武帝究竟在何时下决心诛杀崔浩，目前却很少有人关注这个问题。实际上在他被杀之前，就出现过一次日食，占验的结果就与崔浩本人密切相关。《魏书·天象志一》记载："（太平真君十年）六月庚寅朔，日有蚀之。占曰'将相诛'。十一年六月己亥，诛司徒崔浩。"①按照天文历法的基本常识，发生日食的时间应该在初一，按照现代的天文历法回推计算，太平真君十年六月初一为449年7月6日。根据《5000年日食表》的相关数据，449年共有5月8日和449年11月2日两次日食，② 可是都不在449年7月6日。这说明太平真君十年六月庚寅发生的日食是人为臆造的天象结果。而且通过对古今历法进行核实，太平真君十年六月初一的干支日是乙未，并非《魏书·天象志一》记载的庚寅，甚至该年的六月都没有庚寅日。那么臆造日食时间篡改干支日期，为什么必须选择庚寅日呢？这是否为古人排列干支日的一次偶然错误？日食与庚寅日之间是否还有我们不知道的内在联系？实际上这里面暗含人为因素，也有日占卜辞与政治文化之间的错综复杂关系。下面需要借鉴一段日占卜辞原文展开讨论。《开元占经·日占六》"日六甲蚀"条，引《春秋潜潭巴》排列出一套由干支日组成的卜辞数据，其中就涉及庚寅日的日占结果，为了方便考察，现将部分内容抄录于下："甲子日蚀，有兵，狄强起。乙丑日蚀，大旱，大夫执纲。丙寅日蚀，虫，久旱，多水征。丁卯

① （北齐）魏收：《魏书》卷一百五之一《天象志一》，中华书局1974年版，第2335页。

② 李广宇、何玉囡、张健、张培瑜：《夏商周时期的天象和月相·5000年日食表》，世界图书出版社2007年版，第75页。

日蚀，旱，有兵。戊辰日蚀，地动阴强。己巳日蚀，地动，火灾数降。庚午日蚀，后火烧后宫，有兵行。辛未日蚀，大水汤汤。壬申日蚀，水盛阳溃，阴欲朔。癸酉日蚀，连阴不解，淫雨数出，有兵。……庚寅日蚀，诛相，大水，多死伤。辛卯日蚀，臣伐其主。壬辰日蚀，河决海溢，久霜连阴。……甲寅日蚀，雷击杀人，骨肉争功。乙卯日蚀，雷不行，霜不行，杀草，长人入宫。丙辰日蚀，山水淫淫。丁巳日蚀，下有聚兵。戊午日蚀，久旱，谷不伤。己未日蚀，失名王。庚申日蚀，夷狄内攘。辛酉日蚀，女谒且兴。壬戌日蚀，群山崩。癸亥日蚀，大人崩。”①

《春秋潜潭巴》可以简称《潜潭巴》，在《后汉书·五行志一》和《后汉书·五行志五》等文献中屡有出现，② 它是对后代影响较大的一部纬书。通过其中的“日六甲蚀”卦辞能够看出，只有庚寅日发生日食才有“诛相”的占卜结果，这与《魏书·天象志一》记载的“六月庚寅朔，日有蚀之。占曰‘将相诛’”的内容几乎完全相同，可以说它是当朝皇帝想借用上天的名义诛杀宰相。由于崔浩当时正担任司徒，在北魏时期相当于宰相的官职，所以能够看出这次诛杀矛头应该直指崔浩本人。那么为什么太武帝要假借天意呢？这是因为即使最高统治者皇帝，也不可以随便诛杀朝廷大臣，更何况崔浩为北魏政权屡建奇功，因此太武帝只能借助“天意”使用刑罚。如果崔浩确实拥有未卜先知的法术，或者精通星占术数应该可以避开此劫，然而他却被太武帝用最残酷的手段诛杀了，这反证出崔浩不仅不懂星占理论，甚至他都没有研读过《春秋潜潭巴》。否则，当天文官上报太武帝“庚寅日”发生日食时，崔浩不应该不知道它的占卜结果是“诛相”，这个诛杀矛头直接指向他本人。

---

① (唐)瞿昙悉达：《开元占经》卷十《日占六》，九州出版社2012年版，第107~112页。

② (南朝)范晔：《后汉书》卷二十三《五行志一》，中华书局1965年版，第3275页；(南朝)范晔：《后汉书》卷二十七《五行志五》，中华书局1965年版，第3351页。

按照北魏这次日食时间推算，太武帝决定诛杀崔浩应该始于一年前，原则上天文官对日食这样的重大事件要向朝廷禀告，也会根据庚寅日的日食时间进行预占，如果崔浩精通星占理论，无须得到占卜结果，就应该根据卦辞内容推导出“诛相”结局。然而他作为国家重臣身居朝堂，长时间以精通天文历法和未卜先知的超自然能力闻名于世，却在一年多的时间里竟然没有发现这次日食竟然针对自己。可以说目前无法判断崔浩精通星占术数，也无法证明他拥有未卜先知的超自然能力。

第三节　崔浩的政治军事才能与信息收集

崔浩以政治才能和军事才能闻名于世，为北魏政权做出过杰出贡献。他在处理国事时，能够从国家长远的战略眼光看问题，深得北魏太宗和世祖的信赖。崔浩曾经自比汉代的张良，他的政治军事才能一直被后代学者充分肯定。

一、政治思想

北魏太宗神瑞二年粮食严重歉收，整个朝廷陷入了前所未有的政治恐慌中。俗语说民以食为天，粮食为国家之本，不论是普通庶民还是政府官吏，都离不开粮食，一旦粮食无法收获，便直接关系到政权安危。那么崔浩面对国家的重大危机时，又思考出怎样的政治策略呢?

《魏书·崔浩传》记载：“神瑞二年(415 年)，秋谷不登，太史令王亮、苏垣，因华阴公主等言谶书国家当治邺，劝太宗迁都。”①可以看出这年灾情非常严重，甚至出现威胁到国家安全的“谶书”。针对大臣们的这种议论，崔浩和周澹提出了反对意见。崔浩说：“今国家迁都于

① (北齐)魏收：《魏书》卷三十五《崔浩传》，中华书局 1974 年版，第 808 页。

邺，可救今年之饥，非长久之策也。今居北方，假令山东有变，轻骑南出，耀威桑梓之中，谁知多少？至春草生，乳酪将出，兼有菜果，足接来秋。若得中熟，事则济矣。"①崔浩从首都平城的战略地位、地理环境和农业资源等角度，阐述迁都的利弊，并提出了一系列解决粮食危机的办法。但是太宗仍然担心地询问："今既糊口无以至来秋，来秋或复不熟，将如之何？"②崔浩回答说："可简穷下之户，诸州就谷。若来秋无年，愿更图也。但不可迁都。太宗从之，于是分民诣山东三州食，出仓谷以禀之。来年遂大熟。"③尽管太宗还担心来年秋收后会不会出现粮食问题，崔浩也提出了很多解决办法，但是依然坚决反对迁都。然而对于统治阶级来说，真正的危险还未必仅限于粮食不足，很多大臣或者相信谶言或者没有远谋，只想暂时逃避困难，丝毫不顾及迁都会动摇国之根本，这样做的危害甚至超过粮食歉收。只有崔浩等少数大臣没有听信谶言，并从长远的政治战略眼光看问题，最终化解了一次国家危机。可见崔浩绝非信仰谶纬思想，也没有采用占卜巫术祈祷神灵，而是根据国家的整个现状进行综合分析，使粮食不足的客观问题得到了圆满解决。

由于太宗明元帝服用寒食散，因此经常发病难以管理朝政，于是他向崔浩寻求解决的办法。《魏书·崔浩传》记载："自圣化龙兴，不崇储贰，是以永兴之始，社稷几危。今宜早建东宫，选公卿忠贤陛下素所委仗者使为师傅，左右信臣简在圣心者以充宾友，入总万机，出统戎政，监国抚军，六柄在手。若此，则陛下可以优游无为，颐神养寿，进御医药。万岁之后，国有成主，民有所归，则奸宄息望，旁无觊觎。此乃万世之令典，塞祸之大备也。今长皇子焘，年渐一周，明睿温和，众情所

① (北齐)魏收：《魏书》卷三十五《崔浩传》，中华书局 1974 年版，第 808 页。

② (北齐)魏收：《魏书》卷三十五《崔浩传》，中华书局 1974 年版，第 808 页。

③ (北齐)魏收：《魏书》卷三十五《崔浩传》，中华书局 1974 年版，第 808 页。

系，时登储副，则天下幸甚。立子以长，礼之大经。若须并待成人而择，倒错天伦，则生履霜坚冰之祸。自古以来，载籍所记，兴衰存亡，鲜不由此。”①崔浩可以说完全清楚太宗的病因和内心的顾虑，他建议“早建东宫”，然后选择品德高尚有才学的大臣辅佐，这样既解决了未来皇位的继承问题，又可以让太宗在不失去权力的前提下，使国家机器正常地有效地运转。特别是崔浩建议选择嫡长子拓跋焘作为皇位继承者，并对他洞悉观察。这些都体现出崔浩的“长”与“贤”二者兼备的儒家治国理念。

张渊是北魏时期的太史令，曾经撰写过著名的《观象赋》，他对星象有非常深入的研究，应该说是北魏真正精通天文的专业技术人才。世祖治世期间曾经议论讨伐蠕蠕，张渊和很多朝臣都表示反对，只有崔浩表示极为赞成，于是双方展开了激烈的辩论。《魏书·崔浩传》记载：“(张渊说)今年己巳，三阴之岁，岁星袭月，太白在西方，不可举兵。北伐必败，虽克，不利于上。又群臣共赞和渊等，云渊少时尝谏苻坚不可南征，坚不从而败。”②张渊曾经在前秦为官，劝谏过苻坚不要讨伐东晋，然而苻坚执意南伐没有听从他的建议，最终导致国破家亡的悲惨结局。那么张渊采用星占、术数推导政治走向是否可信呢？下面需要先解释他在议论朝政时，提到的这几个天象星占问题。

其一，关于“三阴之岁”的含义。《资治通鉴·宋纪三》：“今兹己巳三阴之岁”条胡三省注：“干以甲、丙、戊、庚、壬为阳，乙、丁、己、辛、癸为阴。支以子、寅、辰、午、申、戌为阳，丑、卯、巳、未、酉、亥为阴。己巳皆阴，而干支合于己巳，是为三阴之岁。”③也就是单

① (北齐)魏收：《魏书》卷三十五《崔浩传》，中华书局1974年版，第812~813页。

② (北齐)魏收：《魏书》卷三十五《崔浩传》，中华书局1974年版，第816页。

③ (宋)司马光：《资治通鉴》卷一百二十一《宋纪三》，中华书局1956年版，第3807页。

数为阳，双数为阴，双阴相合又属于阴，张渊所说的“己巳”的“己”和“巳”皆为阴，二者相合还是阴，可以看出“三阴之岁”，主要在于干支的排列方式。其二，关于“岁星袭月”的星占卜辞含义。《开元占经·月占二》“月与五星相犯蚀”条载：“《荆州占》曰：月犯岁星，其国民饥死，一曰主死期三年。《荆州占》曰：月犯岁星，其国疾。”①岁星即太阳系的木星，根据《荆州占》的卜辞内容，可以看出“月犯岁星”确实对该国不利。其三，关于“太白在西方”的天文现象。《史记·天官书》记载：“太白俱出西方……外国利。”②所以张渊根据上述的天人思想和星占理论，推导出北魏此时不适合讨伐敌军。但崔浩反驳说：“渊言天时，是其所职，若论形势，非彼所知。斯乃汉世旧说常谈，施之于今，不合事宜也。”③崔浩认为张渊的职责是掌管天文，但是他并不了解国内外的政治形势，如果仅仅凭借汉代流传下来的旧说常谈，也就是用“岁星袭月”和“太白在西方”之类的占星学推导国家未来政治走向非常危险，也不符合当时的客观事实。可见崔浩绝非依赖天人思想和占卜理论，而是针对政治形势进行准确判断。所以史官对于这次张渊与崔浩的辩论，在史籍中留下非常客观的评价。《魏书·术艺传附张渊传》记载：“张渊专守常占，而不能钩深致远，故不及浩。”④

崔浩曾跟随世祖讨伐夏国赫连昌，天气突变，北魏军队在追击夏国军队时，宦官赵倪认为这是不祥预兆。《魏书·崔浩传》记载：“会有风雨从东南而来，沙尘昏冥。宦者赵倪进曰：‘今风雨从贼后来，我向彼背，天不助人，将士饥渴，愿陛下避之，更待后日。’崔浩曰：‘是何言

① （唐）瞿昙悉达：《开元占经》卷十二《月占二》，九州出版社2012年版，第133~134页。

② （汉）司马迁：《史记》卷二十七《天官书》，中华书局1959年版，第1328页。

③ （北齐）魏收：《魏书》卷三十五《崔浩传》，中华书局1974年版，第816~817页。

④ （北齐）魏收：《魏书》卷九十一《术艺传附张渊传》，中华书局1974年版，第1945页。

欤？千日制胜，一日之中岂得变易，贼前行不止，后已离绝，宜分军隐出，掩击不意，风道在人，岂有常也。'世祖曰：'善。'分骑奋击，昌军大溃。"①宦官赵倪认为风向不利于北魏军队继续追赶敌军，等天气好转之后再采取相应的军事行动。他的建言并非毫无道理，因为这时候的天气状况确实非常恶劣，前文《魏书·世祖纪上》记载当时的天气是："会天暴寒，数日结冰。"中国古代针对这样的天气变化，有很多占卜风角的思想理论和著作。比如《后汉书·郎襄传》"学京氏易善风角星算六日七分"条李贤注曰："风角，谓候四方四隅之风，以占吉凶也。"②所以遇到来自四方的奇怪大风，应该占卜吉凶。因此并不能盲目指责赵倪有逃避战争的私人企图，实际上当时社会也非常流行这些思想内容。《开元占经·风占》"诸例"条载："凡风自冲来，为殃、为丧、为火、为兵、为大人死。"③这说明大风从彼方吹来，确实存在很多不利因素。在这样的天气多变的情况下，假使敌军在前方险要地点设伏，一旦北魏军队急于冒进，则很容易陷入敌人的伏击圈。然而崔浩这次没有借助天象变化阐述自己的见解，而是客观地分析此时敌军四处逃窜，已经丧失了战斗力，现在正是包围他们的好时机。崔浩还认为只有"人"才能够掌握"风道"，"风向"本身并没有永恒不变的法则。这个观点，对于崔浩来说，恰恰是在自我否定，因为他在政论时经常主张天人思想存在某种客观规律性。那么为何他持有自相矛盾的观点呢？实际上崔浩作为辅佐太武帝的军事决策者，他的才能主要体现在能够敏锐地观察并掌握整个战场形势。他没有生搬硬套当时流行的气象星占理论，也坚决否定随意改变战略战术，因为纸上谈兵不尊重客观事实必然误国害民。所以据此可以推

① (北齐)魏收：《魏书》卷三十五《崔浩传》，中华书局 1974 年版，第 815 页。

② (南朝)范晔：《后汉书》卷三十下《郎襄传》，中华书局 1965 年版，第 1053 页。

③ (唐)瞿昙悉达：《开元占经》卷九十一《风占》，九州出版社 2012 年版，第 929 页。

论，崔浩并不相信占卜术数和天人思想，他的军事理论应该与星占毫无关系。

二、政治历史人物分析

崔浩不仅研究北魏以前的历史人物和军事家，也研究过同时代的政治人物。这说明崔浩对于他们的政治智慧和军事才能都有深刻认识，所以在对敌战争中可以发挥实际作用。世祖曾经对大臣们说："凡军国大计，卿等所不能决，皆先咨(崔)浩，然后施行。"①可以看出世祖对他的信赖。

崔浩与太宗明元帝交谈时，曾经品评过一些政治人物，对他们的政治才能和政策得失都有过深入分析。《魏书·崔浩传》记载："浩曰：'今西北二寇未殄，陛下不可亲御六师。兵众虽盛，而将无韩白。长孙嵩有治国之用，无进取之能，非刘裕敌也。臣谓待之不晚。'太宗笑曰：'卿量之已审矣。'浩曰：'臣尝私论近世人物，不敢不上闻。若王猛之治国，苻坚之管仲也；慕容玄恭之辅少主，慕容暐之霍光也；刘裕之平逆乱，司马德宗之曹操也。'太宗曰：'卿谓先帝如何？'浩曰：'小人管窥悬象，何能见玄穹之广大。虽然，太祖用漠北醇朴之人，南入中地，变风易俗，化洽四海，自与羲农齐列，臣岂能仰名。'太宗曰：'屈丐如何？'浩曰：'屈丐家国夷灭，一身孤寄，为姚氏封殖。不思树党强邻，报仇雪耻，乃结忿于蠕蠕，背德于姚兴，撅竖小人，无大经略，正可残暴，终为人所灭耳。'"②这是崔浩分析当时的政治人物和政治形势。由于这时期正是太宗明元帝(409—423年)统治，后秦（384—417年）在北魏西南，夏国赫连勃勃(381—425年)在北魏西北部，因此崔浩所指"西北二寇"应该指后秦和夏国。他主张明元帝不要亲征，因为北魏这

① (北齐)魏收：《魏书》卷三十五《崔浩传》，中华书局1974年版，第819页。

② (北齐)魏收：《魏书》卷三十五《崔浩传》，中华书局1974年版，第811页。

时期没有像韩信和白起这样的著名将领。长孙蒿可以任用但能力不足，他并不是刘裕的对手。而且他把前秦的王猛比作齐桓公的管仲。前燕慕容玄恭(321—367年)是前燕皇帝慕容皝的第四子，为十六国时期的著名军事家，慕容玄恭就像汉辅佐宣帝的大臣霍光。而且刘裕平定东晋内乱，就像曹操平定东汉末年诸侯纷争，但最终会篡夺政权。太宗明元帝还问道武帝的才能，崔浩把他比作伏羲和神农。明元帝又问屈丐这个人怎么样？屈丐是铁弗部刘卫辰之子，名为赫连勃勃，他先投奔后秦姚兴，后自立为夏国天王。元嘉二年(425年)死去，元嘉四年夏国被北魏灭亡。崔浩对于赫连勃勃的分析非常客观。

三国时期的诸葛亮作为杰出的军事家被世人高度评价，崔浩也曾经这样评价他："夫亮之相刘备，当九州鼎沸之会，英雄奋发之时，君臣相得，鱼水为喻，而不能与曹氏争天下。委弃荆州，退入巴蜀，诱夺刘璋，伪连孙氏，守穷崎岖之地，僭号边夷之间，此策之下者。……且亮既据蜀，恃山崄之固，不达时宜，弗量势力。严威切法，控勒蜀人，矜才负能，高自矫举。欲以边夷之众抗衡上国。出兵陇右，再攻祁山，一攻陈仓，疏迟失会，摧衄而反。后入秦川，不复攻城，更求野战。魏人知其意，闭垒坚守，以不战屈之。知穷势尽，愤结攻中，发病而死。'"①崔浩认为在中原逐鹿之时，诸葛亮没能帮助刘备与曹操抗衡，并放弃荆州退入蜀地为下策。特别是军事实力不及曹操，却要与曹军多次进行野战，在多年的消耗战中，原本经济就比较弱小的蜀国，很难长期支撑军队给养。应该说这些观点确实是蜀国的失败之处，崔浩作为军事家对诸葛亮的评价比较符合客观事实，也能够看出他根据前代军事家的战术方法，推导成功与失败的根本原因，并总结出历史上的经验教训。

宋代学者对崔浩的军事才能也有很高的评价。《朱子语类·历代

① (北齐)魏收：《魏书》卷四十三《毛修之传》，中华书局1974年版，第960~961页。

二》记载："问子房孔明人品。曰：子房全是黄老，皆自黄石一编中来。……孔明学术亦甚杂。……又问，崔浩如何。曰：也是个博洽底人。"①张良与诸葛亮都是中国历史上著名的军事家，把崔浩与他们相提并论，说明他的军事才能得到后代学者们的充分肯定。李昉《文苑英华·杂序四》记载："周有齐太公，秦有王翦，两汉有韩信、赵充国、耿弇、虞诩、段颎，魏有司马懿，吴有周瑜，蜀有诸葛武侯，晋有羊祜、杜公元凯，梁有韦睿，元魏有崔浩。"②可以看出崔浩作为北魏时期的军事家，获得与历史上的著名军事家同列的殊荣。宋代陈亮《龙川集·酌古论四·崔浩》记载："崔浩之佐魏，料敌制胜，变化无穷，此其智之不可敌，虽子房无以远过也。"③这条史料认为崔浩的军事才能甚至超过汉代张良。

小　　结

崔浩在政治上和军事上能够不断取得成功，除了勤奋学习和聪明才智之外，与他收集各方面的信息密切相关。正是因为他身居庙堂，可以准确、敏锐地掌握国内外的政治动向，再经过综合分析便能成功地运用到军国大事上。既然崔浩并不相信天人感应思想和占卜理论，为什么还要经常借助天象变化，甚至主观臆造天象阐述其政治见解呢？实际上这与北魏初期的三位帝王的宗教信仰密切相关。《宋书·索虏传》记载："开(道武帝)颇有学问，晓天文。"④这说明道武帝拓跋珪本人就有一定

① (宋)黎靖德：《朱子语类》卷一百三十五《历代二》，中华书局2007年版，第3222页。

② (宋)李昉：《文苑英华》卷七百三十八《杂序四》，中华书局1982年版，第3847页。

③ (宋)陈亮：《龙川集》卷八《酌古论四·崔浩》，吉林出版集团有限责任公司2005年版，第68页。

④ (南朝)沈约：《宋书》卷五十五《索虏传》，中华书局1974年版，第2322页。

的天文知识。《魏书・太祖纪》记载："天人会合，帝王之业，夫岂虚应。……审天命之不易，察微应之潜授。"①可以看出道武帝不仅通晓"天文"，还信仰汉文化的天命神授的宗教伦理观。《魏书・太宗纪》亦载："天人之意，焕然著明。"②可以看出太宗明元帝也非常崇尚天人思想。太武帝在诏书中也使用过"天人之会"等语言。③ 可见北魏初期的三代帝王皆崇信天人思想和占卜理论。

崔浩恰恰生活在天人思想盛行的年代，他根据自己在朝廷为官多年的所见所闻，深知要想在政治上拥有发言权并得到充分信任，需要与皇帝保持相同的宗教信仰和精神追求。于是崔浩在议论国政时，才经常借助天人思想阐述政治见解，甚至伪造天象达到他的政治目的。所以《魏书》《旧五代史》和《新五代史》等历史文献，记载崔浩精通天人思想和拥有未卜先知的超自然能力，实际上这些记录并不符合客观事实。只不过后代史官们没有认真研究崔浩借用天象的真正目的，也受到古代自然科学技术不发达的局限，所以五代时期的一些卜者才把他奉为神灵，甚至采用祭祀方式表达对崔浩的崇拜。

总之，崔浩的政治才能和军事才能被后代学者高度评价，其作为北魏著名的军事家被载入史籍，甚至与张良和诸葛亮相提并论。只不过很多人没有意识到他的天人思想以及星占理论都是议论朝廷政治的障眼法，甚至他本人并不相信两汉以来的天人感应思想。

---

① （北齐）魏收：《魏书》卷二《太祖纪》，中华书局 1974 年版，第 37 页。
② （北齐）魏收：《魏书》卷三《太宗纪》，中华书局 1974 年版，第 60 页。
③ （北齐）魏收：《魏书》卷四《世祖纪》，中华书局 1974 年版，第 80 页。

结　　语

大约公元三世纪中叶，始祖神元帝拓跋力微于盛乐首次祭天，这标志着鲜卑拓跋部开始在漠北草原崛起。其后军事势力向南逐渐发展到大同盆地，并开始从游牧生活向定居生活过渡。① 公元 315 年拓跋猗卢因帮助西晋攻伐匈奴有功，被晋愍帝册封为代王，至此拓跋部开始名正言顺地对代北实行统治。因为流经大同盆地的桑干河呈现东西走向，它是划分南北两地的分水岭。② 当汉人政权的军事势力强大时，便越过桑干河控制到阴山山脉南麓。当汉人政权的军事势力衰弱以后，又逐渐退回到桑干河南岸。鲜卑拓跋部发展初期进入到大同盆地时，因为遇到桑干河阻隔便止步向前，于是这条河流便成为南北两地的军事缓冲地带。③ 随着鲜卑拓跋部的军事势力增长，最终完全控制大同盆地并逐步统一北方。

鲜卑拓跋部与其他北方游牧民族都拥有相同的草原文化特征，在其军事势力进入到大同盆地以前，游牧文化与汉文化已经间接地发生过接触。但是鉴于双方的民俗文化和意识形态的巨大差别，他们还没有迎来

---

① （北齐）魏收：《魏书》卷一《序纪》，中华书局 1974 年版，第 3 页、第 8 页、第 11 页、第 12 页。

② 北魏时期桑干河称为桑乾水，《水经注》称为“漯水”。［日］前田正名：《平城の历史地理学的研究》，第 2 页。谭其骧：《中国历史地图集》第 4 册，中国地图出版社 1982 年版，第 15～16 页。

③ ［日］前田正名：《平城の历史地理学的研究》，第 1～2 页。谭其骧：《中国历史地图集》第 2 册，第 3～4 页、第 13～14 页、第 40～41 页。谭其骧：《中国历史地图集》第 3 册，中国地图出版社 1982 年版，第 32 页、第 61 页。

互相交流时空观念的最佳时期。由于中原汉人与北方游牧民族都把太阳的运行轨迹作为四方观念的定位方法，这成为双方文化可以相互兼容的前提条件。虽然鲜卑拓跋部与汉人在经贸往来的过程中，五谷和奶制品或者家畜是双方交换的主要食品，但是作为拓跋部的最高统治者，要想按照汉文化的五谷丰收时间确定纪年，还要等到北魏政权建立以后，才能真正进入实施阶段。因为“草青”和“五谷”都是民俗习惯和饮食文化的重要基础，如果饮食习惯不发生根本改变，两个年度时间概念无法统一。所以只有孝文帝汉化改革以后，鲜卑统治者放弃自身的游牧文化和饮食习惯，他们的年度观念才逐步走向汉化。因此两种文化的时空观从初期交流到逐步融合，并不是哪个民族的时空观先进或者落后，而是一个民族融入另一个民族，并接受他们的饮食文化以后，才会促使时空观念发生根本转变。换言之，如果有部分汉人进入到漠北草原，与游牧民族长期生活在一起，他们也会忘掉汉文化的“五谷丰收”确定纪年的方法，而是按照当地的“草青时间”记载年份。所以饮食习惯与民俗文化紧密相连，也是决定年度单位的客观前提条件。因此“草青时间”与“五谷丰收”，都是经验观察的社会学范畴，属于人类认识自然界的朴素时间观念之一。

当始祖神元帝在盛乐首次祭天以后，夏四月的西向设祭成为部族凝聚力的宗教信仰，降至北魏末年依旧得到效法。《北史·魏孝武帝纪》记载：“即位于东郭之外，用代都旧制，以黑毡蒙七人，（高）欢居其一。帝于毡上西向拜天讫。”①“代都旧制”的“西向拜天”便指夏四月的西郊祭天，虽然目前史料未确切记载鲜卑拓跋部崇拜的西方天神的具体称谓，然而既然是祭祀天上的神灵，其中就应该包括至高无上的“祁连（天）”。此外，还有一个天文历法问题需要重点关注，即西向设祭与西方七宿同在一个方位，毕昴星区与夏四月的祭祀时间完全对应，这很难

① （唐）李延寿：《北史》卷五《魏孝武帝纪》，中华书局1974年版，第170页。

说是时空观的纯粹巧合。虽然目前尚未见史料记载始祖神元帝的夏四月祭天与汉文化的天文历法拥有怎样的关联性，但是不能忽略的问题是，云中、盛乐和平城在秦汉时期已经被设置为郡县，距离北魏建国至少500多年，尽管其间由于中原政权衰弱，此地会出现权力真空，然而即使发生多次战乱，仍然会有部分汉人留在上述地区生活，汉文化的民俗习惯依然会部分程度获得保留，并能够长时间在当地沉淀，这就给双方的文化交流与民族融合创造有利条件。所以既然时间(四月)、空间(西方)和宗教(祭天)这三者之间有紧密的关联性，拓跋部又有祭祀星神的传统,① 虽然鲜卑人没有文字，后人不清楚他们怎样称呼毕昴星宿，但是结合天文历法和宗教信仰，能够看到西向设祭的祭天礼制对于北魏鲜卑王朝的成功建立具有划时代的伟大政治意义。

尽管北魏天兴二年正月举行的南郊祭天采用汉文化祭礼，却在一些礼制细节的问题上，依然保留了鲜卑文化元素。比如始祖神元帝的配天制度与汉文化的天命神授的宗教伦理观和宇宙观完全吻合。但是始祖神元帝毕竟是鲜卑人，他作为南郊祭天的配祭，既是胡汉文化的初步融合，也是鲜卑文化与汉文化之间的相互渗透的体现。《魏书》记载的“祀天之礼用周典”中的“周典”，正是我们熟知的《周礼》，目前学界对此并无异议。但是由于北魏政权实行南郊祭天和西郊祭天两种礼制，这个“周典”究竟与哪个祭天礼制发生联系，学界目前还没有客观定论。如果剖析西郊祭天，并未见引用《周礼》之处，结合天兴二年的南郊祭天礼制，就会发现其中供奉“上帝”与“五精帝”的神位，这便是东汉末年郑玄倡导的“六天说”的宇宙观。郑玄的经学思想并非空穴来风，而是有儒家经学作为文献出典。比如前文《周礼·春官·司服》记载：“祀昊天上帝则服大裘而冕，祀五帝亦如之。”②“昊天上帝”与“五帝”合为“六

① (北齐)魏收:《魏书》卷一百八十一《礼志一》，中华书局1974年版，第2735页。

② (清)阮元:《十三经注疏·周礼注疏》卷二十一《春官·司服》，中华书局1980年版，第781页。

天”。曹魏和太康十年变礼后的西晋，皆用“六天说”的祭天礼制。此外，天女生拓跋力微是模仿中原政权宣称祖先有天德，以此证明北魏为秉承天命的正统王朝。这是“鲜卑古老传说+汉文化正统观念”相结合的历史产物，也是北魏建国前夕特定时代的文化现象。

北魏政权建立初期，在围绕祭祖的问题上，胡汉两种民俗文化已经出现交汇的端倪。虽然《魏书》记载的三庙礼制，在祭祀时间和祭祀用牲方面与曹魏政权完全相同，但五庙和七庙的祭祀时间和祭祀用牲，则具有胡汉礼制兼容的时代特点。此后又经过近百年的汉化历程，孝文帝把北魏初期国家宗庙的仲月时祭，改在汉晋施行的孟月。这两者除了礼制方面的差别以外，仲月主要重视太阳在天空的位置，即夏至和冬至在黄道的最高点和最低点，而春分和秋分在黄道与赤道的两个交叉点，孟月属于每个季节的最早月份。可以说仲月与孟月之间，不仅仅是祭祀月份的显著差别，还有祭祀礼制和天文历法存在的时空观差别。而且宗庙牺牲不仅仅是敬献祖先的贡品，还有超越时空合家欢聚的宗教含义。当鲜卑统治者接受汉文化的牺牲礼制，便等同于在逝去的祖先与在世子孙之间，搭建一个可以相互交流的平台，祭祀祖先也是子孙向祖先寻求政权护佑和心灵安慰的重要方式之一。这种以宗教思想为纽带的时空观念，无疑是拓跋统治者接触到汉文化以后获得的精神家园，它对于北魏政权逐步走向汉化，以及鲜卑人增加汉文化的抽象思维，具有政治哲学和宗教思想的双重意义。

五行思想与汉文化的正统观念密切相关，历代政权无不把它视为政治建设的重要基础，只有纳入汉文化的王朝德运序列，该政权才被视为拥有正统性和合法性。由于道武帝拓跋珪主观上期待建立如同中原政权的封建国家，但是在北魏建国前夕的国号改易等问题上，鲜卑贵族对于改代为魏的做法，一直持有消极的保守思想。他们主要担心政治变革以后，会触及自身的经济利益和政治利益。为了推动北魏国名的顺利改易，皇始元年还曾经两次借助黄星祥瑞，以此证明国家为“土德”是上天的意志。直至天兴元年六月道武帝下诏颁布国家为“魏”以后，才最终得到鲜卑贵族们的默认。至此“土德”与北魏国号之间才开始发生联系，并延续到孝文帝的汉化改革前期。但是按照当时的星宿运行数据分析，皇始元年并没有在西方七宿的毕昴星区出现过黄星祥瑞，这是道武帝出于推动国号更迭乃至拟定德运的政治需要，才主观臆造出的天文现象，欲借助传统的天人思想着力宣传北魏王朝的正统性，表面上它在模仿曹魏政权的符瑞征兆，宣扬“异世同符”的宗教观和“历史循环论”，实际上这只是一种纯粹的“政治实用论”。

北魏统治者非常重视日占思想，还把相关卜辞作为理论依据，并运用到政治实践中，以此探索宇宙观和人间社会的政治伦理。《魏书·天象志一》记载了三套日占卜辞，即“日在二十八宿蚀”“日十二月蚀”和“日六甲蚀”，这些占卜理论并非北魏时期首创，而是承接以前存留的卜辞资料，不论在理论逻辑上还是在卜辞推演上，都与政治人事发生紧密的关联。而且还客观总结出太阳、地球和月球三者之间的运动关系，这说明我国南北朝时期对日食的观测已经达到非常精确的水平。关于北魏时期对日食的占卜的特点，首先是结合日食时间，选择相应卜辞再推导未来政治走向。其次是尽管日食已经发生，但如果对应的卜辞不符合当前的政治形势，便主观改动日食时间以此寻求合适的卜辞内容。最后是在政治需要的特定环境下，主观臆造出一个日食时间，并借助相关的卜辞内容推动政治人事的发展变化。这说明北魏统治者并非畏惧日食，而是把它作为政治运营的理论工具。这既是北魏积极吸收汉文化的结果，也是王朝统治手段日渐成熟的一个侧面的鲜明反映。

崔浩是北魏初期著名的政治家和军事家，他经常借助天人思想阐述政治主张，《魏书》记载很多占卜结果都得到了准确验证。甚至五代时期还有卜者为崔浩建立庙宇，把他作为神灵供奉并定期祭祀。但是经过本书研究和相关的天文历法资料，可以说崔浩并没有未卜先知的超自然力量，而是担任北魏要职期间，能够接触到国家的核心机密，注重收集各方面信息再经过准确判断，从而在政治上和军事上取得成功。崔浩善于把天象变化与政治人事巧妙地结合在一起，是因为北魏初期的三位帝王都信仰天人思想，为了在政治上获得发言权，并能够借此达到政治高位，只有与统治者的宗教信仰保持高度一致，才能显示出超凡的政治智慧，并逐步得到皇帝的信任。所以本书经过综合研究分析推断出，崔浩本人并不精通天文历法，只不过他善于利用两汉以来流行的天人思想，再运用星占技巧来应对政治实践。

鲜卑拓跋部的时空观发展演变，主要经历过游牧文化阶段、胡汉文化相互兼容吸收阶段和汉化改革以后的历史阶段。道武帝拓跋珪建国以前的时空观念，与其他北方游牧民族大同小异。北魏政权建立初期，胡汉文化既有相互吸收又有排斥对立，经过近百年的交流融合，汉文化的重要性逐渐显现出来，饮食习俗和礼仪制度等包含在内的时空观已经发生转变。尤其是孝文帝汉化改革以后，汉文化的时间意识与空间观念，最终占据了主导地位。

参 考 文 献

一、古籍

[1]（周）姜子牙：《六韬》，中州古籍出版社 2011 年版。

[2]（战国）屈原、宋玉：《楚辞》，上海古籍出版社 2010 年版。

[3]（汉）司马迁：《史记》，中华书局 1959 年版。

[4]（汉）桓谭：《新论》，上海人民出版社 1977 年版。

[5]（汉）荀悦：《两汉纪》，中华书局 2002 年版。

[6]（汉）班固：《汉书》，中华书局 1962 年版。

[7]（汉）班固：《汉书》，《四库全书》，第 249 册，上海古籍出版社 1989 年版。

[8]（晋）陈寿：《三国志》，中华书局 1959 年版。

[9]（晋）葛洪：《抱朴子内篇》，中华书局 2011 年版。

[10]（南朝）皇侃：《论语义疏》，中华书局 2013 年版。

[11]（南朝）范晔：《后汉书》，中华书局 1965 年版。

[12]（南朝）沈约：《宋书》，中华书局 1974 年版。

[13]（南朝）萧子显：《南齐书》，中华书局 1972 年版。

[14]（南朝）萧统：《文选》，上海古籍出版社 2013 年版。

[15]（北齐）魏收：《魏书》，中华书局 1974 年版。

[16]（唐）房玄龄：《晋书》，中华书局 1974 年版。

[17]（唐）姚思廉：《梁书》，中华书局 1973 年版。

[18]（唐）姚思廉：《陈书》，中华书局 1972 年版。
[19]（唐）李百药：《北齐书》，中华书局 1972 年版。
[20]（唐）令狐德棻：《周书》，中华书局 1971 年版。
[21]（唐）李延寿：《南史》，中华书局 1975 年版。
[22]（唐）李延寿：《北史》，中华书局 1974 年版。
[23]（唐）魏征：《隋书》，中华书局 1973 年版。
[24]（唐）杜佑：《通典》，中华书局 1988 年版。
[25]（唐）徐坚：《初学记》，中华书局 2010 年版。
[26]（唐）瞿昙悉达：《唐开元占经》，中国书店 1989 年版。
[27]（唐）瞿昙悉达：《开元占经》，九州出版社 2012 年版。
[28]（唐）李淳风：《乙巳占》，《丛书集成初编》，中华书局 1985 年版。
[29]（唐）段成式：《酉阳杂俎》，上海古籍出版社 2013 年版。
[30]（唐）欧阳询：《艺文类聚》，上海古籍出版社 1982 年版。
[31]（五代）刘昫：《旧唐书》，中华书局 1975 年版。
[32]（宋）黎靖德：《朱子语类》，中华书局 2007 年版。
[33]（宋）王应麟：《玉海》，广陵书社 2007 年版。
[34]（宋）沈括：《梦溪笔谈》，巴蜀书社 1996 年版。
[35]（宋）李昉：《太平御览》，上海古籍出版社 2008 年版。
[36]（宋）王钦若：《册府元龟》，中华书局 1982 年版。
[37]（宋）程大昌：《演繁露》，《四库全书》，第 852 册，上海古籍出版社 1987 年版。
[38]（宋）罗大经：《鹤林玉露补遗》，《四库全书》，第 865 册，商务印书馆 1983 年版。
[39]（宋）欧阳修、宋祁：《新唐书》，中华书局 1975 年版。
[40]（宋）薛居正：《旧五代史》，中华书局 1976 年版。
[41]（宋）欧阳修：《新五代史》，中华书局 1974 年版。
[42]（宋）司马光：《资治通鉴》，中华书局 1956 年版。
[43]（宋）徐梦莘：《三朝北盟会编》，上海古籍出版社 2008 年版。

[44](宋)罗愿:《尔雅翼》,《四库全书》,第222册,上海古籍出版社1987年版。
[45](宋)李心传:《建炎以来朝野杂记》,中华书局2000年版。
[46](宋)乐史:《太平寰宇记》,中华书局2007年版。
[47](宋)郭茂倩:《乐府诗集》,中华书局1979年版。
[48](宋)李昉:《文苑英华》,中华书局1982年版。
[49](宋)陈亮:《龙川集》,吉林出版集团有限责任公司2005年版。
[50](宋)张方平:《乐全集》,《四库全书》,第1104册,商务印书馆1983年版。
[51](宋)罗泌:《路史》,《四库全书》,第383册,上海古籍出版社1989年版。
[52](宋)朱熹:《论语集注》,中国社会出版社2013年版。
[53](元)吴澄:《易纂言外翼》,上海古籍出版社1990年版。
[54](元)脱脱等:《辽史》,中华书局1974年版。
[55](元)陶宗仪:《说郛》,《四库全书》,第877册,上海古籍出版社1987年版。
[56](元)马端临:《文献通考》,浙江古籍出版社2000年版。
[57](明)李栻辑:《历代小史》,江苏广陵古籍刻印社1989年版。
[58](明)宋濂:《元史》,中华书局1976年版。
[59](明)李时珍:《本草纲目》,人民卫生出版社1999年版。
[60](清)彭定求等辑:《全唐诗》,上海古籍出版社1986年版。
[61](清)王念孙:《读书杂志》,中华书局1991年版。
[62](清)陈澧:《东塾读书记》,上海古籍出版社2012年版。
[63](清)马建忠:《适可斋记言》,中华书局1960年版。
[64](清)苏舆:《春秋繁露义证》,中华书局2002年版。
[65](清)阮元:《十三经注疏》(影印本),中华书局1980年版。
[66](清)孙诒让:《周礼正义》,中华书局2000年版。
[67](清)王聘珍:《大戴礼记解诂》,中华书局1983年版。

[68]（清）刘宝楠：《论语正义》，中华书局 1990 年版。
[69]（清）《山西通志》，《四库全书》，第 544 册，上海古籍出版社 1987 年版。
[70]（清）钱大昕：《廿二史考异》，上海古籍出版社 2010 年版。
[71]（清）曹廷杰：《西伯利亚东偏纪要》，《辽海丛书》，第四册，辽沈书社 1985 年版。
[72]（清）杨晨：《三国会要》，中华书局 1998 年版。
[73]（清）范咸纂辑，陈伟智点校：《重修台湾府志》，远流出版公司 2005 年版。
[74]（清）《三正考改时改月图》，《四库全书》，第 181 册，上海古籍出版社 1987 年版。
[75]（清）张廷玉：《明史》，中华书局 1974 年版。
[76]（清）程树德：《论语集释》，中华书局 1990 年版。
[77]（清）康有为：《论语注》，中华书局 1984 年版。
[78]（清）桂馥：《说文解字义证》，中华书局 1987 年版。
[79]（清）皮锡瑞著，周予同注释：《经学历史》，中华书局 2004 年版。
[80]（清）金鹗：《求古录礼说》，山东友谊书社 1992 年版。
[81]（清）顾炎武：《日知录》，岳麓书社 1996 年版。
[82]（清）陈立：《白虎通义疏》，中华书局 1997 年版。
[83]（清）郭庆藩：《庄子集释》，中华书局 1961 年版。
[84]（清）孙诒让：《墨子间诂》，中华书局 2001 年版。
[85]（清）王先慎：《韩非子集解》，中华书局 1998 年版。
[86]（清）黎翔凤：《管子校注》，中华书局 2004 年版。
[87]（清）梁启超：《清代学术概论》，天津古籍出版社 2003 年版。
[88]王国维：《蒙韃备录笺证》，《王国维遗书》，第 8 册，上海古籍出版社 1996 年版。
[89]季羡林：《大唐西域记校注》，中华书局 2009 年版。
[90]杨伯峻：《孟子注释》，中华书局 2003 年版。

[91]徐元诰：《国语集解》，中华书局2002年版。
[92]赵超：《汉魏南北朝墓志汇编》，天津古籍出版社1992年版。
[93]陈桥驿：《水经注校证》，中华书局2007年版。
[94]刘文典：《淮南鸿烈集解》，中华书局2010年版。
[95]杨丙安校理：《十一家注孙子校理》，中华书局2008年版。
[96]许维遹：《吕氏春秋集释》，中华书局2011年版。
[97]黄晖：《论衡校释》，中华书局1990年版。
[98]程贞一、闻人军：《周髀算经译注》，上海古籍出版社2012年版。
[99]李守奎、李轶译注：《尸子译注》，黑龙江人民出版社2003年版。
[100]袁珂：《山海经校注》，巴蜀书社1996年版。
[101]石声汉校释：《齐民要术今释》，中华书局2009年版。
[102]彭林注释：《仪礼》，岳麓书院2001年版。

二、今人著作

[1]曹述敬：《音韵学辞典》，湖南出版社1991年版。
[2]杜士铎：《北魏史》，北岳文艺出版社2011年版。
[3]陈寅恪：《隋唐制度渊源略论稿》，中华书局1977年版。
[4]陈戍国：《魏晋南北朝礼制研究》，湖南教育出版社1995年版。
[5]陈昌远编著，陈隆文校订：《中国历史地理简编》，河南大学出版社2007年版。
[6]陈琳国：《中古北方民族史探》，商务印书馆2010年版。
[7]陈燮君、陈克伦主编：《幽蓝神采：元代青花瓷器特集》，上海书画出版社2012年版。
[8]陈久金：《中国古代天文学家》，中国科学技术出版社2008年版。
[9]陈久金：《中国少数民族天文学史》，中国科学技术出版社2008年版。
[10]陈久金：《斗转星移映神州——中国二十八宿》，海天出版社2012年版。
[11]陈文华：《中国农业通史》(夏商西周春秋卷)，中国农业出版社

2007 年版。
[12]耿昇、何高济译：《柏朗嘉宾蒙古行纪·鲁布鲁克东行纪》，中华书局 2013 年版。
[13]高敏：《魏晋南北朝经济史》，上海人民出版社 1996 年版。
[14]葛兆光：《中国思想史》，第 1 卷，复旦大学出版社 2001 年版。
[15]顾颉刚：《古史辨》，第 1 册，上海古籍出版社 1982 年版。
[16]郭善兵：《中国古代帝王宗庙礼制研究》，人民出版社 2007 年版。
[17][日]新村出编：《广辞苑》(第六版)，上海外语教育出版社 2012 年版。
[18]何星亮：《中国自然神与自然崇拜》，生活·读书·新知三联书店 1992 年版。
[19]何星亮：《中国自然崇拜》，江苏人民出版社 2008 年版。
[20]何德章：《魏晋南北朝史丛稿》，商务印书馆 2010 年版。
[21]何天明：《中国古代草原古文化祭》，内蒙古大学出版社 2012 年版。
[22]姜波：《汉唐都城礼制建筑研究》，文物出版社 2003 年版。
[23]江晓原：《星占学与传统文化》，上海古籍出版社 1992 年版。
[24]江晓原、钮卫星：《回天——武王伐纣与天文历史年代学》，上海人民出版社 2000 年版。
[25]江晓原：《天学真原》，辽宁教育出版社 2007 年版。
[26]吕思勉：《吕思勉读史札记》，上海古籍出版社 2005 年版。
[27]李广宇、何玉囡、张健、张培瑜：《夏商周时期的天象和月相》，世界图书出版社 2007 年版。
[28]李崇智：《中国历代年号考》，中华书局 2012 年版。
[29]李凭：《北魏平城时代》，社会科学文献出版社 2000 年版。
[30]李零：《中国方术续考》，中华书局 2006 年版。
[31]李书吉：《北朝礼制法系研究》，人民出版社 2002 年版。
[32]李志超：《中国宇宙学史》，科学出版社 2012 年版。
[33]林道心主编：《中国古代万年历》，河北人民出版社 2003 年版。

[34]卢央：《中国古代星占学》，中国科学技术出版社2010年版。
[35]逯耀东：《从平城到洛阳：拓跋魏文化转变的历程》，中华书局2006年版。
[36]刘起釪：《尚书源流及传本考》，辽宁大学出版社1997年版。
[37]刘乐贤：《马王堆天文考释》，中山大学出版社2004年版。
[38]刘洪涛：《古代历法计算法》，南开大学出版社2005年版。
[39]刘文英：《中国古代的时空观念》，南开大学出版社2005年版。
[40]刘乐贤：《战国秦汉简帛丛考》，文物出版社2010年版。
[41]罗新：《中古北族名号研究》，北京大学出版社2009年版。
[42]罗新：《黑毡上的北魏皇帝》，海豚出版社2014年版。
[43]梁满仓：《魏晋南北朝五礼制度考论》，社会科学文献出版社2009年版。
[44]楼劲：《北魏开国史探》，中国社会科学出版社2017年版。
[45]林幹：《东胡史》，内蒙古人民出版社2007年版。
[46]林幹：《中国古代北方民族通论》，内蒙古人民出版社2007年版。
[47]林幹：《突厥与回纥史》，内蒙古人民出版社2007年版。
[48]吕一飞：《胡族习俗与隋唐风韵》，书目文献出版社1994年版。
[49]卢央：《京氏易传解读》，九州出版社2004年版。
[50]麻天祥：《中国宗教哲学史》，人民出版社2006年版。
[51]米文平：《鲜卑史研究》，中州古籍出版社1994年版。
[52]马如森：《殷墟甲骨文实用字典》，上海大学出版社2008年版。
[53]马长寿：《乌桓与鲜卑》，广西师范大学出版社2006年版。
[54]《马克思恩格斯全集》，第27卷，人民出版社1972年版。
[55]庞天佑：《秦汉历史哲学思想研究》，中国社会科学出版社2002年版。
[56]庞天佑：《中国史学思想通论·历史盛衰论卷》，福建人民出版社2011年版。
[57]庞天佑：《论中国古代的历史总结与国家盛衰》，中国社会科学出

版社 2012 年版。
[58]任继愈：《中国哲学史》，人民出版社 2003 年版。
[59]田余庆：《拓跋史探》(修订本)，生活·读书·新知三联书店 2011 年版。
[60]唐长孺：《魏晋南北朝史论丛》，中华书局 2011 年版。
[61]唐长孺：《魏晋南北朝史论丛续篇》，中华书局 2011 年版。
[62]肖爱民：《中国古代北方游牧民族两翼制度研究》，人民出版社 2007 年版。
[63]徐迎花：《汉魏至南北朝时期郊祀制度研究》，黑龙江人民出版社 2009 年版。
[64]王宇信：《甲骨学通论》，中国社会科学出版社 1999 年版。
[65]王子今：《睡虎地秦简〈日书〉甲种疏证》，湖北教育出版社 2003 年版。
[66]王仲荦：《魏晋南北朝史》，中华书局 2007 年版。
[67]王万盈：《转型期的北魏财政研究》，光明日报出版社 2006 年版。
[68]王爱和著，金蕾、徐峰译：《中国古代宇宙观和政治文化》，上海古籍出版社 2011 年版。
[69]万绳楠(整理)：《陈寅恪魏晋南北朝史讲演录》，贵州人民出版社 2008 年版。
[70]张志忠主编：《新蒙汉词典》，商务印书馆 2011 年版。
[71]严耀中：《北魏前期政治制度》，吉林教育出版社 1990 年版。
[72]姚薇元：《北朝胡姓考》，中华书局 2007 年版。
[73]姚安：《天坛》，北京美术摄影出版社 2000 年版。
[74]杨富学：《中国北方民族历史文化论稿》，甘肃民族出版社 2012 年版。
[75]康乐：《从西郊到南郊——国家祭典与北魏政治》，稻香出版社 1995 年版。
[76]《中国大百科全书》，第 16 卷，中国大百科全书出版社 2009 年版。
[77]《中国大百科全书》，第 25 卷，中国大百科全书出版社 2009 年版。

[78]《中国大百科全书》，第29卷，中国大百科全书出版社2009年版。
[79]赵敦华：《西方哲学史》，北京大学出版社2005年版。
[80]张旭华：《魏晋南北朝官制论集》，大象出版社2011年版。
[81]张旭华：《九品中正制研究》，中华书局2015年版。
[82]张金龙：《北魏政治史》(一)，甘肃教育出版社2008年版。
[83]张金龙：《北魏政治史》(二)，甘肃教育出版社2008年版。
[84]张杰：《中国古代空间文化溯源》，清华大学出版社2012年版。
[85]张培瑜、薄树人、陈美东、胡铁珠：《中国古代历法》，中国科学技术出版社2010年版。
[86]朱大渭、刘驰、梁满仓、陈勇：《魏晋南北朝社会生活史》，中国社会科学出版社2005年版。
[87]邹清泉：《北魏孝子画像研究》，文化艺术出版社2007年版。
[88]邱敏：《六朝史学》，南京出版社2003年版。
[89]邓文宽：《邓文宽敦煌天文历法考索》，上海古籍出版社2010年版。
[90]冯时：《天文学史话》，社会科学文献出版社2011年版。
[91]姜世中：《气象学与气候学》，科学出版社2010年版。
[92]潘鼐：《中国恒星观测史》，学林出版社2009年版。
[93]潘鼐编著：《中国天古文图录》，上海科学技术出版社2009年版。
[94]曲安京：《中国数理天文学》，科学出版社2008年版。
[95]唐泉：《日食与视差》，科学出版社2011年版。
[96]谭其骧：《中国历史地图集》，第2册，中国地图出版社1982年版。
[97]谭其骧：《中国历史地图集》，第3册，中国地图出版社1982年版。
[98]谭其骧：《中国历史地图集》，第4册，中国地图出版社1982年版。
[99]《中国植物志》，第10卷第1分册，科学出版社1990年版。
[100][日]井川义次：《宋学の西迁——近代啓蒙への道》，人文书院2009年版。
[101][日]内田吟风：《北アジア史研究・鲜卑柔然突厥篇》，同朋舍

1975 年版。
[102][日]江上波夫：《ユウラシア古代北方文化：匈奴文化论考》，全国书房 1948 年版。
[103][日]小岛祐马：《古代中国研究》，筑摩书房 1968 年版。
[104][日]斋部广成编：《古语拾遗》，岩波书店 2013 年版。
[105][日]岛邦男著，濮茅左等译：《殷墟卜辞研究》，上海古籍出版社 2006 年版。
[106][日]岛邦男：《五行思想と礼记月令の研究》，汲古书院 2004 年版。
[107][日]白鸟库吉著，方壮猷译：《东胡民族考》，商务印书馆 1933 年版。
[108][日]白鸟库吉：《西域史研究》，岩波书店 1941 年版。
[109][日]东晋次：《王莽——儒家の理想に凭かれた男》，白帝社 2003 年版。
[110][日]安居香山、中村璋八编：《重修纬书集成》，明德出版社 1992 年版。
[111][日]前田正名：《平城の历史地理学的研究》，风间书房 1978 年版。
[112][日]堀池信夫：《汉魏思想史研究》，明治书院 1988 年版。
[113][日]箭内亘著，陈捷、陈清泉译：《元朝怯薛及斡耳朵考》，山西人民出版社 2015 年版。
[114][日]堀池信夫：《中国哲学とヨーロッパの哲学者》，明治书院 1996 年版。
[115][法]路易・巴赞著，耿昇译：《突厥历法研究》，中华书局 1998 年版。
[116][法]路易・巴赞著，耿昇译：《古突厥社会的历史纪念》，中国藏学出版社 2014 年版。
[117][英]达尔文著，舒德干等译：《物种起源》，北京大学出版社

2005 年版。
[118][英]斯蒂芬·霍金著，赵君亮译：《宇宙的起源与归宿》，译林出版社 2009 年版。
[119][美]巴菲尔德著，袁剑译：《危险的边疆：游牧帝国与中国》，江苏人民出版社 2012 年版。
[120][美]Madison，1963. Solar and planetary longitudes for years-2500 to+2000 by 10-day intervals WILLIAM D. STAHLMAN and OWEN GINGERICH，THE UNIVERSITY OF WISCONSIN PRESS.
[121][美]艾兰著，汪涛译：《龟之谜——商代神话、祭祀、艺术和宇宙观研究》，商务印书馆 2010 年版。
[122][美]摩尔根：《古代社会》，第 1 册，商务印书馆 1971 年版。
[123](波斯)拉斯特主编，余大钧、周建奇译：《史集》，商务印书馆 1983 年版。

三、学术论文

[1]阿尔丁夫：《谈“敕勒歌”的族属问题》，《西北民族研究》1990 年第 1 期。
[2]陈汉平、陈汉玉：《崔浩之诛与民族矛盾何干》，《民族研究》1982 年第 5 期。
[3]陈中浙、刘钊：《儒家“六天”说辨析》，《孔子研究》2002 年第 3 期。
[4]陈寅恪：《崔浩与寇谦之》，《岭南学报》第 11 卷，1950 年第 1 期。
[5]段锐超：《民族认同视野下的北朝语言文字认同》，《中央民族大学学报》2013 年第 3 期。
[6]干志耿，孙秀仁：《关于鲜卑早期历史及其考古遗存的几个问题》，《民族研究》1982 年第 1 期。
[7]黄惠贤：《北魏平城故都初探》，《山西地方史论丛》，第 1 辑，山西人民出版社 1985 年版。
[8]沈志忠：《汉代五谷考略》，《中国农史》1998 年第 1 期。

[9]晁福林：《先秦时期“德”观念的起源及其发展》，《中国社会科学》2005年第4期。
[10]李星明：《北朝唐代壁画墓与墓志的形制和宇宙图像之比较》，《美术观察》2003年第6期。
[11]李立：《“鸠杖”考辨》，《深圳大学学报》2008年第2期。
[12]楼劲：《道武帝所立庙制与拓跋氏早期世系》，《文史》2006年第4辑。
[13]刘慧琴：《北朝郊祀、宗庙制度的儒学化》，《西北大学学报》2000年第1期。
[14]刘军：《论拓跋鲜卑的“神元”崇拜》，《宁波大学学报》2015年第4期。
[15]付熹年：《隋唐长安洛阳城规划手法的探讨》，《文物》1995年第3期。
[16]王伊同：《崔浩国书狱释疑》，《清华学报》1957年新1卷第2期。
[17]王健民、梁柱、王胜利：《曾侯乙墓出土的二十八宿青龙白虎图像》，《文物》1979年第7期。
[18]王立军：《刘禅之“禅”释义补证》，《河南师范大学学报》1991年第2期。
[19]王银田、曹臣明、韩生存：《山西大同市北魏平城明堂遗址1995年的发掘》，《考古》2001年第3期。
[20]王雁卿、高峰：《北魏平城瓦当考略》，《文物世界》2003年第6期。
[21]王柏中、史颖、董春龙：《北魏国家宗庙祭祀制度考述》，殷宪主编：《北朝史研究·中国魏晋南北朝史国际学术研讨会论文集》，商务印书馆2004年版。
[22]王泽强：《中国文化史上“鸠鸟”形象的蕴意、功用及演化》，《山西师大学报》2008年第5期。
[23]王泽民、刘蒙林：《试析鲜卑族文化在草原文化中的地位》，《论草

原文化》，第6辑，内蒙古教育出版社2009年版。
[24]王铭：《"正统"与"政统"：拓跋魏"太祖"庙号改易及其历史书写》，《中华文书论丛》2011年第2期。
[25]汪高鑫：《论刘歆的新五德终始历史学说》，《中国文化研究》2002年第2期。
[26]罗新：《十六国北朝的五德历运问题》，《中国史研究》2004年第3期。
[27]罗新：《论拓跋鲜卑之得名》，《历史研究》2006年第6期。
[28]罗新：《匈奴单于号研究》，《中国史研究》2006年第2期。
[29]李凭：《黄帝历史形象的塑造》，《中国社会科学》2012年第3期。
[30]卢仙文：《中国古代彗星记录的证认》，《天文学进展》2000年第1期。
[31]刘国石：《近20年来崔浩之死研究概观》，《中国史研究动态》1998年第9期。
[32]刘浦江：《南北朝的历史遗产与隋唐时代的正统论》，《魏晋南北朝隋唐史》(人大复印)，2013年5月。
[33]牟润孙：《崔浩与其政敌》，《辅仁学志》第10卷，1941年第1、2期。
[34]莫久愚：《北魏前期政治中的民族矛盾和崔浩之诛》，缪钺编：《魏晋南北朝史研究》，四川省社会科学院出版社1986年版。
[35]胡鸿：《星空中的华夷秩序——两汉至南北朝时期有关华夷的星占言说》，《文史》2014年第1辑。
[36]胡鸿：《十六国的华夏化："史相"与"史实"之间》，《中国史研究》2015年第1期。
[37]何兹全：《崔浩之死》，《文史哲》1993年第3期。
[38]何德章：《北魏国号与正统问题》，《历史研究》1992年第3期。
[39]何德章：《北魏初年的汉化制度与天赐二年的倒退》，《中国史研究》2001年第2期。

[40]仇鹿鸣：《高允与崔浩之死臆测——兼及对北魏前期政治史研究方法的一些反思》，《社会科学战线》2013 年第 3 期。
[41]纪洪：《五星出东方利中国》，《环球人文地理》2012 年第 3 期。
[42]柏贵喜：《从宗庙祭祀制度看北朝礼制建设》，《中南民族大学学报》2003 年第 3 期。
[43]蔡松穆、廖培辰：《关于魏晋南北朝时期的五石散》，《北京中医药》2007 年第 4 期。
[44]谭蝉雪：《西域鼠国及鼠神摭谈》，《敦煌研究》1994 年第 2 期。
[45]任爱君：《试论古代草原宇宙观之五方色文化传承》，马永真辑：《论草原文化》(第 5 辑)，内蒙古教育出版社 2009 年版。
[46]徐迎花：《魏晋时期鲜卑拓跋祭天问题研究》，《福建师范大学学报》，2007 年第 5 期。
[47]孙作云：《中国古代鸟氏族诸酋长考》，《中国学报》1945 年第 3 卷第 3 期。
[48]孙险峰：《皇帝即位の禅让文——三国、两晋、南北朝における经学の一侧面》，(日本筑波大学)《筑波中国文化论丛》第 26 期，2007 年。
[49]孙险峰：《北魏道武帝的早年经历论考》，(日本)《中国文化—研究と教育》第 68 期，2010 年。
[50]孙险峰：《北魏土德运次的制定》，《华南师范大学学报》2010 年第 6 期。
[51]孙险峰：《北魏鲜卑人的宇宙观——从鲜卑人的祭天礼制看宇宙观的变迁》，《自然辩证法研究》2010 年第 11 期。
[52]孙险峰：《阴山山脉与“前秦伐代”》，《史学月刊》2014 年第 12 期。
[53]孙险峰：《崔浩的天人思想与北魏政治文化》，楼劲主编：《魏晋南北朝史的新探索——中国魏晋南北朝史学会第十一届年会暨国际学术研讨会论文集》，中国社会科学出版社 2015 年版。
[54]杨永俊：《论北魏的西郊祭天制度》，《兰州大学学报》2002 年第

2 期。
[55]杨永俊：《论拓跋鲜卑的西郊祭天》，《民族研究》2002 年第 2 期。
[56]杨永俊：《论拓跋鲜卑的原始祭天》，《西北民族学院学报》2002 年第 6 期。
[57]杨永俊：《拓跋传统祭天时地考》，《甘肃社会科学》2002 年第 6 期。
[58]于志勇：《新疆尼雅出土“五星出东方利中国”彩锦织文初析》，《西域研究》1996 年第 3 期。
[59]中国社会科学院考古研究所西安唐城工作队：《陕西西安唐长安城圜丘遗址的发掘》，《考古》2000 年第 7 期。
[60]曾庸：《辽宁西丰西岔沟古墓群为乌桓文化遗迹论》，《考古》1961 年第 1 期。
[61]钟守华：《楚、秦简〈日书〉中的二十八宿问题探讨》，《中国科学史杂志》2009 年第 4 期。
[62]朱维铮：《王沈〈魏书〉的考证》，《复旦学报》2013 年第 2 期。
[63]赵志忠：《北方民族与萨满教》，《黑龙江民族丛刊》2005 年第 3 期。
[64]张旭华：《北魏州中正在定姓族中的作用与地位——兼论孝文帝定姓族的意义》，《郑州大学学报》1989 年第 6 期。
[65]张旭华：《魏晋南北朝时期的商品构成与经营方式》，《郑州大学学报》1996 年第 1 期。
[66]张月琴、马志强：《北魏平城京郊的礼制性建筑与祭祀活动》，《山西大同大学学报》2011 年第 1 期。
[67]张庆捷、王银田、曹臣明、高峰、刘俊喜：《大同操场城北魏建筑遗址发掘报告》，《考古学报》2005 年第 4 期。
[68]周一良：《关于崔浩国史之狱》，《中华文史论丛》1980 年第 4 辑。
[69]周俊超：《释“白乌”》，《现代语文》2014 年第 7 期。
[70]李秀清、王路、柏彬：《突然失明的治疗》，《江西中医药》1994 年

第25卷增刊。
[71]于长春、谢力、张小雷、周慧、朱泓：《鲜卑拓跋和匈奴之间亲缘关系的遗传学分析》，《遗传》第29卷，2007年第10期。
[72]王健、王梦章：《琉璃瓦的历史、生产和发展》，《陶瓷工程》1994年第6期。
[73]刘次沅、李建科、周晓陆：《“天再旦”研究》《中国科学》(A辑)1999年第12期。
[74]江晓原：《〈开元占经〉：三百八十年前的“出土文物”》，《中国典籍与文化》1998年第3期。
[75]姜志翰、黄一农：《星占对中国古代战争的影响——以北魏后秦之柴壁战役为例》，《自然科学史研究》1999年第4期。
[76]关增建：《传统365 1/4分度不是角度》，《自然辩证法通讯》1989年第5期。
[77]戴闻编译：《看到了最遥远的星系》，《物理》2011年第2期。
[78]赵永恒、李勇：《二十八宿的形成与演变》，《中国科技史杂志》2009年第1期。
[79]竺可桢：《中国五千年来气候变迁的初步研究》，《考古学报》1971年第1期。
[80]张钰哲：《哈雷彗星的轨道演变的趋势和它的古代历史》，庄威凤主编：《中国古代天象记录的研究与应用》，中国科学技术出版社2009年版。
[81]张培瑜：《五星合聚与历史记载》，《人文杂志》1991年第5期。
[82][日]上田穰：《石氏星经の研究》，《东洋文库论丛》第12期，1939年。
[83][日]薮内清：《〈石氏星经〉的观测年代》，《中国科技史料》1984年第3期。
[84][日]川本芳昭：《景穆太子と崔浩—北魏太武帝による废仏前后の政局をめぐって—》，《东方学》，1996年。

[85][日]川本芳昭著，邓红、牟发松译：《关于五胡十六国北朝时代的“正统”王朝》，殷宪、马自强主编：《北朝研究》第 2 辑，北京燕山出版社 2008 年版。

[86][日]石田德行：《胡族政権と汉人贵族—とくに清河の崔氏の场合—》，《山崎宏先生退官纪念东洋史论集》，(日本)大安书店，1967 年。

[87][日]渡边义浩：《王肃の祭天思想》，(日本)《中国文化——研究と教育》第 66 号，2008 年。

[88][日]间屿润一：《郑玄の祭天思想に就いて——《周礼》国家における圜丘祀天と郊天》，(日本)《中国文化——研究と教育》第 44 期，1986 年。

[89][日]堀池信夫：《大地方形说と空间の认识》，(日本)《筑波中国文化论丛》第 11 期，1991 年。

[90][日]吾妻重二著，吴震译：《木主考——到朱子学为止》，《云南大学学报》2011 年第 5 期。

[91][日]金子修一：《关于魏晋到隋唐的郊祀、宗庙制度》，《日本中青年学者论中国史·六朝隋唐卷》，上海古籍出版社 1995 年版。

[92][韩]朴汉济：《北魏王权与胡汉体制》，《中国史研究的成果与展望》，中国社会出版社 1991 年版。

[93][新加坡]王才强：《隋唐长安、洛阳、平城、长冈和平安：一种东亚城市新模式的诞生》，《建筑史》第 24 辑 2009 年。

[94]于志勇：《尼雅遗珍：“五星出东方利中国”织锦护臂》，《人民日报》(副刊)2014 年 6 月 22 日第 12 版。

[95]李卫：《西周三足乌形尊》，《人民日报》(海外版)2003 年 5 月 28 日(第 7 版)。

后　记

记得父亲仙逝那年我才十九岁，此后每日萎靡不振意志消沉，宛如孤雁一般内心凄哀痛苦，渴望寻找到人生方向和精神寄托，以此唤醒沉睡意志能够勇往直前。在我早年的读书生涯中，曾经获得过多位老师的鼎力帮助，在他们的不断鞭策和鼓励下，我的人生命运得以改变。

首先是日语启蒙老师陈秀民先生，他不仅教会我很多日语知识，甚至把我视为家人，时常鼓励我努力进取。在他的亲切教导和帮助下，我开始一步步迈向书海殿堂，就这样人生逐渐发生转变。后来陈先生免费送我们几位同学到日本留学，他的恩情至今让我难以忘怀。其次是日本目白大学小林宽教授，我在选修他讲授的《论语》课时，受到很多思想启发，并在其后作为硕士生跟随他学习了两年。为了培养我走进学术研究领域，甚至在不收取任何费用的情况下，专门为我开设过《礼记》的日语训读课程。他的言行举止宛如一位彬彬有礼的儒者，尤为关注我们中国留学生的学习成长。在就读目白大学大学院期间，小野道子女士非常关心留学生们的学习生活，她还成为我在日本的经济担保人，这样极大地增强了我的学习斗志。目白大学副校长工藤喜作先生，是一位和蔼可亲的长者，曾经亲自为我撰写就读博士课程的推荐信，使我有信心继续学习深造。在学习硕士课程的两年时间里，由于全部科目分数都取得了A的优秀成绩，被学校推荐获得日本政府国费奖学金(官费)，这让我有了足够的经济条件继续求学。在筑波大学大学院学习博士课程期间，日本著名学者堀池信夫先生成为我的博士生导师，堀池先生治学严谨，一丝不苟，至今依然对我产生很大影响。即使回国以后每当遇到学术难题时，都会情不自禁地回忆他的谆谆教诲，甚至堀池先生撰写的《汉魏思想史研究》论著，一直成为我在学术道路上的追慕模本。在岭南师范学院工作期间，著名历史学者庞天佑先生，非常关心我的学术研究和生活情况，很多历史学问题经常向他请教，甚至在我陷入经济困难时，他毫不犹豫地伸出援手相助。他还推荐我去郑州大学攻读博士学位。张旭华教授是我的又一位人生导师。在论文选题和研究方法以及发表学术论文和博士答辩等方面，都倾囊相授，给予我全力支持。当我向他提交博士毕业论文征求意见时，张先生写了近十页的修改意见，这才使我能够顺利通过答辩，获得历史学博士学位。西北大学科学史专业的唐泉教授，一直是我的良师益友，每当遇到天文历法难题，都及时向他请教并能获得很多帮助。此外，还要感谢岭南师范学院各级领导，以及陈尚真兄长的大力支持。

在我将近 30 年的学习生涯中，姐夫曲伟库先生和姐姐孙丽军女士，经常在经济方面给我提供帮助，他们为我筹划全部留学费用，这才使我有条件到日本学习深造。借此也告慰父母的在天之灵，以及感谢妻子唐薇和全家人多年来的大力支持。

孙险峰于岭南校舍

2019 年 5 月 3 日